四川省内河船舶船员适任培训教材

四川省地方海事局　编

大连海事大学出版社

图书在版编目(CIP)数据

四川省内河船舶船员适任培训教材 / 四川省地方海
事局编. —大连：大连海事大学出版社,2017.12
ISBN 978-7-5632-3594-0

Ⅰ.①四… Ⅱ.①四… Ⅲ.①内河航行—船员—技术
培训—教材 Ⅳ.①U675.5

中国版本图书馆 CIP 数据核字(2017)第 310097 号

大连海事大学出版社出版

地址:大连市凌海路1号 邮编:116026 电话:0411-84728394 传真:0411-84727996
http://www.dmupress.com E-mail:cbs@dmupress.com

大连住友彩色印刷有限公司印装 **大连海事大学出版社发行**

2017 年 12 月第 1 版 **2017 年 12 月第 1 次印刷**
幅面尺寸:185 mm×260 mm 印张:24
字数:595 千 印数:1～3000 册

出版人:徐华东

责任编辑:杨 洋 张 华 责任校对:刘若实
封面设计:解瑶瑶 版式设计:解瑶瑶

ISBN 978-7-5632-3594-0 定价:60.00 元

前　言

　　为进一步加强全省船员管理工作,提高船员驾驶操作技能,切实为全省船员服务,为四川水运发展服务,四川省地方海事局抽选了在船员培训监督管理领域有着丰富经验的一线的海事管理同志、长期从事船员培训教学的船长和专家组成编写小组,通过大量的实地调研工作,收集掌握了第一手材料。初稿编写完成后多次集中办公讨论、修订,广泛征求了全省海事管理机构、航运公司、船员意见,并组织了实践经验丰富的海事监管、培训教学专家和船长进行了审定,数易其稿,最终完成了教材的编写工作。

　　本教材共分八篇,第一篇由李洪地撰写;第二篇由张敬林、贾军撰写;第三篇由王永昌、刘作才撰写;第四篇由陈朝阳、吴碧宗撰写;第五篇由陈朝阳、李小平撰写;第六篇由刘作才、赵光昭撰写;第七篇由万越西、张华高撰写;第八篇由李小平、吴碧宗撰写。本教材由刘孝明、张晓川、余立强审稿,李小平、陈朝阳统稿。本书的编写得到了南充市地方海事局、内江市地方海事局、内江市东兴区丰雨职业技能培训学校等单位的大力支持,在此一并表示感谢!

　　说明(★☆△):根据部局公布的二类、三类船舶驾驶员考试大纲,标注★的属二类船长考试内容,标注☆的属二类驾驶员考试内容,标注△的属三类驾驶员考试内容,标注★☆△属共同考试内容,标注★△、标注☆△、标注★△的依此类推。

　　由于编者水平有限,书中难免存在错误和疏漏,欢迎广大船员朋友和专家们批评指正。

编　者

2017 年 10 月

目 录

第一篇
船员的社会地位、职务与法规

本篇主要介绍我国船员的社会基本权利及义务和正在实施的、最新修改颁布的内河交通安全管理法律、法规以及航运企事业单位有代表性的安全管理规章制度。

第一章 船员的社会地位

2013 年以来,国家人社部按照国务院要求,连续 7 批集中取消 434 项职业资格许可和认定事项,削减比例达 70% 以上,保留的 140 项职业资格中分设专业技术人员职业资格和专业技能人员职业资格两种。船员被列为国家专业技术人员。

第一节 船员的社会基本权利(★ ☆ △)

一、船员的权利

(一)安全生产权利规定

《中华人民共和国安全生产法》《中华人民共和国劳动合同法》等相关法律规定了从业人员享有的有关安全生产和人身安全最基本的权利。

具体包括以下几点:

1. 获得安全生产职业保障的权利

船员有获得安全生产保障、获知工作中的危险因素、防范事故及发生事故应急措施的权利。

(1)上岗前接受安全教育培训;

(2)获得劳动防护用品;

(3)了解船舶适航、靠泊、离泊等情况;

（4）获知防范事故的方法及发生事故的应急措施。

2. 获得工伤保护和民事赔偿的权利

船舶经营者或所有者必须为船员办理社会保险，具体包括养老、医疗、工伤等保险。不得利用船员不懂法而与船员订立免除或减轻因生产安全事故依法应承担的责任。

3. 对安全隐患进行批评、检举和控告的权利

安全生产是船舶所有人或经营人与船员共同的责任和义务。若出现安全隐患，如船舶维护、适航状况、安全设施等不符合规定，船员有权对此进行指正，也可向相关部门检举和控告。船舶所有人或经营人不得因此对船员打击报复或降低福利待遇等。

4. 拒绝违章指挥或强令冒险作业的权利

船舶经营人或所有人，强制要求船员违法操作，强令超载、超员运输、操纵故障船舶等，船员可以拒绝执行，且不被视为违反劳动合同。

5. 解除劳动合同和获得赔偿的权利

船舶经营人和所有人，出现下列情况，船员可以不事先告知企业，直接解除劳动合同。

（1）未按合同约定提供劳动保护或者劳动条件；

（2）未足额支付劳动报酬；

（3）未依法为船员缴纳社会保险。

（二）船员的职业保障

（1）船员在船工作时间应当符合国务院交通主管部门规定的标准，不得疲劳值班。

（2）船员除享有国家法定节假日的假期外，还享有在船舶上每工作 2 个月不少于 5 日的年休假。

（3）船员用人单位应当在船员年休假期间，向其支付不低于该船员在船工作期间平均工资的报酬。

案例评析

案例：某船员与船舶经营人签订了劳动合同，该船员所工作的船舶核定载额 200 t，一次，船主强令该船员超载并航行，于是该船员采取了违背船主意愿的应急措施后离开该船。事后船主以船员不遵守劳动纪律的名义解除劳动合同或降低工资待遇。该船员能接受吗？评析：根据《中华人民共和国安全生产法》第五十二条，从业人员发现直接危及人身安全的紧急情况时，有权停止作业或者在采取可能的应急措施后撤离作业场所。生产经营单位不得因从业人员在紧急情况下停止作业或者采取紧急撤离措施而降低其工资、福利等待遇或者解除与其订立的劳动合同。

（三）经营服务权利规定

在水上运输经营活动中，有些船员还是承运人。《中华人民共和国合同法》规定，水上旅客、货物运输、承运人在承接运输任务时，有收取相应费用的权利。承运人还有拒绝运输，免除责任等方面的权利。具体见表1-1-1。

表1-1-1   水上运输承运人服务权利

旅（游）客运输	拒绝运输权利	①旅（游）客不交付票款的； ②旅（游）客坚持携带易燃、易爆等危险品上船的
	免除责任赔偿的权利	旅（游）客在运输中出现伤亡事故，是因不可抗力、旅（游）客自身健康原因造成的或承运人证明伤亡是旅（游）客故意或重大过失造成的

第二节   法律赋予船员的社会义务（★☆△）

法律赋予的权利和义务好比一对孪生兄弟，彼此是不可分割的。没有义务的权利只能是特权，没有权利的义务只能是奴役。权利和义务均衡的责任社会，强调权利和义务对等。船员在享有法律赋予自身权利的同时，必须依照相关法律承担相应的义务。

（一）安全生产义务规定

安全是人类社会永恒的一个主题，也是水上交通运输生产经营的基础。离开安全，一切便无从谈起。船员应加强对《中华人民共和国安全生产法》的学习，深入理解其内涵，并结合《中华人民共和国劳动合同法》《中华人民共和国合同法》及其实施条例的相关内容，明确其应尽的义务。

1. 遵守安全生产的规章和安全航行规则

水上安全生产的规章和安全航行规则是来源于安全生产的相关法律、法规，是保证水上安全生产，避免事故的基础和保障。船员应认真学习掌握并遵守。

2. 正确使用安全设施

保证安全生产离不开必备的设备设施。配备了安全的设备设施后，其正确使用尤为重要。因为安全设备设施可以降低事故的损伤程度。船员必须做到以下几个方面：

（1）正确使用救生衣、救生圈。

（2）熟悉警报种类并正确使用船载各种报警装置。

（3）掌握船载灭火器的使用方法。

（4）了解船舶堵漏的设备设施放置位置及使用方法。

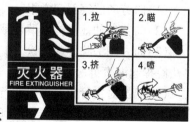

3. 接受安全教育培训，掌握基本的安全技能

船员所从事的行业风险大，涉及公共安全，所有船员还应该定期接受一定时间的安全教育培训，适时更新安全知识，确保水上交通安全。

4. 发现事故隐患及时汇报或处理

水上交通安全的隐患存在于船员自身身体条件、心理状态，船舶状况、航行环境和船员日常工作的管理等诸多方面。船员一旦发现自身身体状况不良、船舶存在故障及船舶运营企业或经营人的管理出现漏洞等，要及时汇报或处理。

（二）经营服务义务规定

水上交通是人们出行或货物托运的重要方式,所以,消费者对水上交通运输的服务要求也很高。船员要深入理解《中华人民共和国合同法》中关于运输合同的规定,尽可能避免或减少经营服务纠纷。船员作为水上交通运输承运人的主要活动主体,了解合同法规定的承运人经营服务义务非常必要。具体见表1-1-2。

表 1-1-2　水上交通承运人经营服务义务

分类		承运人经营服务义务
旅（游）客运输	基本义务	在约定的时间,按照约定的通常运输线路将旅（游）客或者货物安全运输到约定地点
	保证旅（游）客安全	①救助患有急病、分娩、遇险的乘客； ②发现旅（游）客携带违禁品上船时,可以将违禁品卸下,销毁或送交有关部门； ③旅（游）客坚持携带或者夹带违禁物品的,船员应当拒绝运输； ④发生旅（游）客伤亡事故,承运人应承担赔偿责任
	告知旅（游）客乘船重要事项	①告知旅（游）客正确穿戴救生衣； ②告知旅（游）客不能戏水或重心集中于一舷等

第三节　船员权益维护（★ ☆ △）

一、船员合法权益维护

当船员在工资报酬、合法权益、社会地位、工作环境等方面的权益受到损害时,申诉维权的主体对象是船员用人单位（船公司、船东、船员管理公司等）,根据我国法律相关规定,船员与船员用人单位应订立劳动合同。

二、船员维权主要途径和方法

（1）向劳动监察部门举报。

（2）向劳动仲裁机构申请仲裁。

（3）向人民法院提起诉讼。船员与船员用人单位未订立劳动合同的劳务纠纷可直接向海事法院提起海事诉讼。

（4）船员对主管机关做出的行政处罚决定不服的,在规定期限内,可以采取向做出处罚决定的上一级行政管理机构申请行政复议或向人民法院提起行政诉讼等维权途径。

第二章　内河船员的职责

内河船员的职务职责与船舶的类型、等级、航行区域、最低安全配员等密切相关,本章着重介绍船长和驾驶员的主要职责。

第一节　船长的主要职责(★)

船长(或履行船长职责者)是管理船舶的第一责任人,坚决执行"安全第一,预防为主"的方针,遵守国家法律、法令和劳动纪律以及有关船舶的各项规章制度,对船舶的安全生产、技术业务和行政管理统一领导、全面负责。

(一)证书合法责任

船长负责保证船舶和船员携带符合法定要求的证书、文书以及有关航行资料,并负责接受海事管理机构的有关安全检查。

(二)船舶适航责任

船长负责保证船舶处于适航状态,确保船舶客、货积载的安全。

(三)人员安全责任

船长负责船员处于适任状态,保障船舶的最低安全配员,保证船舶的正常值班,对本船船员进行日常训练和考核。保障船舶上人员和临时上船人员的安全。

(四)应急应变责任

船长负责编制船舶应变部署,制订船舶应急计划并保证其有效实施。船舶进港、出港、靠泊、离泊,通过交通密集区、危险航区等区域,或者遇有恶劣天气,或者发生水上交通事故、船舶污染事故、船舶保安事件以及其他紧急情况时,应当在驾驶台值班,必要时应当直接指挥船舶。

(五)事故处置责任

船舶发生事故,危及船舶上人员和财产安全时,船长应当组织船员和船舶上其他人员尽力施救。执行海事管理机构有关水上交通安全和防治船舶污染的指令,向海事管理机构提交事故报告。

(六)合理弃船责任

弃船时,船长应当采取一切措施,首先组织旅客安全离船,然后安排船员离船,船长应当最后离船。在离船前,船长应当指挥船员尽力抢救航行日志、机舱日志、油类记录簿、无线电台日志、本航次使用过的航行图和文件,以及贵重物品、邮件和现金。

第二节　船舶驾驶员的主要职责（☆△）

（一）规章执行责任

船舶驾驶员在船长的领导下，遵守国家法律、法令和劳动纪律以及有关船舶的各项规章制度，确保船舶运输安全和货物装卸的安全监督工作。

（二）航行安全责任

船舶驾驶员负责在航行中，保持正规瞭望，及时掌握航道、航标、航行信号、水文、气象、来往船舶动态和周围环境，结合本船操纵性能，采取一切有效措施，保证航行安全。

（三）特情操纵责任

船舶驾驶员受船长指令，负责船舶进出港、靠离泊位、系解浮筒、抛起锚、过船闸及大桥和险要地段及天气恶劣或情况复杂时，亲自指挥操作。

（四）隐患排查责任

船舶驾驶员应按时对各项设备的运行情况进行巡回检查，对柴油机及其他装置应密切监视，做到能及时发现和排除故障，保障机电设备安全运行。

（五）险情救援责任

船舶驾驶员发现其他船舶遇险或求救时，除非本船正处在危险中，均有责任采取积极措施参与施救，并及时正确报警。

（六）证书管理责任

船舶驾驶员应认真记录航行日志，按《船舶检验管理规定》和《内河船舶法定检验技术规则》的要求申办船舶检验，保管船舶证书和办理船员证书。

第三章　船舶安全管理规章制度

本章主要介绍值班职责,航行日志记载规则,船舶最低安全配员规则,船舶安全监督规则。

第一节　值班职责(★ ☆ △)

《中华人民共和国内河船舶船员值班规则》(交通运输部令 2015 年第 20 号,以下简称"值班规则"),自 2016 年 5 月 1 日起施行。

一、遵守值班规则的意义

(1)船舶所有人、船舶经营人、船舶管理人和船长应当按照船舶安全配员的相关规定配备合格船员,确保指派到船上任职的船员熟悉船上相关设备、船舶特性,熟知本人职责和值班要求,有效履行安全、防污染等职责。

(2)船长及全体船员在值班时,应当遵守有关船舶航行安全和防治船舶污染水域的相关规定和标准规范。

内河货船在航行中的驾驶及轮机的值班安排应当符合以下要求(见表 1-3-1):

表 1-3-1　内河货船在航行中的驾驶及轮机的值班安排

船舶类别	每班人数	船员职务要求
未满 1 000 总吨	1 人	至少 1 名船长或者驾驶员
500 kW 及以上	至少 1 人	须是轮机长或者大管轮、二管轮、三管轮
未满 500 kW	1 人	至少 1 名值班船员

内河客、渡船在航行中的驾驶及轮机的值班安排应当符合以下要求(见表 1-3-2):

表 1-3-2　内河客、渡船在航行中的驾驶及轮机的值班安排

船舶类别	每班人数	船员职务要求
300 总吨至 1 000 总吨	1 人	至少 1 名船长或者驾驶员,夜间及能见度不良时,需增配 1 名普通船员
未满 300 总吨	1 人	至少 1 名船长或者驾驶员
500 kW 及以上	至少 1 人	须是轮机长或者大管轮、二管轮、三管轮
未满 500 kW	1 人	至少 1 名轮机长或者轮机员

二、值班一般要求（★☆△）

（1）船舶所有人、船舶经营人、船舶管理人和船长应当编制船舶值班制度,公示在船舶的显著位置,并要求全体船员遵守执行。

（2）船舶停泊时,应当留有足以保证船舶安全的船员值班,确保满足应对可能发生的紧急情况的需要。

（3）值班船员对船舶安全负责,但不免除船长的安全责任。船员在值班期间不得安排影响其值班的其他工作。

（4）船长应当对值班情况进行监督检查,及时发现并纠正船员的不良操作行为。在遇到能见度不良、恶劣天气、航行条件复杂等可能影响船舶安全的情形时,船长应当亲自操纵船舶或者监督航行。

在船舶航行和作业期间,舱面人员进行临水作业时应当规范穿着救生衣。

（5）严禁船员酗酒,值班船员在值班前 4 h 内及值班期间禁止饮酒,且值班期间血液中的酒精浓度不得超过 0.05% 或者呼吸中酒精浓度不高于 0.25 mg/L。

（6）严禁值班船员服用可能导致其不能安全值班的药物。严禁船员吸毒。

（7）危险货物运输船舶值班船员,除执行本规则外,还应当遵守危险货物运输的有关规定。

三、内河船舶航行中值班驾驶员的职责（★☆△）

（1）应当使用安全航速。

（2）应当结合本船操纵性能,正确使用操纵设备和助航仪器,并掌握发生紧急情况时的应急措施。

（3）应经常检查操纵设备、助航仪器和号灯、号型和旗号是否处于正常状态。

（4）在值班期间,应当随时掌握船位和航速,确保本船行驶在正确的航线上。

（5）船长在驾驶台但未声明亲自操纵时,值班驾驶人员应当正常履行值班职责。

（6）夜间航行时,如有必要,船长应当签署夜航命令,值班驾驶人员应当认真执行。

（7）遇碰撞、触礁、搁浅、火灾、人员落水、环境污染、船舶进水等紧急情况时,值班驾驶人员应当及时采取措施,并立即报告船长。

（8）值班的普通船员应当正确执行船长、值班驾驶人员下达的操作指令,对指令有疑问或者出现不能执行指令的情况时应当立即报告。

四、内河船舶停泊中值班驾驶员的职责（★☆△）

（1）应当认真执行有关安全规章制度,掌握在船人员动态和值班任务执行情况,经常巡视船舶,了解周围情况,维持船上的正常秩序。

（2）负责与港口联系,了解货物装卸,旅客上下和燃料、水补给进度,并掌握船舶吃水、浮态、强度和稳性等情况。

（3）应当经常检查舷梯、锚链、跳板以及安全网,及时调整系缆。

（4）系泊中,应当注意系缆受力和他船靠离情况,了解风、流、水位等情况,发现异常应及时采取措施。

（5）锚泊中,应当了解水流、水深、底质、气象及周围环境等情况;并应当保持正规瞭望,发现锚泊、系缆、水情、客货异常等情况,及时采取措施。

（6）本船或者他船走锚,或者过往船舶距离本船过近出现危险局面时,值班船员应当果断采取有效措施,并立即报告船长或者值班驾驶人员。

（7）船舶修理时,值班船员应当督促从事高空、舷外、临水、明火作业以及封闭舱室内工作人员严格执行相关安全制度。

（8）发现火情、人员落水、环境污染、船舶碰撞等紧急情况时,值班船员应当立即发出警报信号,报告船长,按应变部署全力施救。必要时请求救助。

五、值班驾驶员交接班职责(★ ☆)

（1）接班船员应当提前 15 min 到达值班岗位,熟悉情况,做好接班前的准备工作。

（2）航行中值班驾驶人员交接班时应当交接清楚下列事项:

①航道、船位、航向、航速、水位、水流、气象等情况;

②号灯、号型、旗号、声响设备及助航仪器状况;

③过往船舶动态;

④助航仪器获取的重要信息和无线电话联系情况及双方已明确的会让意图;

⑤本船(或船队)吃水及操纵性能;

⑥航行信息、通电、通告及船长指示;

⑦客、货船的中途上下旅客及货物装卸情况;

⑧船队在中途加拖、解拖及变更队形的情况;

⑨旅客、货物状态检查和全船巡视情况;

⑩本班内发生的重要事项及下一班需要继续完成的事项;

⑪有关航行安全的其他情况。

（3）停泊中,驾驶值班船员交接班时应当交接清楚下列事项:

①气象、水位、水流、系缆、本船周围情况;

②船位、锚位、出链长度、受力及偏荡情况,走锚的情况及采取的措施;

③货物装卸作业、旅客上下、船舶吃水、强度和稳性等情况及港方要求;

④有关防风、防火、防盗、防洪、防污染、防冻等安全措施;

⑤检修工作的进度及问题处理;

⑥本船显示的号灯、号型及有关信号;

⑦发生的事故及需要注意的事项;

⑧船长指示;

⑨在船人员动态和值班任务执行情况;

⑩其他注意事项和措施。

（4）发生下列情形时,暂不进行交接:

①正在避让或者处理紧急事项;

②航行时正在通过桥区水域、危险航道、进出船闸或者正在转向;

③接班船员对交接事项不明或者有疑虑;

④交接班时间已到但无人接班;

⑤交班船员认为接班船员状态不适合接班。

⑥出现前款第④⑤项情形的,交班船员应当报告船长。

(5)交接班过程中的安全责任由交班船员负责,交接清楚后双方在航行日志上签字。交接过程如有争议,由船长协调解决。

第二节　航行日志记载规则(★ ☆ △)

交通部于1992年8月31日发布了《内河船舶航行日志记载规则》(以下简称"记载规则")。航行日志是船舶运行全过程的原始记录,是船舶法定文件之一,它真实记载了船舶航次任务、气象、水位情况,航行中的各种情况,停泊时、修理时的详细事项,为分析各种事故原因提供可靠的原始依据,也为编制航次总结,航行经验、教训总结提供资料。

一、内河船舶航行日志的记载主要规定

(1)航行日志应依时间顺序连续记载,不得间断,内容应当明确反映出船舶航行、停泊、作业或修理的基本情节。

(2)交接班时,应当在紧接本班记载内容的后面签字。

(3)计量单位一律采用国家法定计量单位。时间,采用24 h记时法,用四位数表示,如上午八时十五分,写成0815,下午五时四十分,写成1740。

(4)根据不同水域的具体情况,重要地点(或标志)在航行中应当每小时至少记载两个地(标)名。

(5)航行日志(如图1-3-1所示)分类适用范围如下:

①HC-Ⅰ(河船一类航行日志)适用于600总吨及600总吨以上或主推动力装置功率441 kW及441 kW以上的船舶;

②HC-Ⅱ(河船二类航行日志)适用于50总吨至未满600总吨或主推动力装置功率36.8 kW至未满441 kW的船舶;

③HC-Ⅲ(河船三类航行日志)适用于未满50总吨或主推动力装置功率未满36.8 kW的船舶,驾机合一和所有挂桨机船舶。船舶也可使用高于规定类别的《航行日志》。

(6)船长对航行日志的记载全面负责。《航行日志》用完后应在本船妥善保存,保存期限为3年。

图1-3-1　航行日志分类适用范围

二、航行日志要记载的内容

1.航次任务应记载的内容、事项

主要包括航次序号、起止港口、一般运输或特殊任务。

2.气象、水位应记载的内容、事项

3.航行中应记载的内容、事项

主要包括驾驶室与机舱对时的时间和校正数据,用车及变化情况以及主机转换变速的时

间、事由,到、离港的时间和港名,会让船名、时间、地点、何舷通过及会让情况,避风、避雾、避洪峰时间、地点,应变演习的时间、地点、类别,发生安全隐患或事故的时间、地点、应急措施、经过、措施、结果及有关情况。

4. 停泊时应记载的内容、事项

停泊时间、泊位名称、移泊时间和事由;锚泊时的锚地名称、抛锚只数、出链长度、水深、底质、抛锚或起锚开始和完毕的时间,锚泊或起锚的事由;发现走锚的时间,采取的措施;他船靠、离本船的时间、船名、数量;排污、倾废的时间、地点、数量。

5. 作业时应记载的内容、事项

客、货载量情况及变化情况,燃料和清水的储备量、港名、上下客和装卸货的时间;上下客和装卸货应使用关联记载方法记载;艏艉吃水、船体横倾度;被拖船名、载量、最大吃水、编组队形及其总长度、总宽度;对于船队的队形,可在航行日志上以示意图表示。

第三节　船舶最低安全配员规则(★△)

《中华人民共和国船舶最低安全配员规则》(简称"配员规则")于2004年8月1日起开始实施。

一、船舶最低安全配员的原则

(1)确定船舶最低安全配员标准应综合考虑船舶的种类、吨位、技术状况、主推进动力装置功率、航区、航程、航行时间、通航环境和船员值班、休息制度等因素。

(2)船舶所有人可以根据需要增配船员,但船上总人数不得超过经中华人民共和国海事局认可的船舶检验机构核定的救生设备定员标准。

二、船舶最低安全配员的管理规定

(1)船舶应当按照本规则的规定,持有海事管理机构颁发的船舶最低安全配员证书。

(2)船舶在航行、停泊、作业时,必须将船舶最低安全配员证书妥善存放在船备查。船舶不得使用涂改、伪造以及采用非法途径或者舞弊手段取得的船舶最低安全配员证书。

(3)船舶所有人应当按照本规则的规定和船舶最低安全配员证书载明的船员配备要求,为船舶配备合格的船员。

(4)船舶在停泊期间,均应配备足够的掌握相应安全知识并具有熟练操作能力能够保持对船舶及设备进行安全操纵的船员。

(5)无论何时,600总吨及以上(或者441 kW及以上)内河船舶的船长和大副,轮机长和大管轮不得同时离船。

第四节　船舶安全监督规则(★☆△)

本节以新出台的《中华人民共和国船舶安全监督规则》为基础,着重介绍船舶安全监督检查和船舶适航状态评价机制有关内容,以及船舶进出港口报告制度。

《中华人民共和国船舶安全监督规则》(交通运输部2017年14号令)自2017年7月1日起施行。主要内容包括总则、船舶进出港报告、船舶综合质量管理、船舶安全监督、船舶安全责任、法律责任和附则。

一、适用范围

本规则适用于对中国籍船舶和水上设施以及航行、停泊、作业于我国管辖水域的外国籍船舶实施的安全监督工作。本规则不适用于军事船舶、渔业船舶和体育运动船艇。

二、定义

(1)船舶安全监督,是指海事管理机构依法对船舶及其从事的相关活动是否符合法律、法规、规章以及有关国际公约和港口国监督区域性合作组织的规定而实施的安全监督管理活动。船舶安全监督分为船舶现场监督和船舶安全检查。

①船舶现场监督,是指海事管理机构对船舶实施的日常安全监督抽查活动。

②船舶安全检查,是指海事管理机构按照一定的时间间隔对船舶的安全和防污染技术状况、船员配备及适任状况、海事劳工条件实施的安全监督检查活动,包括船旗国监督检查和港口国监督检查。

(2)船舶安全检查分为船旗国监督检查和港口国监督检查。船旗国监督检查是指对中国籍船舶实施的船舶安全检查;港口国监督检查是指对航行、停泊、作业于我国港口(包括海上系泊点)、内水和领海的外国籍船舶实施的船舶安全检查。

(3)法定证书文书(见图1-3-2),是指船舶国籍证书、船舶配员证书、船舶检验证书、船舶营运证件、航海或者航行日志以及其他按照法律、法规,技术规范及公约要求必须配备的证书文书。

(4)航运公司,是指船舶的所有人、经营人和管理人。

三、船舶进出港报告

四川省地方海事局关于实施辖区航行船舶进出港报告制度有关事项的通知(川海事函〔2017〕24号)自2017年7月5日起执行。该通知适用航行于四川省辖区水域的船舶。

该通知办理的途径和方式:

(1)船舶、船员应主动进行进出港口报告。

(2)船舶进出港报告服务网或手机APP客户端报告。

凡航行于四川省辖区嘉陵江、金沙江、岷江、渠江等四级及以上航道的船舶,应登录海事船舶进出港报告服务网或手机APP客户端,按照《服务网或手机APP客户端报告办理指南》的要求,办理船舶进出港报告。

(3)电话报告。航行于四川省辖区四级以下航道的船舶,按照《电话报告办理指南》的要求,可采用电话报告的方式办理进出港报告。

①在封闭库区水域内且有固定航线航行的船舶,可通过电话报告方式每月向管辖该水域的海事管理机构至少报告一次。

②改变航行水域、固定航线的船舶,应在改变当日进行报告。

图 1-3-2 法定证书文书

③客渡船、短途客船,需在元旦、春节、清明、端午、国庆等法定节日以及当地赶集、庙会、特殊节日等重大水上活动期间,通过电话报告方式每天向管辖该水域的海事管理机构至少报告一次。

(4)各市、州可结合辖区管理实际,对航行于辖区四级以下航道的船舶进出港报告的办理方式进行合理优化。有条件的可以采用短信、微信等多种方式报告,尽量鼓励船舶采用船舶进出港报告服务网或手机 APP 客户端报告。

四、船舶安全缺陷的处理

海事行政执法人员在船舶安全监督过程中发现船舶存在缺陷的,应当按照相关法律、法规、规章和公约的规定,提出下列处理意见:

(1)警示教育;

(2)开航前纠正缺陷;

(3)在开航后限定的期限内纠正缺陷;

(4)滞留;

(5)禁止船舶进港;

(6)限制船舶操作;

（7）责令船舶驶向指定区域；

（8）责令船舶离港。

船舶以及相关人员，应当按照海事管理机构签发的《船舶现场监督报告》《船旗国监督检查报告》等的要求，对存在的缺陷进行纠正。船长应当对缺陷纠正情况进行检查，并在航行日志中进行记录。船舶应当妥善保管《船舶现场监督报告》《船旗国监督检查报告》，在船上保存至少2年。

五、船舶安全责任

（1）航运公司应当履行安全管理与防止污染的主体责任，建立、健全船舶安全与防污染制度，对船舶及其设备进行有效维护和保养，确保船舶处于良好状态，保障船舶安全，防止船舶污染环境，为船舶配备满足最低安全配员要求的适任船员。

（2）船舶应当建立开航前自查制度。船舶在离泊前应当对船舶安全技术状况和货物装载情况进行自查，按照国家海事管理机构规定的格式填写《船舶开航前安全自查清单》，并在开航前由船长签字确认。船舶在固定航线航行且单次航程不超过2 h的，无须每次开航前均进行自查，但一天内应当至少自查一次。《船舶开航前安全自查清单》应当在船上保存至少2年。

（3）船长应当妥善安排船舶值班，遵守船舶航行、停泊、作业的安全规定。

（4）船舶应当遵守港口所在地有关管理机构关于恶劣天气限制开航的规定。

航行于内河水域的船舶应当遵守海事管理机构发布的关于枯水季节通航限制的通告。

海事行政执法人员在开展船舶安全监督时，船长应当指派人员配合。指派的配合人员应当如实回答询问，并按照要求测试和操纵船舶设施、设备。

第四章　船员管理规章制度

本章主要介绍一系列船员管理法规、制度,包括船员条例、船员适任考试发证规则、内河船舶船员特殊培训考试和发证办法、船员注册管理办法、船员违法记分办法等。

第一节　船员条例(★ ☆ △)

《中华人民共和国船员条例》(简称"船员条例",见图1-4-1)从2007年9月1起施行。

一、船员注册和任职资格

(一)船员

船员条例所称的船员,是指依照本条例经海事管理机构注册,取得船员服务簿的人员,包括船长、高级船员、普通船员。

(二)申请船员注册应具备的条件

申请船员注册,应当具备下列条件:

(1)年满18周岁(在船实习、见习人员年满16周岁)但不超过60周岁。

(2)符合船员健康要求。

(3)经过船员基本安全培训,并经海事管理机构考试合格。

(4)申请注册国际航行船舶船员的,还应当通过船员专业外语考试。

图1-4-1　船员条例

申请船员注册,可以由申请人或者其代理人向任何海事管理机构提出书面申请,并附送申请人符合本条例规定条件的证明材料。

(三)船员服务簿

(1)船员服务簿是船员的职业身份证件,应当载明船员的姓名、住所、联系人、联系方式以及其他有关事项。

(2)对符合船员注册条件的人员,海事管理机构应当给予注册,颁发船员服务簿。

(3)船员服务簿记载的事项发生变更的,船员应当向海事管理机构办理变更手续。

(4)参加航行和轮机值班的船员,应当依照本条例的规定取得相应的船员适任证书。

(5)申请在船舶上工作的船员,应当按照国务院交通主管部门的规定,完成相应的船员基本安全培训、船员适任培训,经考试合格,取得相应证书,方可持证上岗。

(6)在危险品船、客船等特殊船舶上工作的船员,还应当完成相应的特殊培训。

第二节 船员适任考试和发证规则(★☆△)

《中华人民共和国内河船舶船员适任考试和发证规则》(简称"考试规则")交通运输部令 2015 年第 21 号,自 2016 年 5 月 1 日起施行。

一、船员适任证书申请与签发

(一)船员适任证书分类

在内河船舶担任船长和驾驶部职务船员的适任证书类别按照船舶总吨位确定,其中在拖船担任船长和驾驶部职务船员的适任证书按照拖船的主推进动力装置总功率确定,分为以下类别(见表 1-4-1):

表 1-4-1 在拖船担任船长和驾驶部职务船员的适任证书类别

适任证书(驾驶)	内河船舶	内河拖船
一类	适用于 1 000 总吨及以上	适用于 500 kW 及以上
二类	适用于 300 总吨及以上 至 1 000 总吨	适用于 150 kW 及以上至 500 kW
三类	适用于 300 总吨以下	适用于 150 kW 以下

担任轮机部职务船员的适任证书按照船舶主推进动力装置总功率确定,分为以下类别(见表 1-4-2):

表 1-4-2 担任轮机部职务船员的适任证书类别

适任证书(轮机)	内河船舶
一类	适用于 500 kW 及以上
二类	适用于 150 kW 及以上至 500 kW
三类	适用于 150 kW 以下

内河适任船员类别职务与内河船舶类别岗位对应表(见表 1-4-3)如下:

表 1-4-3 内河适任船员类别职务与内河船舶类别岗位对应表

适任船员	内河船舶							
类别职务	一类船舶岗位				二类船舶岗位		三类船舶岗位	
驾驶部	船长	大副	二副	三副	船长	驾驶员	船长	驾驶员
一类船长	√	√	√	√	√	√	√	√
一类大副		√	√	√	√	√	√	√
一类二副			√	√	√	√	√	√
一类三副				√	√	√	√	√

续表

适任船员	内河船舶							
类别职务	一类船舶岗位				二类船舶岗位		三类船舶岗位	
二类船长					√	√	√	√
二类驾驶员						√		√
三类船长							√	√
轮机部	轮机长	大管轮	二管轮	三管轮	轮机长	轮机员	轮机长	轮机员
一类轮机长	√	√	√	√	√	√	√	√
一类大管轮		√	√	√	√	√	√	√
一类二管轮			√	√	√	√	√	√
一类三管轮				√				√
二类轮机长					√	√	√	√
二类轮机员						√		√
三类轮机长							√	√
三类轮机员								√

（二）取得船员适任证书应当具备的条件

（1）已经取得船员服务簿；

（2）符合国家海事管理机构规定的内河船舶船员适任岗位健康标准；

（3）经过与所申请适任证书类别、职务资格相对应的内河船舶船员适任培训；

（4）通过国家海事管理机构规定相应科目的内河船舶船员适任考试；

（5）具备本规则附件规定的内河船舶船员有效水上服务资历，并且任职表现和安全记录良好。

（三）申请适任证书重新签发需具备的水上服务资历条件

持证人在适任证书有效期届满前 1 年内向具有原适任证书发证权限的发证机构申请适任证书重新签发的，除应当符合内河船舶船员适任岗位健康标准且任职表现和安全记录良好外，在适任证书有效期内的水上服务资历还应当符合下列情形之一：

（1）任职与其适任证书所载类别、职务资格相对应，累计不少于 12 个月；

（2）任职与其适任证书所载类别、职务资格相对应，自申请之日起向前计算 6 个月内累计不少于 3 个月；

（3）适任证书持证人的任职与其适任证书所载类别相对应，但职务低一级，或者与其适任证书所载职务资格相对应，但类别低一级，累计不少于 12 个月。

有下列情形之一，持证人向具有原适任证书发证权限的发证机构申请适任证书重新签发的，除应当符合内河船舶船员适任岗位健康标准外，还应当通过国家海事管理机构规定的同类别同职务资格的内河船舶船员实际操作考试：

（1）持证人在适任证书有效期届满后 5 年内申请重新签发；

（2）持证人在适任证书有效期届满前 1 年内申请重新签发,但不具有规定的水上服务资历。

（3）持证人在适任证书有效期届满 5 年后向具有原适任证书发证权限的发证机构申请适任证书重新签发,除应当符合内河船舶船员适任岗位健康标准外,还应当通过国家海事管理机构规定的同类别同职务资格的内河船舶船员适任考试。

（四）如何申请船员适任证书的补发

适任证书损坏、遗失需补发的,持证人应当向原发证机构申请。适任证书被依法扣留期间,持证人不得申请补发适任证书。

二、船员适任考试

（一）内河船舶船员的适任考试的两种形式

1. 理论考试

理论考试应当以理论知识为主要考试内容,重点对内河船舶船员专业知识的掌握和理解程度进行测试。

2. 实际操作考试

实际操作考试应当通过对相应船舶、模拟器或者其他设备的操作等方式,对内河船舶船员专业知识综合运用、操作及应急等能力进行技能测评。

（二）申请参加适任考试的人员应当提交的材料

（1）适任考试报名表,主要包括考生基本情况、报考适任证书类别、职务资格、航区（线）、任职资历等内容。

（2）申请人身份证明。

（3）船员服务簿。

（4）符合要求规格和数量的照片。

考试机构应当于适任考试开始之日 5 日前向报名参加适任考试的人员发放考试通知书,告知考试的时间、地点以及查询考试成绩的途径等事项。

（三）船员适任考试补考

（1）适任考试任一科目不合格的,可以自初次适任考试通知书签发之日起 3 年内申请补考。逾期不能通过全部科目理论考试和实际操作考试的,所有科目理论考试和实际操作考试成绩失效。

（2）考试机构应当在理论考试或者实际操作考试结束后 30 日内公布考试成绩。合格的适任考试成绩自初次适任考试通知书签发之日起 5 年内有效。

第三节　内河船舶船员特殊培训考试和发证办法（★☆△）

《内河船舶船员特殊培训考试和发证办法》自 2015 年 4 月 1 日起实施。

一、适用范围

本办法适用于为取得"内河船舶船员特殊培训合格证"（见图 1-4-2）而进行的培训和考试，以及合格证的签发与管理。

图 1-4-2　内河船舶船员特殊培训合格证

二、考试和发证

内河船舶船员特殊培训考试分为理论考试和实际操作考试。理论考试满分为 100 分，60 分及以上为及格；实际操作考试成绩分为及格和不及格两种。理论考试和实际操作考试均及格才视为考试合格。

（1）理论考试或实际操作考试不及格者，在考试成绩公布之日起一年内有两次补考机会。补考仍不及格者，须重新参加培训和考试。

（2）考试合格者，可向考试发证机构申请签发相应的合格证。合格证的有效期为 5 年。

三、再有效审验

（1）合格证持有人应在合格证有效期届满前一年及届满后 3 个月内，向原考试发证机构申请再有效审验。

（2）申请内河船舶船员特殊培训合格证再有效审验应满足以下条件：

①最近 5 年内具有不少于一年的相应内河船舶任职服务资历；

②完成规定的知识更新培训和考核；

③任职安全记录良好。

（3）各项目知识更新培训应由取得相应培训许可的培训机构开展，培训时间为 6～12 h，并且应包含以下培训内容：最近 5 年新生效的相关法律、法规；新技术新设备应用；相关案例分析；其他相关管理要求。

（4）未满足再审验条件的，或未在规定的时间内完成再有效审验者，如需重新申请合格证,应重新参加相应的内河船舶船员特殊培训和考试。

内河船员特殊培训合格证项目签注名以及适用的船舶种类如表1-4-4所示。

表1-4-4　内河船员特殊培训合格证项目签注名以及适用的船舶种类

特殊培训项目	特殊培训合格证签注名称	适用船舶及船员
内河油船特殊培训	内河1 000总吨及以上油船船员特殊培训合格证	适用于在内河油船、内河油驳及拖带内河油驳的拖船上任职的船员
	内河1 000总吨以下油船船员特殊培训合格证	适用于在1 000总吨以下的内河油船、内河油驳及拖带内河油驳的拖船上任职的船员
内河散装化学品船船员特殊培训	内河1 000总吨及以上散装化学品船船员特殊培训合格证	适用于内河散装化学品船、内河散装化学品驳船及拖带内河散装化学品驳船的拖船上任职的船员
	内河1 000总吨以下散装化学品船船员特殊培训合格证	适用于在1 000总吨以下的内河散装化学品船、内河散装化学品驳船及拖带内河散装化学品驳船的拖船上任职的船员
内河液化气船船员特殊培训	内河液化气船船员特殊培训合格证	适用于在内河液化气船上任职的船员
内河客船船员特殊培训	内河客船船员特殊培训合格证	适用于在内河客船上任职的船员
内河高速船船员特殊培训	内河高速船船员特殊培训合格证	适用于在内河高速船上任职的船长及高级船员
内河滚装船船员特殊培训	内河滚装船船员特殊培训合格证	适用于在内河滚装船(横江/河汽车轮渡除外)上任职的船员
内河载运包装危险货物船舶船员特殊培训	内河载运包装危险货物船舶船员特殊培训合格证	适用于在内河载运具有爆炸、易燃、毒害、腐蚀、放射性、污染危害性等特性,在船舶载运过程中,容易造成人身伤害、财产损失或者环境污染而需要特别防护的包装危险货物(《国际海运危险货物规则》所包含的物质、材料和物品)船舶上任职的船长及甲板部船员
内河液化气燃料动力装置船船员特殊培训	内河液化气燃料动力装置船船员特殊培训合格证	适用于在内河液化气燃料动力装置船上任职的船员

第四节　船员注册管理办法(★ ☆ △)

《中华人民共和国船员注册管理办法》(简称"注册办法")(交通运输部2008年第1号令),自2008年7月1日起施行。

一、船员注册

船员注册是指海事管理机构根据申请人的申请,经依法审查,对符合船员注册条件的予以登记,签发船员服务簿,准许申请人从事船员职业的行为。

二、申请船员注册应当具备的条件

(1)年满18周岁(在船实习、见习人员年满16周岁),但不超过60周岁。

(2)符合船员健康要求。

(3)经过内河船舶船员基本安全培训,并经海事管理机构考试合格。

船员注册申请可以向任何海事管理机构提出。船员注册申请可以由申请人本人提出,也可以由船员服务机构、船员用人单位代为提出。

第五节　船员违法记分办法(★ ☆ △)

《中华人民共和国船员违法记分办法》(简称"违法记分办法")自2016年1月1日起施行。

一、船员违法记分

船员违法记分是指对船员违反水上交通安全和防治船舶污染水域法律、行政法规行为实施的累计记分。

二、船员违法记分周期和分值

(1)船员累计记分周期(即记分周期)为1个公历年,满分15分,自每年1月1日始至12月31日止。

(2)根据船员违法行为的严重程度,一次船员违法记分的分值为:15分、8分、4分、2分、1分五种。

三、船员违法记分的实施

(1)船员一次存在两种以上违法行为的,应当分别计算,累计记分分值。

①对存在共同违法行为的船员,应当分别实施船员违法记分。

②对船员的同一违法行为,不得给予船员两次及以上违法记分。

(2)船员在一个记分周期内累计记分达到15分的,最后实施船员违法记分的海事管理机构应当扣留其船员适任证书,责令其参加为期5日的水上交通安全、防治船舶污染等有关法律、行政法规的培训(以下简称"法规培训")并进行相应的考试。

(3)船员在一个记分周期内累计记分未达到15分的,记分分值重新起算。

(4)船员在一个记分周期内累计记分两次及以上达到15分,或在连续2个记分周期内分别达到15分,或连续2个记分周期内累计记分达到40分的,最后实施船员违法记分的海事管理机构应当扣留其船员适任证书,责令其参加法规培训和考试,考试内容除理论部分外,还包括船员适任能力考核。

四、法规培训和考试

(1)船员需参加法规培训的,可向最后被实施船员违法记分地、船员注册地或船员适任证书签发地的海事管理机构报名。海事管理机构收到船员的报名后,对符合上款规定的应在15个工作日内组织培训。

(2)被扣留船员适任证书的船员经相应考试合格后,海事管理机构应发还其船员适任证书,记分分值重新起算。

(3)被扣留船员适任证书的船员未经考试合格的,不得在船舶上继续服务。

第五章　内河交通安全管理规章

本章主要介绍《中华人民共和国内河交通安全管理条例》和《中华人民共和国内河交通事故调查处理规定》两个规章。

第一节　内河交通安全管理条例(★ ☆ △)

自 2002 年 8 月 1 日开始实施的《中华人民共和国内河交通安全管理条例》(以下简称"内安条例",见图 1-5-1)。条例的主要目的是加强内河交通安全工作,维护内河交通秩序,保障人民生命财产安全。条例适用于在中华人民共和国内河通航水域从事航行、停泊、作业以及与内河交通安全有关的活动。

一、船舶和船员

(一)船舶

船舶是指各类排水或者非排水的船、艇、筏、水上飞行器、潜水器、移动式平台以及其他水上移动装置。

(二)内河通航水域

内河通航水域指由海事管理机构认定的可供船舶航行的江、河、湖泊、水库、运河等水域。

(三)浮动设施

浮动设施指采用缆绳或者锚链等非刚性固定方式系固并漂浮或者潜于水中的建筑、装置。

图 1-5-1　内安条例

(四)水上交通事故

水上交通事故指船舶、浮动设施在内河通航水域发生的碰撞、触碰、触礁、浪损、搁浅、火灾、爆炸、沉没等引起人身伤亡和财产损失的事件。

(五)内河交通安全主体责任

船舶所有人、经营人、管理人以及其他从事与内河交通安全有关活动的单位、个人,应当落实内河交通安全的主体责任,遵循诚信原则,遵守本条例和其他有关法律、法规的相关规定。

(六)船舶航行必须具备的条件

(1)经海事管理机构认可的船舶检验机构依法检验并持有合格的船舶检验证书;

(2)经海事管理机构依法登记并持有船舶国籍证书;

（3）配备符合国务院交通主管部门规定的船员；

（4）配备必要的航行资料。

（七）船舶的义务

船舶除应具备上述条件外，按内安条例规定还应当：

（1）保持适于安全航行、停泊或者从事有关活动的状态；

（2）船舶、浮动设施的配载和系固符合国家安全技术规范。

（八）船员的任职条件和权利义务

1. 船员的任职条件

（1）船员经水上交通安全专业培训，其中客船和载运危险货物船舶的船员还应当经相应的特殊培训，并经海事管理机构考试合格，取得相应的适任证书或者其他适任证件，方可担任船员职务。

（2）严禁未取得适任证书或者其他适任证件的船员上岗。

内河船员培训按照培训内容分为三类（见表 1-5-1）：

表 1-5-1　内河船员培训按照培训内容分类

培训种类	培训项目
船员基本安全培训	船员基本安全培训
船员适任培训	驾驶岗位
	轮机岗位
特殊培训	油船
	散装化学品船
	液化气船
	客船
	滚装船
	载运包装危险货物船舶
	液化气燃料动力装置船
	高速船

2. 船员的权利义务

（1）船员在工作中，有权拒绝船舶所有人、经营人、管理人或船长强令冒险航行、作业。

（2）船员应当遵守职业道德，提高业务素质，严格依法履行职责。

（九）船舶、船员证书或者其他适任证件管理的禁止性规定

禁止伪造、买卖、租借、冒用船舶检验证书、船舶登记证书、船员适任证书或者其他适任证件。

船长不得允许除乘客、船员和相关管理人员外的其他人员随船航行、作业。

二、航行、停泊和作业

（一）船舶航行应遵守的规定

（1）船舶在内河航行，应当悬挂国旗，标明船名、船籍港、载重线，并应保证 24 h 正常显示。

（2）应当报废的船舶不得航行。

（3）在内河航行应当加强瞭望，注意观察，并采用安全航速航行。

（4）应按避碰规则有关规定进行航路的选择和避让。

（5）船舶进出内河港口，应当向海事管理机构报告。

（6）任何船舶不得超载运输货物或者旅客。

（7）船舶应当按照船舶检验证书载明的抗风等级要求航行，并根据风力变化情况采取相应的抗风措施。

（二）船舶停泊应遵守的规定

（1）船舶应当在码头、泊位或者依法公布的锚地、停泊区、作业区停泊；遇有紧急情况，需要在其他水域停泊的，应当向海事管理机构报告。

（2）停泊应当按照规定显示信号，留有足以保证船舶安全的船员值班。

三、通航保障

（一）航道及助航标志的管理

任何单位和个人发现航道异常情况，应当迅速向海事管理机构报告。

（二）航行通告（航行警告）

航行通告是指海事管理机构以书面形式（文书或登报）或无线电通信方式向船舶驾驶人员提供有关航行安全的紧急或临时性重要信息的一种公告形式。

四、救助

（一）遇险船舶、浮动设施的救助义务和责任

（1）船舶、浮动设施遇险，应当采取一切措施自救。

（2）船舶、浮动设施发生碰撞事故，任何一方应当在不危及自身安全的情况下，积极救助遇险的他方，不得逃逸。按本条例的规定，对于碰撞事故，任何一方不论其受损情况如何，在不危及自身安全的情况下，应积极救助遇险的他方，此规定属强制性规定。

（二）遇险现场和附近的其他船舶、有关单位及人员的救助义务责任

（1）船员、浮动设施上的工作人员或者其他人员发现其他船舶、浮动设施遇险，或者收到求救信号后，必须尽力救助遇险人员，并将有关情况及时向遇险地海事管理机构报告。

（2）船舶、浮动设施遇险时，有关部门和人员必须积极协助海事管理机构做好救助工作。遇险现场和附近的船舶、人员，必须服从海事管理机构的统一调度和指挥。

五、事故调查处理

（1）船舶、浮动设施发生交通事故，其所有人或者经营人必须立即向交通事故发生地海事管理机构报告，并做好现场保护工作。

（2）接受海事管理机构调查、取证的有关人员，应当如实提供有关情况和证据，不得谎报或者隐匿、毁灭证据。

第二节 内河交通事故调查处理规定（★ ☆ △）

《中华人民共和国内河交通事故调查处理规定》（简称"事故调查处理规定"）自 2007 年 1 月 1 日起施行。

一、概念及分类

（一）内河交通事故

本规定所称内河交通事故是指船舶、浮动设施在内河通航水域内航行、停泊、作业过程中发生的下列事件：

（1）碰撞、触碰或者浪损。

（2）触礁或者搁浅。

（3）火灾或者爆炸。

（4）沉没（包括自沉）。

（5）影响适航性能的机件或者重要属具的损坏或者灭失。

（6）其他引起财产损失或者人身伤亡的交通事件。

（二）内河交通事故的分类标准

按照人员伤亡和直接经济损失情况，内河交通事故分为小事故、一般事故、大事故、重大事故和特大事故（见表1-5-2）。

表 1-5-2　内河交通这事故的分类

等级	伤亡人数	经济损失	水域污染
特别重大事故	30 人以上死亡（含失踪）的，或者 100 人以上重伤	1 亿元以上	船舶溢油 1 000 t 以上
重大事故	10 人以上 30 人以下死亡（含失踪）的，或者 50 人以上 100 人以下重伤	5 000 万元以上 1 亿元以下	船舶溢油 500 t 以上 1 000 t 以下
较大事故	3 人以上 10 人以下死亡（含失踪）的，或者 10 人以上 50 人以下重伤	1 000 万元以上 5 000 万元以下	船舶溢油 100 t 以上 500 t 以下
一般事故	1 人以上 3 人以下死亡（含失踪）的，或者 1 人以上 10 人以下重伤	100 万元以上 1 000 万元以下	船舶溢油 1 t 以上 100 t 以下
小事故	小事故，指未达到一般事故等级的事故		

小事故、一般事故、大事故、重大事故的具体标准按照交通运输部颁布的《水上交通事故统计办法》的有关规定执行。

内河交通事故的调查处理，应当遵守相关法律、行政法规的规定。特大事故的具体标准和调查处理按照国务院有关规定执行。

二、报告

（一）内河交通事故报告主要内容

（1）船舶、浮动设施发生内河交通事故，必须立即采取一切有效手段向事故发生地的海事管理机构报告。报告的主要内容包括：船舶、浮动设施的名称，事故发生的时间和地点，事故发生时水域的水文、气象、通航环境情况，船舶、浮动设施的损害情况，船员、旅客的伤亡情况，水域环境的污染情况以及事故简要经过等。

（2）船舶、浮动设施发生内河交通事故，除应当按本规定进行报告外，还必须在事故发生后24 h内向事故发生地的海事管理机构提交内河交通事故报告和必要的证书、文书资料。

（二）内河交通事故报告具体内容

（1）船舶、浮动设施概况（包括其名称、主要技术数据、证书、船员及所载旅客、货物等）。

（2）船舶、浮动设施所属公司情况（包括其所有人、经营人或者管理人的名称、地址、联系电话等）。

（3）事故发生的时间和地点。

（4）事故发生时水域的水文、气象、通航环境情况。

（5）船舶、浮动设施的损害情况。

（6）船员、旅客的伤亡情况。

（7）水域环境的污染情况。

（8）事故发生的详细经过（碰撞事故应当附相对运动示意图）。

（9）船舶、浮动设施沉没的，其沉没概位。

（10）与事故有关的其他情况。

内河交通事故报告内容必须真实，不得隐瞒事实或者提供虚假情况。

三、调查及处理

（一）内河交通事故调查的实施

（1）船舶、浮动设施发生内河交通事故，有关船舶、浮动设施、单位和人员必须严格保护事故现场，除因抢险等紧急原因外，未经海事管理机构调查人员的现场勘查，任何人不得移动现场物件。

（2）发生内河交通事故的船舶、浮动设施及相关单位和人员应当接受和配合海事管理机构的调查、取证。有关人员应当如实陈述事故的有关情况和提供有关证据，不得谎报情况或者隐匿、毁灭证据。

（3）根据事故调查的需要，海事管理机构可以责令事故所涉及的船舶到指定地点接受调查。当事船舶在不危及自身安全的情况下，未经海事管理机构批准，不得驶离指定地点。

（4）海事管理机构在进行调查取证时，可以采用录音、录像、照相等法律、法规允许的调查手段。

（5）任何单位和个人不得干涉、阻挠海事管理机构依法对内河交通事故进行调查。

（二）内河交通事故的处理

（1）对内河交通事故发生负有责任的单位和人员，有关主管机关应当依据有关法律、法规和规章给予行政处罚。涉嫌构成犯罪的，移送司法机关处理。

（2）根据内河交通事故发生的原因，海事管理机构可责令有关船舶、浮动设施的所有人、经营人或者管理人对其所属船舶、浮动设施加强安全管理。有关船舶、浮动设施的所有人、经营人或者管理人应当积极配合，认真落实。

对拒不加强管理或者在期限内达不到安全要求的，海事管理机构有权采取责令其停航、停止作业等强制措施。

第六章　内河船舶防污染管理规定

当前,内河水域防污染管理被摆上了更加重要的议程,本章主要介绍水污染防治法、防治船舶污染内河水域环境管理规定等内容,让船员掌握船舶防污染日常工作的一些刚性要求。

第一节　水污染防治法(★ ☆ △)

《中华人民共和国水污染防治法》自 2008 年 6 月 1 日起施行。

一、水污染防治法适用范围

水污染防治法适用于中华人民共和国领域内的江河、湖泊、运河、渠道、水库等地表水体以及地下水体的污染防治。

二、船舶污油水排放要求

(1)船舶排放含油污水应当符合船舶污染物排放标准。从事海洋航运的船舶进入内河和港口的,应当遵守内河的船舶污染物排放标准。

(2)船舶的残油、废油应当回收,禁止排入水体。

(3)船舶装载运输油类或有毒货物,应当采取防止溢流和渗漏的措施,防止货物落水造成水污染。

三、船舶污油水的排放标准

《船舶污染物排放标准 GB 3552—1983)》于 1983 年 4 月 9 日发布,1983 年 10 月 1 日起实施。该标准适用于中国籍船舶和进入中华人民共和国水域的外国籍船舶。

其中,对船舶在内河水域的污油水排放标准为:船舶含油污水(油船压舱水、洗舱水及船舶舱底污水)的含油最高允许排放浓度为 15 mg/L。含油污水系指含有原油和各种石油产品的污水。

四、船舶排放污染设备配置

(1)船舶应当按照国家有关规定配置相应的防污设备和器材(见图 1-6-1),并持有合法有效的防止水域环境污染的证书与文书。船舶进行涉及污染物排放的作业时,应当严格遵守操作规程,并在相应的记录簿上如实记载。

(2)港口、码头、装卸站和船舶修造厂,应当备有足够的船舶污染物、废弃物的接收设施。

从事船舶污染物、废弃物接收作业,或者从事装载油类、污染危害性货物船舱清洗作业的单位,应当具备与其运营规模相适应的接收处理能力。

（3）油水分离设备和排放控制系统的装设（见图1-6-2）

①船舶主柴油机总功率等于或大于 440 kW 的船舶，建造时至少应装设一套油水分离设备；船舶主柴油机总功率等于或大于 220 kW 但小于 440 kW 的新船，应于船舶建造时，至少装设一套额定处理量为 0.1～0.25 m³/h 的小船油水分离设备。

图1-6-1　船舶排放污染设备配置图

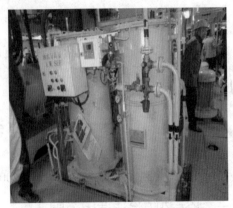

图1-6-2　油水分离设备和排放控制系统

②安装在船上的油水分离设备，应有船检部门颁发的型式检验证卡或船用产品证书。

③油水分离设备应能在船舶长期处于横倾 10°、纵倾 5° 的状况下正常工作。其处理水的排放应能手动控制。

④油水分离设备的安装位置应尽可能远离震源，并留出足够的通道和空间。

⑤若船舶装有油分报警装置，则该装置应保证在处理水的含油量超过 15 mg/L 的排放控制规定时能发出警报，对未设油分报警装置的船舶，应加强处理水的取样化验。

⑥装有油水分离设备的船舶，应设置污油舱（柜），用于贮存污油。

（4）污油水舱（柜）的装设

①船舶主柴油机总功率小于 220 kW 的船舶，若未装设油水分离设备，则应设有污油水舱（柜）用以贮存含油舱底水，定期排放至接收设备，禁止将污油水直接排放舷外。

②船舶主柴油机总功率小于 220 kW 的船舶，经船检部门同意，可采取其他简易有效的设施贮存含油舱底水。

③污油水舱（柜）和污油舱（柜）的结构应满足规范的有关规定。

（5）泵、管路和排放接口的布置

①船舶应设有排放管路用于排放含油舱底水或污油至接收设备（或简易有效设施），该管路不得兼作他用。

②排放管路的连接管应设有标准排放接口。

③泵、管路的布置应符合相应的要求。

第二节　防治船舶污染内河水域环境管理规定（★ ☆ △）

《中华人民共和国防治船舶污染内河水域环境管理规定》（交通运输部 2015 年第 25 号

令），自 2016 年 5 月 1 日起施行。

一、船舶防治污染的原则

船舶防治污染实行预防为主、防治结合、及时处置、综合治理的原则。

二、有毒液体物质

有毒液体是将对水资源或者人类健康产生危害或者对合法利用水资源造成损害的物质。包括在《国际散装运输危险化学品船舶构造和设备规则》第 17 或 18 章的污染种类列表中标明的或者暂时被评定为 X、Y、Z 类的任何物质。

三、污染危害性货物

污染危害性货物是指直接或者间接地进入水体，会损害水体质量和环境质量，对生物资源、人体健康等产生有害影响的货物。

四、特殊保护水域

各级人民政府按照有关规定划定并公布的自然保护区、饮用水源保护区、渔业资源保护区、旅游风景名胜区等需要特别保护的水域。

五、水上燃料加注站

水上燃料加注站固定于某一水域，具有燃料储存功能，给船舶供给燃料的趸船或者船舶。

六、船舶防污的一般规定

（1）船舶防治污染的结构、设备、器材应当符合国家有关规范、标准，经海事管理机构或者其认可的船舶检验机构检验，并保持良好的技术状态。

（2）船舶应当依照法律、行政法规、国务院交通运输主管部门的规定以及中华人民共和国缔结或者加入的国际条约、协定的要求，具备并随船携带相关的防治船舶污染内河水域环境的证书、文书。

（3）船员应当有相应的防治船舶污染内河水域环境的专业知识和技能，熟悉船舶防污染程序和要求，经过相应的专业培训，持有有效的适任证书和合格证明。

（4）从事有关作业活动的单位应当组织本单位作业人员进行防治污染操作技能、设备使用、作业程序、安全防护和应急反应等专业培训，确保作业人员具备相关防治污染的专业知识和技能。

（5）150 总吨及以上的油船、油驳和 400 总吨及以上的非油船、非油驳的拖驳船队应当制订船上油污应急计划，150 总吨以下油船应当制定油污应急程序。

（6）150 总吨及以上载运散装有毒液体物质的船舶应当按照交通运输部的规定制订船上有毒液体物质污染应急计划和货物资料文书，明确应急管理程序与布置要求。

（7）400 总吨及以上载运散装有毒液体物质的船舶可以制订船上污染应急计划，代替船上有毒液体物质污染应急计划和船上油污应急计划。

（8）水路运输企业，应针对所运输的危险化学品的危险特性，制定运输船舶危险化学品事故应急救援预案,并为运输船舶配备充足、有效的应急救援器材和设备。

七、船舶污染物如何排放和接收

(1)在内河水域航行、停泊和作业的船舶,不得违犯法律、行政法规、规范、标准和交通运输部的规定向内河水域排放污染物。不符合排放规定的船舶污染物应当交由港口、码头、装卸站或者有资质的单位接收处理。

(2)禁止船舶向内河水体排放有毒液体物质及其残余物或者含有此类物质的压载水、洗舱水或者其他混合物;禁止船舶在内河水域使用焚烧炉;禁止在内河水域使用溢油分散剂。

(3)150 总吨及以上的油船、油驳和 400 总吨及以上的非油船、非油驳的拖驳船队应当将油类作业情况如实、规范地记录在经海事管理机构签注的油类记录簿中。

(4)150 总吨以下的油船、油驳和 400 总吨以下的非油船、非油驳的拖驳船队应当将油类作业情况如实、规范地记录在轮机日志或者航行日志中。

(5)载运散装有毒液体物质的船舶应当将有关作业情况如实、规范地记录在经海事管理机构签注的货物记录簿中。

(6)船舶应当将使用完毕的油类记录簿、货物记录簿在船上保留 3 年。

(7)船长 12 m 及以上的船舶应当设置符合格式要求的垃圾告示牌,告知船员和旅客关于垃圾管理的要求。

(8)100 总吨及以上的船舶以及经核准载运 15 名及以上人员且单次航程超过 2 km 或者航行时间超过 15 min 的船舶,应当持有船舶垃圾管理计划和海事管理机构签注的船舶垃圾记录簿,并将有关垃圾收集处理情况如实、规范地记录于船舶垃圾记录簿中。船舶垃圾记录簿应当随时可供检查,使用完毕后在船上保留 2 年。

(9)上述规定以外的船舶应当将有关垃圾收集处理情况记录于航行日志中。

(10)禁止向内河水域排放船舶垃圾。船舶应当配备有盖、不渗漏、不外溢的垃圾储存容器,按照船舶垃圾管理计划对所产生的垃圾进行分类、收集、存放。

(11)船舶将含有有毒有害物质或者其他危险成分的垃圾排入港口接收设施或者委托船舶污染物接收单位接收的,应当提前向对方提供此类垃圾所含物质的名称、性质和数量等信息。

(12)船舶在内河航行时,应当按照规定使用声响装置,并符合环境噪声污染防治的有关要求。

(13)船舶使用的燃料应当符合有关法律、法规和标准要求,鼓励船舶使用清洁能源。

(14)船舶不得超过相关标准向大气排放由动力装置运转产生的废气以及船上产生的挥发性有机化合物。

(15)自疫区船舶的船舶垃圾、压载水、生活污水等船舶污染物,应当经检疫部门检疫合格后,方可进行接收和处理。

(16)船舶污染物接收单位在污染物接收作业完毕后,应当向船舶出具污染物接收处理单证,并将接收的船舶污染物交由岸上相关单位按规定处理。

(17)船舶污染物接收单证上必须注明作业双方名称、作业开始和结束的时间、地点,以及污染物种类、数量等内容,并由船方签字确认。船舶应当将船舶污染物接收单证与相关记录簿一并保存备查。

八、船舶污染事故如何实施应急处置

（1）船舶发生污染事故，应当立即就近向海事管理机构如实报告，同时启动污染事故应急计划或者程序，采取相应措施控制和消除污染。在初始报告以后，船舶还应当根据污染事故的进展情况做出补充报告。

（2）发生污染事故的船舶，应当在事故发生后 24 h 内向事故发生地的海事管理机构提交船舶污染事故报告。因特殊情况不能在规定时间内提交船舶污染事故报告的，经海事管理机构同意可以适当延迟，但最长不得超过 48 h。

（3）船舶污染事故报告，应当至少包括以下内容：①船舶的名称、国籍、呼号或者编号；②船舶所有人、经营人或者管理人的名称、地址；③发生事故的时间、地点以及相关气象和水文情况；④事故原因或者事故原因的初步判断；⑤船上污染物的种类、数量、装载位置等概况；⑥事故污染情况；⑦应急处置情况；⑧船舶污染损害责任保险情况。

（4）船舶有沉没危险或者船员弃船的，应当尽可能地关闭所有液货舱或者油舱（柜）管系的阀门，堵塞相关通气孔，防止溢漏，并向海事管理机构报告船舶燃油、污染危害性货物以及其他污染物的性质、数量、种类、装载位置等情况。

（5）船舶发生事故，造成或者可能造成内河水域污染的，船舶所有人或者经营人应当及时消除污染影响。不能及时消除污染影响的，海事管理机构可以采取清除、打捞、拖航、引航、过驳等必要措施，发生的费用由责任者承担。

（6）依法应当承担前款规定费用的，船舶及其所有人或者经营人应当在开航前缴清相关费用或者提供相应的财务担保。

（7）船舶造成内河水域污染的，应当主动配合事故调查机构的调查。船舶污染事故的当事人和其他有关人员应当如实反映情况和提供资料，不得伪造、隐匿、毁灭证据或者以其他方式妨碍调查取证。

（8）船舶污染事故的当事人和其他有关人员提供的物证、视听资料应当是原件原物，不能提供原件原物而提供抄录件、复印件、照片等非原件原物的，应当签字确认；拒绝确认的，事故调查人员应当注明有关情况。

（9）有下列情形的，事故调查机构可以按照规定程序组织各级海事管理机构和相关部门开展船舶污染事故协查：

①污染事故肇事船舶逃逸的。

②污染事故嫌疑船舶已经开航离港的。

③辖区发生污染事故但暂时无法确认污染来源，经分析过往船舶有事故嫌疑的。

第七章 四川省水上交通安全管理法规制度

本章主要介绍与四川省内河船员有关的法规或规范性文件,即:四川省水上交通安全管理条例、四川省渡口管理办法、四川省客渡船舶签单发航管理规定及主要汛期安全制度。

第一节 四川省水上交通安全管理条例(★ ☆ △)

《四川省水上交通安全管理条例》于 2012 年 7 月 27 日公布,自公布之日起施行。

一、适用范围

凡在四川省行政区域内拥有船舶和水上水下设施所有权,经营权的公民、法人和其他组织,从事水上交通、水路运输及服务,港口生产经营,船舶设计、制造和维修,港口、航道建设和维护以及其他与水上交通安全有关活动的公民、法人和其他组织,应当遵守本条例。

二、船员管理规定

(1)船员应当按照规定申请注册,并取得船员服务簿。

(2)担任船员职务应当取得相应的适任证书和其他适任证件。任何单位和个人不得聘用无适任证书和其他适任证件的人员在船上担任船员职务。

(3)船员应当在适任证书、证件有效期内按照规定参加相应的安全学习、培训。

(4)船员有下列行为之一的,航务海事管理机构应当依法对其实施处罚并可责令其参加强制性安全培训:①船舶存在安全隐患,未在限定的期限内纠正或者消除的;②以不安全的方式操纵船舶,发生重大险情或者一般及以上等级事故的;③屡次违反船舶航行规则的;④向船舶外违法排放污染物的;⑤疲劳驾驶、超时驾驶、酒后驾驶的;⑥其他危及人身、财产安全的行为。

(5)航务海事管理机构应当对船员实施安全违法行为累计记分制度。凡年度内累计记分达到规定分值的船员,应当参加航务海事管理机构组织的强制性安全培训和考试。考试不合格者或者无正当理由拒不参加安全培训和考试者,由原发证机关注销其船员适任证书、证件。

第二节 四川省渡口管理办法(★ ☆ △)

《四川省渡口管理办法》自 2013 年 4 月 1 日起施行。

一、适用范围

四川省行政区域内渡口的建设、维护、生产经营、管理等活动。

二、渡船船员管理规定

（1）渡船船员应当依法取得相应的适任证书或者其他适任证件。

（2）渡船配备的船员人数不得低于核定的最低安全配员。

（3）渡船船员应当参加安全教育培训，严格执行安全航行规定，督促乘客按照规定穿戴救生设施，制止和纠正乘客、车辆违法行为。

（4）任何人不得指使、强令渡船船员违章操作。

（5）渡船渡运时，渡船、渡船船员的相关证书、证件应当随船携带。

第三节　客渡船舶签单发航和主要汛期安全制度（★☆△）

四川省客渡船舶签单发航管理规定（省交通运输厅川交发〔2013〕130号修订）自2013年12月20日起执行。

一、客渡船舶签单发航制度

（1）客渡船舶签单发航是指客船、渡船在渡口、码头发航前，由签单人员现场检查其安全适航条件，并签字同意后方可发航的安全监督管理活动。

（2）日均流量300人次以上的渡口，应当确定专人负责航次签单发航；其他渡口的签单发航制度，由乡（镇）人民政府、特定水域管理机构根据需要，并结合本规定自行确定。凡纳入航次签单的渡口、码头，应由组织单位负责落实专人具体执行签单发航工作。

（3）签单人员应当履行下列职责：

①宣传水上交通安全法律、法规、规章，严格执行客渡船舶安全管理的相关制度。

②坚守岗位，着装规范，严格签单发航，如实记录客渡船舶发航运行情况。

③监督船主、船员和乘客遵守水上交通安全管理规定，依法纠正和制止客渡船舶的安全隐患和违法行为，并及时上报。

④完成乡镇人民政府、特定水域管理机构和上级有关部门交办的其他工作。

（4）签单发航的工作程序和工作要求：

①签单人员应严格执行"六不发航"规定。

②签单人员应当维护乘客上下船秩序，及时清点上船乘客数量，制止客渡船舶超员、超载。

③签单人员应如实填写《四川省客渡船舶签单发航工作记录表》，不得弄虚作假；签单人员填写签单记录表后，再经当班船长（员）签字确认，客渡船舶方可发航。

④签单记录表由签单人员妥善保管，不得随船携带。不得由客渡船船主（员）自行签单。

⑤实行航次签单的，签单人员应于客渡船舶当日第一班次发航前到岗，直至最后航次收班为止。

（5）乡（镇）政府、特定水域管理机构应加强对签单人员的管理，加强对签单发航记录台账的监督检查。

（6）记录表应按照管理机构统一制定格式签单发航，所载内容逐一如实填写，严禁弄虚作假，签单发航工作记录所记载内容，须由当班船员签字确认后才准许发航。

（7）签单发航工作记录必须放置于签单处，不得随船携带，工作完成后按规定存档备案。

二、"六不发航"制度

（1）船况不良不发航：船体结构良好，船舶声响信号、通信导航、救生、消防安全设施设备的配备，是否符合要求。

（2）证照不齐不发航：船舶检验证书、船舶国籍证书、船舶最低安全配员证书、船舶航行日志、轮机日志、船员适任证书、船员服务簿、客渡船员特培证书、船舶营运证等是否有效、相符。

（3）船舶超载不发航：船舶超过船检证书核定的载重线或客渡船超过核定载客人数和汛期超过警戒水位线减载30%的规定。

（4）停航封渡不发航：水位达到渡口码头勘划的停航封渡水位线就不能发航。

（5）气候不良不发航：指遇风、雨、雾等能见度不良，出现安全航行环境差的情况。

（6）未穿好救生衣不发航：船舶舱外和甲板工作人员及船上乘客必须全员穿好救生衣。

三、救生衣行动制度

（1）救生衣的配备数量：应按船上人数全员配备，驾驶室和机舱各值班人员各增设一件。客船上还应加配船上总人数15%的儿童救生衣。

（2）救生衣的穿着：开航前，船舶舱外和甲板工作人员及船上乘客必须全员穿好救生衣。

（3）救生衣的保养：每三个月检查一次有无霉烂、发脆和损坏，如有损坏应及时修补、清洗和更新。每年应抽出一部分做浮力试验。

四、停航封渡和减载制度

（1）停航封渡和减载制度由乡镇人民政府、特定水域管理机构在渡口勘划警戒水位线和停航封渡水位线、梯级河段和库区的渡口设置的警戒控制流量和停航封渡控制流量标识。

（2）当水上漂浮物较多和水位陡涨2 m以上的第一次洪峰超过警戒水位线必须停航封渡。

（3）每艘客渡船上必须标明核定乘客数。

（4）减载是指船舶进入主汛期时，为确保船舶有富余的储备浮力与稳性，而采取的一种确保安全航行方法，即全省采取的主汛期达到安全警戒水位时客渡船舶乘客减载30%。

五、汛期水情传递制度

为确保汛期水情传递制度有序、有力、有效应对。船舶业主及船员应当：

（1）加强与气象、海事、航道、电站等单位之间的联系，及时获取气象和水文信息。

（2）汛期各船主及值班船员要保证通信畅通，保证做好水情、雨情的收集、报告，必须及时准确地让船舶工作人员知道信息，使其做到早知道、早准备、早安排、早应对。

（3）在洪水期，船舶值班人员必须随时观察水位；遇较大水情，必须不定时地观察水位变化情况。

附录

常见的船员管理违法行为
行政处罚（记分）汇总表

处罚对象	违法事实	处罚依据	处罚结果
所有人或经营人	船舶所有人或经营人未持有最低配员证书或过期失效	《中华人民共和国船舶最低安全配员规则》第二十三条：船舶未持有《船舶最低安全配员证书》或者实际配员低于《船舶最低安全配员证书》要求的，海事管理机构应当禁止其离港直至船舶满足本规则要求	禁止离港
		《中华人民共和国内河海事行政处罚规定》第十四条：船舶、浮动设施的所有人或者经营人违反《内河交通安全管理条例》第六条第（三）项、第七条第（三）项的规定，船舶未按照国务院交通运输主管部门的规定配备船员擅自航行的，或者浮动设施未按照国务院交通运输主管部门的规定配备掌握水上交通安全技能的船员擅自作业的，依照《内河交通安全管理条例》第六十五条的规定，责令限期改正，并处以1万元以上10万元以下罚款；逾期不改正的，责令停航或者停止作业。 本条前款所称船舶未按照国务院交通运输主管部门的规定配备船员擅自航行，包括下列情形： 　　1.船舶所配船员的数量低于船舶最低安全配员证书规定的定额要求； 　　2.船舶未持有有效的船舶最低安全配员证书	罚款
	船舶所有人或经营人超出《船舶最低安全配员证书》规定的连续航行时间	《中华人民共和国船舶最低安全配员规则》第二十三条：船舶未持有《船舶最低安全配员证书》或者实际配员低于《船舶最低安全配员证书》要求的，对中国籍船舶，海事管理机构应当禁止其离港直至船舶满足本规则要求	禁止离港
		《中华人民共和国内河海事行政处罚规定》第十四条：船舶、浮动设施的所有人或者经营人违反《内河交通安全管理条例》第六条第（三）项、第七条第（三）项的规定，船舶未按照国务院交通运输主管部门的规定配备船员擅自航行的，或者浮动设施未按照国务院交通运输主管部门的规定配备掌握水上交通安全技能的船员擅自作业的，依照《内河交通安全管理条例》第六十五条的规定，责令限期改正，并处以1万元以上10万元以下罚款；逾期不改正的，责令停航或者停止作业。 本条前款所称船舶未按照国务院交通运输主管部门的规定配备船员擅自航行，包括： 　　船舶所配船员的数量低于船舶最低安全配员证书规定的定额要求	罚款

续表

处罚对象	违法事实	处罚依据	处罚结果
船舶所有人或经营人对最低安全配员未满足《船舶最低安全配员证书》要求		《中华人民共和国船舶最低安全配员规则》第二十三条:船舶未持有《船舶最低安全配员证书》或者实际配员低于《船舶最低安全配员证书》要求的,海事管理机构应当禁止其离港直至船舶满足本规则要求	禁止离港
		《中华人民共和国内河海事行政处罚规定》第十条:违反《内河交通安全管理条例》第九条的规定,未经考试合格并取得适任证书或者其他适任证件的人员擅自从事船舶航行或者操作的,依照《内河交通安全管理条例》第六十六条和《船员条例》第六十条的规定,责令其立即离岗,对直接责任人员处以 2 000 元以上 2 万元以下罚款,并对聘用单位处以 3 万元以上 15 万元以下罚款。 　　本条前款所称未经考试合格并取得适任证书或者其他适任证件,包括下列情形: 　　1.未经水上交通安全培训并取得相应合格证明; 　　2.未持有船员适任证书或者其他适任证件; 　　3.持采取弄虚作假的方式取得的船员职务证书; 　　4.持伪造、变造的船员职务证书; 　　5.持转让、买卖或租借的船员职务证书; 　　6.所服务的船舶的航区、种类和等级或者所任职务超越所持船员职务证书限定的范围; 　　7.持已经超过有效期限的船员职务证书; 　　8.未按照规定持有船员服务簿	罚款
		《中华人民共和国内河海事行政处罚规定》第十四条:船舶、浮动设施的所有人或者经营人违反《内河交通安全管理条例》第六条第(三)项、第七条第(三)项的规定,船舶未按照国务院交通运输主管部门的规定配备船员擅自航行的,或者浮动设施未按照国务院交通运输主管部门的规定配备掌握水上交通安全技能的船员擅自作业的,依照《内河交通安全管理条例》第六十五条的规定,责令限期改正,并处以 1 万元以上 10 万元以下罚款;逾期不改正的,责令停航或者停止作业。 　　本条前款所称船舶未按照国务院交通运输主管部门的规定配备船员擅自航行,包括: 　　船舶所配船员的数量低于船舶最低安全配员证书规定的定额要求	
		《中华人民共和国船员条例》第六十条:违反本条例的规定,船员用人单位、船舶所有人有下列行为的,由海事管理机构责令改正,处 3 万元以上 15 万元以下罚款: 　　招用未依照本条例规定取得相应有效证件的人员上船工作的	

续表

处罚对象	违法事实	处罚依据	处罚结果
针对船长及船员的处罚	船员未持有有效船员服务簿的处罚	《中华人民共和国船员注册管理办法》第二十六条：违反本办法的规定，未进行船员注册而上船工作的，由海事管理机构责令其离岗	责令离岗
		《中华人民共和国船员条例》第五十六条：违反本条例的规定，船员在船工作期间未携带本条例规定的有效证件的，由海事管理机构责令改正，可以处2 000元以下罚款	罚款
		《中华人民共和国船员违法记分管理办法》记分代码：21031　案由：船员在船工作期间未携带规定的有效证件的.记分对象：未带证船员，记分分值：2分，依据：《船员条例》第二十条第（一）项	违法记分
	船长未如实填写船员服务簿任职履历的	《中国人民共和国船员条例》第五十八条：违反本条例的规定，船长有下列情形的，由海事管理机构处2 000元以上2万元以下罚款；情节严重的，并给予暂扣船员适任证书6个月以上2年以下直至吊销船员适任证书的处罚： 　　未在船员服务簿内如实记载船员的服务资历和任职表现的	罚款
	船长和高级船员未持有或携带有效内河船员适任证书或其他有效证件或合格证明的	《中国人民共和国船员条例》第五十八条：违反本条例的规定，船长有下列情形之一的，由海事管理机构处2 000元以上2万元以下罚款；情节严重的，并给予暂扣船员适任证书6个月以上2年以下直至吊销船员适任证书的处罚： 　　1.未保证船舶和船员携带符合法定要求的证书、文书以及有关航行资料的； 　　2.未保证船舶和船员在开航时处于适航、适任状态，或者未按照规定保障船舶的最低安全配员，或者未保证船舶的正常值班的	罚款
		《中华人民共和国船员条例》第五十六条：违反本条例的规定，船员在船工作期间未携带本条例规定的有效证件的，由海事管理机构责令改正，可以处2 000元以下罚款	罚款
		《中华人民共和国内河海事行政处罚规定》第十条：违反《内河交通安全管理条例》第九条的规定，未经考试合格并取得适任证书或者其他有效证件的人员擅自从事船舶航行或者操作的，依照《内河交通安全管理条例》第六十六条和《船员条例》第六十条的规定，责令其立即离岗，对直接责任人员处以2 000元以上2万元以下罚款，并对聘用单位处以3万元以上15万元以下罚款。 　　本条前款所称未经考试合格并取得适任证书或者其他适任证件，包括下列情形： 　　1.未经水上交通安全培训并取得相应合格证明； 　　2.未持有船员适任证书或者其他适任证件； 　　3.持转让、买卖或租借的船员职务证书； 　　4.所服务的船舶的航区、种类和等级或者所任职务超越所持船员职务证书限定的范围； 　　5.持已经超过有效期限的船员职务证书； 　　6.未按照规定持有船员服务簿	责令离岗罚款

续表

处罚对象	违法事实	处罚依据	处罚结果
针对船长及船员的处罚	船长和高级船员未持有或携带有效内河船员适任证书或其他有效证件或合格证明的	《中华人民共和国船员违法记分管理办法》记分代码: 21022 案由: 未按照规定保障船舶的最低安全配员的, 记分对象: 船长, 记分分值: 4分, 依据: 《船员条例》第二十二条第三项	违法记分
		《中华人民共和国船员违法记分管理办法》: 记分代码: 21031 案由: 船员在船工作期间未携带规定的有效证件的。记分对象: 未带证船员, 记分分值: 2分, 依据: 《船员条例》第二十条第（一）项	
	对船长未按照《船舶最低安全配员证书》要求配置的船员擅自开航的	《中国人民共和国船员条例》第五十八条: 反本条例的规定, 船长有下列情形之一的, 由海事管理机构处2 000元以上2万元以下罚款; 情节严重的, 并给予暂扣船员适任证书6个月以上2年以下直至吊销船员适任证书的处罚: 　1.未保证船舶和船员携带符合法定要求的证书、文书以及有关航行资料的; 　2.未保证船舶和船员在开航时处于适航、适任状态, 或者未按照规定保障船舶的最低安全配员, 或者未保证船舶的正常值班的	罚款
		《中华人民共和国船员违法记分管理办法》记分代码: 21022 案由: 未按照规定保障船舶的最低安全配员的。记分对象: 船长, 记分分值: 4分, 依据: 《船员条例》第二十二条第三项	违法记分
		《中华人民共和国船员违法记分管理办法》记分代码: 21011 案由: 船舶遇有不符合安全开航条件的情况而冒险开航的。记分对象: 船长, 记分分值: 8分, 依据: 《内河交通安全管理条例》第八条第一款	
	船长未按照《船舶最低安全配员证书》内记载的连续航行时间要求航行作业的	《中华人民共和国船员条例》第五十八条: 违反本条例的规定, 船长有下列情形之一的, 由海事管理机构处2 000元以上2万元以下罚款; 情节严重的, 并给予暂扣船员适任证书6个月以上2年以下直至吊销船员适任证书的处罚: 　未保证船舶和船员在开航时处于适航、适任状态, 或者未按照规定保障船舶的最低安全配员, 或者未保证船舶的正常值班的	罚款
		《中华人民共和国船员违法记分管理办法》记分代码: 21022 案由: 未按照规定保障船舶的最低安全配员的。记分对象: 船长, 记分分值: 4分, 依据: 《船员条例》第二十二条第三项	违法记分
		《中华人民共和国船员违法记分管理办法》记分代码: 21011 案由: 船舶遇有不符合安全开航条件的情况而冒险开航的。记分对象: 船长, 记分分值: 8分 依据: 《内河交通安全管理条例》第八条第一款	
船长	违反船员值班规则的	《内河船员值班规则》第九十条: 船长有下列情形之一的, 依据《中华人民共和国船员条例》第五十八条, 由海事管理机构处以2 000元以上2万元以下罚款; 情节严重的, 并给予暂扣船员适任证书6个月以上24个月以下直至吊销船员适任证书的处罚: 　1.航行条件复杂和情况紧急时未亲自操纵船舶或者监航; 　2.未根据航次任务落实好开航前的各项准备工作; 　3.未按规定保障船员充分休息; 　4.安排船员值班期间承担影响其值班的其他工作	罚款

续表

处罚对象	违法事实	处罚依据	处罚结果
其他船员	违反船员值班规则的	《内河船员值班规则》第八十九条：船员有下列行为之一的，依据《中华人民共和国船员条例》第五十七条，由海事管理机构处以1000元以上1万元以下罚款；情节严重的，并给予暂扣船员服务簿、船员适任证书6个月以上24个月以下直至吊销船员服务簿、船员适任证书的处罚： 1.未保持正规瞭望； 2.未正确履行值班职责； 3.未按照要求值班交接； 4.不采用安全航速； 5.不按照规定守听航行通信； 6.不按照规定测试、检修船舶设备； 7.发现或者发生险情、事故、保安事件或者影响航行安全的情况未及时报告； 8.未按照规定填写或者记载有关船舶法定文书	罚款
所有人、经营人、船长及其他责任人	违反船舶安全监督规则的	有下列行为之一的，由海事管理机构对违法船舶所有人或者船舶经营人处1000元以上1万元以下罚款；情节严重的，处1万元以上3万元以下罚款。对船长或者其他责任人员处100元以上1000元以下罚款；情节严重的，处1000元以上3000元以下罚款，并可扣留船员适任证书6个月至12个月： 1.拒绝或者阻挠船舶安全监督的； 2.弄虚作假欺骗海事行政执法人员的； 3.未按照《船舶现场监督报告》《船旗国监督检查报告》的处理意见纠正缺陷或者采取措施的； 4.按照第三十条第一款规定应当申请复查而未申请的； 5.涂改、故意损毁、伪造、变造、租借、骗取和冒用《船舶现场监督报告》《船旗国监督检查报告》的	罚款 扣留适任证
船长（履行船长职责者）、船员	违反船员违法记分办法的	21001 在船在岗期间饮酒，体内酒精含量超过规定标准的；21002 船长在弃船或者撤离船舶时未最后离船的；21003 由他人代替参加考试或者代替他人参加考试的；21004 船舶、浮动设施发生水上交通事故后逃逸的；21005 转让、买卖或租借船员适任证书的；22001 船舶发生污染水域事故，未按照污染事故应急计划的程序和要求采取相应措施的；22002 向水体倾倒船舶垃圾或者排放船舶的残油、废油的	计15分
		21006 发现或者发生险情、事故、保安事件或者影响航行安全的情况未及时报告的；21007 在遇险现场和附近的船舶、船员不服从海事管理机构的统一调度和指挥的；21008 船舶、浮动设施未持有检验证书，擅自航行或者作业的；21009 滚装船装载超出检验证书核定的车辆数量的；21010 超乘客定额载运旅客的；21011 船舶遇有不符合安全开航条件的情况而冒险开航的；21012 船舶超过核定航区航行的；21013 船舶未按照规定拖船或者非拖船从事拖带作业的；21014 引航员在引领船舶时，未持有相应的引航员适任证书的；21015 船舶无正当理由进入或者穿越禁航区的；21016 船员未遵守值班规定，擅自离开工作岗位的；21017 船员考试作弊的；22003 船舶发生污染水域事故，未立即向最近海事管理机构如实报告的；22004 船舶排放含油污水、生活污水，不符合船舶污染物排放标准的	计8分

练习题

一、选择题

1. 船长是管理船舶的(　　)。
   A. 责任人
   B. 管理人
   C. 第一责任人
   D. 第三责任人

2. 船长应对船舶的(　　)统一领导、全面负责。
   A. 安全生产、技术业务
   B. 技术业务、行政管理
   C. 安全生产、行政管理
   D. 安全生产、技术业务和行政管理

3. 船长负责编制(　　),制订(　　)并保证其有效实施。
   A. 船舶应变部署、船舶应急部署
   B. 船舶应变部署、船舶应急计划
   C. 船舶应急计划、船舶应急计划
   D. 以上都不是

4. 弃船时船长应当采取一切措施(　　)。
   A. 首先组织旅客安全离船
   B. 然后安排船员离船
   C. 船长应当最后离船
   D. 以上都是

5. 值班驾驶人员在航行中应当使用(　　)。
   A. 安全航速
   B. 较快航速
   C. 较慢航速
   D. 规定航速

6. 船长在驾驶台但未声明亲自操纵时,值班驾驶人员应当正常履行(　　)。
   A. 管理职责
   B. 操纵职责
   C. 值班职责
   D. 安全职责

7. 在航行中船长接替操纵后,值班驾驶人员仍负有(　　)。
   A. 无责任
   B. 协助的责任
   C. 重要责任
   D. 次要责任

8. 发现(　　)等紧急情况时,值班船员应当立即发出警报信号,报告船长,按应变部署全力施救。
   A. 火情
   B. 人员落水
   C. 火情、人员落水、环境污染、船舶碰撞
   D. 船舶碰撞

9. (　　)对航行日志的记载全面负责,并应当经常检查、指导航行日志记载。
   A. 船员
   B. 大副
   C. 轮机长
   D. 船长

10. 船舶进出内河港口,应当向海事管理机构报告船舶的(　　)等情况。
    A. 航次计划
    B. 适航状态
    C. 船员配备和载货载客
    D. 以上都是

11. 内河通航水域指由(　)认定的可供船舶航行的江、河、湖泊、水库、运河等水域。
    A. 航道管理机构
    C. 海事管理机构
    B. 河道管理机构
    D. 以上都是

12. 严禁未取得(　)的船员上岗。
    A. 适任证书或者其他适任证件
    C. 适任证件
    B. 适任证书
    D. 其他适任证件

13. 按国家规定应当(　)的船舶,不得航行。
    A. 报停
    C. 报销
    B. 报废
    D. 注销

14. 船舶进出内河港口,应当向(　)报告。
    A. 航务管理机构
    C. 船舶管理机构
    B. 航行管理机构
    D. 海事管理机构

15. 任何船舶不得擅自进入或者穿越海事管理机构公布的(　)。
    A. 锚泊区
    C. 禁航区
    B. 停泊区
    D. 漂流区

16. 任何船舶不得超载运输(　)。
    A. 货物
    C. 货物或者旅客
    B. 旅客
    D. 以上都不是

17. 船舶停泊,应当留有(　)的船员值班。
    A. 可以保证船舶安全
    C. 能够保证船舶安全
    B. 足以保证船舶安全
    D. 不必保证船舶安全

18. 船舶、浮动设施遇险,应当采取一切措施(　)。
    A. 求救
    C. 抢救
    B. 搜救
    D. 自救

19. 船舶、浮动设施发生碰撞事故,(　)应当在不危及自身安全的情况下,积极救助遇险的他方,不得逃逸。
    A. 肇事一方
    C. 任何一方
    B. 出事一方
    D. 相对一方

20. 船舶、浮动设施发生交通事故,其(　)必须立即向交通事故发生地海事管理机构报告,并做好现场保护工作。
    A. 所有人
    C. A + B
    B. 经营人
    D. 以上都不是

21. 船舶所有人可以根据需要增配船员,但(　)不得超过经中华人民共和国海事局认可的船舶检验机构核定的救生设备定员标准。
    A. 船上人数
    C. 船员总人数
    B. 船上总人数
    D. 乘客总人数

22. 船舶所有人应当按照(　)载明的船员配备要求,为船舶配备合格的船员。
    A. 营运证书
    C. 船员证书
    B. 船舶证书
    D. 船舶最低安全配员证书

23. 船舶安全监督规则不适用于( )。
    A. 军事船舶   B. 渔船船舶
    C. 体育运动船艇   D. A+B+C

24. 船舶现场监督,是指海事管理机构对船舶实施的( )抽查活动。
    A. 日常监督   B. 安全监督
    C. 海事监督   D. 日常安全监督

25. 船舶安全监督规则规定,船长应当对( )纠正情况进行检查,并在航行日志中进行记录。
    A. 事故   B. 缺陷
    C. 隐患   D. 问题

26. 船舶应当妥善保管《船舶现场监督报告》《船旗国监督检查报告》《港口国监督检查报告》,在船上保存至少( )。
    A. 1年   B. 3年
    C. 半年   D. 2年

27. 航运公司应当履行安全管理与防止污染的( )。
    A. 主要责任   B. 重要责任
    C. 主体责任   D. 同等责任

28. 中国籍船舶应当建立开航前( )制度。
    A. 检查   B. 督查
    C. 巡查   D. 自查

29. 船舶在离泊前应当对船舶( )进行自查。
    A. 安全技术状况   B. 货物装载情况
    C. A+B   D. 以上都不是

30. 船舶应当遵守港口所在地有关管理机构关于恶劣天气( )的规定。
    A. 可以开航   B. 限制开航
    C. 同意开航   D. 签单开航

31. 船舶进出内河港口,未按照规定向海事管理机构报告船舶进出港信息的,对船舶所有人或者船舶经营人处( )罚款。
    A. 5 000 元   B. 5 000 元以上 5 万元以下
    C. 5 万元   D. 不罚款

32. 申请船员注册,应当具备下列条件:( )。
    ①年满 18 周岁(在船实习、见习人员年满 16 周岁)但不超过 60 周岁。②符合船员健康要求。③经过船员基本安全培训,并经海事管理机构考试合格。
    A. ①   B. ①②
    C. ①②③   D. ①③

33. 船员服务簿是船员的( ),应当载明船员的姓名、住所、联系人、联系方式以及其他有关事项。
    A. 职业证件   B. 身份证件
    C. 技术证件   D. 职业身份证件

34.船员适任证书的有效期不超过(　　)。

　　A.3 年　　　　　　　　　　　B.5 年

　　C.6 年　　　　　　　　　　　D.10 年

35.在(　　)等特殊船舶上工作的船员,还应当完成相应的特殊培训。

　　A.拖船　　　　　　　　　　　B.自用船

　　C.危险品船、客船　　　　　　D.渔船

36.船员用人单位和船员应当按照国家有关规定参加(　　),并依法按时足额缴纳各项保险费用。

　　A.工伤保险、医疗保险以及其他社会保险

　　B.医疗保险、养老保险、失业保险

　　C.工伤保险、医疗保险、养老保险、失业保险以及其他社会保险

　　D.养老保险、失业保险以及其他社会保险

37.船员除享有国家法定节假日的假期外,还享有在船舶上每工作 2 个月不少于(　　)的年休。

　　A.5 日　　　　　　　　　　　B.7 日

　　C.10 日　　　　　　　　　　　D.15 日

38.船员被海事管理机构依法吊销适任证书的,自被吊销之日起(　　),不得申请适任证书。

　　A.1 年内　　　　　　　　　　B.2 年内

　　G.3 年内　　　　　　　　　　D.5 年内

39.值班船员在值班前 4 h 内及值班期间禁止饮酒,且值班期间血液中的酒精浓度不得超过(　　)或者呼吸中酒精浓度不高于(　　)。

　　A.0.05%、0.05 mg/L　　　　　B.0.25%、0.25 mg/L

　　C.0.05%、0.25 mg/L　　　　　D.以上都错

40.船员累计记分周期为 1 个公历年,满分(　　),自每年 1 月 1 日始至 12 月 31 日止。

　　A.8 分　　　　　　　　　　　B.12 分

　　C.20 分　　　　　　　　　　　D.15 分

41.按照国家规定,船员资格被列为国家(　　)。

　　A 工程技术人员　　　　　　　B.专业技术人员

　　C.专业技能人员　　　　　　　D.以上都正确

42.船员在船工作时间应当符合国务院交通主管部门规定的标准,(　　)疲劳值班。

　　A.可以　　　　　　　　　　　B.应当

　　C.不得　　　　　　　　　　　D.无所谓

43.船舶经营人或所有人,强制要求船员违法操作,强令超载、超员运输、操纵故障船舶等,船员可以(　　),且不被视为违反劳动合同。

　　A.立即执行　　　　　　　　　B.拒绝执行

　　C.缓期执行　　　　　　　　　D.看情况执行

44.若出现安全隐患,如船舶维护、适航状况、安全设施等不符合规定,船员(　　)对此进行批评,也可向相关部门检举和控告。

A. 有权   B. 不得

C. 无权   D. 以上均错

45. 船员在享有法律赋予自身权利的同时,必须依照相关法律承担相应的( )。

A. 权利   B. 责任

C. 任务   D. 义务

46. 所有船员还应该定期接受一定时间的( ),适时更新安全知识,确保水上交通安全。

A. 文化知识培训   B. 法律知识培训

C. 专业知识培训   D. 安全教育培训

47. 船员应认真学习掌握并遵守水上( ),这是保证水上安全生产,避免事故的基础和保障。

A. 安全生产规章   B. 安全航行规则

C. A + B   D. 以上均错

48. 船员一旦发现( )等,要及时汇报或处理。

A. 自身身体状况不良

B. 船舶存在故障

C. 船舶运营企业或经营人的管理出现漏洞

D. 以上都是

49. 在约定的时间,按照约定的通常运输线路将旅(游)客或者货物安全运输到约定地点,是水上交通承运人的( )。

A. 基本任务   B. 基本义务

C. 基本责任   D. 基本常识

50. 水上旅客、货物运输、承运人在承接运输任务时,( )收取相应费用的权利。

A. 有   B. 没有

C. 不得   D. 无权

二、判断题(正确打√,错误打×)

1. 船员违法记分由船员违法行为发生地的海事管理机构管辖。( )

2. 船员在一个记分周期内累计记分达到15分的,最先实施船员违法记分的海事管理机构应当扣留其船员适任证书,责令其参加为期5日的法规培训并进行相应的考试。( )

3. 内河交通事故按照人员伤亡情况,分为小事故、一般事故、大事故、重大事故和特大事故。( )

4. 内河交通事故按照直接经济损失情况,分为小事故、一般事故、大事故、重大事故和特大事故。( )

5. 内河交通事故按照人员伤亡和直接经济损失情况,分为小事故、一般事故、大事故、重大事故和特大事故。( )

6. 船舶含油污水(油船压舱水、洗舱水及船舶舱底污水)的含油最高允许排放浓度为15 mg/L。( )

7. 船舶主柴油机总功率小于220 kW 的船舶,经船检部门同意,可采取其他简易有效设施贮存含油舱底水。( )

8. 不符合排放规定的船舶污染物应当交由港口、码头、装卸站或者有资质的单位接收处理。（　　）

9. 船长 12 m 及以上的船舶应当设置符合格式要求的垃圾告示牌，告知船员和旅客关于垃圾管理的要求。（　　）

10. 船长 20 m 及以上的船舶应当设置符合格式要求的垃圾告示牌，告知船员和旅客关于垃圾管理的要求。（　　）

11. 可以向内河水域排放船舶垃圾。（　　）

12. 禁止向内河水域排放船舶垃圾。（　　）

13. "六不发航"制度是指船况不良不发航、证照不齐不发航、乘客超载不发航、停航封渡不发航、气候不良不发航、乘客不穿救生衣不发航。（　　）

14. 救生衣行动两个 100%，客渡船、旅游船必须按乘客定额的 100% 标准配足救生衣，乘客上船必须 100% 穿好救生衣。（　　）

15. 航运公司应当履行安全管理与防止污染的主要责任。（　　）

16. 中国籍船舶应当建立开航前检查制度。（　　）

17. 船舶在离泊前应当对船舶安全技术状况、货物装载情况进行自查。（　　）

18. 船舶应当遵守港口所在地有关管理机构关于恶劣天气限制开航的规定。（　　）

19. 在危险品船、客船等特殊船舶上工作的船员，不需要完成相应的特殊培训。（　　）

20. 船员被海事管理机构依法吊销适任证书的，自被吊销之日起 5 年内，不得申请适任证书。（　　）

21. 船员与船员用人单位未订立劳动合同的劳务纠纷可直接向人民法院提起海事诉讼。（　　）

22. 可以利用船员不懂法与船员订立免除或减轻因生产安全事故依法应承担的责任。（　　）

23. 船员没有获得安全生产保障、获知工作中的危险因素、防范事故及发生事故应急措施的权利。（　　）

24. 安全生产是船舶所有人或经营人与船员共同的责任和义务。（　　）

25. 船员发现直接危及人身安全的紧急情况时，有权停止作业或者在采取可能的应急措施后撤离作业场所。（　　）

参考答案

一、选择题

1. C	2. D	3. B	4. D	5. A	6. C	7. B	8. C	9. D	10. D
11. C	12. A	13. B	14. D	15. C	16. C	17. B	18. D	19. C	20. C
21. B	22. D	23. D	24. D	25. B	26. D	27. C	28. D	29. C	30. B
31. B	32. C	33. D	34. B	35. C	36. C	37. A	38. B	39. C	40. D
41. B	42. C	43. B	44. A	45. D	46. D	47. C	48. D	49. B	50. A

二、判断题

1. √   2. ×   3. ×   4. ×   5. √   6. √   7. √   8. √   9. √   10. ×

11. ×   12. √   13. √   14. √   15. ×   16. ×   17. √   18. √   19. ×

20. ×   21. ×   22. ×   23. ×   24. √   25. √

第二篇　船员职业素养

2012 年 11 月,中共十八大报告明确提出"三个倡导",即"倡导富强、民主、文明、和谐,倡导自由、平等、公正、法治,倡导爱国、敬业、诚信、友善,积极培育社会主义核心价值观"。这 24 个字,凝练概括了国家的价值目标、社会的价值取向和公民的价值准则。

"爱国、敬业、诚信、友善",是公民基本道德规范,是从个人行为层面对社会主义核心价值观基本理念的凝练。它覆盖社会道德生活的各个领域,是公民必须恪守的基本道德准则,也是评价公民道德行为选择的基本价值标准。

职业素养是指职业内在的规范和要求,是在职业过程中表现出来的综合品质。个体行为的总和构成了自身的职业素养,职业素养是内涵,个体行为是外在表象。职业素养,专业是第一位的,但是除了专业,敬业和道德是必备的,体现在职场上的就是职业素养;体现在生活中的就是个人素质或者道德修养。内河船员首先是社会主义国家公民,又是内河船舶的操纵者和管理者,更是推进内河水运事业发展改革的决定性因素。一名优秀的内河船员,必定是一个具备较高职业素养("职商",英文 Career Quotient,简称 CQ)的公民;必定时刻践行社会主义核心价值观,遵循公民基本道德规范,恪守内河船员职业道德;必定是把个人追求融入国家和民族梦想,为实现中华民族伟大复兴而击楫中流。

船员的职业素养,主要包括职业道德、法制观念、安全责任、应急处置、权益保护五个方面。

第一章 船员的职业道德

职业道德建设是一个国家经济建设和社会文明进步的重要标志之一,职业道德包含对祖国、对社会、对人民无限的爱和神圣的义务。有崇高职业道德的人,他们不论在什么地方、什么岗位,都能爱业、敬业、乐业、勤业,全心全意为人民服务,兢兢业业为国家、为社会、为人民无私奉献。职业道德是做人的基础,是人格的一面镜子,是人生事业成功的重要保证。

各行各业都有职业道德,教师的职业道德是教书育人,医生的职业道德是救死扶伤,船员也具有有自己特点的职业道德。本章主要介绍船员职业道德的含义、特征、内容、修养等。

第一节 概念及特征(★ ☆ △)

一、职业道德的含义

船员职业道德,是船员从事水上运输劳动过程中,必须始终遵循的各种行为规范。它是从船员的职业劳动中引申出来的。它的职能是调节水上运输过程中船员之间、船员与运输过程中的有关人员(如旅客、货主、码头工作人员、驳船人员)之间的关系。

二、职业道德的基本特征

(1)职业道德是一种职业规范,受社会普遍认可。

(2)职业道德是长期以来自然形成的。

(3)职业道德没有确定形式,通常体现为观念、习惯、信念等。

(4)职业道德依靠文化、内心信念、习惯及员工的自律来实现。

(5)职业道德大多没有实质的约束力和强制力。

(6)职业道德的主要内容是对员工义务的要求。

(7)职业道德标准多元化,体现了不同企业可能具有不同的价值观。

(8)职业道德承载着企业文化和凝聚力,影响深远。

第二节 基本要求及职业特点(★ ☆ △)

一、职业道德的基本要求

(1)诚实劳动,忠于职守。

(2)和睦相处,互相协作。

（3）虚心学习,精益求精。

（4）我为人人,弘扬奉献。

（5）勤俭节约,艰苦创业。

二、内河船员职业特点

（1）流动性与局限性。

（2）开放性与封闭性。

（3）独立性与群体性。

（4）技术性与风险性。

（5）单调性与复杂性。

三、船员职业道德的基本内容

1.爱国敬业,遵章守纪

船员应拥护中国共产党的领导,以热爱祖国、报效船舶运输事业为光荣,以损害国家利益、民族尊严为耻辱。在保护人命、财产和水域环境安全方面,善尽责任和义务。要立足本职岗位,从我做起,从小事做起,为实现本公司发展目标做出应有的贡献。遵章守纪,要自觉遵守水上交通安全和防治船舶污染的规定,遵守船舶安全操作规程,遵守船上的管理制度和值班规定,按照各项法规性、技术性的规则操纵、控制和管理船舶。无论身处何地,都要严格要求自己,注重自我约束,自觉养成遵章守纪、令行禁止、雷厉风行的办事风格。

2.安全运输,优质服务

优质与安全是相辅相成的统一体,没有安全的运输就谈不上优质的服务。要确保航行与作业的安全,消灭各种事故的隐患和苗子,严格执行各种规章制度,保证良好的工作程序。要确保货物运输的质量,严格遵守货物装载、积载、搬移、运输、保管、照料、卸载等操作规程。要在优质服务上下功夫,运输服务不仅要方便、高效,而且要热情、周到。

3.团结互助,同舟共济

船舶驾驶人员、机舱管理人员及其他为船舶服务的在船人员应互相合作、互相监督、互相提醒、互相支持、互相关心,尊重他人的生命就像尊重自己的生命一样。当船舶发生应急事件或有危难时,船员应冷静沉着、顾全大局,只有把自己同全体船员的命运联系在一起,坚守岗位、严守职责,依靠全体船员的力量和智慧,才能战胜危难。当发现他船或他人在水上遇难时,要发扬人道主义精神,尽力抢救。

第二章 法制观念与安全责任

与乡规民俗、伦理道德等非正式的社会规范相比,法律是国家制定或认可的一种行为规范。人类历史是由道德走向法律的,道德与法律密不可分,道德强调将人类的道德理念铸化为法律,法律强调将法律规定内化为人们的品质、道德。它们彼此既有区别又有联系、交融与渗透。

第一节 船员的法制观念(★ ☆ △)

一、道德与法律的关系

(1)法律是传播道德的有效手段;道德是法律的评价标准和推动力量,是法律的有益补充。

(2)法律具有他律性;道德具有自律性。

(3)法律是靠国家强制力保障实施的;而道德主要靠社会舆论和人们的自律来维持。

(4)现代社会,法律是不可或缺的,它和道德同为社会调整规范,两者同为社会主导性调整机制;但法律有它固有的局限性和特点,需要由道德来辅助和补充。

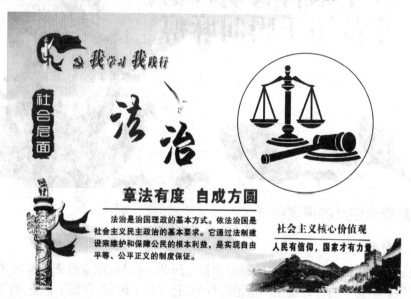

二、法制观念

法制观念是指人们对法律的性质、地位、作用等问题的认识和看法,也就是依靠法律管理国家、管理经济和治理社会的观念。

在当今中国,法治已成为党和政府治国理政的基本方式,在国家治理和社会管理中发挥重大作用。内河船员作为一个特殊的群体,不仅要学习法律知识,增强法律意识,还要树立法制观念,培养法律思维,维护法律权威,成为遵纪守法的社会主义新型船员。船员的操守和法律规范意识是船员职业道德的重要组成部分。

三、船员如何增强法制观念

(1)掌握法律武器,增强法律意识。
(2)严格遵守安全规章制度,培养安全意识。
(3)严格遵守环境保护法规,培养环保意识。
(4)熟悉水运法规体系,自觉遵章守法。

第二节 船员的安全责任(★ ☆ △)

安全和环保,是海事管理的宗旨和目标,也是船员基本职业道德的要求。

船员是船舶安全的直接守护者。增强船员安全意识,履行安全生产义务,把事故隐患消灭在萌芽中是船员义不容辞的责任。严把安全关,树立"安全第一"的观念,是和谐社会对人民生命财产高度负责的表现。

一、航运安全生产的重要意义

(一)安全就是幸福

没有船舶安全,就无从谈及船员的家庭幸福。因此,可以从职业道德的高度来认识、培养船舶安全意识。不安全的行为就是不道德的行为,它有损于国家,有损于企业,有损于家庭,是对企业、对家庭、对父母、对妻子、对儿女缺乏责任感的表现。船员要明确意识到:公司把一艘船交给船员就等于把重要的财产、生命及众多家庭的安危系于船员一身,责任重于泰山,决不能有任何大意和疏忽。无论是高级船员还是普通船员都要让安全意识在头脑中生根。

（二）安全就是效益

安全不仅是企业船舶效益的保证，也是打开市场的最好通行证。一个公司、一艘船舶如果保证几十年没有事故发生，那么必将受到船舶所有人、承租人、货主的青睐，就会在竞争中取胜。从这个意义上可以推论出安全是效益的保证，效益是公司生存、船员生活的保证。

二、航运安全生产的基本要求

（一）严格树立安全第一的思想

长期以来，内河航运的安全基础还比较薄弱。内河船员的安全意识是搞好内河航运生产的重要基础与保证。安全要年年讲，月月讲，天天讲。人人讲安全，人人保安全，每位船员都要努力培养自己的安全意识。安全只有起点，没有终点。

1.船舶安全，预防为主

安全不只是没有发生危险，更应该表现在能否对可能要面对的风险采取正确的解决措施，规避风险，化解危险源，能够做到尊重安全规律，准确把握安全趋势，控制安全走向。

2.船舶安全，要从小事着手，在细节处下功夫

安全无小事。因为小事虽小，影响不小，往往有一丝疏漏，就潜伏着大事故、大隐患；有一丝不足之处，就会因这个缺口扩大而酿成大祸。船员不要安于"还可以"或"差不多"，要务求其尽善尽美，把我们应该做的、能够做的工作做细、做好、做精，最大限度地保证船舶的安全生产。

（二）遵纪守法

严格遵守与本职工作紧密相关的法律、法规、公约、条例，遵守职业纪律和各项规章制度，保证船舶安全航行。

（三）强化执行力，服从指挥

船员在航行过程中必须做到一切行动听指挥，只有这样才能统一意志，统一行动，才能确保船舶营运安全。

安全是航运企业的生命线，安全永远是船舶工作的重中之重，船舶安全涉及船舶设备、技术规范、人为因素等方面，相关统计数据表明，人为因素造成直接或间接的船舶安全和污染事故占事故总量的80%，是船舶安全管理的最大"黑洞"，所以强化执行力是确保安全的关键。船员要形成自觉的习惯，在工作中一丝不苟地服从命令，听从指挥，扎扎实实地做好本职工作，遵章守纪，保证船舶安全行驶。

三、落实船员安全生产责任的具体体现

（一）遵章守制、服从管理

船员在船舶航行、停泊、作业过程中应当严格遵守水上交通安全和防治船舶污染的规定，遵守船舶安全操作规程，遵守船上的管理制度和值班规定。安全贯穿于船舶生产的全过程，船舶安全需要在船的每一名船员、每道工序相互配合和衔接。船上的每一名船员都从不同角度为船舶的安全生产担负责任，每名船员尽责的程度直接影响船舶安全生产的成效。因此，船员在船舶航行、停泊和作业过程中应当遵守船舶的安全生产规章制度和操作规程，服从管理，这

样才能保证船舶的生产活动安全、有序地进行。

（二）正确佩戴和使用劳动防护用品

船员在作业过程中，应当正确佩戴和使用劳动防护用品。劳动防护用品是由船员用人单位为在职船员配备的，使其在劳动过程中免遭或者减少事故伤害及职业危害的个人防护装备。劳动防护用品是保护船身安全和健康所采取的必不可少的辅助措施。从一定意义上讲，它是船员防止职业毒害和伤害的最后一项有效的措施。船舶劳动防护用品包括头部保护用品、听力保护用品、面部及眼睛保护用品、呼吸防护设备、四肢防护用品、防坠落用品等。劳动防护用品在劳动过程中，是必不可少的生产性装备。对船员用人单位来讲，要按照规定发放充足，不得任意削减。作为船员，要正确佩戴和认真保护劳动防护用品。《劳动防护用品监督管理规定》明确规定从业人员在作业过程中，必须按照安全生产规章制度和劳动防护用品使用规则，正确佩戴和使用劳动防护用品；未按规定佩戴和使用劳动防护用品的，不得上岗工作。

（三）接受安全生产教育和培训的责任

伤亡事故的发生，不外乎人的不安全行为和物的不安全状态两种原因。其中，控制人的不安全行为是减少伤亡事故的主要措施。而对在职船员进行安全生产教育，是控制人的不安全行为的有效方法，是安全生产管理工作中的一个重要组成部分，是提高从业人员安全素质和自我保护能力、防止事故发生、保证安全生产的重要手段。在职船员应当有主动接受安全生产教育和培训的意识。安全教育培训的基本内容包括安全意识、安全知识和安全技能教育。安全意识教育是安全教育的重要组成部分，是搞好安全生产的关键环节。它包括思想认识教育和劳动纪律教育两个方面的内容。安全知识教育是提高在职船员安全技能的重要手段，其内容包括专业安全技术操作规程、安全防护基本知识和注意事项、个人防护用品的构造、性能和正确使用的有关常识等。安全技能教育是巩固在职船员安全知识的必要途径，其内容包括设备的性能、作用和一般的结构原理，事故的预防和处理及设备的使用、维护和修理等。

（四）正确履行事故隐患和不安全因素的报告义务

安全生产事故隐患，是指生产经营单位违反安全生产法律、法规、规章、标准、规程和安全生产管理制度的规定，或者因其他因素在生产经营活动中存在可能导致事故发生的危险状态、个人的不安全行为和管理上的缺陷。安全生产事故虽然有意外性、偶然性和突发性的特点，但它又有一定的规律，可以通过采取有效措施尽可能加以预防。在职船员处于安全生产第一线，最有可能及时发现事故隐患或者其他不安全因素，因此，船员发现事故隐患或者其他不安全因素应当立即进行报告，如果拖延报告，会使事故发生的可能性加大。

第三章　船员职业健康保护

船员是一种特殊职业。高水准的个人安全意识,熟练掌握相关知识及技能,是船员生命和财产安全的重要保证,也是现代航运确保安全和经济协调发展的最主要的条件之一。

第一节　船员职业健康与劳动保护(★ ☆ △)

一、职业健康与劳动保护的基本原则

遵循"安全第一、综合预防"的基本原则,依据国家的职业安全与健康的法律、法规、行业规范、实践准则,建立风险评估程序,以降低船上生产作业过程中存在的职业安全与健康的风险、频率和产生后果的严重性,以保障船员工作过程中的生命安全和身心健康。

二、企业(船主)职责和义务

(1)自船舶设计阶段,企业(船主)应履行适当而谨慎的义务,使船上工作场所满足人体工程学原则和国际公约、国内法律法规和标准、工作守则等的要求,并应特别关注有关危险防范、职业健康和安全生产中所使用的材料、工作方法以及疲劳等问题。

(2)企业(船主)应结合企业安全管理体系,建立职业安全与健康方针和方案,包括风险评估、船员的培训和指导及建立船上预防职业事故和疾病的方案。

(3)企业(船主)确保为船上安全与健康的工作条件提供必要的资源。

(4)企业(船主)就职业安全与健康危害以及与工作过程有关的预防性和保护性措施向船员提供适当的信息、培训和指导。

(5)企业(船主)向船舶提供必要的设备、工具、手册和其他信息,以确保所有操作对船员职业安全与健康的不利影响降到最低,并向船员提供充足的个人保护装备及其他安全防护设备。要求船员遵守并适当使用事故预防及职业安全与健康保护措施。

第二节　船员在职业健康与劳动保护方面的职责和义务(★ ☆ △)

一、船长的职责和义务

(1)确保企业(船主)的安全与健康方针和方案在船上得以实施,并明确地传达给所有船员。

（2）在船上营造积极的安全文化,包括合理的预防措施和持续的安全提升以预防船上的职业事故、伤害和疾病。

（3）规划、实施和监督工作开展,将事故、伤害或疾病的可能性降到最低。

（4）包括应急和防护设备在内的所有安全设备得到良好维护并妥善存放。

（5）定期按应急程序进行培训和演习,并向船员演示特殊应急设备的使用方法。

二、船员的职责和义务

（1）遵守规定的职业安全与健康方针及其他劳动保护措施。

（2）遵守预防原则,按规定使用个人防护装备。

（3）仅使用有适当防护的机器且不得停用这些防护装置。

（4）及时报告任何可能构成危害尤其是无法自行处置的情况。

（5）船员有充分理由确信有危及其安全与健康情况发生时,有权自行远离危险的处境或操作。

（6）除紧急情况以外,船员不得干扰、移除任何安全装置,不应操作或干扰他们未经授权操作、保养或使用的设备。

第三节　常见职业危害及预防措施（★ ☆ △）

一、噪声

（1）噪声可定义为会导致听觉损伤或会有害于健康或在其他方面具有危险性的一切声响。在有过量噪声的区域中工作会干扰船上的交流导致事故,并会对健康产生短期和长期的不利影响。

（2）船舶噪声控制的方法主要包括以下几种:

①船舶设计建造中使用更为"安静"的工艺。

②把噪声源移出作业区或转换机器的方向。

③将产生噪声的机器或其他噪声源用吸音材料包围起来。

④佩戴耳塞或者耳罩。

二、振动

（1）振动是通过固体材料传播的振荡运动。振动会因船舶的运动或靠近振动的机器而影响整个身体,或者在使用振动的工具时会集中于手和手臂。振动会直接或间接地通过反射性肌肉活动对身体结构产生影响,从而会诱发心血管、神经、骨骼方面的疾病。

（2）船舶振动控制的方法主要包括以下几种:

①船舶的设计应尽可能减少船员手掌、手腕、手臂和后背上的负荷,并可使用如夹具和悬挂系统等辅助工具减轻人体负荷。

②工作时选择合适、振动最低的工具。无论什么情况下都应限制使用高振动工具。

③设备磨损老化时应及时予以更换。

④合理计划和分配任务，防止船员长时间，连续周期性地暴露于振动中。

⑤穿着有保护性的服装。

三、紫外线

（1）太阳是影响船员健康的紫外线的主要来源。长时间接触紫外线可能导致日光性角化病和黑色素瘤等。

（2）对紫外线辐射宜用屏蔽及隔离的办法加以隔绝，可以用护目镜、防护服、护肤霜等防护措施来保护自己。

四、极端温度

（1）极端温度是指极端高温和极端低温。人体长时间暴露于极端高温环境下会导致脱水、昏厥、体温高等，极端情况下可能导致死亡。人体长时间处于极端低温环境下，当体温低于30 ℃时，可能导致死亡。

（2）极端温度情况下工作，须采取必要的防暑降温或隔热保暖措施，合理安排工作和休息时间。

五、安全作业常识及个人防护装备使用

（一）安全作业常识

船上的设备和机器在使用过程中存在潜在的风险，应当由适任的人员来操作特定的设备和机器。

1. 装卸作业注意事项

（1）设备在使用前后应进行检查。

（2）确保设备和机器不超负荷运转，尤其是老龄船，不可让船舶结构任何一部分承受过度载荷。

（3）若装卸工作中断或暂停，应放回围栏或舱口盖，确保舱口安全。

（4）船舶航行时不得操作装卸设备以免发生危险。

（5）如可能遭遇恶劣天气情况，应对货物做出相应的配载和系固。

2. 锚泊、系泊、靠泊作业注意事项

（1）定期保养起锚机、锚、锚链、缆绳和钢索。

（2）操作制动器的船员和附近人员应戴护目镜和安全头盔，以免被从锚链处飞出的灰尘和碎屑所伤。

（3）将锚链收进锚链舱的船员，应站在受保护的位置，并与锚机操作员保持联系。

（4）系泊与解缆作业时，在开始绞缆或解缆前确定没有人在危险的位置。

（5）船舶靠泊时，应考虑天气、过往船只等所有相关情况来确定缆绳和钢索的安全系固方式。

（6）由于钢索和缆绳的伸展性不同，不可在同一方向混合系泊。

（7）船员在任何情况下均不应站在缆绳或钢索的绳圈内。船员尽可能避免站在受力的缆绳或钢索附近或进行横穿。

（8）在系泊操作时，缆绳和钢索常处于受力状态，船员应尽可能始终站在一个安全的地方，以防缆绳或钢索断裂伤人。

（9）当船舶靠岸时，值班船员应适时检查系泊状态，以防止船舶脱缆、松缆。

3．密闭舱室作业注意事项

（1）无须进入时，密闭舱室的门或舱口应始终锁闭防止进入。

（2）密闭舱室作业前应对密闭舱室的安全性进行评估，评估缺氧、富氧、易燃或有毒气体出现的可能性。

（3）密闭舱室作业前必须彻底通风排气，确保排出所有有毒或易燃气体，并确保密闭舱室内有足够的氧气。打开密闭舱室的门或舱口盖通风时，为防止其他人员意外进入，应安排人员看管或设置警告标识。

（4）进入密闭舱室作业前要确保有良好的照明。

（5）进入密闭舱室前要确保可靠和畅通的通信方式。

（6）进入密闭舱室前必须经过船长批准。

（7）密闭舱室作业期间，舱室外必须有人员负责警戒。

（8）密闭舱室作业期间，应经常对空气进行检测，发现异常情况时作业人员必须立即离开。

（9）密闭舱室作业期间，必须保持持续通风。

（10）一旦出现紧急情况，在救援到达并对现场情况进行评估、确保可以安全进入之前，任何在场人员不得进入密闭舱室施救。只有训练有素和装备完善的人员可以在密闭舱室内从事救援工作。

（二）个人防护装备使用

1．一般规则

（1）工作服需合身，没有松开的衣襟，适合工作需要。

（2）在任何时候都应穿合适的安全鞋。

（3）个人保护装备的有效性不仅仅取决于它的设计，也在于对其进行良好的维护。应定期检查各项装备。

（4）所有船员应受过培训，懂得使用个人保护装备，并且认识该装备的功能极限。使用该装备的人员应在每次使用前进行检查。

（5）在有燃烧或烫伤危险的地方（例如厨房和机舱），应穿着能充分覆盖身体的衣物来减少危险，而衣物的材料应具有不易燃性质，例如棉质。

2．头部保护

（1）头盔用途不同，有必要在船上携带不同种类的头盔。

（2）一般来说，头盔的外壳应是一体式结构，头盔内有可调节的护架提供头部的承托作用，并用下巴绑带防止头盔掉落。

（3）在机舱等高噪声环境下工作的所有船员都应戴上听觉保护器，包括耳塞和耳罩。一般来说，耳罩能给予最有效的保护。

（4）眼部保护主要采取戴护目镜的方式。

（5）用于呼吸道保护的空气过滤器和呼吸器面罩部分，必须正确使用，以免漏气。眼镜

(特制者除外)或胡须和腮须都可能会影响面罩的密封作用。

3. 手部防护

(1)手部防护装备主要有绝缘手套、耐酸碱手套、耐油手套、焊工手套、防静电手套及普通手套等,其作用是保护手部免受伤害或避免通过手部造成触电等其他人身伤害。

(2)安全注意事项:

①使用时检查手套是否存在破损、油滑或湿滑等情况。

②在操作车床、钻台等高速旋转的设备时,不应戴手套。

③作业时尽可能将衣服袖口塞入手套内或系扣好。

4. 足部防护

(1)足部防护装备主要有安全鞋、安全靴等,其作用是保护足部免受砸伤、磕伤、腐蚀等伤害,以避免人员滑倒、触电等人身伤害。

(2)安全注意事项

①在带电或有化学腐蚀物质的场所作业时,应注意鞋子的完好性。

②穿安全鞋(靴)时,应避免鞋带松弛或过长。

③不应穿鞋底过度磨损的鞋子。

5. 坠落防护

(1)坠落防护装备主要指安全带,其作用是避免作业人员在舷外、高空等作业中坠落伤亡。

(2)安全注意事项:

①使用前,应检查安全带是否完好。

②应调整好安全带松紧以免人员滑脱。

③应选择合适的悬挂点,做到高挂低用,悬挂点有足够强度。

④挂好安全带卡扣后,应锁死防脱装置。

⑤绳子富余长度不宜过长,以不影响工作为宜。

6. 身体防护

(1)身体防护装备主要有普通工作服、防寒工作服、防水工作服、防化工作服、防静电工作服等,其作用是避免身体受到伤害或保证作业安全。

(2)安全注意事项:

①应穿着完好的工作服,纽扣、拉链整齐完整,并扣好拉上。

②工作服应经常换洗,保持整洁。

7. 溺水防护

(1)溺水防护装备主要有工作救生衣、普通救生衣和救生圈,其作用是防止落水人员溺水。

(2)安全注意事项:

①使用前,应检查救生衣是否有效,附件是否完备。

②工作救生衣与普通救生衣应避免混穿。

③应按要求规范穿着救生衣。

④工作场所应备放带有绳索的救生圈。

六、船员精神健康

船上工作对精神健康会有一些不良影响。短期内,精神紧张会对船员的工作表现、安全行为和幸福感指数产生负面影响。长期则会对船员的生活及工作能力产生严重影响。

船上精神疾病种类一般包括:认知功能障碍、抑郁症、精神障碍、自我伤害和自杀等。

船员在船期间对药物和酒精的滥用和依赖会影响工作表现,导致纪律和监督问题,给船舶和人员带来危险。企业(船主)应理性地向船员提供饮酒正确导向,并通过制度、程序防止船员在船上滥用药物和酒精。

疲劳是由于身体、精神和情感上的消耗引起的身体上和精神上能力的下降。船员疲劳最常见的原因是缺乏睡眠、休息质量差、紧张和工作量过大。应合理安排船员在船期间的工作与休息时间。

练习题

一、选择题

1. 船员的职业素养主要包括( )方面。

 A. 职业道德、法制观念、权益保护

 B. 职业道德、应急处置、权益保护

 C. 职业道德、法制观念、安全责任、应急处置、权益保护

 D. 职业道德、法制观念、安全责任、权益保护

2. 船员职业道德是船员从事水上运输劳动过程中,必须始终遵循的各种( )。

 A. 行为规范   B. 行动规范

 C. 行事规范   D. 技术规范

3. 内河船员职业特点是:( )。

 A. 流动性与局限性、技术性与风险性、单调性与复杂性

 B. 独立性与群体性、技术性与风险性、单调性与复杂性

 C. 开放性与封闭性、独立性与群体性

 D. 流动性与局限性、开放性与封闭性、独立性与群体性、技术性与风险性、单调性与复杂性

4. 船员职业道德的基本内容主要包括:( )。

 A. 爱国敬业,遵章守纪;安全运输,优质服务;团结互助,同舟共济

 B. 爱国敬业,遵章守纪;团结互助,同舟共济

 C. 爱国敬业,优质服务;团结互助,同舟共济

 D. 爱国敬业,遵章守纪;安全运输,优质服务

5. 船员的操守和( )是船员职业道德的重要组成部分。

 A. 法律意识   B. 规范意识

 C. 法律规范意识   D. 规则意识

6. 在对河流的污染中,船舶营运过程中产生的( )等对水体造成的污染尤为严重。

 A. 污油   B. 污油、污水、各种垃圾

 C. 污水、各种垃圾   D. 各种垃圾

7. ( )是船员基本职业道德的要求。

 A. 安全   B. 环保

 C. 安全和环保   D. 技能

8. 增强船员安全意识,履行安全生产义务,把事故隐患消灭在萌芽状态是( )义不容辞的责任。

 A. 船长   B. 轮机长

 C. 水手   D. 船员

9. 无论是高级船员还是普通船员都要让( )在头脑中生根。

A.技术意识　　　　　　　　　B.应急意识

C.安全意识　　　　　　　　　D.法律意识

10.船员在航行过程中应突出地做到（　），只有这样才能统一意志，统一行动，才能确保船舶营运安全。

　　A.一切行动听领导　　　　　B.一切行动听指挥

　　C.一切行动听信号　　　　　D.不知道

11.人为因素造成直接或间接的船舶安全和污染事故占事故总量的（　），是船舶安全管理的最大"黑洞"，所以强化执行力是确保安全的关键。

　　A.50%　　　　　　　　　　B.60%

　　C.70%　　　　　　　　　　D.80%

12.船舶劳动防护用品包括头部保护用品、听力保护用品、面部及眼睛保护用品、呼吸防护设备、四肢防护用品、（　）等。

　　A.防淹溺用品　　　　　　　B.防滑用品

　　C.防坠落用品　　　　　　　D.防风用品

13.船舶从业人员未按规定佩戴和使用（　）的，不得上岗作业。

　　A.劳动防护用品　　　　　　B.生活用品

　　C.日常用品　　　　　　　　D.其他用品

14.伤亡事故的发生，不外乎（　）原因，控制人的不安全行为是减少伤亡事故的主要措施。

　　A.人的不安全行为　　　　　B.物的不安全状态

　　C.行为和状态　　　　　　　D.A＋B

15.安全教育培训的基本内容包括（　）。

　　A.安全意识、安全知识

　　B.安全意识和安全技能教育

　　C.安全意识、安全知识和安全技能教育

　　D.安全技能教育

16.船员发现事故隐患或者其他不安全因素应当立即进行（　），如果拖延报告，则使事故发生的可能性加大。

　　A.拖延报告　　　　　　　　B.延迟报告

　　C.报告　　　　　　　　　　D.不报告

17.安全生产事故隐患，是指生产经营单位违反安全生产法规制度的规定，或者因其他因素在生产经营活动中存在（　）。

　　A.可能导致事故发生的危险状态、个人的不安全行为和管理上的缺陷

　　B.可能导致事故发生的危险状态、个人的不安全行为

　　C.可能导致事故发生的危险状态、管理上的缺陷

　　D.可能导致事故发生的个人的不安全行为和管理上的缺陷

18.船舶所处的环境复杂多变，随时可能发生各种危及船舶、人命和环境安全的紧急事件，船员应尽最大努力采取（　）。

　　A.救援行动　　　　　　　　B.自救行动

C.施救行动　　　　　　　　　　　D.逃生行动

19.当确认无法避免船舶的沉没或灭失时,船长应果断下令( )求生,以保证旅客、船员的生命安全。

　　A.撤离船舶　　　　　　　　　　B.弃船

　　C.撤离船舶或弃船　　　　　　　D.不需采取行动

20.船舶、浮动设施发生碰撞事故,任何一方应当在不危及自身安全的情况下,积极救助遇险的他方,不得( )。

　　A.逃生　　　　　　　　　　　　B.逃逸

　　C.逃跑　　　　　　　　　　　　D.跳水

21.除( )以外,船员不得干扰、移除任何安全装置,不应操作或干扰他们未经授权操作、保养或使用的设备。

　　A.一般情况　　　　　　　　　　B.特别时期

　　C.紧急情况　　　　　　　　　　D.紧张情况

22.人体长时间处于极端低温环境下,当体温低于( )时,可能导致死亡。

　　A.25 ℃　　　　　　　　　　　　B.30 ℃

　　C.35 ℃　　　　　　　　　　　　D.40 ℃

23.系泊与解缆作业时,在开始绞缆或解缆前确定( )在危险的位置。

　　A.没有人　　　　　　　　　　　B.没有障碍物

　　C.没有动物　　　　　　　　　　D.以上都不对

24.打开密闭舱室的门或舱口盖通风时,为防止其他人员意外进入,应安排人员看管或设置( )。

　　A.警告标识　　　　　　　　　　B.文字标志

　　C.图片标识　　　　　　　　　　D.以上都正确

25.进入密闭舱室前必须经过( )批准。

　　A.大副　　　　　　　　　　　　B.三副

　　C.轮机长　　　　　　　　　　　D.船长

26.船员疲劳最常见的原因是( )。

　　A.缺乏睡眠　　　　　　　　　　B.休息质量差

　　C.紧张和工作量过大　　　　　　D.以上都正确

27.在操作车床、钻台等高速旋转的设备时,( )戴手套。

　　A.可以　　　　　　　　　　　　B.应当

　　C.不应　　　　　　　　　　　　D.不必

28.( )时尽可能将衣服袖口塞入手套内或系扣好。

　　A.作业　　　　　　　　　　　　B.装卸

　　C.转向　　　　　　　　　　　　D.休息

29.安全带应选择合适的悬挂点,做到( ),悬挂点有足够强度。

　　A.高挂高用　　　　　　　　　　B.低挂低用

　　C.高挂低用　　　　　　　　　　D.低挂高用

30.溺水防护装备主要有( ),其作用是防止落水人员溺水。

A. 工作救生衣   B. 普通救生衣

C. 救生圈   D. 以上都正确

二、判断题（正确打√，错误打×）

1. 船长是船舶遇险救助的总指挥，船长的心理素质不仅关系他所从事的工作的效率和成败，而且也感染着船员的情感和意志。（　　）

2. 成功的应急不需要训练有素的人员、完备的应急设施和器材、高效率的应急预案、正确的指挥和良好的群体协同。（　　）

3. 确认应急任务后，船员应立即携带规定器材加入应急行列，必须在 2 min 内到达指定的集合地点。（　　）

4. 内河通航水域水上对象的应急优先权，依次为人命（旅客、船员）—船舶—水域环境。（　　）

5. 弃船时，应先旅客，后船员，最后为船长。（　　）

6.《船检条例》规定船员享有社会与人身健康保险待遇、各种劳动防护待遇、职业疾病防治、带薪休假和工会维权等各项权益保障。（　　）

7. 船长的合法权益受到损害，申诉维权的主体对象是船员用人单位、船公司、船东、船员管理公司等。（　　）

8. 船员维权主要途径和方法有：向劳动监察部门举报；向劳动仲裁机构申请仲裁；向人民法院提起诉讼。（　　）

9. 船员与船员用人单位订立劳动合同的劳务纠纷可直接向海事法院提起海事诉讼。（　　）

10. 船员对主管机关做出的行政处罚决定不服的，在规定期限内，可以采取向做出处罚决定的上一级行政管理机构申请行政复议或向人民法院提起行政诉讼等途径维权。（　　）

11. 工作救生衣与普通救生衣也可以混穿。（　　）

12. 挂好安全带快扣后，不必锁死防脱装置。（　　）

13. 眼部保护主要采取戴护目镜的方式。（　　）

14. 所有船员应受过培训，懂得使用个人保护装备，并且认识该装备的功能极限。（　　）

15. 只有训练有素和装备完善的人员可以在密闭舱室内从事救援工作。（　　）

参考答案

一、选择题

1. C	2. A	3. D	4. A	5. C	6. B	7. C	8. D	9. C	10. B
11. D	12. C	13. A	14. D	15. C	16. C	17. A	18. B	19. C	20. B
21. C	22. B	23. A	24. A	25. D	26. D	27. C	28. A	29. C	30. D

二、判断题

1. √　　2. ×　　3. √　　4. √　　5. √　　6. ×　　7. ×　　8. √　　9. ×　　10. √
11. ×　　12. ×　　13. √　　14. √　　15. √

第三篇　船舶管理

船舶管理主要介绍船舶设施设备的使用和管理、船体的基础知识及驾驶台资源管理。内容包括：甲板设备、船体保养、助航仪器、造船大意。

第一章　甲板设备

甲板设备是船舶最基本的操纵设备，主要包括系缆设备、锚设备、舵设备等。本章除了介绍甲板设备的结构组成外，重点介绍其使用和管理。

第一节　系缆设备

船舶系离码头、浮筒、船坞、他船以及拖带驳船等作业中用来带缆或绞缆的设备称为系缆设备。系缆设备包括系船缆、系缆装置、导缆装置、附属装置。

一、系船缆（☆△）

（一）系船缆的分类

按缆绳的制作材料不同，系船缆分为钢丝绳、纤维绳（植物纤维绳和化学纤维绳）和链条三大类。

（二）系船缆的种类和用途

1.船用钢丝绳的种类和用途

钢丝绳是由许多钢丝搓制而成的，先将几根或几十根钢丝搓制成股，再由多股围绕一根绳芯搓制成绳。钢丝绳强度大，体积小，使用寿命长。如拖缆、超重用缆等。

钢丝绳的种类很多，通常按照股内钢丝的粗细和油麻芯的多少不同，分为硬钢丝绳、半硬钢丝绳和软钢丝绳。

（1）硬钢丝绳

硬钢丝绳是由7股镀锌粗钢丝或6股粗钢丝中间夹1股油麻芯制成，其特点是丝数少，强度最大，最坚硬，但使用不便。船上常用作静索，如桅杆、烟囱的支索。

（2）半硬钢丝绳

半硬钢丝绳是由6股钢丝中间夹1股油麻芯制成，其特点是丝数多而细，较柔软，便于使用。船上常用作吊索、保险缆、拖缆或系船缆。

（3）软钢丝绳

软钢丝绳是由6股钢丝中间夹1股油麻芯,且各股钢丝中间也都夹有细油麻芯制成,其特点是最柔软,重量轻,使用方便,在钢丝绳中强度最小。船上常用作牵引缆、带缆,也可作为吊索。

钢丝绳（如图3-1-1所示）中间的油麻芯的作用是减少钢丝绳内部摩擦,受力时起缓冲作用,增加钢丝绳柔软度,便于使用和保养。油麻芯可注油防锈并起润滑作用。

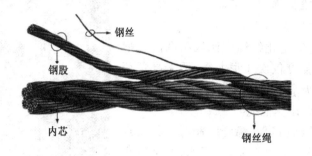

图 3-1-1　钢绳丝的组成

2. 船用植物纤维绳、化学纤维绳种类和用途

植物纤维绳是用剑麻、野芭蕉、苎麻和棉花等植物纤维制成。常采用三股拧绞搓制而成。其特点是强度小、易腐烂,但手感较好。常用的有白棕绳、油麻绳和棉麻绳等,如图3-1-2所示。

（1）植物纤维绳

①白棕绳。白棕绳是用热带出产的剑麻、龙舌兰或野芭蕉叶等纤维制成的。其纤维质量最好的是乳白色白棕绳,一般呈浅黄色。白棕绳的优点是坚韧而柔软,耐腐蚀而且有相当程度的浮性和弹性。其主要缺点是受潮后易膨胀。

②红棕绳。红棕绳是用棕树的棕丝制成,其特点是质轻,吸水率小,受潮后不易腐烂,但强度较小,多用于木船和小轮上。

③大麻绳。大麻绳是用大麻的纤维制成的,因应用和制作方法上的不同,又分为白麻绳和油麻绳两种。

图 3-1-2　植物纤维绳

④棉麻绳。棉麻绳是用经过防腐处理的棉、麻纤维混合制成的。其特点是质轻,不易扭结,强度较小。多用作撇缆绳（经过浸渍过淀粉液的棉线制成,直径为6～8 mm,破断强度为200千克力。柔软、光滑、不易扭结和松散）、旗绳和测深绳。

（2）化学纤维绳

化学纤维绳比同直径的白棕绳轻,但抗拉力要比同直径的白棕绳大3倍以上。目前多采用锦纶、涤纶、乙纶、丙纶和维尼纶等合成纤维搓制而成。化纤绳的优点是强度大,约为同样规格的白棕绳的 2.5 倍,而重量轻 20%。现在船上广泛用作拖缆、系缆、小型船舶锚缆及其他一般用缆。

①尼龙绳。尼龙绳是化纤绳中强度最大的一种。其特点是耐酸碱、耐油,弹性大,不易疲劳,吸湿性仅次于维尼纶绳。但怕火和曝晒、不耐磨,受力会伸长。且品种最多,用途最广,如图 3-1-3 所示。

②维尼纶绳。维尼纶绳纤维像棉花,其特点是耐盐类溶液和油类,对紫外线的抵抗能力很强,长期日晒不易老化,也不易降低强度。但回弹性较差,在烤烘或拉长后,缆绳会缩短或拉长而变形。

③涤纶绳。涤纶绳是化纤绳中比较耐高温和耐气候性较好的一种,强度仅次于尼龙绳,适于高负荷连续摩擦,其特点是吸水率低(0.4%),耐酸性好。但耐碱性差,价格高。多用作拖缆绳。

④乙纶绳。乙纶绳由聚乙烯纤维制成。其特点是耐低温、耐化学腐蚀,吸水性差,浮于水面,适宜于水上应用。但它不耐热,不适合在高温场所使用。其触感和白棕绳相似。

图 3-1-3　尼龙绳

⑤丙纶绳。丙纶绳由聚丙烯制成。是目前最轻的缆绳,能浮于水面。其特点是柔软,吸水性特小,耐油及化学腐蚀,最耐脏、耐磨,不易滑动,但耐热性差,不适合在高温场所使用。

3. 锚链(☆)

锚链按结构可分为无挡链和有挡链两种。同样尺寸的有挡链环比无挡链环的抗拉强度大,伸长变形小,且锚链堆叠时不易发生绞扭。故船上一般采用有挡链,无挡链一般用于小船。按制造方法可分为铸钢锚链和电焊锚链。按钢材级别可分Ⅰ级链钢、Ⅱ级链钢、Ⅲ级链钢。级别越高,强度越大。

(1)锚链的组成

锚链主要由有挡链环组成,每挂锚链可分为锚端链节、中间链节和末端链节,锚链的长度以节为单位,每节锚链的长度为 27.5 m,锚链的大小以链环的直径 d 来表示,即用于制造锚链普通链环的圆钢的直径。有挡普通链环的长度应是链环截面直径 d 的 6 倍,宽度应是 d 的3.6倍。普通链环的直径是衡量锚链强度的标准。链环按其作用分为普通链环(1.0d)、加大链环(1.2d)、转环(1.2d)、末端卸扣(1.4d)、末端链环(1.2d)、U 形连接卸扣(1.3d)和连接链环(1.0d)等。其中常见的连接链环有散合式和双半式两种,如图 3-1-4、3-1-5 所示。

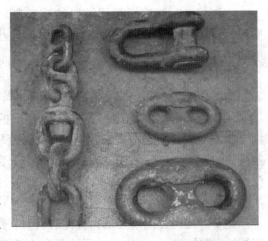

图 3-1-4　散合式连接链

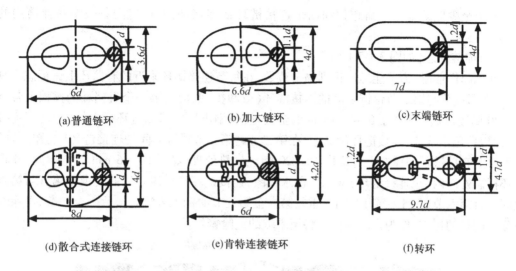

(a)普通链环　　　　(b)加大链环　　　　(c)末端链环

(d)散合式连接链环　　(e)肯特连接链环　　　(f)转环

图 3-1-5　双半式连接链

（2）链节（如图 3-1-6 所示）

①锚端链节。锚端链节由锚卸扣、末端卸扣、末端无挡链环、加大链环、转环和普通链环等组成。在第一节锚链前加上一段锚端链节，其中的转环能防止错链扭结。锚卸扣与锚干相连时，将卸扣的横销朝向锚，以便锚干顺利收入锚链筒内。

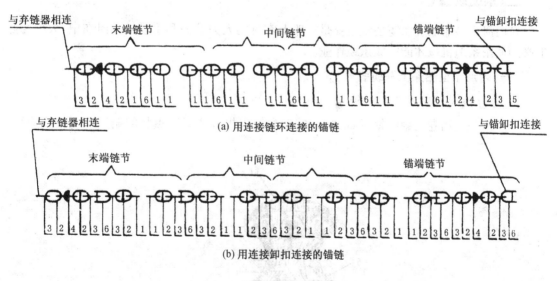

(a)用连接链环连接的锚链

(b)用连接卸扣连接的锚链

图 3-1-6　链节

1—普通链环；2—加大链环；3—末端链环；4—转环；5—锚端卸扣；6—连接卸扣

②末端链节。末端链节由滑钩、末端转环、加大链环和普通链环等组成。在锚链的最后一节加上一段末端链节，其中也有转环，然后与弃链器相连。转环的环栓应朝向锚链的中央。

③中间链节。常见的中间链节由连接链环和普通链环组成，也有的是由普通链环、加大链环、末端无挡链环和连接卸扣组成。节与节之间用连接卸扣连接时，为了使锚链的强度得到平顺过渡而改善锚链的结构，在各链节的末端设置一个加大链环和一个无挡末端链环。此时应将卸扣横销朝向船内，以保证连接卸扣能平卧着通过锚机链轮。

　　船上至少应配备一个锚卸扣和四个连接链环或连接卸扣，还应配备一个系浮筒用的大卸扣。

　　（3）锚链标志（如图3-1-7所示）

　　在抛起作业时，为了能迅速识别锚链节数，在每节连接链环附近的有挡环上做标志。其方法为：在第一节与第二节锚链之间的连接链环（或卸扣）的前后第一个有挡环的撑档上各绕以10～20圈经过热处理以后的4～6 mm的金属丝（或钢皮），并将该链环标志处以内（至连接链环）涂以白色水线漆，连接链环涂红漆；在第二节与第三节锚链之间的连接链环（或卸扣）的前后第二个有挡链环的撑档上各绕以10～20圈经过热处理以后的4～6 mm的金属丝，并将该链环标志处以内（至连接链环）涂以白色水线漆，连接链环涂红漆。以此类推至第五与第六节之间。自第六节（第十一节）开始又重复第一至第五节的标志方法。最后一至二节，可涂红或黄漆等醒目的标志，作为预示锚链即将至末端的危险警告。

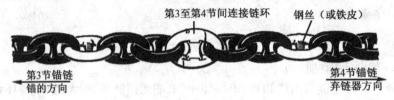

图3-1-7　锚链标志

二、系缆装置（☆△）

　　在内河小型船舶上系缆装置主要是指船上常见的人力绞关和系缆桩。但在中、大型船舶上必须使用系缆机械才能完成系缆作业。

　　（一）内河小型船舶上系缆装置

1.人力绞关（如图3-1-8所示）

　　船用绞关是用卷筒缠绕钢丝或绳索，转动卷筒以提升或牵引重物的船用小型绞缆设备。

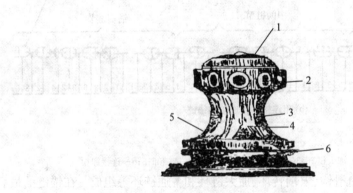

图3-1-8　人力绞关

1—绞盘顶；2—插孔；3—绞柱；4—肋条；5—制转块；6—制动环

绞关有手动和电动两类：手动绞关的回转机构上装有棘爪，可使缆绳或锚链保持在需要的位置。电动绞关在手动绞关上增加了电力或液压驱动装置，用于工作繁重、牵引力较大的场合。

绞关在船上的用途广泛,主要在收绞缆绳、起锚、编结船队和提起栋杆等。

2. **系缆桩(如图 3-1-9 所示)**

作为船舶系结点的系缆桩泛指固定在甲板或舷墙上能系住缆绳的栓柱。它包括:系缆柱、带缆羊角、系缆穴、制索眼环。

| (a)单十字系缆桩 | (b)羊角系缆桩 | (c)单柱系缆桩 |

| (d)双柱系缆桩 | (e)斜式系缆桩 | (f)双十字系缆桩 |

图 3-1-9 系缆桩

(1)双系柱

双系柱的形式有直式、斜式、双十字式等。双系柱受力很大,因此要求基座十分牢固,底座附近的甲板必须加强。大中型船舶多采用双系柱缆桩。

(2)单系柱及羊角

单系柱及羊角大多用于小船,如救生艇挽缆用。

(二)中大型船舶上系缆装置——系缆机械

1. **系缆绞车**

绞缆机(如图 3-1-10 所示)的作用是绞收缆索,按其卷筒中心轴线位置可分为卧式和立式两种。立式也称为绞盘,卧式也称为绞车。按动力装置可分为蒸汽绞缆机、电动绞缆机和液压绞缆机。一般船舶,船首由锚机绞缆,艉部用绞盘或绞缆机绞缆,其他位置可用起货机绞缆。

使用时接上电源,操纵开关。电动机 6 转动后齿轮减速器 7 带动主轴 9 驱动主卷筒 5 和系缆卷筒 1 转动。缆索绕在卷筒上,便可绞紧或松出。

2. **系缆绞盘机**

绞盘常有人力和电动两种。外形和结构都相似,它是由电动机通过齿轮减速箱带动系缆卷筒转动的。

绞盘的特点是重量轻,占地小,可绞任何方向的缆绳,但不能同时收绞两根以上的缆索。适用于中小型船舶。其具体型式有单甲板式、双甲板式和无轴式电动绞盘机三种。

3. **自动系缆绞车**

由于受货物装卸变化和风浪影响,船舶吃水会发生变化,系缆的张力也会随之变化,需要专人经常检查、调整系缆;否则,会造成船舶远离泊位或断缆事故。正因如此,目前许多船舶已

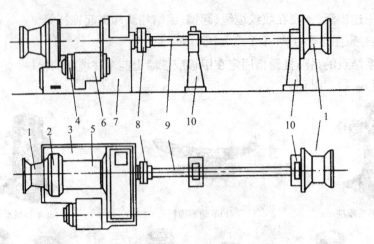

图 3-1-10 一台普通卧式绞缆机——系缆绞车

1—系缆卷筒;2—墙架;3—底座;4—圆盘刹车;5—主卷筒;6—电动机;7—减速器;8—联轴节;9—主轴;10—轴承座

采用自动系缆绞车。它能自动收放缆绳。

4. 系缆桩(见前)

三、导缆装置(☆△)

为了保证系船缆有效布置和正常受力,船舶必须配置导缆和系缆装置。

(1)导缆装置的作用是船舶系泊时将系船缆由舷内导引至舷外,改变缆绳的受力方向,限制其导出位置,减少缆绳磨损及加强舷墙开口处的强度。导缆装置按其具体型式有导缆孔(图 3-1-11)、导缆钳(图 3-1-12)、导向滚柱和滚轮导缆器,以及导向滚轮(图 3-1-12)等。

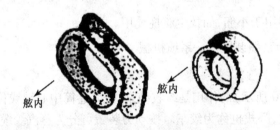

舷内   舷内

图 3-1-11 导缆孔

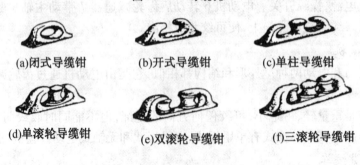

(a)闭式导缆钳   (b)开式导缆钳   (c)单柱导缆钳

(d)单滚轮导缆钳   (e)双滚轮导缆钳   (f)三滚轮导缆钳

图 3-1-12 导缆钳

（2）导缆器上滚轮的作用是减少磨损，多用于大中型船舶。而导向滚轮的作用是改变进入船内的缆绳方向，使之顺利地通至系缆机械。

四、附属装置（☆△）

1. 制缆索

制缆索固定在缆桩附近的眼板上。船舶系缆时，缆绳绞紧后，要用制缆索在缆绳上打个止索结将缆绳暂时拦住，再从绞缆机上松下缆绳挽在缆柱上。这样制缆索就起了防止缆绳松回的作用。

2. 挡鼠板

挡鼠板是用塑料或薄钢板制成的，其形状为圆形或伞形，作用是防止老鼠穿过，以防疫病传染。

3. 撇缆绳

撇缆绳是用来传递缆绳的。多选用直径6～8 mm 的编织绳制成，长度不少于30 m。

4. 碰垫

碰垫俗称靠把或靠球。作用是用来缓冲船舶间或与码头间碰撞，以保护船舷。多用橡胶或圆木制成，如图3-1-13所示。

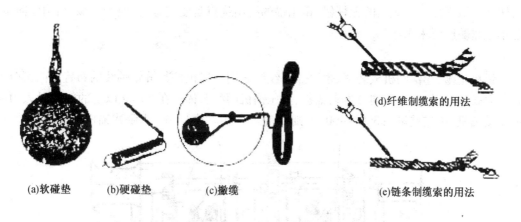

(a)软碰垫　　(b)硬碰垫　　(c)撇缆　　　(d)纤维制缆索的用法　　(e)链条制缆索的用法

图 3-1-13　碰垫、撇缆和制缆索

第二节　锚设备

锚设备是船舶操纵的重要设备，其作用可概括为：锚泊、操纵、制动、脱浅。

一、锚设备的组成（☆△）

锚设备是由锚、锚链、锚链筒、制链器、锚机、锚链管、锚链舱和弃链器等组成的，如图3-1-14所示。

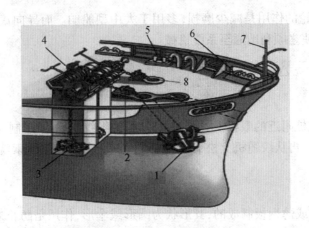

图 3-1-14 系锚设备的构造

1—锚;2—锚链;3—锚链筒;4—起锚机;5—系缆桩;6—导索器;7—吊锚杆;8—锚链口

二、主要锚设备介绍

1. 锚

按照锚的结构和用途,锚可分为有杆锚、无杆锚、大抓力锚和特种锚。霍尔锚锚爪可以自由转动与锚干成一定倾角的无杆锚,霍尔锚的突出优点是使用方便、便于收藏、结构较简单,目前小型船舶广泛采用。

2. 锚机

锚机是抛、起锚的机械装置,也可兼作绞缆之用。锚机按其链轮轴线的布置方向可分为卧式和立式两种,按动力不同分电动锚机、液压锚机两种。锚重在 50 kg 以上的船舶设人力绞盘或手动锚机,单锚重量在 300 ~ 400 kg 则设动力锚机。图 3-1-15 为卧式锚机结构图。

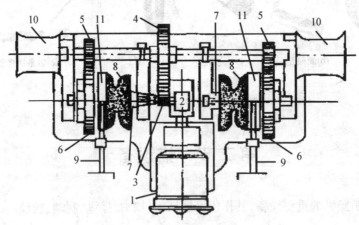

图 3-1-15 卧式锚机

1—电动机;2—减速器;3,4,5,6—传动齿轮;7—离合器;8—链轮;9—刹车操纵杆;10—带缆卷筒;

11—带式刹车

3. 制链器

锚泊时用以刹紧锚链,将锚链的拉力传递到船体,不使锚机受力,从而保护锚机。航行时用以夹住锚链,防止锚链滑出。常用的制链器有螺旋式、闸刀式和制链钩三种,如图 3-1-16 所示。

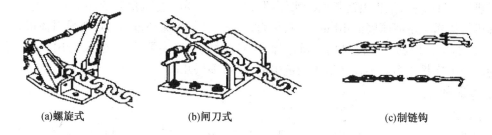

(a)螺旋式　　　　　　　　(b)闸刀式　　　　　　　　　(c)制链钩

图 3-1-16　制链器

4. 锚链管

锚链进出锚链舱的孔道,在锚机链轮的下方,正对着锚链舱的中央,其直径为链径的 7～8 倍。锚链管的甲板管口有防水盖,开航后应盖拢,以防甲板上的水进入锚链舱。

5. 锚链舱

锚链舱是存放锚链的处所,一般设在防撞舱壁之前,锚机下面,首尖舱的上部或后部。其形状为方形或圆形。圆形锚链舱的直径约为链径的 30 倍,可自动盘放而不必人工排链。此外,在锚链舱外设有一手摇泵,用以排出锚链舱内的积水。

6. 弃链器

弃链器是使锚链末端迅速与船体脱开的装置。常见的有横闩式和螺旋式弃链器。

三、锚机的操作注意事项(☆)

1. 抛锚作业

(1)备锚

待机舱接通电源后,空车试转锚机,冬季要提前温车。再合上离合器,移开锚链筒盖,打开制链器,松刹车,开动锚机将锚松出锚链筒垂挂在水面以上。此时刹紧刹车,脱开离合器。使锚处于可以自由抛落状态。准备好锚球或锚灯,并告知驾驶室锚已备妥。

(2)抛锚

当船舶略有退势时,是抛锚的最佳时机,得到抛锚口令后,甲板作业人员应立即观察舷外锚的下方有无船舶靠近,然后迅速指示锚机操作员松开刹车带,让锚凭借重力下落。待锚着底后(链轮上的锚链会出现瞬间松弛),用刹车刹住抛链,并立即升起锚球或开启锚灯。

当松出 1.5～2 倍水深的链长时,应刹住锚链,利用船的拉力使锚爪抓入泥中。为防止将锚拉走而破坏抓土,必须在锚链尚未完全被拉直时再松出一段锚链(约半节),然后再刹车。如此反复进行,以刹减船速,确保锚能良好地抓土直到松出所需的链长为止。

按计划松出足够的锚链长度后,如果锚链向前拉紧,并有规律地在水面上下抬动,则说明锚已抓牢;反之,锚链虽然吃紧,但不在水面抬动,且时而发生抖动,则说明锚正在水底拖动,应立即报告船长。

（3）抛锚注意事项

抛锚过程中甲板指挥人员必须将锚链方向通过 VHF 或手势（夜间可用手电光）报告船长。锚机操作手敲钟，报告出链长度。水深超过 25 m 时，为防止锚落底的冲击力过大，抛锚时须用锚机将锚送至距河床底面 10 m 左右，再自由抛下。若水深超过 50 m，则须用锚机将锚一直松到底，然后再用刹车慢慢松出锚链。深水抛锚时船速一定要十分缓慢，每次松链只能几米。为防止一次松过多刹不住而造成断链事故，宁可多松几次。

2. 起锚作业

（1）准备

通知机舱接通电源并供给甲板水（冬天要提前供电以便暖车）。试验锚机，合上离合器，松开制链器及刹车。

（2）绞锚

得到起锚命令后，甲板指挥人员根据锚链受力情况指示锚机操作员用适当的速度绞锚，并随时将锚链方向报告船长，以钟声表示锚链在水中的节数。如果锚链绷得较紧，这时不可硬绞，待船向前移动后再绞。若锚链横过船首，收绞时会使锚链受力过大，锚机也会超负荷。应报告驾驶台以便使用车舵配合，将船逐渐领直后再绞。

（3）锚离底的判断

在锚爪离底的瞬间，锚会突然向船边荡过来，可以此来判断锚是否离底。锚爪将要出土时，锚机的负荷相对最大，速度减慢，声音沉重。当锚离底时锚机负荷突然降低，锚机转速由慢到快，这也是判断锚离底的可靠方法。锚机现场指挥人员在锚离底时向驾驶台报告，锚机操作员立即敲一阵乱钟，并降下锚球或关闭锚灯。

锚出水后，要注意观察锚爪是否钩住钢丝等。锚干进锚链筒时，注意锚爪翻转情况，应使锚爪贴紧船舷。上好制链器，刹好刹车，脱开离合器，关闭甲板水，盖上锚链筒防浪盖，罩好操纵装置，封好锚链管口，通告机舱关闭锚机电源。

具有锚作用的其他设备：

（1）栋杆

在山区河流中小型浮趸船舶常用栋杆配合系船缆来固定船舶停靠位置，栋杆的作用主要是防止船舶向岸边或河心横移。栋杆常用钢管制造而成，其一端做成圆锥形，便于插在边坡或水底；中下部焊接一个铁圈用于系绑绳索，提起栋杆；中上部焊接两个横着的支架，作用是根据水位变化，调整船系固位置。在实际操作过程中，由于栋杆的重量大，在缺少船舶起重设备的情况下，用人力提起较为困难，因此通常采用绞关或葫芦吊以到达省力的目的。采用绞关时，将提绳绕在绞关上，转动绞关提起栋杆。采用葫芦吊时，将葫芦吊的吊头一端钩在栋杆中下部铁圈，将另一端固定于缆桩上，收紧链条，提起栋杆，如图 3-1-17 所示。

（2）插杆

插杆是山区河流小型船舶在停靠码头常用的固定船舶的设备，临时使用方便，但在船舶长时间系靠时必须配合缆绳。若单独使用，受风、流影响大。插杆在内河山区河流被广泛使用，使用插杆有效地防止了船舶靠泊后因水位变化而造成搁浅等事故，如图 3-1-18 所示。

图 3-1-17 栋杆

图 3-1-18 插杆

第三节 舵设备

一、舵设备的作用与组成(☆ △)

舵设备是船舶一项重要的操纵设备。具体来讲,舵设备是保持和改变船舶运动的方向,操纵船舶的主要设备。

(一)舵设备的作用

舵设备从组成上讲是舵及其支承部件和操舵装置的总称。船舶在航行过程中,保持航向或改变航向,主要是依靠舵设备来实现的,作为船舶主要操纵设备,舵设备性能应满足以下功能要求:

(1)在任何情况下能可靠地和不间断地工作。

(2)在一般情况下操微小舵角(3°~5°)就能纠正航向偏差,保持直线航行。

(3)在一定舵面积和舵角下,能提供大的舵压力和转船力矩,使船舶应舵快,旋回圈小。

(4)具有辅助操舵装置,能在应急情况下迅速由主操舵装置转换为辅助操舵装置(应急操舵装置)。

(二)舵设备的组成

内河船舶舵设备由操舵装置(操舵器)、传动装置、动力装置(舵机)、转舵装置和舵装置五个主要部分组成。舵的种类常用的主要有两种,即按结构剖面形状分为平板舵和流线型舵。目前,内河船舶普遍采用流线型的平衡舵结构,其舵叶面积有 20%~30% 在舵杆轴线之前,即平衡度为 20%~30%。

舵的结构由舵叶、舵杆和舵承三部分组成,如图 3-1-19 所示。

(三)舵机

目前,内河船舶的舵机一般分为电动舵机、液压舵机两大类。电动舵机一般仅被小型船舶所采用,大中型船舶多数采用转矩大、噪声小的液压舵机。

1. 电动舵机

由操舵装置控制系统控制的电动机,带动蜗杆、蜗轮。因为齿轮和蜗轮同轴,所以带动舵

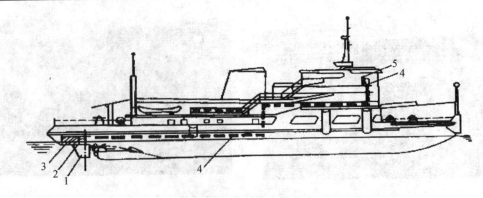

图 3-1-19　舵设备的组成

1—舵；2—转舵机构；3—舵机；4—操舵机构；5—操舵器

扇。舵扇是松套在舵杆上的，它的转动牵拉缓冲弹簧而推动舵柄。因舵柄用键套在舱杆上，所以舵柄转动就使舵偏转。缓冲弹簧用以吸收波浪对舵的冲击力。

2．液压舵机

当前内河船舶广泛采用的液压舵机，具有体积小、重量轻、转矩大、噪声小以及便于管理等优点。在转舵次数频繁的情况下，它比电动舵机具有较高的可靠性。

（四）操舵装置控制系统

操舵装置有人力舵的操舵装置和机动舵的操舵装置两种，下面分别就其作用及结构特点进行介绍。

1．人力舵的操舵装置

人力舵适用于小型船舶及驳船，其作用是将驾驶室发出的操舵动作，通过传动装置直接控制舵柄或舵扇转动。人力舵的操舵装置如图 3-1-20 所示。

2．机动舵的操舵装置

机动舵适用于大、中型船舶。其操舵装置的作用是：从驾驶室发出操舵动作，通过传动装置遥控舵机工作。机动舵的操舵装置主要有液压操舵装置及电动操舵装置两种。

（1）液压操舵装置

液压操舵装置适用于中型船舶。它利用液压油作为传递能量的介质。液压操舵装置有人力液压操舵装置及电动液压操舵装置两种类型。其特点是：工作平稳，准确性高，但当船体变形时，液压管路也容易变形和破裂，故仅适用于中型船。

（2）电动操舵装置

大、中型船舶多采用电操舵装置，因它工作可靠，轻便灵敏，维修方便，不受船体变形的影响，并有利于操舵自动化，电操舵装置可用于遥控电动舵机或电动液压舵机工作。

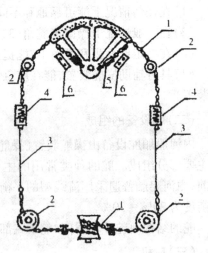

图 3-1-20　人力舵的操舵装置

1—舵链；2—导向车；3—钢质拉杆；4—缓冲弹簧；
5—松紧螺旋扣；6—舵角限位器

采用电操舵装置的船舶,一般都有两套独立操舵系统的线路布置,当一套操舵系统发生故障后,立即可以转换另一套操舵系统。这两套系统称为随动操舵系统和手柄操舵系统。随动操舵系统用于主操舵装置,手柄操舵系统用于辅助操舵装置。

①随动操舵系统是装有舵角反馈发送器,能进行随从控制的操舵系统。操舵时,转动舵轮随之转出舵角,舵轮停止转动,舵角也随之固定。这种操舵方式舵轮转动的角度和舵叶偏转的角度是一致的。

②手柄操舵系统是直接控制继电器使舵机转动的系统。它没有舵角反馈装置,操舵手柄相当于继电器的开关。操舵时,当舵角指示器上到达所需舵角时,要立即将手柄回复中央位置。

目前大多数船舶采用电力控制主、辅操舵装置。它便于遥控,可进行双套独立操舵系统的布置。它不受船体变形及环境温度的影响,工作可靠,维修管理方便,有利于操舵自动化的实现。

（五）极限舵角限位器

航行中船舶使用的是最大有效舵角,一般流线型舵为32°,平板舵为35°。为了防止在操舵时实际舵角太大而超过有效舵角,在操舵装置的有关部位设置舵角限位器。

二、舵设备的检查和保养

舵设备的检查和保养由船舶驾驶部和轮机部的有关人员分工负责。机动舵的舵机和舵机室内设备(包括转舵装置)以及电操舵装置均由轮机部的电机人员进行检查保养;校正舵角以及液压操舵装置的检查保养工作,由驾驶人员和轮机人员共同负责。下面介绍驾驶人员对舵设备的检查保养工作。

1. 舵角校正

在开航前,应对舵角进行校对。其方法是用电话与舵机室联系。首先把驾驶室的操舵器(舵轮或手柄)放在正舵位置,看舵角指示器、舵机控制机构及舵柄三者是否一致,俗称"对三针"。再向左和向右每转5°校对一次,看"三针"是否一致,若不一致,则应进行调整和校正。现在以机械舵角指示器为例:若舵角指示器与后两者(舵机控制机构及舵柄)不吻合,则将舵扳在正舵,使舵柄舵角为0°,再将机械舵角指示器的指针也拨到0°使三者一致;当舵柄位于正中位置时,舵机上和驾驶室的舵角指示器的偏差,应不超过1.5°。如系电动舵角指示器,则不超过1°。

2. 液压操舵装置的检查保养

液压操舵装置工作平稳,准确性高,内河船舶广泛采用。液压操舵装置在使用期间应做好以下检查保养工作。如发现故障,应通知轮机部进行检查和排除。

（1）开航前的准备

①将舵置于正舵位置。打开舵轮座上的旁通阀门及压力表阀门,查看两压力表的指针所指的压力是否一致,以判断管路是否有破裂漏油现象。

②关旁通阀,拉开舵轮座上的制动销,进行活舵。活舵应先慢后快。尤其在冬天,活舵时间应长一些,使液压油反复巡回流动,在转动舵轮时,若过轻或过重,则可能有故障,应通知机舱检查。

③校对舵角。当舵叶位于正舵时,发送器活塞与受动器液缸均应位于中央位置。如不在正中位置,应打开旁通阀校正。

(2)停泊时的工作

①将舵放于正舵位置。

②插上舵轮座上制动销,打开旁通阀门,以防有人转动舵轮时,不致带动舵机转动。

(3)舵机液压油的补换

液压操舵装置的液压油(俗称舵机油)。冬季环境温度较低,应选用凝固点较低的液压油。每次加油或换油时,应注意把管路中的空气排干净,以免产生空舵现象。

3. 舵杆的损耗极限和修理要求

《内河船舶法定检验技术规则》对舵杆损耗极限和修理要求有如下规定:

(1)舵杆的最大蚀耗应不超过原直径尺寸的7%,超过此极限时,允许堆焊并光车修理。但施焊前应预热,焊后做退火处理。

(2)舵杆弯曲挠度不大于1 mm/m时,允许冷压校直;大于1 mm/m时,须加热校直,但加热温度应不超过650 ℃。

(3)舵杆的扭转角大于10°并有裂纹或扭转角大于30°时应换新,不小于上述损坏程度可重开键槽修理。

(4)舵杆有横向裂纹时,应予以换新。

第二章　船体保养

船体保养,即有关船体、甲板、甲板设备舱室等的清洁、除锈、涂漆、润滑加油等维护保养工作。船体保养工作是船员实施船舶管理的一项经常性的工作。

第一节　防锈与除锈方法(☆△)

目前钢质船舶锈蚀不可避免,如不采取防锈措施,几年就可能使船舶完全锈烂报废。保养得好,则船舶能使用长达几十年。因此,为了防止船体及其他金属构件表面锈蚀,在进行涂漆保养前,都要除锈。即使涂漆后一旦发现再度锈蚀,也要及时地进行清除。

一、船体锈蚀原因与防锈方法

(一)船体锈蚀的原因

钢质船舶船体与水、空气等介质接触,介质中含有氧气和酸碱等物质,这些物质会与钢质船体发生化学反应或电化学反应而造成化学腐蚀或电化学腐蚀,即船体锈蚀。简言之,钢质船体锈蚀是船体由于与外部介质发生化学作用或电化学作用而引起的破坏现象。

1. 化学腐蚀

化学腐蚀是金属与周围介质直接发生化学作用而引起的腐蚀。它主要包括金属在干燥气体中的腐蚀、金属在非电解质溶液中的腐蚀和金属遇腐蚀性物质的腐蚀。氧化是金属最常见的化学腐蚀。

2. 电化学腐蚀

电化学腐蚀是指金属与电介质发生电化学作用而发生的腐蚀。电化学腐蚀的产生必须具备以下两个条件:

(1)有电位不同的两种金属相接触或有电位不同的同一种金属,如表 3-2-1 所示。

表 3-2-1　几种金属的标准电极电位

电极反应	电极电位(V)	电极反应	电极电位(V)
镁 $Mg \rightarrow Mg^{2+} + 2e^-$	-2.34	铬 $Cr \rightarrow Cr^{3+} + 3e^-$	-0.71
铝 $Al \rightarrow Al^{3+} + 3e^-$	-1.67	铁 $Fe \rightarrow Fe^{3+} + 3e^-$	-0.036
铅 $Pb \rightarrow Pb^{2+} + 2e^-$	-0.126	铜 $Cu \rightarrow Cu^{2+} + 2e^-$	$+0.345$
锌 $Zn \rightarrow Zn^{2+} + 2e^-$	-0.762	银 $Ag \rightarrow Ag^+ + e^-$	$+0.799$

(2)被电解液浸湿。钢质船舶电化学腐蚀比化学腐蚀更为普遍、厉害,而且电化学腐蚀与

化学腐蚀往往是同时进行的。

3. 生化腐蚀

由于水生生物寄生在钢质船体上,产生排泄物,其化学成分对船体表面产生的腐蚀。生化腐蚀与船舶污底现象有直接关系。

船体保养的实践证明钢质船体的电化学腐蚀比化学腐蚀有更大的危害性。

(二)船体防锈方法

1. 电化学保护法

电化学保护法具体实施时,常采用保护板法(亦称电极防护法或牺牲阳极保护法)。即在船体构件上(如船尾螺旋桨附近的艉轴架和船壳外板等处)安置电位比钢铁低的小块锌板或镁板,使电化学腐蚀集中在锌或镁板上,以减轻钢铁船体和构件的腐蚀。在修船时必须检查保护板腐蚀情况,决定是否换新。

2. 涂层保护法

涂层保护法,即在钢铁表面涂装涂料、油脂、水泥或塑料薄膜等非金属保护层,使金属表面和外界的电解液等腐蚀性物质隔开而避免腐蚀。最常见的是涂刷涂料(俗称船用油漆)。也曾试验在油船的货油舱内壁搪一层塑料薄膜,效果也很好。

有些船用钢铁用品还在其表面镀一层抗腐蚀性较强的金属保护层(如锌、铝、铜等),如钢丝绳镀锌等。

二、船体除锈方法

船体除锈方法可分为手工除锈、机械除锈和化学除锈法。

(一)手工除锈

手工除锈常用的工具有:敲锈锤、铲刀、刮刀、钢丝刷等,如图3-2-1所示。除锈时铲刀要磨快,榔头把装紧,榔头两端的刀口不能太钝,也不能太锋利。

敲锈用力要适当,不能留下刀痕,尤其在敲水线下和焊缝等处的锈时更要小心,避免敲出漏缝;敲锈时人与人不要相距太近,不要面对面敲铲,敲锈时必须戴上防护眼镜和防护手套。除锈的顺序是从上到下、从里到外依次清除彻底,不要遗漏。除锈后应及时涂漆。如当天不能涂底漆可先涂漆油,以防生新锈。

(二)机械除锈

用机械冲击、磨刷、敲打金属面除去锈层、旧漆和污物的方法,一般有电动除锈和抛丸除锈两种方式。电动除锈是借助电力或压缩空气带动不同工具敲打金属面,达到除锈的目的,如风动砂轮除锈、电动除锈机除锈等。抛丸除锈是用压缩空气将固体颗粒或高压水流直接喷射金属表面,以冲击和磨刷方式达到除锈的目的,如喷丸(砂)除锈、抛丸除锈、高压水除锈等设备。

(三)化学除锈法

化学除锈习惯称法为酸洗除锈。金属的锈蚀产物主要是金属的氧化物(碱性氧化物),化学除锈就是利用酸液与这些金属氧化物发生化学反应,从而除掉金属表面的锈蚀产物。

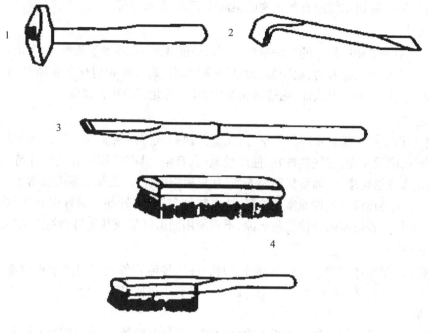

图 3-2-1　手工除锈工具

1—敲锈锤；2—刮刀；3—铲刀；4—钢丝刷

第二节　船用涂料的性能和施工方法（☆△）

涂料是一种具备保护和装饰作用的工程材料,属高分子胶体化合物。一般由油料、树脂、颜料、辅助材料等成分组成,即主要成膜物质(油料和树脂)、次要成膜物质(颜料)和辅助成膜物质(如稀料、催干剂等)。由于早期多采用天然树脂和动植物油脂作为主要原料,故称为"油漆"。随着科学技术的发展,各种有机合成树脂的广泛应用,油漆原料已趋向少用或不用天然树脂,使油漆的品种增加,油漆这一名词已不能概括所有产品,因而统称为"涂料"更准确。但对具体涂料的命名,除粉末涂料外,内河船员仍习惯采用"油漆"一词。

一、船舶常用涂料

（一）常用船用涂料的性能

目前船上使用的保养漆按主要成膜物质的构成常见的有三类,分别为醇酸漆、氯化橡胶漆及环氧漆。

船用涂料只是涂料品种中的一小部分,按其性能、使用部位和用途可分为以下几种:水线漆、甲板漆、船壳漆、船底漆、水舱漆、油舱漆、烟囱漆、防火漆、沥青漆、清漆等十种。

1. 水线漆

水线漆是用于船舶空载水线和重载水线间的船壳外板部分的涂料,由酚醛漆料或氯化橡胶液等加防锈填充料制成。其具有干燥快、附着力较好、漆膜坚韧、抗油污、耐干湿交替、耐气候性好、耐水的侵蚀和浪的冲击、耐摩擦等特点。一般水线漆有酚醛漆、醇酸漆、丙烯酸树脂漆、氯化橡胶漆等,防污水线漆有氯化橡胶类油漆、乙烯类油漆等。

2. 甲板漆

甲板漆是用于船舶甲板上的防护涂料。其由酚醛或醇酸、环氧等漆料,加入填充料及颜料等制成。其具有很好的附着力,耐摩擦、耐日晒、耐海水、耐洗刷和耐化学腐蚀等,如酚醛甲板漆、醇酸甲板漆、环氧树脂甲板漆、丙烯酸树脂甲板漆、氯化橡胶甲板漆等。

3. 船壳漆

船壳漆是用于船壳重载水线以上部分,用酚醛树脂或醇酸树脂与干性油等配制而成。其具有附着力强,漆膜光亮,耐气候性好,能经受风雨、日晒,具有柔韧性和快干等特点。如醇酸船壳漆、氯化橡胶船壳漆、丙烯酸树脂船壳漆、环氧树脂船壳漆、乙烯类船壳漆等。

对于船舶上层建筑及居住舱室的涂料,要求装饰美观,室外部位最好用醇酸磁漆罩面,以保证其耐气候性。各舱室内要使用防火漆,不得使用硝酸纤维或其他易燃物为基料的油漆。

4. 船底漆

船底漆是用于船体轻载水线以下部分,包括舵叶、导流管等长期浸没于水中部位的涂料。其具有防锈、防污、耐久、快干、附着力强等特性。船底漆包括以下三种:

(1)打底漆

打底漆是在除净铁锈的船底钢板上涂刷两度。其具有防锈、防水、防盐分渗透和附着力强等特性,如磷酸锌、锌黄、红丹防锈漆等。常用的是铝粉沥青船底漆。

(2)船底防锈漆

船底防锈漆是涂刷在底漆与防污漆之间的媒介层。其漆膜坚韧,能和底漆、防污漆牢固附着,并具有良好的防水性,隔绝铝粉打底漆和含铜绿的防污漆的接触,以免发生电化学作用而影响其效果。常用的船底防锈漆有沥青船底防锈漆、氯化橡胶船底防锈漆、环氧沥青船底防锈漆等。

(3)船底防污漆

船底防污漆是涂在船底最外层的掺有化学毒素的涂料。涂料中掺有氧化亚铜、氧化汞等毒素,防止海生物附着船体繁殖,如沥青系氧化亚铜防污漆、氯化橡胶、乙烯类氧化亚铜防污漆、有机锡防污漆、有机锡高聚物防污漆等。常用的防污漆有沥青防污漆(MO-1)、松香防污漆(T40-3)等。

5. 水舱漆

水舱漆是涂于船舶水舱部位的涂料。用以防止水舱钢板锈蚀,保证食用水的质量。常用的水舱漆是无溶剂环氧树脂水舱漆。内河船舶的水舱防锈一般采用搪水泥浆的方法。水泥浆通常采用500号或600号水泥调制,水泥与水的比例为3:1。

其他如油舱漆有专用的环氧油舱漆 H54-2、铝色环氧沥青耐油底漆(即 834 环氧铝粉油舱漆)和 H54-1 环氧沥青耐油漆(即 835 环氧铁红油舱漆),两者应配套使用。烟囱漆一般由酚醛、醇酸等树脂漆料加入铝粉、石墨等耐热颜料制成。船用铝粉漆(又称银粉漆)是用30%的铝粉和70%的清漆,再加入少量的稀释剂(松香水)调制而成的。防火漆用酚醛树脂或氯化橡胶与醇酸树脂配制而成,或用四氯化苯酐醇酸为漆料加入锑白粉配制而成。沥青漆是用松香改性酚醛树脂、干性油、溶剂和催干剂等制成,船上多用于涂刷货舱、锚、锚链、锚链舱等。清漆是不含颜料的透明漆。涂于物面上能显出物面原来的底纹。根据所用原料不同可分为油质清漆和醇质清漆等。醇质清漆一般调配的比例是在 1 kg 酒精中调入 200 g 虫胶漆片。其漆膜透明、光亮、快干,但不耐热,可作室内木器用漆。

（二）船用颜料的性能

颜料的种类很多,按其作用可分为以下四类:

1. 着色颜料

着色颜料主要作用是着色和遮盖物面;船舶涂料中常用的着色颜料有钛白粉、锌钡白、氧化锌、铅铬黄等。

2. 防锈颜料

防锈颜料的主要作用是保护金属表面;船舶涂料中常用的防锈颜料有红丹、锌铬黄、氧化铁红、含铅氧化锌、铝粉等。常用的红丹有化学抑锈的作用,在钢铁表面具有很好的防锈能力。当它和钢铁表面接触时生成铅酸铁,使钢铁表面钝化而不易锈蚀,但红丹不能作为铝等轻金属表面的防锈颜料。

3. 体质颜料

体质颜料又称填充料,是加入涂料中用以改进漆膜的物理、化学、光学性能并能降低其成本的一种固体物料。船舶涂料中常用的体质颜料有滑石粉（硅酸镁粉末）、重晶石粉（硫酸钡粉末）、石粉（碳酸钙粉末）和石膏粉（硫酸钙粉末）等。

4. 防污颜料

船舶常用氧化亚铜作为主要成分加入涂装于船底和水下设施的涂料中,防止船舶污底和水生物寄生在船体等水下设施上对钢质船体（构件）形成腐蚀。使用防污颜料的涂料通常被称为防污漆,主要有传统型防污漆、释放型防污漆、烧蚀型防污漆、自抛光防污漆和自释放型防污漆等几种。

（三）辅助成膜物质

辅助成膜物质一般由稀释剂、增塑剂、催干剂等辅助材料构成。如船用涂料中加入稀释剂可降低涂料的黏度,以满足涂刷或喷涂的要求。稀释剂多为具有挥发性能的液体,在施工干结成膜过程中,全部挥发掉。故在涂料组成中,又称为挥发部分。船用涂料中常用的稀释剂有松香水、松节油、二甲苯、煤焦稀释剂、硝基漆稀释剂和乙醇等。

二、船舶涂料的施工方法

船用涂料的施工方法有刷涂、喷涂、浸涂、电泳涂等。内河船员施工主要采用手工刷涂。在施工时必须熟悉相关施工要领。

（一）涂面处理

涂漆前必须对涂物的表面进行正确的处理,钢铁表必须除锈去污,不得有油渍,如有油渍可用棉纱蘸汽油擦除,保证表面干净。要求较高的涂面还要将缝隙及凹陷处用油灰填平,干后磨平、磨光,然后才能涂底漆。木质面在涂漆前必须干燥,否则会引起漆膜起泡。

木质面在涂漆前一般必须先刮灰、打磨,然后才能涂漆。也有先涂一度底漆以后再刮灰的。调油灰的方法很多,常用的油灰是用石膏粉和熟桐油等调制而成的,称为桐油灰（也称为桐油泥子)。调配比例是:石膏粉 3 kg、厚漆 2 kg、光油(熟桐油)1 kg、松香水或汽油 0.6 kg 调和后,最后加水调成。

常用的刮灰工具有牛角刮刀、钢皮刮刀和刮灰板等,如刮圆角面可用橡胶刮刀。一般对木质面的缝、眼、截都应刮灰填平,要求较高的涂面还可以进行满刮,即全部刮一遍。

当油灰全部干透后,必须用砂纸打磨,可用 1 号或 0 号砂纸包小木块顺木纹打磨。将物面磨光以后,就可以涂底漆。

(二)涂面施工作业

1. 刷涂法

(1)刷涂工具选择

漆刷是用猪鬃或其他兽类的毛制成的。常用的漆刷有各种尺寸的扁刷、圆刷、笔刷、弯头刷及滚筒刷等。扁刷应用较普遍,漆膜刷纹整齐。滚筒刷多用于船壳和甲板等大面积的涂面,涂刷效率高,涂面刷纹差。圆刷目前使用较少,常用作绑在长杆上刷高、远处。笔刷用来写水尺、载重线标志及船名等。弯头刷用来涂刷难涂的角落和缝隙。各种漆刷如图 3-2-2 所示。

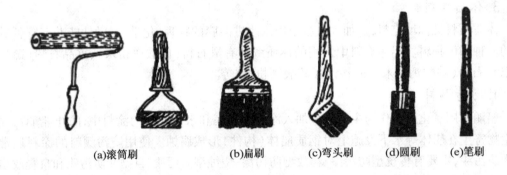

(a)滚筒刷 　　(b)扁刷 　　(c)弯头刷 　　(d)圆刷 　　(e)笔刷

图 3-2-2 漆刷

(2)刷涂施工方法要领

①蘸漆不宜太多:只蘸刷毛的 1/3 至 1/2 即可,刷仰面时更应少。蘸漆后,应让它滴一下,然后轻轻转动并将刷毛朝上。涂刷几次后,将漆刷在漆桶边刮几下,以防油漆流到柄上。每蘸一次漆的涂刷面积要适当,一般应先将油漆在一定面积内涂布均匀,然后再整顺刷纹。如用滚刷滚涂大面积时,应滚动蘸漆且不宜过多,将滚刷移至施工面上,以轻微压力滚动均匀涂面。涂刷大面积时,可两人或多人配合操作,以缩小同一环境的施工时间差异。

②施工次序:由上而下,由左向右,先里后外,先难后易,要留有退路。

③涂刷油漆时,为使漆膜刷纹整齐,应做到三顺:一要顺水,如涂刷船壳外部采用左右横刷漆纹;上层建筑则采用上下涂刷的垂直漆纹。二要顺纹,如木质涂面上的漆纹应顺着木纹涂刷;三要顺光,如舱室内天花板的漆纹,应按照光线的方向涂刷,纵向或横向要一致。

④涂面上下需涂刷两种不同颜色的油漆时,交接处等必须刷直。一般先刷上部的浅色漆,后刷下部的深色漆。

⑤施工表面要全部涂刷到,不使漏涂或积聚过多油漆而流挂、起皱。

⑥刷第二道漆时必须在第一道漆干透后才能进行。一般油漆需 4 h 达到表面干燥,24 h 达到实际干燥。

⑦涂刷时注意随时摇动桶内的油漆,防止颜料沉淀。

⑧涂漆时应采用"多度薄涂"方法。度数越多,每度越薄,质量越好。"厚"则会产生流挂、起皱、刷痕太重和龟裂现象。"太薄"则会影响美观和效果。同时要注意防止滴落油漆污染水面。

2.喷涂法

（1）喷涂工具

喷涂法是利用空气压缩机产生的具有一定压力的气流,经喷枪的喷嘴喷出时,将喷液喷成雾状,均匀地涂盖在涂面上的一种涂料施工方法。其特点是施工效率高,适用于喷涂大面积的涂面。对于有缝隙或小孔、凹凸不平的涂面,都能得到均匀分布的涂层,且涂面光滑美观。喷涂工具如图3-2-3所示。

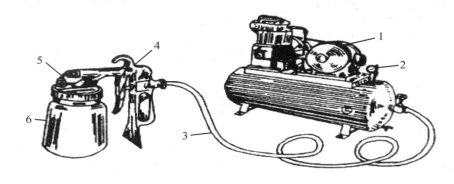

图3-2-3　喷涂工具

1—空气压缩机;2—压力表;3—软管;4—喷枪;5—喷嘴;6—漆瓶

（2）喷涂施工要领

①喷涂最好用硝基漆,若使用油基漆,应多加些漆油和松香水稀释,使其具有 $5\% \sim 7.5\%$ 的黏度。

②喷枪应与涂面保持20 cm左右的距离,压缩空气的压力应保持在 $(3.9 \sim 7.8) \times 10^5$ Pa 之间。如太近,涂面会产生流挂,太远会使发生喷雾干结,使涂面产生漆粒的缺陷。

③喷涂前应试喷,若表面成橘皮状时应减少压力,或再加一些稀释剂,待漆膜呈平整光滑时再向工作面上喷涂。

④喷涂时,应从上向下喷成一条带状直到下边缘为止,然后将喷枪向右移动,再自上而下喷成第二条漆带,以此类推。相邻喷头要重叠约三分之一,喷枪移动速度要均匀。

⑤喷涂完毕,应立即用稀释剂将喷枪中的残漆洗净;否则,油漆干燥后会使喷嘴堵塞,无法使用。

3.揩涂法

揩涂法是人工使用纱布球揩涂漆的一种作业方法。纱布球用纱布包以棉花或废丝头、细麻丝、海绵等制成。

4.刮涂法

刮涂法是用刮刀进行手工涂刮漆液的作业方法。适用于厚浆漆液或泥子,在面积不大的范围上施工。如刮涂甲板防滑漆。

5. 静电喷涂法

在静电场的作用下,使涂料的微粒带电,被吸附在施工面上成膜的作业方法。

(三)涂料施工中的用量估算与注意事项

1. 涂料用量的计算方法

因为涂料的黏度、密度、覆盖力、涂刷技术等不同,面积用量也不同。一般平滑钢板上每千克可涂盖 $10\ m^2$ 左右,旧钢板要少些;滚涂比刷涂少 $6\% \sim 10\%$。各单位面积用量可参阅涂料产品说明书。表 3-2-2 是几种常用漆的单位面积使用量,供参考。

表 3-2-2　几种涂料的使用量

涂料名称	使用量(g/m^2)	涂料名称	使用量(g/m^2)
红丹油性防锈漆	$200 \sim 240$	沥青磁漆	$\leqslant 40$
铁红油性防锈漆	80	铝粉沥青船底漆(830 打底漆)	$\leqslant 55$
各色油性船壳漆 白色油性调和漆	$80 \sim 100$ $80 \sim 100$	沥青船底漆 (831 黑棕船底防锈漆)	$\leqslant 70$
油性漆其他色漆	$60 \sim 70$	各色醇酸磁漆	$50 \sim 80$
酚醛清漆	40	铝粉醇酸耐热漆	$40 \sim 60$
各色酚醛内用磁漆	$60 \sim 90$	铁红醇酸底漆	$\leqslant 150$

2. 船舶涂料施工的注意事项

(1)防止中毒。舱内施工要通风,且施工的时间不能过长。避免皮肤沾上油漆。使用有毒油漆时,应按规定戴上防毒口罩和封闭式眼镜。施工人员进食前,须用肥皂洗手及做好面部卫生。

(2)防止失火。涂料和溶剂都是易燃品,在存放涂料和施工等场所禁止使用明火。凡是蘸过油漆和松香水的棉纱头不能乱丢,以防自燃。

(3)注意安全。进行舷外高空作业应严格遵守操作规程,系好安全带。在甲板边缘工作应面向舷外,防止失足落水。用舢板或浮筏在船外水面涂刷船体,应备有救生圈等救生设备,工作艇、筏必须系结牢固。

(4)收工前应做好收尾工作,把剩漆集中在一个漆桶,以免几个漆桶的油漆都结皮,漆刷应浸于水中,以免干结。

(5)新漆刷在使用前,应先用热水浸透,以防刷毛脱落。

第三章　助航仪器

内河山区河流船舶常用的助航仪器主要有船用雷达、GPS、甚高频(VHF)无线电话、AIS等。本章主要介绍上面几种船舶助航仪器设备的正确使用方法,为内河船舶提供良好的助航保障条件。

第一节　甚高频无线电话使用注意事项(☆ △)

甚高频(VHF)无线电话是利用甚高频段的无线电波在空间中传播来进行语音通信的一种工具。国内频率范围为30～300 MHz。国际规定:甚高频水上移动业务电台的频率在156～174 MHz。内河船用甚高频(VHF)无线电话是沟通船—船、船—岸、岸—船以及本船队之间近距离信息联系的一种助航仪器。

一、正确使用船用甚高频无线电话

(一)船用甚高频无线电话的主要性能

船用甚高频的型号很多。操作面板上的开关、控制旋钮的布局和数量也各不相同,但其主要功能大体相近,简述如下。

1.单工和双工工作状态

(1)单工

通常单工通信时收、发信号采用同一频率,在接收时不能发射,在发射时不能接收;只能在对方发话完毕后,才能向对方发话。这样的工作方式可以节省有限的频带资源。

(2)双工

双方能同时发送和接收彼此信号。进行双工通信必须要具备两个频率,即收、发信号采用异频。

2.静噪控制

调整静噪控制旋钮,可以控制静噪电平,以便消除噪声。以刚好消除噪声为好,因为在降低噪声的同时也要降低接收信号的灵敏度。

3.双重守候功能

按16频道优先的原则,可以自动监听16频道和另外任意选定的一个频道的信息(16频道为国际通用遇险及安全呼救频道)。

4.大、小功率发射控制

一般在近距离或港内通信时,采用小功率发射,避免无线电波间的相互干扰和减少耗电量;距离较远或信号较弱时,采用大功率发射。

（二）船用甚高频无线电话（图3-3-1）的面板操作事项

1. 面板上各开关、按钮、旋钮及指示灯的作用

（1）照明亮度控制旋钮：控制面板灯及键盘照明亮度。

（2）静噪控制旋钮：控制静噪电平，在逆时针最大位置时，无静噪。

（3）音量控制旋钮：控制接收话音的音量输出。

（4）16频道按钮：使用该按钮会强行选出16频道。

（5）双守候按钮（DW）：使用该钮时，按照16频道优先的原则，守候16频道和任一所选频道，此时静噪控制无效。

（6）选择频道/输入按钮：频道选择按钮有0、1、2、3、4、5、6、7、8、9共十个，根据频道序号，可按相应数字按钮，然后再按输入按钮（E）即可达到所选频道。

图 3-3-1　船用无电线电话

（7）发信功率转换按钮（1/20）：按此钮可选择大、小发信功率。

（8）直流电源通/断开关：开关置于 ON 时，电源接通；置于 OFF 时，则电源断开。

（9）扬声器通/断开关：当使用手机时，开关就断开扬声器。

（10）频道显示器：指示频道序号。

（11）双工指示灯：在双工频道时，指示灯自动照亮 DUP 字母。

（12）发信指示灯：发信时，红色 XMIT 字母被照亮。

（13）发信功率指示灯：指示发信功率，小功率时黄色 1 W 字母被照亮，无指示时发射功率为 20 W。

（14）双重守候指示灯：在双重守候工作状态时，黄色 DW 字母被灯照亮。

（15）话筒插座：便于插接外接话筒。

（16）直流电源插座：用于接入直流电源（本机使用 13.2 V 直流电源）。

（17）天线插座：连接天线用（同轴电缆阻抗为 50 Ω），为了能有较大的通信范围，尽可能设置天线的高度。注意切忌在无天线或不合适的天线连接下进行发射。

2. 操作方法

（1）开机前应接好天线、送受话器和直流电源。

（2）打开电源开关，开关接通后，机器自动在 16 频道上工作，调节"音量"旋钮到适当位置。

（3）顺时针方向旋转噪声抑制旋钮，直到扬声器中噪声最小，不要调过此点，否则弱的话音信号将被削掉而造成收不到微弱信号。

（4）值守或通话：

①在 16 频道上通话：按 16 频道按钮或将选频/输入按钮置于 16 频道，该频道数显示在显示器上。

②其他频道通话；

③用选频/输入按钮选择新需频道;

④用发信功率转换按钮选择发信功率(1 W 或 20 W);

⑤通话:在双工频道时,双工指示器亮,若选非规定频道,频道指示器闪烁并将设置于16频道。

(5)双重守候:

用选频/输入按钮选择所需频道。按双重守候(DW)按钮,双重守候功能根据16频道优先和自动监听16频道及另一所选频道。使用该功能时,静噪控制失效,发射机停止发射。此时若要通话,必须按所需频道按钮。

双重守候时听到岸台或他船呼叫需要回答时的操作:

①听到岸台或他船台在16频道呼叫时,频道显示16,这时仅需将16频道按钮按一下,再按 E 按钮,即可回答。

②当听到他船台在6频道呼叫时,频道显示6,这时仅需先按6频道按钮,再按 E 按钮,即可回答。

③无线电对讲机主要用于船舶内部的通信,母船与救生艇或顶推拖带船舶之间的通信,具有体积小、携带方便的特点。

3.甚高频无线电话通信

(1)16频道是无线电话国际遇险、安全和呼叫频道(单工频道);还可用于呼叫与回答。

(2)6频道(156.3 MHz)是船舶间安全会让专用频率,其他电台和业务不得使用。

(3)8频道(156.4 MHz)是长江航道信号台专用频率,其他电台和业务不得使用。

(4)专用话台与船台之间的通信应在专用话台核定的工作频率上呼叫和工作。

(5)船舶进入港区与或近距离通话时应放在"小功率"1 W 位置,以避免对其他通信的影响。

4.船舶航行时甚高频无线电话的使用注意事项

(1)船舶停靠码头后不需使用时,可以关机(如需再用,也可随时开机通话)。

(2)严禁通过甚高频无线电话聊私话,通话要简明扼要,仅限于船舶安全、航运生产等业务,防止泄露国家机密。

(3)使用船用甚高频无线电话,必须根据有关无线电话管理文件有关规定办理。

二、甚高频无线电话维护保养注意事项

开机前,必须接好天线、送(受)话器和直流电源,注意保持机器的清洁、防水、防潮、防震和防尘工作,避免受阳光直接照射,每周至少通电保养一次;更换保险不能超过规定值。

第二节 船用雷达使用注意事项(★☆)

船用雷达是一种通过发射无线电波和接收回波,对物标进行探测和测定其位置的设备,用于发现江面、河面或海面上的物标,并测定物标在水平面上的方位和距离。它可帮助船员瞭望,防止船舶发生碰撞;可根据其测定物标的方位和距离来确定船舶的位置;还可通过对物标类型的识别和运动参数的分析、测定,引导船舶航行。它是为保证船舶安全、可靠航行提供服

务的重要的助航仪器。

一、雷达装置的组成

船用雷达的型号很多,但基本组成部分均可用图 3-3-2 所示的方框图来表示。包括:天线、发射机、接收机、收发开关、显示器、定时电路和电源等。

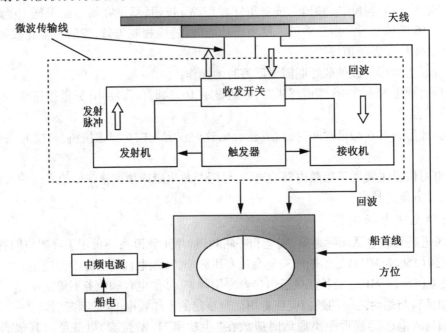

图 3-3-2　雷达基本组成

1. 天线

雷达天线是一种方向性很强的天线,且雷达的发射机、接收机共用同一架天线,即收、发共用。船用雷达天线由驱动电机带动匀速旋转,转速一般为 15 ~ 30 r/min。

2. 发射机

发射机的任务是在触发脉冲的控制下产生一个具有一定宽度、一定重复频率和足够功率的发射脉冲(或称射频脉冲)信号。

3. 接收机

接收机的任务是接收由物标反射而来的电磁波回波信号,由于从天线接收来的电磁波回波信号十分微弱,必须将接收到的电磁波回波信号放大近百万倍方能显示。

4. 收发开关

由于船用雷达中发射与接收共用同一架天线,天线与收、发机间也共用一根微波传输线传送电磁波能量。收发开关的作用是:在发射机发射时,自动关闭接收机入口,接收时,同时关闭发射机,以防止回波信号能量的流失。

5. 显示器

显示器的作用是将物标回波的水平面位置真实地显示在荧光屏上,同时物标回波还能真实地在荧光屏上显示出它在水平面上的方位和距离。

此外,为了方便测量物标的方位和距离,显示器还配有测量物标方位用的船首标志、电子方位标志,测量物标距离用的固定距离标志、活动距离标志等。

6. 定时电路

定时电路又称触发脉冲发生器。其任务是每隔一定时间产生一个作用时间极短的窄脉冲(触发脉冲,宽度可忽略)分别送到发射机、接收机和显示器。它控制发射机开始发射电磁波的时刻及每秒钟发射的次数;同时,控制显示器的扫描,使发射机通过天线开始发射电磁波的时刻与显示器开始扫描的时刻保持严格的同步关系;还可在有波浪回波干扰时控制接收机对近距离回波的放大量,以便消除波浪回波对雷达回波图像的影响。

7. 雷达电源

雷达的电源均采用独立的电源供电,作用是把各种船电变换成雷达所需的具有稳定、可靠和相互干扰小的专用电源。考虑到各种因素的影响,雷达大多采用中频电源供电,电源频率一般在 400 ~ 2 000 Hz。

二、雷达的操作

（一）雷达面板上各开关、控制旋钮的作用

内河船用雷达的型号繁多,显示器操作面板上的开关、控制旋钮的布局和数量也各不相同,但其用法大体上是相同的。驾驶人员必须熟知各开关、控制旋钮的功用及操作程序和要领,如操作不当,不但不能充分发挥雷达的性能,而且还会影响设备的使用寿命,甚至损坏设备。

1. 控制电源的开关

（1）船电闸刀

船电闸刀开关设在雷达电源处或机舱配电间。在不用雷达或在雷达机内进行维修保养时,应断开船电闸刀。

（2）雷达电源开关

雷达电源开关设在显示器面板上,用于控制雷达电源的通断,电源开关有三个位置:

①断开——整个电源切断。

②等待——低压电源供电。此时除发射机特高压电源外,全机已供电。

③发射——整个电源供电(低压和高压)。此时发射机加上特高压,雷达开始发射电磁波。

一般情况下,低压供电需经过 2 ~ 5 min 的时间,使雷达发射机中的磁控管阴极充分预热后,才能让雷达发射电磁波,否则,将影响雷达发射机磁控管的使用寿命。为此船用雷达中均设有延时保护电路,通过倒计时的方法来控制特高压加入的时间。

2. 调节图像的控制旋钮或开关

（1）辉度旋钮

辉度旋钮用来控制扫描线的亮暗,开关机前或转换量程前,应先关至最小,开机后应调到扫描线将亮未亮的状态。

（2）聚焦旋钮

聚焦旋钮用来控制扫描线和距离标度的粗细,应调到光点最小、图像最清晰为止。

（3）增益旋钮

增益旋钮用来控制回波和杂波的强弱，增益旋钮增加回波强度。增益旋钮应调到屏上刚好出现噪声杂波斑点的位置，此时物标回波与杂波的对比最清楚，而又能最大限度地放大弱小物标的回波信号，但在观测远距离或弱物标回波时可适当增大增益。

（4）调谐旋钮

调谐旋钮用来控制回波的出现和亮暗，可用来微调接收机本振频率，使本振频率与回波信号频率之差为固定雷达的中频，从而使屏上回波图像出现得最多、最清晰。雷达开机工作稳定后或在工作过程中必要时应重调该钮，以保持图像清晰。很多型号的雷达设有自动频率控制电路，即自动调谐，当"手动/自动"开关置于"自动"时，调节本振频率的任务由电路自动完成。

（5）脉冲宽度选择开关

脉冲宽度选择开关用来控制雷达发射脉冲的宽度和选择发射脉冲的宽度，以适应远、近量程不同的使用要求。一般远量程选用"宽"脉冲发射，近量程选用"窄"脉冲发射。有些型号的雷达则不单独设此开关，而是根据所选的量程开关自动转换发射脉冲的宽度。

3. 调节抑制杂波干扰图像的控制旋钮

（1）雨雪抑制旋钮

雨雪抑制旋钮用来减小雨、雪干扰波的影响，使用该旋钮时应根据回波图像来酌情调节，达到既去除雨雪干扰杂波，又不丢失雨雪中物标回波的效果。

（2）波浪抑制旋钮

波浪抑制旋钮用来减小波浪干扰波的影响，使用该旋钮时应根据回波图像来酌情调节，力求达到既抑制波浪干扰，又不丢失近距离波浪中的小物标回波的效果。

4. 辅助调整控制旋钮或开关

（1）中心调节旋钮

中心调节旋钮，可用来调整扫描中心在屏幕上的位置，有上下和左右两个旋钮。当用中心显示时，应使扫描中心与机械方位盘的中心标志相重合。

（2）船首线标志开关

船首线标志开关用来控制船首标志线的显示。

（3）照明旋钮

照明旋钮用来控制照明灯的亮暗。

（4）中心扩大开关

中心扩大开关用来控制并扩大扫描中心的范围，可用来控制扫描中心，使其扩大为一个圆，以增加近距离目标的方位分辨力。

5. 测距控制旋钮或开关

（1）量程选择开关

量程选择开关用来选择雷达观测的距离范围，通常在狭窄水道，进出港时用近量程挡，而在开阔水域用远量程挡；为了能够分辨清楚、测量准确，应选择合适量程，使欲测目标显示在 $1/2 \sim 2/3$ 扫描线长度的区域为宜。

（2）固定距标辉度旋钮

固定距标辉度旋钮用来控制固定距标圈的亮暗，不用时，应关至最小，以保持屏面清晰。

（3）活动距标辉度旋钮

活动距标辉度旋钮用来控制活动距标的亮暗,不用时,应关至最小,以保持屏面清晰。

（4）活动距标测距器控钮

活动距标测距器控钮用来控制活动距标圈的距离,距离读数随活动距标圈位置的改变而改变。

6.测方位的旋钮或开关

（1）方位标尺旋钮

方位标尺旋钮可用来测量方位或舷角的度数;控制刻在透明方位盘上的方位标尺线方位;测量物标回波的方位(或舷角);还可用方位标尺线及其上的平行线估算距离和代作避险线等。

（2）电子方位线开关

电子方位线开关用来控制电子方位线的有无,不用时应关掉,以保持屏面清晰。

（3）电子方位线旋钮

电子方位线旋钮可用来测量物标的方位或舷角,以及调节电子方位线出现的位置(360°旋转),测量物标回波的方位(或舷角)。

（二）雷达的操作程序

船员必须掌握正确的操作雷达操作程序和方法,以获得清晰的图像,避免意外损坏。

1.开机前的准备工作

（1）天线附近是否有人或妨碍天线旋转的障碍物。

（2）检查显示器面板(如图3-3-3所示),将以下主要控制旋钮放在最小位置:增益、海浪抑制、雨雪抑制和各种辉度旋钮反时针旋到底(至最小位置)。

（3）将雷达电源开关放在断开位置。

2.开机的基本操作步骤原则:先低压后高压

（1）合上船电闸刀,启动雷达电源。

（2）接通雷达电源开关(先置于等待位置"STAND-BY",等待3 min,再置于"ON"位置),雷达低压电源全部得电,显示器面板照明灯亮,调节照明旋钮使亮度适当。

图3-3-3　显示面板

（3）接通天线开关,天线即旋转。

（4）控制量程选择开关,根据需要选择合适量程。

（5）顺时针调节辉度旋钮,使扫描线亮度出现在将亮未亮状态(调到刚好看不见状态)。

（6）顺时针调节固定距标辉度旋钮,使固定距标圈亮度适当。

（7）调节聚焦旋钮,使固定距标圈最细。

（8）调节中心调节旋钮,使扫描起始点对准荧光屏中心。

（9）调节增益旋钮，使荧光屏上噪声斑点出现在将亮未亮的状态。

（10）在雷达电源接通 2～5 min 后，将雷达电源开关置于发射位置，雷达整个电源全部得电（低压和高压）。此时发射机加上特高压，雷达开始发射电磁波。

（11）调节调谐旋钮，使回波信号最强，屏幕上回波图像多而清晰。必要时应配合调节增益、聚焦及辉度旋钮，使屏面背景衬托回波最好。

（12）有雨雪干扰时，可酌情调节雨雪抑制旋钮，抑制雨雪干扰。

（13）当出现波浪干扰时，可酌情调节波浪抑制旋钮，加以适当抑制，并可同时调节增益旋钮，减小雷达接收机的增益，进一步抑制波浪干扰。

（14）要观测船首方向附近物标时，可将船首线标志开关关掉，显示器将不显示船首标志线。

（15）若要粗测物标距离，可打开固定距标。用开固定距标进行测量。

（16）若要精测物标距离，可打开活动距标。用开活动距标进行测量。

（17）若要测方位，可转动方位手轮，使方位指针与物标一致即可在固定刻度盘上读取物标舷角。

（18）测方位时，也可打开电子方位线，用电子方位线进行测量。

（19）暂时不用雷达时，应将雷达电源开关从发射置于等待位置（断开高压），让雷达发射机暂时停止发射，减小损耗，以备随时使用。

3. 关机的基本操作步骤

原则：先高压后低压。

（1）关高压，将雷达电源开关从发射置于等待位置（"STAND-BY"）（断开高压）。

（2）将辉度、增益、雨雪抑制及海浪抑制旋钮反时针旋到底（至最小位置）。

（3）将天线开关切断。

（4）将关雷达电源开关从等待位置置于断开位置。

（5）断开船电闸刀。

三、雷达的日常维护、保养

1. 雷达的日常维护、保养

（1）严格遵守开、关机程序。根据雷达型号的不同，在通电 2～5 min 后，倒计时完毕或发射指示灯亮后，才能将雷达开关从"等待"转到"发射"位置。

（2）当湿度超过 80% 或温度低于 −20 ℃ 时，在开机之前应先开"加热"开关，待升温干燥后再开机。

（3）保持收发机和显示器的清洁。高压导线和低压导线不应太近，以防发生打火和电晕。

（4）荧光屏要避免受阳光或灯光直接照射，平时不用时，应用罩子罩好。

（5）雷达的开机间隔时间不应超过一周。

2. 雷达的定期维护、保养

在对雷达进行定期维护、保养工作时，应切断雷达的总电源，并且在雷达电源总开关处和显示器上挂警告牌禁止开机。在维护收发机和显示器时，应先将高压储能器件对地放电，防止高压触电。

（1）雷达天线的维护、保养工作

①辐射窗每半年用清水软布清洁一次，油污不能用酒精以外的清洁剂清洁。

②每半年检查一次天线底座、波导连接和水密情况，并用厚白漆封固。

③天线电动机应保证水密并经常清洁直流电动机，应定期更换炭刷。

④波导管、天线外罩、机座等每半年除锈涂油漆保养一次，但不得在天线辐射窗上涂油漆。

⑤防止撞击波导，注意变形开裂等异常情况。

⑥齿轮箱定期加注防冻润滑油。

（2）收发机的维护、保养工作

①每三个月检查一次各种电缆接头和连接器是否牢固可靠。

②每三个月检查一次雷达的工作情况（测试电表数据），每次测试应在雷达工作半小时后进行，使雷达各项指标在正常范围内。

③每半年用软毛刷清除一次收发机箱内的灰尘。

④收发机正常而回波明显减弱，检查波导管内是否积水。

⑤当更换磁控管后，应"预热"半小时以上再加高压，或按该磁控管的技术要求进行"老练"。

⑥更换主要部件后应调试并做好记录。

（3）显示器的维护、保养工作

①每半年用软毛刷清除一次显示器内部灰尘。

②用干软布轻轻抹去荧光屏的表面灰尘。

③检查各连接电缆和插头是否牢固可靠并保证接触良好。

④当发现高压帽周围打火时，应在对地充分放电后，再用蘸有无水酒精的软布清除高压帽周围的尘污。

⑤旋转线圈式应定期按规定加油和去污。

（4）雷达电源（中频逆变器）的维护、保养工作

①每三个月应检查一次各种电缆接头是否牢固可靠。

②定期用软毛刷去除逆变器内的灰尘。

本节只讨论了雷达装置的组成、雷达操作面板上各开关（控制旋钮）的作用和操作程序以及雷达的日常维护和保养三大方面的基本知识，基本能达到会正确操作和使用雷达。在实践中还需对雷达的方位和距离分辨力、物标图像识别方法、雷达盲区和雷达阴影扇形的测定方法、雷达产生假回波的原因等方面的知识进行深入学习和掌握，以达到熟练使用雷达，利用雷达为船舶安全航运发挥作用。

第三节　卫星导航定位系统使用注意事项（☆）

全球定位系统（GPS）是一种利用多颗中高距轨道卫星，测量其距离与距离变化率来精确测定用户位置、速度和时间等参数的现代卫星导航系统，对船舶导航、仪器使用、交通管制有重要意义。目前，内河船舶应用 GPS 技术来帮助船舶导航、定位以及港航管理等。GPS 系统为监测船舶动态、保证船舶的安全航行提供了支持，是一种重要的助航仪器。

一、GPS 的主要功能

GPS 是由美国研制的导航、授时和定位系统。用户只需购买 GPS 接收机,就可免费获得导航、授时和定位服务。它具有全球地面连续覆盖,功能多、精度高,实时定位等功能优点。

二、GPS 船舶定位监控系统

船载终端接收 GPS 卫星每秒钟发来的定位数据,并根据来自 3 颗以上不同卫星发来的数据计算自身所处的位置坐标,将该位置连同船舶的状态、报警器和传感器输入等信息发送到监控指挥中心,经过监控中心计算机处理后与计算机系统上的电子地图进行匹配,并在地图上显示坐标的正确位置。

指挥控制中心可清楚及时地掌握船舶的动态信息(位置、速度、报警、统计和分析等),同时中心也可以对船舶进行指挥调度(语音通话、发送交通和调度信息、救援和违章警告等)。在遇到紧急情况时,可以通过船载终端(其面板如图 3-3-4 所示),采用手动或自动报警,将船舶所在位置、报警类型等数据发送到控制中心,经计算机处理后,将船舶精确位置显示在电子地图上,并向海事、救助等机构报告,以实施紧急救援。

图 3-3-4 船载终端

三、GPS 设备使用注意事项

(1)登录和注销

船舶出航时必须向监控中心登录,归航时向监控中心注销。

(2)监控

当发生以下情况时,监控中心对船舶实施监控:

①与规定的行驶路线误差超过了允许的范围;

②船舶在行驶过程中停留时间超过了监控中心允许的时间;

③监控中心较长时间无法接收船舶的信号;

④监控中心收到求助信号。

(3)紧急报警功能

遇到紧急情况时,通过船载终端向监控中心报警。

(4)行驶记录功能

按照预定的时间间隔,定时记录船舶运行情况,包括时间、经纬度、速度、方向、水位等。

(5)导航功能

配备了导航软件和电子地图的船载终端可以实现导航功能。

(6)数据管理

①对用户信息数据的管理;

②对船舶信息数据的管理;

③对短消息或其他信息数据的管理。

第四节　船舶自动识别系统使用注意事项(★☆△)

船舶自动识别系统(AIS),是随着信息技术产业的发展而出现在航运领域的新型应用系统。该系统集信息采集处理、无线电数据传输、地理信息系统(GIS)于一体,其发展给船舶航行安全带来极大的保障。AIS设备具有发送和接收船舶综合航行信息的功能,能直观地在AIS显示屏上看到周围航行船只的航行状态;能了解自己与其他船只相遇的交会点,提供船舶航行避碰提醒。海事部门可通过相关数据信息对船舶实施即时监管。

一、AIS的组成、操作方法

AIS系统由岸基(基站)设施和船载设备共同组成,是一种新型的集网络技术、现代通信技术、计算机技术、电子信息显示技术于一体的数字助航系统和设备。

（一）AIS的主要功能

AIS将船舶的标识信息、位置信息、运动参数和航行状态等与船舶航行安全有关的重要数据,通过VHF数据频段发送给周围的船舶,以实现对本航区船舶的识别和监视。

（二）船载AIS的基本构成

船载AIS由内置的GPS/DGPS接收机、VHF数据通信机、通信控制器、船舶运动参数传感器接口、数据接口、内置完整性测试模块和最小键盘与显示单元等构成,如图3-3-5所示。

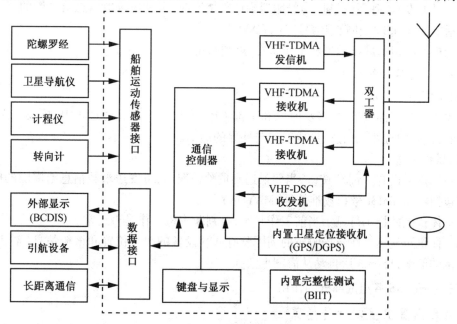

图3-3-5　AIS系统框图

船载AIS终端设备有分体式和一体式两种型式:

1. 分体式船舶终端机

（1）AIS 主机：由 2 部接收机、1 部发射机和 1 部 GPS 接收机构成，通过 VHF 频段发送本船信息，并同时接收附近船舶信息，形成船舶与外界的通信。

（2）江图型终端机：显示本船及接收到的周围装有 AIS 设备的船舶位置和该船信息，其构成如图 3-3-6 所示。

图 3-3-6　江图型终端机

（3）操作方法

①主机上设有"呼救"按键，当船舶遇到危险情况时，可发送求救信息给周围的船舶（信息内容包括本船 MMSI 号和救难信号"MAYDAY"）。

②主机上的指示灯显示当前工作状态，可判断主机工作是否正常。

2. 一体式船舶终端机

（1）主要组成设备

一体机由 2 部接收机、1 部发射机和 1 部 GPS 接收机构成。通过 VHF 频段发送本船信息，并同时接收附近船舶信息，形成船舶与外界的通信。

（2）操作方法

①一体机上设有"呼救"按键，当船舶遇到危险情况时，可发送求救信息给周围的船舶（信息内容包括本船 MMSI 号和救难信号"MAYDAY"）。

②一体机上的指示灯显示当前工作状态，可判断主机工作是否正常。

③一体机可显示本船及接收到的周围装有 AIS 设备的船舶位置和该船信息（对于已离开接收范围的船舶，15 min 后自动从海图上清除）。

（三）船载 AIS 各组成部分的作用

1. AIS 内置卫星定位传感器

AIS 内置卫星定位传感器主要用于提供通信链路同步定时和船舶对地运动参数，它是系统外接卫星定位系统的补充。

2. 船舶运动参数传感器接口

经此接口与船桥上安装的 GPS 接收机、罗经、计程仪和船舶转向仪相连，收集它们提供的各种船舶运动信息:船位、航向、航速、船舶转动方向和转向率等。

3.数据接口

数据接口将 AIS 通过数据接口和电子江图显示与信息系统或雷达相连。该接口不仅能够输出本船的运动参数和接收到周围船舶的信息,而且能接收来自显示终端的控制指令和发送报文。

(四)AIS 传输的信息

1.船舶静态信息

(1)水上移动通信业务标识码(MMSI,由 9 位阿拉伯数字组成),用于船舶识别的船舶标识码。

(2)呼号和船名。

(3)IMO 编号。

(4)船长和船宽。

(5)船舶类型。

(6)GPS 天线位置。

以上信息都与船舶自身特征有关,一般是采用人工输入的方式设置的。由于船载卫星定位接收机输出的定位点是定位天线的位置,因此为了准确地表示船型,必须标明定位天线相对于船舶的位置。

2.船舶的动态信息

(1)船位。

(2)协调世界时。

(3)对地航向。

(4)对地速度。

(5)船首向。

(6)航行状态。

(7)转向率。

以上信息中,除航行状态外,都是通过连接于 AIS 的传感器自动获取的。航行状态信息一般是由船舶驾驶员手工输入的,具体内容有:在航、锚泊、失控、操纵性受限、吃水受限、系泊、搁浅、捕捞作业以及风帆动力等。所有船位都应以 WGS-84 的基准进行传输。

3.与航次有关的信息

与航次有关的信息是指每个航次前必须要求船舶驾驶员手工输入的信息,具体包括:

(1)船舶吃水。

(2)危险品。

(3)目的港和预计到达时间。

(4)计划航线。

(5)在船人数。

与航次有关的信息一般是通过船岸数据交换方式向航行途经海事部门报告的。

4.与安全有关的信息(B 类不强制要求)

与安全有关的信息是指船舶为了航行安全向周围船舶和岸台发出的广播信息或是点对点

的通信信息,常以短信息的方式传输。

（五）AIS 信息更新率

AIS 信息更新率和船舶动态信息更新率如表 3-3-1 和表 3-3-2 所示。

表 3-3-1　AIS 信息更新率

静态信息	开机 2 min 内自动发射,以后每 6 min 广播一次或根据要求更新
动态信息	2 s~3 min 之内广播一次,取决船速和航向变化率
与航次有关的信息	每 6 min 广播一次或根据要求更新
与安全有关的信息	手动编辑,即时发射

表 3-3-2　船舶动态信息更新率

船舶状态	报告间隔
锚泊	3 min
船速 0~26 km/h	12 s
船速 0~26 km/h 并转向	4 s
船速 26~43 km/h	6 s
船速 26~43 km/h 并转向	2 s
船速大于 43 km/h	3 s
船速大于 43 km/h 并转向	2 s

（六）AIS 运行的工作模式

1. 自主和连续模式

在通常情况下,AIS 应当工作在自主和连续的模式下,这也是该系统的缺省工作状态。在这种模式下,系统可以自行确定其位置信息的发射时间表,自动解决与其他电台在发射时间上的冲突。

2. 分配模式

在控制中心管理区域内使用分配模式。

3. 轮询模式

响应其他船舶或基站呼叫时使用轮询模式。

（七）AIS 的局限性

船舶驾驶员应时时意识到其他船舶,尤其是游艇、渔船以及一些岸基台站(包括 VTS 中心)可能没有配备 AIS。而且船舶驾驶员还应时时意识到在某些情况下,装配在其他船舶上的 AIS 可能依据船长的专业判断而被关闭。此外,船舶驾驶员不应假定从其他船舶接收的信息与本船提供的同样信息的质量和准确性是一样的。本船的 AIS 信息可能出现误差,工作状态应定期检查。

二、使用 AIS 信息的注意事项

（1）要求常开机。如船长基于安全的原因关机，应将关机的原因和时间记录在相关的记录簿中。

（2）船长或船长授权人员（一般为驾驶员）要常用 VHF 对讲机或 AIS 设备的短信息功能与附近的船舶沟通，询问本船的 AIS 信息对方能否收到；同样如遇他船询问也应给予回答，并记录在相关的记录簿中（因 AIS 设备存在本船不广播 AIS 信息，而能接收对方 AIS 信息，系统不报警的问题）。

（3）驾驶员间交接班时也应该交接 AIS 设备工作是否正常及本船输入的信息是否正确，并记录在相关的记录簿中。

（4）因语言发音的区别，部分汉语拼音很难被外国人正确读出，要求船舶操作人员了解本船可能被呼叫的名称，并及时应答。

（5）正确使用和发布与安全有关的短消息，对于收到的短消息也应认真阅读和处理。

（6）AIS 设备密码的存取。有些 AIS 设备有两个密码，一个密码是用于更新船舶动态信息、与航次有关的信息和与安全有关的短消息，该密码由船长或船长授权的人（一般是驾驶员）妥善保管；另一个密码可用于更新船舶静态信息，应由船公司管理层保管。

自 2016 年 8 月 1 日起，AIS 要求升级，对 AIS 未进行静态信息固化升级、静态信息不准确、随意关机等情况的船舶，海事机构按照《中华人民共和国内河海事行政处罚规定》第十七条的规定从严处罚。

第四章 造船大意

本章主要介绍船舶尺度及主要标志、水尺和载重线标志，为管理好船舶和造船打下相关基础知识。

第一节 船舶尺度及主要标志（☆△）

本章主要介绍船舶主要尺度的定义与作用、船舶主要尺度与航行性能的关系、船舶水尺标志与载重线标志的识别方法。

船舶尺度，是表示船体外形的尺度，即船的长、宽、深及吃水等。按照不同的用途，常以船型尺度、登记尺度和船舶最大尺度来表示该船的尺度，如图3-4-1所示。

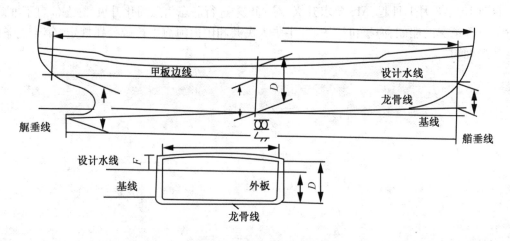

图3-4-1 船型尺度图

（一）主要尺度的定义及作用

一般民用运输船舶是由四个部分组成的，即船舶主体部分、上层建筑部分、动力部分和设备与系统部分。船舶主体部分系指船舶主甲板以下的船体。上层建筑部分是主甲板以上各种围蔽建筑物的统称，主要包括船楼及甲板室，用以旅客、生活以及安置各种装置与设备等。动力部分系指船舶产生原动力的机械设备和产生推进力的推进设备等，主要包括主发动机、推进器及其他辅助装置和设备。设备与系统部分中，设备包括锚、舵、起货、系泊、拖顶、救生、消防设备等；系统包括舱底水系统，压载系统，供水、卫生及泄水系统，暖气及通风系统，油船的货油系统等。

船舶的航行性能是指船舶在水中平衡和运动的规律，它包括浮性、稳性、抗沉性、快速性、操纵性和耐波性。它与尺度和船体形状密切相关，特别是与船舶水下部分的线型密切相关。

船舶的主要尺度(简称主尺度)是表示船体外形大小的基本量度,包括船长、船宽和船深。按照不同的用途,主尺度可分为船型尺度、最大尺度和登记尺度三种。

1. 船型尺度

船型尺度也称为计算尺度或理论尺度。船型尺度是从船体型表面(内表面)上量取的,主要用于船舶的航行性能,如浮性、稳性等计算。

(1)船长

船长通常指垂线间长(或垂线间长),用 LPP 表示。它是艏垂线与艉垂线之间的水平距离。

艏垂线是指通过设计水线与首柱前缘交点的垂直线。

艉垂线是指通过设计水线与舵柱后缘交点的垂直线,无舵柱的船是以舵杆中心线为艉垂线。

(2)型宽

型宽用 B 表示,它是船长中点处,船体型表面之间垂直于中线面的最大水平距离。

(3)型深

型深用 D 表示,它是指在船舶中横剖面处,自龙骨线沿垂直于基平面的方向量至船舶主甲板边线下缘的距离。

(4)型吃水

型吃水用 d 表示,它是自龙骨线(龙骨上缘)沿垂直于基平面的方向量至某一水线的距离。通常指在中横剖面处,按上述方法量至设计水线的距离。在首垂线处量得的型吃水称为艏吃水,用 d_F 表示;在尾垂线处量得的型吃水称为艉吃水,用 d_A 表示。按下式计算出的吃水称为平均吃水,用 d_m 表示,即船长中点处的吃水。

(5)干舷

干舷用 F 表示。它是指船中处从甲板边线上缘向下量至载重线上边缘的垂直距离。可用公式 $F = D - d$ 近似求得,仅相差一个干舷甲板的厚度。

2. 最大尺度

(1)全长

全长或称最大长,用 L_{OA} 表示,它是船舶最前端与最后端之间包括外板和两端永久性固定突出物(如顶推装置等)在内的水平距离。

(2)全宽

全宽或称最大宽,用 L_{max} 表示,它是包括外板和永久性固定突出物(如护舷材、水翼等)在内的船舶最大水平距离。

对于两舷无永久性固定突出物的船舶,如木质、水泥、玻璃钢等船舶,最大宽度等于型宽,钢质船舶的最大宽度与型宽相差两舷外板的厚度。最大宽度是船舶实际宽度。

(3)最大高度

最大高度用 H_{max} 表示,它是指从船底龙骨的下缘垂直量到船舶固定建筑物(包括固定的桅、烟囱等在内的任何构件)最高点的距离。

船舶在停靠码头、进坞、过船闸、桥梁和狭窄航道以及船舶避碰时,要用到船舶最大尺度。

3. 登记尺度

登记尺度是用来丈量船舶、计算吨位的尺度。

（1）登记长度

内河登记长度被称为量吨甲板长度，系指量吨甲板型线首尾两端点之间的最大水平长度。量吨甲板系指相邻满载水线以上的第一层全通甲板。如量吨甲板有台阶时，则取其低者，并做延伸线进行量计，如图3-4-2所示。

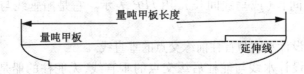

图 3-4-2　船舶登记尺度的量取

（2）登记宽度

登记宽度是指在船舶中剖面型线的最大宽度。对金属外板的船舶，应量至两舷外板的内表面；对非金属的船舶，应量至两舷外板的外表面。对内河船舶又称船宽，也就是船舶的型宽。

（3）登记深度

登记深度对内河船舶又称型深。对金属外板的船舶，系指在中横剖面处，从龙骨板上表面量至量吨甲板在船舷处的下表面的垂直距离；对非金属外板的船舶，此垂直距离应包括船底板的厚度。

（二）主要尺度与船舶性能的关系

1. 长宽比 L/B

长宽比值对船舶的快速性影响很大。比值越大，船就越瘦长，快速性就越好。

2. 型深吃水比 D/d

型深吃水比对船舶抗沉性影响较大。比值大，则干舷高，储备浮力大，抗沉性好。在装载量一定的情况下，若比值过大，则船舱容积就会有浪费。

3. 船宽吃水比 B/d

船宽吃水比对船舶的稳性、快速性、耐波性等都有影响。一般来说，比值大，稳性好，耐波性差。比值过大或过小，都会引起阻力的增加，故对于快速性，有一定的适宜范围。

4. 船长吃水比 L/d

船长吃水比对船舶的操纵性有影响。比值大，回转性差。

5. 船长型深比 L/D

船长型深比对船舶的稳性和船体强度有影响。比值小，稳性和强度偏好。

总体来说，船体是一个在船中附近比较丰满，而向首和尾逐渐瘦削的流线型体。船体表面应尽可能光顺，以减少航行时的船体阻力。

第二节　水尺和载重线标志(☆△)

一、水尺的概念与标记方法

1.水尺的概念

水尺是表示船舶实际吃水的永久性标志。

船舶吃水是一项重要的浮性指标。当装运货物时,船舶吃水会增加;而卸除货物时,船舶吃水则会减少。船舶在营运中,经常需要了解实际吃水及其变化,为此在船首、尾和船中两舷侧的船壳板上绘有表示吃水的表尺,如图3-4-3所示的水尺一般从龙骨底缘量起。

2.船舶水尺标志说明

(1)在船长中点两舷勘绘水尺标志时,应在离载重线圆环中心向左600 mm处,如图3-4-4所示。

(2)水尺一般应从龙骨板底缘量起,至少从实际空船吃水下面0.2 m处绘起,当空船吃水为0.6 m时,水尺至少应从0.4 m绘起,但必须保证空船时(包括纵倾情况)能正确表明实际的吃水。

(3)水尺数字及标线尺寸:线粗为20 mm,字高为100 mm,字宽60 mm。

(4)吃水到达水尺数字下缘时,表明该数字即为所示的吃水。

(5)首尾水尺标志应尽可能勘绘在首尾垂线处,当勘绘有困难时可根据实际情况平行延伸勘绘成阶梯状,尾部可加焊一扁钢,将水尺勘绘在扁钢上或舵叶后缘适当位置。

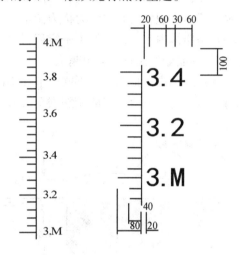

图3-4-3　水尺标志

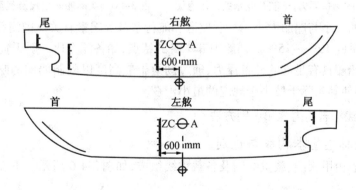

图3-4-4　船舶水尺标志勘绘位置示意图

二、水尺的读取方法

读取吃水时,看水面与水尺数字下缘相切的位置。例如公制水尺,当水面处于"0.7"字体的下边缘时,吃水为0.7 m;当水面位于"0.7"字体一半处时,吃水是0.75 m;当水面处于"0.7"字体的上边缘时,吃水为0.8 m。

三、载重线标志

(一)载重线标志的作用(要求了解)

船舶在航行时,由于风、浪、重量增加减少、甲板上浪、事故进水及本身兴波和外界干扰,船舶就处于不断地升降和浮沉运动之中,由不平衡到平衡,又从平衡至不平衡,循环往复,以致无穷。因此,为了保证船舶和人员、财产的安全,要求船舶能够提供足够的浮力。满载吃水线以上水密船体容积所具有的浮力称为储备浮力,如图3-4-5所示。

凡是船体内水线以上的水密容积,都可称为储备浮力。其大小可用干舷的尺度来衡量,干舷越大,则船舶的储备浮力也越大。

载重线标志是指船舶在不同季节和不同航区的各种最大吃水标志。它是在保证船舶水上航行安全的情况下所规定的船舶安全装载极限。

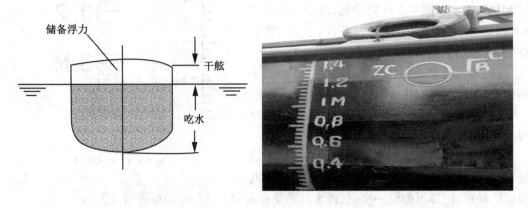

图3-4-5 船舶的储备浮力、干舷及吃水关系示意图　　图3-4-6 实际船舶水尺及载重线标志

储备浮力的大小与船舶大小、类型、航区和航行季节等因素有关。内河船的储备浮力一般为其满载排水量的10% ~15%。油船因其本身的特点,储备浮力比一般干货船小。

为了确保船舶具有足够的储备浮力,通过勘绘干舷高度以限制船舶的吃水。船舶在任何情况下,都不得使其实际干舷小于规定的最小干舷。

(二)载重线标志的内容和识别方法

1. 载重线标志基本构成与识别

载重线标志由甲板线、载重线圈及各载重线组成,如图3-4-6所示。下面介绍内河船舶的载重线标志。

(1)载重线圈

载重线圈是由一个外径为250 mm、线宽25 mm的圆圈和与圆圈相交的一条水平线段组成的。水平线段长400 mm、宽25 mm,其上缘通过圆环的中心。圆圈中心位于船长中点,其至甲板线上缘的垂直距离等于所核定的船舶主要航区的干舷。在圆圈的左侧绘有字母"ZC"（或"CS"），表示勘定干舷的主管机关是中国船舶检验局（中国船级社）。在圆圈右侧绘有字母"A"等，表示船舶的主要航区的级别代号。

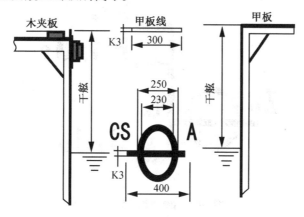

图 3-4-6　载重线标志

（2）载重线

如果船舶仅有一个航区，则载重线圈上的水平线段即为载重线，如图 3-4-7 所示。船舶适航于数级航区或航段时，则在载重线圈的右端向上或向下画一垂直线，由此垂直线分别向右引出一条水平线段，以表示其他各级航区相应的载重线，船舶实际勘绘的数级航区或航段的干舷相同时，则用相应航区的字母并列表示，如图 3-4-7 所示。

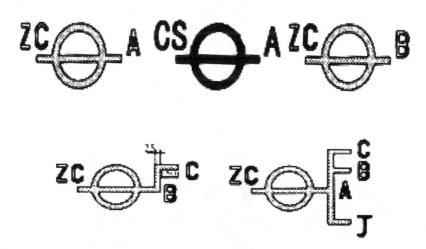

图 3-4-7　航区载重线图

2. 附加载重线标志

勘绘附加载重线的船舶，其附加载重线标志如图 3-4-8 所示。由载重线标志的右端向下（或向上）划一条宽 25 mm 的垂直直线，再由此垂直直线分别向右引长 150 mm、宽 25 mm 的水平线，以表示其他各级航区（航段）的附加载重线。

各附加载重线均以线段上边缘为准。附加载重线标注的符号由字母"F"和航区（航段）字母组成。标"FA"的线段，表示 A 级航区附加载重线；标"FB"的线段，表示 B 级航区附加载重

线;标"FC"的线段,表示 C 级航区附加载重线;标"FJ$_1$"的线段,表示 J1 级航段附加载重线;标
"FJ$_2$"的线段,表示 J2 级航段附加载重线。

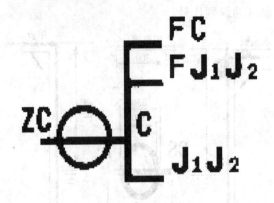

图 3-4-8 附加载重线标志

第五章　船舶稳性

船舶要安全航行,必须具有安全稳定性能,提高船舶稳性应采取什么措施等都是稳性研究的主要问题。稳性是船舶在营运过程中,船员必须直面的船舶安全问题之一。

第一节　稳性的一般概念(★ ☆ △)

一、稳性的概念

船舶稳性,即船舶受外力作用离开原来的平衡位置而产生倾斜,当外力消除之后能够自行地回复到原平衡位置的性能。这是一切船舶必须具备的性能。

船舶在各种外力的复合作用下产生倾斜后,船舶能够依靠其本身所具有的性能回复到原平衡位置,因此,可以说船舶一般都是处于这种平衡与不平衡的往复运动之中。为了船舶的安全,船舶必须具有良好的回复到原平衡位置的能力,并将这一能力形成稳性目标要求,即稳性衡准。

二、船舶的平衡状态

船舶有了浮性,在水中就会呈一种平衡状态,但这种平衡状态是否具有稳定性,可做如下分析。

图 3-5-1(a)所示的船舶无外力矩作用,其初始的平衡状态为正浮于水线 WL 处,重力 W 和浮力 D 大小相等、方向相反,并作用在垂直于 WL 的同一条直线上,船处于正浮状态。

当船舶受外力矩(一般称为倾斜力矩,用 M_F 表示)作用后,将发生倾斜(图中假设为右倾)。船舶横倾后,重力作用点(即重心 G)一般认为保持不变,而浮力作用点(即浮心 B)将向倾斜一侧移动到 B_1,如图 3-5-1(b)所示。船舶倾斜前后浮力作用线的交点 M 称为稳心。船舶倾斜后,当重力和浮力不在同一垂线上时,两力将形成一个力矩,称为稳性力矩(或复原力矩),用 M_s 表示。

船舶在水中的平衡状态与稳性力矩的方向有关,可分为三种:

1. 稳定平衡状态

如图 3-5-1(b)所示,如果重心 G 点在稳心 M 点之下,重力和浮力所形成的力矩 M_s 和倾斜力矩方向相反。当 M_F 消除后,M_s 将使船舶回复到初始平衡位置,所以称倾斜前船舶的平衡状态为稳定平衡状态。

2. 不稳定平衡状态

如图 3-5-1(c)所示,如果重心 G 点在稳心 M 点之上,重力与浮力所形成的力矩 M_F 与倾斜力矩方向相同,将使船舶进一步倾斜,称此时船舶的平衡状态为不稳定平衡状态。

3. 随遇平衡状态

如图 3-5-1(d)所示,如果重心 G 点与稳心 M 点重合,重力与浮力作用于同一垂线上,M_s 为零。当 M_F 消除后,船舶不会回复到原来位置,也不会继续倾斜,将保持在倾斜角 θ 位置上,船舶的这种平衡状态为随遇平衡状态,也称中性平衡状态。

以上三种平衡,仅有船舶重心 G 点低于稳心 M 点表示船舶的平衡是稳定的。所以,在实际工作中,为了保证船舶的安全,必须使船处于稳定平衡状态,即使船舶重心 G 点低于稳心 M 点。

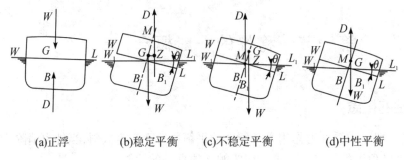

(a)正浮　　　　(b)稳定平衡　　(c)不稳定平衡　　(d)中性平衡

图 3-5-1　船舶的平衡状态

三、稳性的分类

为了使计算简化和得到较明确的稳性影响因素,将稳性问题做如下分类:

1. 按倾斜方向分

(1)横稳性

横稳性指船舶绕纵向轴(X 轴)横倾(即向左舷或右舷一侧的倾斜)时的稳性。

(2)纵稳性

纵稳性指船舶绕横向轴(Y 轴)纵倾(即向船首或船尾的倾斜)时的稳性。

2. 按倾角大小分

(1)初稳性

初稳性也称小倾角稳性,指船舶倾斜角度很小时的稳性。实际中指倾角小于或等于 10°(或主甲板边缘开始入水前)时的稳性。

(2)大倾角稳性

大倾角稳性指船舶倾斜角度较大时的稳性。实际中指倾角大于 10°或主甲板边缘入水或舭部开始露出水面时的稳性。

3. 按作用力矩的性质分

(1)静稳性

静稳性系指船舶受到静倾力矩的作用,在倾斜过程中不计及角加速度的稳性。稳性力矩和倾斜力矩相等时船即得到平衡,故稳性力矩做功是衡量静稳性的重要指标。

(2)动稳性

动稳性系指船舶受到动倾力矩的作用,在倾斜过程中计及角加速度的稳性。稳性力矩做功和倾斜力矩做功相等时船即得到平衡,故稳性力矩做功是衡量动稳性的重要指标。

对于一般船舶,船长远大于船宽,故纵稳性远好于横稳性。因此,在船舶稳性衡准中通常所说的稳性所指即横稳性。

第二节　船舶积载与稳性的关系(★ ☆ △)

一、船舶配积载的概念

在船舶货运管理中,船舶配积载是指配载和积载两个概念。航运中合理而安全地将需装运的货物按一定次序编制船舶装货计划的工作叫作配载。并绘制船舶配载图,船舶配载图是装货港指导装船的重要文件。而将货物正确、合理安全地装到船上各个部位的工作称为积载。船舶积载图是承运船舶理货员在装船理货完成后绘制并经船长或大副签字认可的,是货物在船上的实际位置图。"配载"是"积载"的前提和依据,"积载"是"配载"的继续和具体实施。因此,"配载"与"积载"是既紧密联系又有区别的两个工作阶段。

但内河小型船舶一般不需要绘制船舶配载图和船舶积载图,由船长在现场根据船舶吃水和将会通过的航道深度,指导货物的装卸。

二、船舶配积载的基本要求

在满足船舶强度、稳性和吃水的前提下:船舶装货要多,货位选择要合理,中途卸、装要便利,停港时间要缩短,货损比例要减少,运输质量要有保障。

三、船舶积载与稳性的关系

船舶在运输过程中,由于旅客货物的上下和生活补给,或进坞、搁浅等情况的存在,装载量是不断变化的,稳性也在变化。为了保证航行安全,就必须掌握船舶在各种装载情况下的稳性衡准与计算。具体来讲就是指船上载荷的装卸、移动、自由液面的变化等。掌握它们对初稳性的影响,对确保营运安全至关重要。

（一）装卸作业对稳性的影响

大型船舶装卸后可根据船舶的排水量,查静水力曲线图等资料,求得船舶新的吃水和新的初稳性高度。在船上装卸少量载荷(不超过排水量的 10%)时,船舶的排水量和重心都将发生变化,从而导致浮态及初稳性的变化,且浮态及初稳性的变化随载荷装卸的位置不同变化是不同的。

一般来说,装载载荷的位置越低,船舶重心高度越小,初稳性高度越大,故稳性越好;反之,若装载载荷的位置偏高,船舶重心升高,初稳性高度减小,则稳性变差。如果是卸载,则卸载位置越高,重心高度越低,稳性改善程度越高;若卸载位置偏低,重心将相对升高,则初稳性高度就会减小,稳性随之变差。所以装货配载时,应注意其对重心、浮态的影响,力求重物低放、均匀对称布置。卸货时,应采用先上后下的顺序。这是船舶装卸货物的要求,船长或驾驶员必须牢记。

（二）移动载荷（货物）对稳性的影响

1. 载荷竖移

载荷向上移动，船舶重心提高，但初稳性高度会减小；向下移动，重心降低，初稳性高度会增大，浮态都不变，因此可通过载荷的竖向移动来调整船舶的初稳性高度。载荷的竖向移动对纵稳性高度的影响很小，可以忽略不计。

2. 载荷横移

船上习惯将船舶右倾时的横倾角定为正，左倾时为负。如果船舶有了初始横倾角，与正浮时相比所具有的稳性范围就减小了，显然载荷横移对稳性是不利的。所以船舶开航时，应努力消除初始横倾。只有通过载荷的水平横移来调整船舶的横向浮态。

3. 载荷纵移

通过载荷的水平纵移可使船舶产生纵倾角，可以使船舶的艏、艉吃水和吃水差得以调整。艏倾时的纵倾角为正，艉倾时的纵倾角为负。

船舶的实际纵倾程度应根据驾驶员的航行需要来调整。

船上载荷的竖向移动和左右的横向移动对船舶稳性均会产生影响。由于船舶纵稳性高度值较横稳性高度值大许多，故载荷移动对稳性的影响，主要是载荷垂向和横向移动对横稳性的影响。

（三）流动货物对稳性的影响

液体散装货物、固体散装货物及悬吊货物统称为流动货物，其对稳性的影响如下：

1. 液体散装货物对稳性的影响

（1）自由液面概念及其对稳性的影响

船上的液体舱柜若未装满或在航行中有部分消耗，当船舶倾斜时，舱内的液体也将跟着倾斜，以使液面保持水平状态。这种可以自由流动的液面称为自由液面。当液体流动后，其体积形状相对于原状态发生了变化，因而它的重心一定会向倾斜一侧移动，其结果必将造成船舶稳性的下降。我们把这种自由液面对初稳性的不良影响称为自由液面影响。其主要危险在于横稳性方面，当自由液面很大时，由于横向惯性矩也很大，严重时可能使船舶的横稳性高度变为负值而造成船的倾覆。

自由液面对稳性的影响总是不利的，总是使初稳性高度减小。其影响值的大小与舱内液体的重量无关，而与排水量、舱内液体的密度和自由液面面积惯性矩有关。

自由液面对初稳性高度的影响值可在有关船舶资料中查得。

（2）减小自由液面对初稳性有害影响的措施

根据CCS规定，当液体舱柜装充率达98%以上时，或当舱柜内的剩余液体量不超过舱容的5%时可不计自由液面对初稳性的影响。为了减少自由液面对初稳性的有害影响的措施：

一是用平行于倾斜轴的纵舱壁将液舱分为 N 等分后，其自由液面对稳性的不利影响将减为原来的 N 的平方分之一；二是使用液舱时应尽可能将其装满或放空，以减少具有自由液面的舱柜数；三是船舶建造时，对大型液货舱，采用水密纵舱壁的结构将舱容纵向分隔，其减小自由液面影响的效果非常明显。这也要求船员不得随意在水密纵舱壁上开洞、开孔，以保证船舶的稳性。同理，也不得随意在水密横舱壁上开洞、开孔，以保证船舶的抗沉性。

2.固体散装货物对稳性的影响

（1）固体散装货物的概念、特点及对稳性的影响

固体散装货物是指不需要包装,散装在船甲板上或船舱中的大宗块状、颗粒状和粉状货物。固体散装货物对船舶稳性影响的原理与液体货物的相类似,但是,它比存在自由液面的液体货物更难以估计。因为散装货物的颗粒间具有摩擦力,它能使颗粒在一定的坡度时保持不流动状态,当这坡度再增至超过它的静止极限角时,颗粒就会突然开始流动。这个静止的极限坡度是取决于船舶摇摆剧烈程度的。

正是因为固体散装货物具有表面流动性,所以它比自由液面更难于估计、更为危险。因为,当货物随船舶倾侧而流向倾侧的一侧后,可能就不会恢复原来状态。如果散装货物连续几次向船舷同一侧流动,将会使船舶倾侧很大一个角度,甚至倾覆。船舶的稳性就要按新的平衡位置来讨论计算了。

这些固体散装货物,如果没有装满船舱或者虽已装满,但由于船舶在航行时的运动和机器的振动产生下沉现象,使舱间上部仍留出一定的空间,那么就会使这些散装货物表面部分随船舶的倾侧而引起流动的可能。通常,散装货物装满船舱以后,经过航行往往在上部空余出占船舱5% ~8% 的体积。

内河固体散装货物运输有相当一部分是由甲板货船承担的。甲板货船满载时,干舷较小,重心较高,稳性余量较小。稍有风浪或甲板货船稍有横摇,江水就会浸上甲板,浸入散货中,致使散货与甲板间摩擦力减小,使固体散装货物更容易移动。在大风浪中,由于上述原因,加之驳船摇荡加剧,极易导致固体散装货物大规模移动,严重危及船舶安全。因此,甲板货船装运固体散装货物时,较一般船舶具有更大的危险性。应引起驾驶员的足够重视。

（2）减小固体散装货物对稳性影响的措施

为了减小固体散装货物对船舶稳性的影响,保证船舶航行安全,一般装载固体散货的舱口货船都采用纵隔板法或罐舱法（如图 3-5-2 所示）。不过固体散装货物的流动因仅限于货舱的表面,故只需用可移动的木板插入一定深度,做成纵隔板形式即可。而罐舱法是在甲板上围着

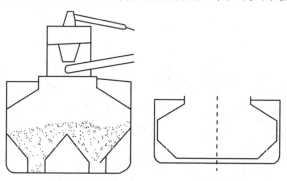

图 3-5-2　固体散装货船的罐舱与翼舱结构示意图

货舱口做成一个相当于船舱容积10% ~15% 的围壁。固体散装货物一直装到该舱装满为止。这样,当船舶在航行中,船舱内颗粒下沉时所形成的空隙,即由罐舱内的散装货物填满货仓,使船舱随时呈灌满的状态而消灭舱内颗粒流动的可能。同时可考虑改进固体散货船货舱结构,如设置翼舱（如图 3-5-2 所示）,以减小固体散装货物移动距离;限制固体散装货船的载货量,

杜绝超载等。对运载大宗固体散装货物的船舶特别是内河甲板货船的稳性提出较高的要求，加强对船员的安全教育和指导。

3.悬吊货物对稳性的影响

悬吊货物对稳性的影响与液体散装货物、固体散装货物的情况类似。

船上的悬吊货物本身不会引起船的倾斜，但它将随船倾斜而摆动，与自由液面的移动相仿，从而对初稳性产生不利的影响。悬吊货物摆动的实际效果相当于构成了一个横倾力矩，从而使船舶原有的稳性力矩减小，其减小的程度与货物悬吊的长度有关，悬吊越长，对稳性的影响的不利程度越大。将这类货物的悬吊长度缩短，甚至完全固定住而没有悬吊长度，是最有效的措施。

第六章　船舶抗沉性

船舶抗沉性又称船舶不沉性,充分理解抗沉性的概念,认识船舶的浸水形式及对浮态和稳性影响,具备基本的抗沉知识,为正确管理和使用船舶相关设备与应变部署打下良好基础。

第一节　船舶抗沉性的实现(★△)

一、船舶抗沉性的概念

船舶由于破损,舷外水进入船舱,使船舶重量增加,造成船体下沉的现象,它与破损位置、破损程度、破损时间长短、采取的排堵措施有关,最终有可能使船舶丧失浮性而沉没。

船舶在航行、停泊和作业中,因海损事故一舱或数舱破损浸水后仍能保持一定的浮性与稳性而不至于沉没和倾覆的能力称为抗沉性。

二、船舶抗沉性的实现

抗沉性直接关系船舶海损后的生命力,从而关系船主财产和旅客、船员的生命安全,因此是一项重要的航行性能。当然,各类船舶对抗沉性的要求也不同。一般来讲,货船抗沉性低于客船,客船的低于军舰,内河船低于海船。

船体内部由水密舱壁和水密甲板分割成若干独立的水密舱室。当船舶某舱室进水后,由于舱壁的阻挡,进入的水不致漫溢到整个船体,船舶则靠水线以上的水密部分所提供的储备浮力来弥补浸水舱室所损失的浮力,以获得一定的浮性及稳性。由此可见,抗沉性是通过水密舱壁的布置和储备浮力来实现的。但设置水密舱室过多,会造成船上各类机械布置上的困难,又增加重量。因此我们要全面考虑,合理地设置水密舱壁。

根据有关规范的规定,合理设置水密横舱壁进行船舶分舱,就是分舱制。一舱制是在正常情况下一个船舱破损进水后不致沉没;二舱制是相邻两个舱进水后船舶不会沉没;三舱制是相邻三个舱进水后船舶不会沉没。

第二节　储备浮力与抗沉结构(★△)

一、船舶储备浮力

储备浮力是指满载水线以上主船体水密部分的体积,它不仅是抗沉性所必需的,对稳性及淹湿性(在风浪中船舶甲板淹湿与飞溅的程度)等亦有很大影响。储备浮力通常以满载排水体积的百分数表示,其大小视船舶的类型、航区以及运载货物种类而定,内河船舶一般为 10% ~ 15%,海船一般为 20% ~ 50%,而军舰则往往在100%以上。

大、中型船舶一般都设置双层底(外底、内底)(如图3-6-1所示),其中一个重要作用就是当外底破损时,其内底还可保证水不致流入船内(设置双层底还对降低船舶重心、提高船舶总强度、储放燃油和淡水等也有好处)。

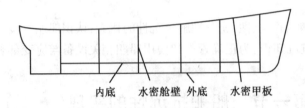

内底　水密舱壁　外底　水密甲板

图 3-6-1　水密舱壁和双层底

规范规定:在船侧由舱壁甲板上表面的边线以下76 mm处绘制一根曲线,称为安全限界线,船舶浸水后不超过此限界线则认为是安全的。这表明规范要求船舶破舱浸水后至少要有76 mm的干舷,所有与限界线相切的水线表示船舶破舱后允许的最高水线,称为极限破舱水线,如图3-6-2所示。

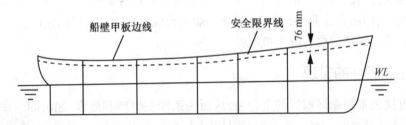

船壁甲板边线　　安全限界线　　76 mm　　WL

图 3-6-2　安全限界线

二、一般船舶抗沉结构规范要求

《钢质内河船舶建造规范》和《内河船舶入级规则》中,在具体的结构方面也有一些专门要求,以利于内河船舶的抗沉性保证:

(1)船长大于40 m的船舶,常年航行于 J 级航段的自航船应设置双层底。双层底可采用阶梯形式,并尽量由防撞舱壁延伸至艉尖舱壁。若设置双层底确有困难,可在艉部设置防撞边舱,机舱外的舱室有困难不设防撞边舱时,应予以特殊考虑,并应取得船检部门的同意。

(2)船长大于 30 m 的船舶,在船首应设置一道水密舱壁,其位置一般在距艏垂线 $0.05\,L \sim 0.1\,L$ 范围内,舱壁的高度应延伸至干舷甲板或首升高甲板。船长不大于 30 m 的船舶的防撞舱壁距首垂线的距离应不大于 30 m。在尾端也应设置一道水密舱壁,其高度应延伸至干舷甲板或尾升高甲板。

(3)船舶应在船首设置水密防撞舱壁和在船尾设置水密艉尖舱舱壁,船长大于 30 m 的船舶的机舱前后壁以及船长小于等于 30 m 的船舶的机舱前壁应为水密舱壁。

(4)横向舱壁的间距应不大于舱深的 6 倍。

(5)防撞舱壁上禁止开门或人孔。其余水密舱壁上一般不应开门或人孔,如必须开时,应经船检部门同意,并应保证水密。A、B 级航区客船及 J 级航段的船舶,不应在水密舱壁上开门。

(6)当管子、排水管和电缆等通过水密舱壁时,应设有保证该舱壁水密完整性的装置。船长 40 m 及以下船舶,舵链、车钟链、主机操纵线等穿过水密舱壁时,应沿干舷甲板下表面敷设。

应指出,船舶在海损以后是否会倾覆或沉没,在一定程度上还与船上人员采取的措施有关,例如进行排水堵漏、抛弃船上移动载荷等。有时为了减少船的倾斜,常常采用故意灌水到对应的舱室里去的办法,调整淹水舱,改善破损船的浮态和稳性。

船员应具有基本的抗沉性知识,在日常工作中主动维护船舶的水密性,确保船舶安全。

第七章　船舶检验

船舶检验是指海事局认可的船舶检验机构按照国际公约和国家规范与规则的要求,对船舶的设计、制造、船用材料、机电设备、安全设备、技术性能及营运条件等进行的审核、测试、检查和鉴定的总称。船舶检验是对船舶技术状态进行鉴定和监督的过程,船舶只有经过检验,才能取得相应的船舶技术证书。以保证船舶安全航行,为办理船舶登记、保持航区、降低保险费率、索赔、处理海损事故等提供依据,掌握船舶检验的种类、特点、要求及营运船舶定期检验的间隔期限,配合政府海事机构对船舶的管理和控制,确保船舶处于适航状态。

第一节　船舶检验的种类、间隔期限、证书分类(★△)

《中华人民共和国内河交通安全管理条例》要求船舶必须检验并持有合格的船舶检验证书,方可航行。目前实施的《船舶检验管理规定》《内河船舶法定检验技术规则》对内河船舶检验的种类、间隔期限、证书分类等都有明确规定。

一、船舶检验的种类

(一)入级检验

入级检验是指应船舶、水上设施的所有人和经营人自愿申请,对船舶、水上设施进行的检验,并取得入级船舶检验机构签发的船级证书和入级标识。船级检验通常由船舶所有人自愿选择船级社进行。中国籍船舶、水上设施经入级检验符合相关的检验技术规范要求并取得法定检验证书的,船舶检验机构方可签发入级检验证书或者技术文件。

(二)法定检验

法定船舶检验是船旗国政府法律、法规规定的监督检验,由政府指定的验船师或授权的组织和人员执行(官方)。法定检验包括三个阶段:(1)审查批准船舶设计图纸;(2)船舶建造中的检验;(3)船舶投入营运后的定期检验。法定检验是政府为保证船舶安全而强制实施的,是对船舶管理和控制的手段。

(三)公证检验

公证检验是船级社应客户的申请,指派验船师对所申请检验的项目进行的一种证明客观技术状况的检验。公证检验包括海损检验、索赔检验、起租退租检验、船舶状况检验、货损检验等。

公证检验中,验船机构以第三者(公证独立)的身份对某种情况进行鉴定认可,出具有证明效力的一种检验。船舶检验部门进行公证检验后所提出的报告,可以作为交接、计费、理算、索赔等行为或产品技术鉴定的有效凭据。除上述的公证检验外,船舶的起(退)租检验、对船存油、水数量的测定、核定废钢船钢铁重量等,均属于公证检验范围。

二、船舶证书

船舶证书(船舶技术证书)是证明船舶技术状况的文件。船舶只有通过相应的船舶检验,才能取得必要的技术证书或保持技术证书继续有效。

（一）证书分类

目前在法定检验合格后应签发下列相应的法定证书。

1. 法定证书簿的格式

（1）格式 ZSB-1 证书簿

格式 ZSB-1 证书簿适用于船长 30 m 以上的自航船和主机单机额定功率 220 kW 以上(或主机总额定功率 440 kW)的船舶。

（2）格式 ZSB-2 证书簿

格式 ZSB-2 证书簿适用于船长 10 m 及以上至 30 m、单机功率 220 kW 及以下的自航船舶和船长 10 m 以上的非自航船舶。

2. 船舶主要的法定证书

内河主要有船舶适航、吨位、载重线、乘客定额、防止油污、防止生活污水污染、防止垃圾污染 7 种证书;为满足不同运输的需要,一些船舶还应具有装运危险货物适装/推或拖、散装运输危险化学品适装、散装运输液化气体适装、高速船安全、浮船坞安全、免除证书等不同的证书。

（二）证书的有效期

（1）船舶吨位、载重线、乘客定额 3 种证书一般长期有效;船舶适航证书和临时乘客定额证书有一定的有效期限。

（2）内河船舶装运危险货物适装/推或拖证书,有效期一般在单航程内。如果船舶在短期内连续装/推或拖运固定货品,则可根据船舶技术状况适当延长有效期,但最长不超过 3 个月;对于在固定的装货处所载运固定货品,且其航线固定的船舶,可签发有效期最长不超过一年的有效期。该证书与船舶适航证书一并使用方为有效。

（3）内河船舶散装运输化学品适装证书,有一定的有效期限,并与船舶适航证书一并使用方为有效。

（4）防止油污证书,220 kW 及以上的船舶须持有船舶检验部门核发的防止油污证书,该证书签发后应进行年度检验,220 kW 以下采用简易有效设施贮存含油舱底水的小功率船舶,可免除防止油污证书的要求,进行船舶检验时,注意检查其简易有效设施的可靠性,检验合格后应在"适航证书"上签注。

（5）油污损害保险及证书

自 1980 年 10 月 1 日起,我国航行国内航线载运 2 000 t 以上散装货油的船舶,如已投保油污险,海事机构可按规定给予办理油污损害民事责任保险或其他财务保证证书。如尚未投保,作为临时措施,船舶所有人需到船籍港海事管理机构办理油污损害民事责任信用证书,该证书有效期为三年,但船舶更换所有人,该证书即自行作废,须由新的船舶所有人重新办理。

（三）证书的发放、保存与保持证书有效性的条件

船舶检验机构应将各种法定证书（正本）发放给申请人，（副本）自留保存备查。船上应妥当保存所持有的各种有效法定证书，并随时可供检查。船舶必须按规定进行检验和证书签署，并处于良好技术状态，才适用于预定用途。船舶必须按证书限定的航区和条件进行营运或作业。

第二节　船舶法定检验（★△）

中华人民共和国海事局是对我国内河船舶执行法定检验的主管机关。根据交通运输部2016年第2号令《船舶检验管理规定》和《内河船舶法定检验技术规则》的规定，凡在我国内河航区航行，船长大于10 m的民用营运船舶（但帆船、运动竞赛艇除外），都应该按照内河营运船舶的技术监督检验的范围、内容和要求进行检验，以保持安全航行和作业的技术条件。

一、法定检验的概念

（一）法定检验

法定检验是指船旗国政府或者其认可的船舶检验机构按照法律、行政法规、规章和法定检验技术规范，对船舶、水上设施、船用产品和船运货物集装箱的安全技术状况实施的强制性检验。法定检验必须由政府主管机关或其授权的组织或个人进行，法定检验大多由政府授权船级社进行，中华人民共和国海事局是中国船舶法定检验的主管机关。

法定检验主要包括建造检验、初次检验、定期检验、临时检验、拖航检验、试航检验等。

1. 建造检验

验船机构按照《钢质内河船舶建造规范》及相关规定的要求对新建船舶，从审查设计图纸和技术文件开始，在船舶建造过程中进行检验、试验和试航，直至签发各种船舶证书为止的一系列工作称为船舶建造检验。对入级船舶，建造检验又称为建造入级检验。

影响船舶建造质量的因素概括起来主要有五个方面，即船舶设计、船舶审图、船舶建造、建造检验、船用产品质量。这五个方面中船舶审图和建造检验的责任在船舶检验机构。

2. 初次检验

初次检验是船舶在投入营运之前，对与某一特定证书涉及的所有项目进行一次完整的检查和必要的试验，以保证这些项目符合有关法规的要求，并且能满足船舶要从事的营运业务。对船舶入级的检验，又称为初次入级检验。申请初次检验时，须将该船原有船舶证书、证明文件及有关技术资料提交验船机构审查。对要求取得船级的船舶，初次检验的项目、内容和要求，验船机构将根据船舶的具体情况，按《内河船舶入级规则》的规定办理。《1974年国际海上人命安全公约》和《1966年国际船舶载重线公约》规定，船舶投入营运以前的检验，也称初次检验。初次检验包括新船的初次检验、现有船舶的初次检验。

船舶处于下列情况之一时，应申请初次检验：（1）外籍船改为中国籍的；（2）体育、渔业船舶改为运输船舶；（3）船检证书失效时间超过一个换证检验周期的；（4）老旧运输船舶检验证书失效时间超过一个特别定期检验周期的。

3.定期检验

验船机构对营运中的船舶按规定的间隔期限对其有关航行安全的项目所进行的检验。目的在于检查其技术状况及主要部分的损耗程度,以确定是否具备安全航行所必需的技术条件。除初次检验外,规定相隔一定期限的检验,均称为定期检验。定期检验合格后,应签发和签署相应的船舶证书。

4.临时检验

在下列情况下,根据船舶营运具体要求进行全面的或部分的检验,以确保其处于良好状态,并且适合船舶预期的营运业务。

一是因船舶相关变更需要申请临时检验:(1)改变原限定的航区/航段;(2)变更船名、船籍港;(3)变更检验机构。

二是影响航行安全的:(1)因事故影响船舶适航性能;(2)影响安全的修理或者改装,但重大改建除外;(3)存在重大安全缺陷影响安全,并责成对船舶缺陷整改的。

三是不在证书有效期的:(1)签发的证书失效时间不超过一个换证周期;(2)船舶展期。

5.拖航检验

我国管辖水域内对移动式平台、浮船坞和其他大型船舶、水上设施进行拖带航行,起拖前应当申请拖航检验。

6.试航检验

在船舶试航前的检验,确认其处于良好状态,适合于船舶预期的试航。

（二）法定检验中对船舶定期检验的要求

法定检验要求对船舶结构、稳性、锅炉及其他受压容器、主辅机、电气设备、无线电通信设备、救生消防设备、航行设备、信号设备、防污染设备和载重线等进行技术监督性质检验,以达到对船舶进行管理和控制的要求。

船舶投入营运后,应申请定期检验。定期检验包括换证检验、中间检验、年度检验、船底外部检查和特别定期检验。接受定期检验的船舶应予适当维修保养,以使船舶的技术状况处于良好状态,并适合预定用途。

1.换证检验

在船舶证书到期之前,对与特定证书有关的项目进行检验,以确保其处于良好状态,并且适合船舶预期的营运业务,并颁发一份新证书。

换证检验是定期对船体、轮机、电气及其他设备进行全面和详细的检查,其目的在于查明各部分的蚀（磨）耗及损坏程度,确定能否保持安全航行作业的技术条件。

2.中间检验

中间检验在两次换证检验中间实施,对与特定证书有关的指定项目进行检验,以确保其处于良好状态,并且适合船舶预期的营运业务。

3.年度检验

对与特定证书有关项目进行总体检查,以确保其处于良好状态,并且适合船舶预期的营运业务。

中间、年度检验是定期对船体、机轮、电气及其他设备进行检查和了解使用情况。其目的在于查明船舶是否能继续安全航行。

4. 船底外部检查

对船舶水下部分和有关项目进行的检查,以确保其处于良好状态,适合船舶预期的营运业务。

内河营运船舶在换证检验间隔期内应至少进行两次船底外部检查,其中一次应结合换证检验进行,另一次一般结合中间检验或在两次中间检验之间进行,且两次船底外部检查的间隔期不超过换证检验间隔期的2/3。高速船应每年进行一次船底外部检查。

5. 特别定期检验

对于《老旧运输船舶管理规定》中涉及内河船舶、船舶所有人或经营人应按该规定要求向船舶检验机构申请特别定期检验。实施老旧运输船舶检验时,按其船舶种类达到规定的船龄之日起,对与特定证书有关的项目进行检验,以确保其处于良好状态,并且适合船舶预期的营运业务,并颁发一份新证书。

二、内河营运船舶法定检验间隔期限要求

内河营运船舶法定检验间隔期限要求如表3-7-1所示。

表 3-7-1　内河营运船舶法定检验间隔期限

船舶种类	证检验次数限(年)	第一次	第二次	第三次	第四次及以后各次
客船、餐饮趸船、油船(包括沥青船)、油推(拖)船、化学品船、液化气体船	换证检验	6	6	6	4
	中间检验	3	2	2	2
	年度检验	1	1	1	1
高速船	换证检验	4	4	4	4
	中间检验	2	2	2	2
	年度检验	1	1	1	1
以上未包括的其他自航船	换证检验	6	6	6	4
	中间检验	3	3	3	2
	年度检验	1	1	1	1
油驳、油趸、车客渡驳	换证检验	8	8	8	4
	年度检验	2	2	1	1
	中间检验	4	4	2	2

续表

船舶种类	证检验次数限(年)	第一次	第二次	第三次	第四次及以后各次
非自航工程船	换证检验	8	8	8	4
	中间检验	4	4	2	2
	年度检验	—	2	—	—
以上未包括的其他非自航船	换证检验	8	8	8	6
	中间检验	4	4	2	2
	年度检验	—	2	—	—

(1)根据船舶的技术状况,验船部门可以缩短相应检验的间隔期限。

(2)船舶的特别检验和中间检验一般应结合进坞或上排进行。经验船部门同意,中间检验和非机动船的第一次特别检验可在水上进行。年度检验时可允许在水上进行,但必须处于空载状况。

(3)趸船(包括油趸,但不包括由旧船改造的趸船)的前两次特别检验可在水上进行。但在实际检查过程中若发现危险的隐患时,则必须上排或进坞消除隐患。

(4)船舶的特别检验一般不应展期。如船东提交检验确有困难时,可向验船部门申请展期。对申请展期的船舶,验船师应登船作临时检验。展期一般不得超过 3 个月。船舶中间/年度检验可在证书到期前后 1 个月内进行。

练习题

一、选择题

1. 常用作带缆的钢丝绳是( )。
   ①硬钢丝绳;②半硬钢丝绳;③软钢丝绳
   A.①   B.②
   C.③   D.②③

2. 半硬钢丝绳一般多用作( )。
   A. 稳索   B. 系船缆
   C. 滑车绳   D. 动索

3. 导缆孔的形状是( )。
   A. 方形和圆形   B. 方形和椭圆形
   C. 圆形和椭圆形   D. 方形

4. 锚设备的重要作用可以概括为( )。
   A. 锚泊   B. 制动
   C. 装卸货   D. 锚泊、操纵、制动、脱浅

5. 霍尔锚的突出优点是( )。
   ①抓力大;②使用方便;③便于收藏;④不易走锚;⑤结构较简单
   A.①②③④⑤   B.①②③④
   C.①②⑤   D.②③⑤

6. 抛锚时出链长度主要依据( )。
   A. 锚泊时间长短   B. 水深
   C. 风力大小   D. 流速大小

7. 判断锚离地的方法是( )。
   ①锚链突然向相反方向摆动,然后垂直在水中自由摆动
   ②锚机由吃力状态突然减轻负荷加快转速
   ③小型船船首可能出现上下浮动状态
   A.①②   B.①③
   C.②③   D.①②③

8. 一条锚链由( )组成。
   A. 锚链链节、末端锚节   B. 锚端链节、中间链节
   C. 中间链节、末端链节   D. 锚端链节、中间链节、末端链节

9. 舵按剖面形状可分为( )。
   ①平板舵;②流线型舵;③平衡舵
   A.①②③   B.①③
   C.②③   D.①②

10. 堵漏器材的保管,应注意( )。

①专人保管,不移作他用;②木楔、木塞等不要放在温度太高或潮湿的地方;③水泥应放在空气畅通干燥的地方

    A.①②
               B.①③

    C.②③
               D.①②③

11. 用水泥堵漏,水泥的凝固时间约为( )。

    A.36 h
               B.24 h

    C.12 h
               D.6 h

12. 下列不属于舱内堵漏的方法是( )。

    A.螺丝杆堵漏垫堵漏法
        B.水泥堵漏法

    C.堵漏毯堵漏法
          D.活页堵漏板堵漏法

13. 船首失火的警报信号为( )。

    A.乱钟后敲一响
          B.乱钟后敲二响

    C.乱钟后敲三响
          D.乱钟后敲四响

14. 警报信号三长声一短声表示( )。

    A.有人自左舷落水
          B.有人自船尾落水

    C.有人自右舷落水
          D.有人自船首落水

15. AIS 船载系统提供的自动识别信息中不包括( )。

    A.航线信息
            B.静态信息

    C.动态信息
            D.航次数据

16. 在应变部署警报规定中,油污警报信号是( )。

    A.两长两短声
          B.两短两长声

    C.一短两长一短声
       D.一长一短一长一短声

17. 在应变部署警报规定中,船舶进水警报信号是( )。

    A.两短两长声
          B.一短两长声

    C.两长两短声
          D.两长一短声

18. 应变部署警报所规定的各项任务的演习时间为( )。

    A.半年一次
           B.每月一次

    C.三个月一次
         D.一年一次

19. 油污应变部署中的操作性溢油,主要指的是( )。

    A.管系泄漏、舱柜满溢、船体泄漏
    B.人为倾倒、管系泄漏、舱柜满溢

    C.人为倾倒、舱柜满溢、船体泄漏
    D.管系泄漏、人为倾倒、船体泄漏

20. 救火警报发出后,要求船员赶到现场的时间是( )。

    A.5 min
            B.3 min

    C.2 min
            D.1 min

21. 某船在正常装载情况下,稳性与装载量的关系是( )。

    A.装载量越大,稳性越好
      B.装载量越小,稳性越好

    C.不能确定
           D.不相关

22. 船舶的动稳性是指( )的稳性。

A. 船舶在直线运动时 　　　　B. 船舶在回旋运动时
C. 船舶有倾斜速度时 　　　　D. 船舶作倾斜试验时

23. 稳性中动平衡是指(　　)的平衡。
　　A. 能量 　　　　　　　　B. 力
　　C. 力矩 　　　　　　　　D. 力以及力矩

24. 按照不同的用途和需要,有着不同的度量船舶尺寸的方法,通常有(　　)种主尺度的名称。
　　A. 一 　　　　　　　　　B. 两
　　C. 三 　　　　　　　　　D. 四

25. 最大尺度表示着船舶外观轮廓的最大尺寸,因此,它是(　　)的依据。
　　A. 保险赔偿 　　　　　　B. 纳税
　　C. 靠泊、过闸、过桥孔 　　D. 船舶建造

26. 船舶的最大高度是船舶能否安全通过桥孔的依据,最大高度是指(　　)的垂直距离。
　　A. 从基平面开始到船舶固定建筑物最高处
　　B. 从空船水线面到船舶固定建筑物最高处
　　C. 从空载水线面到船舶固定建筑物最高处
　　D. 从满载水线面到船舶固定建筑物最高处

27. 钢质船体的船型尺度是从船体(　　)。
　　A. 包括船体附体在内的外表面
　　B. 不包括船体附体在内的船体外表面
　　C. 不包括壳板和附体在内的船体外表面
　　D. 船体的内空表面

28. 钢质内河船舶入级与建造规范中定义的船长属于(　　)中的船舶长度。
　　A. 最大尺度 　　　　　　B. 登记尺度
　　C. 船型尺度 　　　　　　D. 量吨甲板

29. 储备浮力是指(　　)。
　　A. 船体的水密容积
　　B. 船体水密容积所能提供的浮力
　　C. 满载水线以上的船体水密容积
　　D. 满载水线以上的船体水密容积所能提供的浮力

30. 储备浮力的大小取决于(　　)。
　　A. 排水体积 　　　　　　B. 船体水密容积
　　C. 满载水线以上的船体水密容积 　　D. 舷弧大小

31. 满载排水量是指(　　)。
　　A. 舷外水面到达干舷甲板边缘时的排水量
　　B. 舷外水面到达载重标圈上缘时的排水量
　　C. 舷外水面到达载重水线上缘时的排水量
　　D. 舷外水面到达载重水线下缘时的排水量

32. 船舶浮力的大小与浮态的关系是(　　)。

A. 正浮时最大　　　　　　　　B. 横倾时最大

C. 纵倾时最大　　　　　　　　D. 无关的

33. 在相同的入水体积下,浮力与水密度的关系是( )。

A. 随水密度增大而增大　　　　B. 随水密度增大而减小

C. 与水密度大小无关　　　　　D. 视船型而定

34. 螺旋桨出现空泡的原因是( )。

A. 水中含有气泡

B. 桨上液体压力大于该温度下的水的饱和压力

C. 桨上液体压力小于该温度下的水的饱和压力

D. 螺旋桨工作时将液面上的空气带入

35. 泡沫灭火器应放置在被保护处所附近易于取用之处,每隔( )检查一次。

A. 一个月　　　　　　　　　　B. 三个月

C. 六个月　　　　　　　　　　D. 一年

36. 船舶上消防设备中沙箱的容量应不少于( )。

A. 0.01 m³　　　　　　　　　　B. 0.15 m³

C. 0.25 m³　　　　　　　　　　D. 0.03 m³

37. 全体船员应该按照( )定期进行消防训练,熟悉消防的应知应会。

A. 规章制度　　　　　　　　　B. 学习制度

C. 培训计划　　　　　　　　　D. 应急部署

38. 船舶火灾的基本原则是( )。

A. 侦察火情、采用正确的灭火方法

B. 先控制后灭火

C. 统一指挥,密切配合

D. 侦察火情、采用正确的灭火方法;先控制后灭火;统一指挥,密切配合;彻底扑灭余火

39. 船舶必须按规定数量配置( ),并按有关规定进行养护和定期检查使之随时处于良好状态。

A. 船员　　　　　　　　　　　B. 证书

C. 记录文书　　　　　　　　　D. 应变器材设备

40. 《中华人民共和国船员条例》规定,船员适任证书的有效期不超过( )年。

A. 1　　　　　　　　　　　　　B. 2

C. 3　　　　　　　　　　　　　D. 5

二、判断题(正确打√,错误打×)

1. 钢丝绳在8倍直径长度范围内断丝超过10%时不能再用。( )

2. 化学纤维绳的优点是强度大、重量轻。( )

3. 导缆装置的作用是改变缆绳的牵引方向。( )

4. 锚机是抛、起锚的机械装置,不可兼作绞缆之用。( )

5. 每节锚链长为27.5 m。( )

6. 化学腐蚀是钢质船体锈蚀的主要原因。（　　）

7. 甲板漆具有防锈、防污、耐久、快干、附着力强等特点。（　　）

8. 涂油漆时漆刷蘸油漆不宜太多，只蘸刷毛的 1/3 至 1/2 即可。（　　）

9. 用水泥堵漏，水泥的凝固时间是 12 h。（　　）

10. 救火警报发出后，所有船员（除值班者外）应按部署规定，在 5 min 内携带救火器材赶到现场或指定的集合地点。（　　）

11. 救火警报发出后，机舱值班人员应在 5 min 内开泵供水。（　　）

12. 在救生应变部署中规定，弃船令发出后，船长必须待全船旅客、船员离船后，最后离船。（　　）

13. 有人落水的警报信号是三长声。（　　）

14. 有人从左舷落水的警报信号是三长一短声。（　　）

15. 抛锚时，出链长度主要依据船舶的大小。（　　）

16. 溢油污染是指船舶在装卸货作业过程中，由于操作不当产生油品溢出流入江中，或是加装润燃油不慎将油流入江中，或是船舶碰撞、触礁导致船体破损使货物及燃润油流入江中而造成的污染。（　　）

17. 在使用甚高频无线电话时，可以聊私话（　　）

18. 雷达开机的基本操作原则是，先高压后低压。（　　）

19. 当船舶遇到紧急情况时，通过 GPS 船载终端向监控中心报警。（　　）

20. 磁罗经要防止受高温和振动退磁。（　　）

21. 四冲程柴油机中的燃烧膨胀是由两个行程完成的。（　　）

22. 活塞在气缸中从上止点移到下止点所经过的空间，称为气缸总容积。（　　）

23. 四冲程柴油机中，曲轴转一转，进、排气阀和喷油器各开启一次。（　　）

24. 航行中要密切注意沉淀柜和日用柜的油位，及时驳油与分油，每班要定时放残。（　　）

25. 船舶的总载重量表示船舶的装载能力。（　　）

26. 船舶的总载重量等于船舶的满载排水重量减去船体重量。（　　）

27. 平均吃水即是船长中点处的吃水。（　　）

28. 最大高度常用 H 表示。（　　）

29. D/d 越大，船舶的干舷越大，抗沉性越好（　　）

30. 2.83 m^3 为一个容积吨位。（　　）

31. 船舶破损进水后仍保持必要浮性的能力叫抗沉性。（　　）

32. 初稳性值越大，船的稳性越好（　　）

33. 在船上装卸液体载荷后，如果产生了自由液面，那么装卸载荷和自由液面都会对稳性高度产生影响。（　　）

34. 船舶快速性包括推进器的性能和船舶阻力两个方面含义。（　　）

35. 船舶在船厂修理时，割换的符号是"＄"。（　　）

36. 船体焊接的外部缺陷有裂纹、咬边、焊瘤、气孔、夹渣及未填满等。（　　）

37. 可调螺距螺旋桨的桨叶可在桨毂上转动，从而调整螺旋桨的螺距。（　　）

38. 超声波测厚仪可用于船用钢板厚度的测量。（　　）

39. 船舶作重大修理后，经系泊试验，各项修理的技术性能符合有关规定，可不进行航行试

验。（　　）

40.钢质机动船应每年进行一次小修。（　　）

参考答案

一、选择题

1. C　2. B　3. C　4. D　5. D　6. B　7. D　8. D　9. D　10. D
11. B　12. C　13. A　14. C　15. A　16. C　17. D　18. B　19. A　20. C
21. C　22. C　23. A　24. C　25. C　26. A　27. C　28. C　29. D　30. C
31. C　32. D　33. A　34. C　35. B　36. D　37. D　38. D　39. D　40. D

二、判断题

1. √　2. √　3. ×　4. ×　5. √　6. ×　7. ×　8. √　9. ×　10. ×
11. √　12. √　13. √　14. ×　15. ×　16. √　17. ×　18. ×　19. √　20. √
21. ×　22. ×　23. √　24. √　25. √　26. ×　27. √　28. ×　29. √　30. √
31. ×　32. √　33. √　34. √　35. √　36. √　37. √　38. √　39. ×　40. √

第四篇　船舶驾驶

第一分篇　船舶操纵

船舶操纵基本原理、船舶系离泊操纵以及船舶在特殊情况下操纵等是船舶操纵的主要基础知识,主要是为船长和驾驶员的实船操纵建立专业理论基础。

第一章　船舶操纵基本原理

船舶操纵基本原理包括舵及旋回圈要素与船舶操纵性的关系、船速与冲程、水流对船舶操纵性能的影响、浅水效应及岸壁效应、船间效应的形成原理等内容。

第一节　舵效及其影响因素(★ ☆ △)

航行船舶操一舵角后,在舵叶的迎流面与背流面的水动压力差,称为舵压力。舵压力与舵压力转船力臂的乘积称为舵压力转船力矩,如图4-1-1 所示。舵压力转船力矩使船舶产生向操舵一侧偏转,其偏转效果用舵效衡量。

一、舵效

广义的舵效是:船舶在各种不同的状态下,用舵设备操纵船舶所表现的综合效果,主要表现为偏转、横移、降速和横倾。

狭义的舵效(在实际操船时所讲的舵效)是:运动中的船舶操一舵角后,船舶在一定时间、一定水域内所获得的转头角(或称"改向角")的大小。

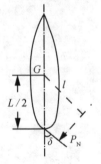

图 4-1-1　舵压力转船力矩示意图
G——重心, L——船长, δ——舵角, P_N——舵压力, l——力臂

船舶在较短时间、较小水域内船首转过角度较大,则舵效好,反之则舵效差。

二、影响舵效的因素

（一）舵角

在极限舵角范围内,工况相同的情况下,舵角越大,舵压力就越大,舵效就越好。

（二）舵面积系数

舵面积系数是指舵叶中纵剖面的浸水面积与船体中纵剖面浸水面积的比值。舵面积系数大,舵效好,舵面积系数小,舵效变差。

（三）舵叶对水速度

舵叶对水速度即舵速。舵速大则舵效好,反之则舵效差。提高舵速往往是在船速较低时通过提高主机转速方法来实现。该方法由于船速低,改向时滞距小,所需水域小,在船舶掉头、靠离码头、抛起锚、进出船闸等操纵时常采用该方法来提高舵效,船员俗称"以车助舵"。

（四）舵性

舵性是指船舶各种运动状态下,主机在不同工况下,操舵设备的轻便、灵活、准确和可靠的性能。电动液压舵机性能较好,转舵快,回舵也快;电动舵机则转舵快,回得慢,不易稳舵;人力舵,转舵慢,回舵也慢。

（五）转舵时间

船长大于 30 m 的船舶满载、全速航行时,操舵从一舷 35°至另一舷 30°所需的时间,称为转舵时间或操舵时间。转舵时间越短,船舶舵效越好。内河船舶转舵时间应满足表 4-1-1 的规定。

表 4-1-1　内河船舶转舵时间

舵机种类	船长（m）	操舵时间（s）	
		急流航区船舶	其他航区船舶
机动舵机	>30	12	20
	≤30	15	20
人力舵机（舵轮手柄力不大于 147 N）		15	20

（六）船体水下侧面积

船首水下侧面积分布多或艏倾的船舶,舵效差;船尾水下侧面积分布多或适量艉倾的船舶,舵效变好。

（七）吃水

船舶满载时的舵效较轻载时差。

（八）横倾

船舶低速航行时,向低舷侧转向舵效较好;船舶高速航行时,向高舷侧转向舵效较好。

（九）风、流及浅水

风中航行,满载舵效比轻载好;急流中航行,逆流舵效比顺流好,常流舵效比乱流好;浅水中航行,舵效较深水中差。

（十）螺旋桨正转前进、反转倒退

螺旋桨正转且船舶前进时舵效好;螺旋桨反转且船舶倒退时舵效极差。

第二节　船舶回转性能(★ ☆ △)

定速直航(一般为全速)的船舶,操一舵角(一般为满舵)后,其重心做360°运动的轨迹,称为旋回圈。旋回圈的要素主要用反移量、纵距、横距、旋回初径、旋回直径等表示,如图4-1-2所示。

一、反移量的应用

反移量又称偏距或反横距,是指操舵后船舶重心自原航向的延伸线向操舵相反方向横移的最大距离。通常船舶重心处反移量为1/2船宽,船尾反移量达1/10～1/5船长。反移量在实船操纵中应用广泛,主要包括:

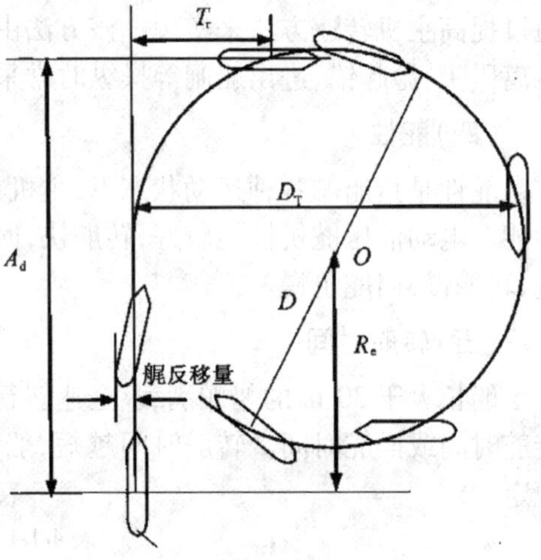

（一）救助落水者

航行中有人落水时,为了防止落水者被卷入船尾螺旋桨,应立即停车,并向落水者一侧操舵,利用反移量,使船尾摆开,以保证落水者的安全。

（二）船舶避碰

两船对驶相遇,为防止船舶碰撞,先操外舵使船首让开,当船首已能让过时,再操内舵,利用反移量使船尾摆开。

图4-1-2　船舶旋回圈示意图

（三）避让障碍物

航行船舶在近距离内发现前方障碍物时,先操舵使船首让开,赓即向另一舷操舵使船尾甩开。

（四）船舶离泊操纵

在船舶驶离码头时,为防止船尾触碰码头,在船首适当扬出后,微进车,应回舵或操内舵,利用反移量调顺船身。

二、旋回时船舶横倾的特点及措施

（一）旋回时船舶横倾的特点

旋回船舶会产生船舶内倾和外倾两种横倾现象。内倾通常出现在旋回运动的初始阶段,持续的时间极短,且内倾角很小;外倾出现在旋回运动的渐变阶段和定常旋回阶段,由于船舶惯性离心力大,因而外倾现象明显,且外倾角大,若操作不当,有倾覆的危险。

（二）船舶在旋回运动过程中出现外倾角过大的原因

（1）船速过大，尤其是在全速满舵旋回时；

（2）船舶全速满舵旋回产生较大外倾角时，急回舵，甚至操反舵；

（3）船舶初稳性高度以及旋回半径都过小；

（4）船舶受自由液面、货物和旅客移动以及风动力、水动力和波浪作用产生的横倾力矩与旋回外倾力矩同向时。

（三）防止船舶在旋回运动过程中倾覆的措施

（1）积载时重件货物应尽量装在低矮处，以利获得较好初稳性高度，同时注意自由液面的影响和防止货物的移动。

（2）降低船速，缓缓操舵，用小舵角操纵船舶回转，尽量增大旋回直径。

（3）正确选择操舵时机，以使风浪产生的横倾力矩影响较小，并避免外力产生的横倾力矩与船舶旋回的外倾互相叠加。

（4）在旋回运动中，出现较大外倾角时，应立即慢车、停车，待船速下降后再缓缓回舵，切忌急回舵，甚至操反舵。

第三节　船舶冲程及其影响因素（★ ☆ △）

一、船舶冲程

（一）停车冲程

船舶在各种速度下，停车至船舶速度为零时所需滑行的距离为停车冲程；滑行过程所需的时间为停车冲时。

（二）倒车冲程

船舶在各种速度下，倒车（一般为全速倒车）至船舶完全停住所滑行的距离为倒车冲程，又称紧急停船距离或最短停船距离；滑行全过程所需时间为倒车冲时，又称紧急停船时间。

在实际操船中，掌握船舶的冲程和冲时，就能在能靠离泊、掉头、进出船闸和避碰等操纵中较为准确地把握用车时机，保证操纵安全。

二、影响船舶冲程的因素

（一）排水量

在船速一定时，排水量越大，冲程就越大。通常空载船舶的冲程约为满载船舶冲程的80%。

（二）船速

其他条件一定时，船速越大，冲程越大。

（三）主机倒车功率及换向时间

主机倒车功率大，倒车冲程就小。主机换向时间越短，倒车冲程越小。

（四）船型

在排水量、速度及外界通航环境相同的条件下，方形系数大的短肥型船舶，停船冲程小；方形系数小的瘦削型船舶，停船冲程大。

（五）外界因素

船舶顺风、顺流航行时冲程增大，反之减小；在浅水域中航行其冲程较深水中小。

第四节　风对船舶操纵性能的影响（★ ☆ △）

船舶在风中航行，相对风速作用在船体水线以上部分产生风动力。风对船舶操纵的影响主要表现在四个方面，如图4-1-3所示。

（1）风动力的纵向分力使船舶的航速和冲程增大或减小；

（2）风动力的横向分力，使船舶向下风方向漂移；

（3）风动力与船舶重心形成的风动力转船力矩，使船舶发生偏转运动；

（4）风动力与船舶横稳心高度形成横倾力矩，使船舶发生横倾。

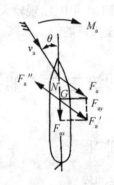

图 4-1-3　船舶受风影响示意图

θ——风舷角，F_a——风动力，M_a——风动力转船力矩

一、风动力及其转船力矩

（一）风动力

风动力是指处于一定运动状态下的船舶，船体水线以上部分所受的空气动压力；风舷角是指风向与艏艉线的夹角；风动力角是指风动力作用线与艏艉线之间的夹角；风动力中心是指船舶水线以上受风作用的合力作用点，如图4-1-4所示。

船舶所受的风动力的大小、方向和作用点，与风速的大小、风舷角、受风面积的大小和形状（如空载、满载、吃水差及上层建筑的布置情况）等因素有关。

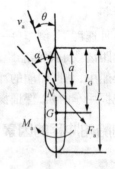

图 4-1-4　风动力及风动力转船力矩示意图

θ——风舷角，F_a——风动力，α——风动力角，N——风动力作用中心，a——船首至风动力作用点的距离，l_G——船首至重心的垂直距离，L——船舶垂线间长，M_a——风动力转船力矩）

（二）风动力转船力矩

风动力转船力矩又称风压力转船力矩,即风动力与风动力作用线至船舶重心垂直距离的乘积。

二、船舶受风偏转规律

船舶受风产生迎风偏转和顺风偏转两种情况。迎风偏转是指船舶不论是前进还是后退,其运动的前端(前进中指船首,后退中指船尾)在风的影响下转向上风方向的偏转,也称为逆偏转;顺风偏转是指船舶不论是前进还是后退,其运动的前端(前进中指船首,后退中指船尾)在风的影响下转向下风方向的偏转。

（一）船舶静止中受风

1. 正横前来风

风从正横前吹来,如图4-1-5所示,风动力作用中心在重心之前,水动力作用中心在重心之后,风动力、水动力转船力矩使船首顺风偏转,直至风从正横附近吹来时,风动力、水动力作用中心都接近重心点,船舶的偏转力矩趋向消失,并向下风方向漂移。

2. 正横后来风

风从正横后吹来,如图4-1-6所示,风动力作用中心在重心之后,水动力作用中心在重心之前,风动力、水动力产生的转船力矩使船首逆风偏转,直至风从正横附近吹来时,风动力、水动力作用中心都接近重心,船舶的偏转力矩趋向消失,并向下风方向漂移。

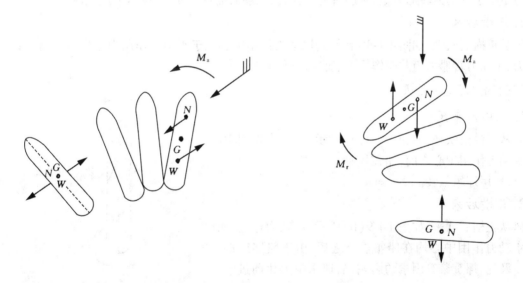

图 4-1-5 　风从正横前吹来风致船舶偏转示意图　　图 4-1-6 　风从正横后吹来风致船舶偏转示意图

（二）船舶前进中受风

1. 正横前来风

风从正横前吹来,如图4-1-7所示〔图4-1-7(a)中,风动力作用点在水动力作用点之前,图4-1-7(b)中,风动力作用点在水动力作用点之后〕,风动力、水动力作用中心均在船舶重心之前。这时船首偏转方向主要取决于风动力、水动力转船力矩的代数和。若风动力转船力矩大于水动力转船力矩,则船首顺风偏转;若水动力转船力矩大于风动力转船力矩,则船首逆风偏转。

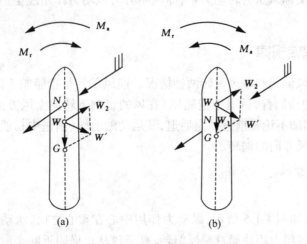

图 4-1-7　船舶前进风中风从正横前吹来风致船舶偏转示意图

①对于船速慢、风速大、艉纵倾或艏部受风面积大的船舶,风动力作用中心在水动力作用中心之前,风动力转船力矩大于水动力转船力矩,则船首顺风偏转。船舶若需保向航行,须压上风舷舵。

②对于船速快、艉部受风面积大的船舶,风动力作用中心在水动力作用中心之后,风动力转船力矩小于水动力转船力矩,则船首逆风偏转,船舶若需保向航行,须压下风舷舵。

2. 正横后来风

风从正横后吹来,如图 4-1-8 所示,则风动力作用中心位于水动力作用中心之后。船舶在风动力、水动力转船力矩共同作用下,船首逆风偏转。

（三）船舶后退中受风

1. 正横前来风

风从正横前吹来,如图 4-1-9(a)所示,风动力作用中心在水动力作用中心之前,船在风动力、水动力转船力矩作用下,船尾迎风偏转。

2. 正横后来风

风从正横后吹来,如图 4-1-9(b)所示,风动力作用中心和水动力作用中心均在船舶重心之后,由于船尾线形丰满以及舵、螺旋桨等因素的影响,后退水阻力比前进水阻力大 14% ~20%,无论风舷角是大或是小,水动力作用中心总在风动力作用点之后,产生使船尾迎风偏转的转船力矩。

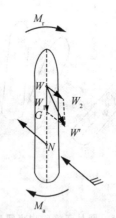

图 4-1-8　船舶前进风中风从正横后吹来风致船舶偏转示意图

因此,船舶后退中,无论风从正横前吹来或从正横后吹来,船尾均出现迎风偏转的现象,船员常称为"尾找风"。在操纵船舶时,可充分利用船舶倒车尾找风现象来实现其操纵目的。

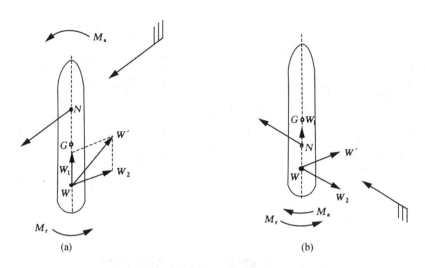

图 4-1-9　船舶后退风从正横前和正横后吹来风致船舶偏转示意图

第五节　水流对船舶操纵性能的影响(★ ☆ △)

一、水流对航速的影响

水流对航速的影响表现为增加或减少两个方面。船舶顺流航行时,理论上的实际航速等于静水船速加水流速度;船舶逆流航行时,理论上的实际航速等于静水船速减水流速度。

二、水流对冲程的影响

水流对冲程的影响表现为增加或减少两个方面。船舶逆流航行时,流速越大冲程越小;船舶顺流航行时,流速越大冲程越大。所以在实际操作中,船舶顺流航行时,不论是掉头操纵或避让,都应及早停车淌航。

三、水流对船舶漂移的影响

航行船舶正横前受流时,流速越快,流舷角越大,船速越慢,则流压差角就越大(艏向与船舶重心运动方向之间的夹角)就越大,横向漂移速度也越大;反之,流速越慢,流舷角越小,船速越快,则流压差角就越小,横向漂移速度也越小。在操纵船舶时,应特别警惕横流的影响,尤其在通过急流、浅滩及桥区等航段时,应特别注意流舷角的调整。

四、水流对船舶旋回运动的影响

船舶在均匀水流中做旋回运动时,由于受水流的影响,使船舶的旋回圈变成近似椭圆,如图 4-1-10(a)所示(A_d——船舶静水旋回纵距,A_{d1}——船舶逆流旋回纵距,A_{d2}——船舶顺流旋回纵距)。

船舶顺流旋回 360°,旋回圈长轴垂直于流向;船舶逆流旋回 360°,旋回圈长轴平行于流向。顺流旋回圈的纵距比静水中长,逆流则相反,如图 4-1-10(b)所示。

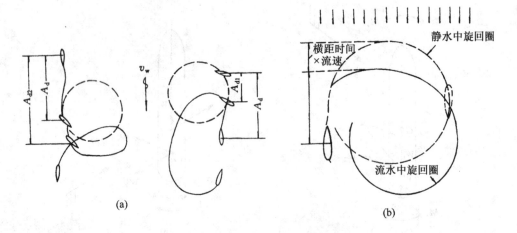

图4-1-10　水流对船舶旋回运动的影响示意图

因此,船舶在有流水道内旋回或转向时应注意:

有流时掌握转向时机与静水时不同,静水中可在物标接近正横前转向,而顺流航行时应提前转向,逆流航行时应延迟转向。这样在水动力作用下,船舶转向后船位才能落在预定的位置。

五、水流对船舶舵效的影响

船舶逆流航行速度较顺流航行速度小,使用相同的舵角,逆流航行时能在较短的距离上使船首转过较大的角度,因此,逆流船的舵效较顺流船好。

第六节　浅水效应及岸壁效应(★ ☆ △)

相对于船舶的吃水或船宽而言,水深相对较浅或航道相对较窄的水域叫受限水域。船舶在受限水域航行,由于水深相对较浅而使船舶运动特点发生的变化,称为浅水效应;由于航道相对较窄而使船舶运动特点发生的变化,称为岸壁效应。

一、浅水效应及对船舶操纵性能的影响

(一)浅水效应

船舶驶入浅水区时,将产生浅水阻力。此阻力产生时,船体和水表面上将发生以下现象。

1. 航速降低

当船舶驶入不适航的浅水区时,由于船底部过水断面减小,迫使水流大部分沿船舶两舷由船首向船尾流动,导致船舶航行阻力增加和船底压力下降,致使船体下沉。而船体下沉将导致船体的阻力进一步增加,使得船舶航速进一步降低,如图4-1-11所示〔4-1-11(a)所示为浅水水域,图4-1-11(b)所示为深水水域〕。

在实际操作中,既要充分利用航道上的缓流区,又要避免驶入不适航的浅水区,只有这样才能保证航行船舶既安全又经济。

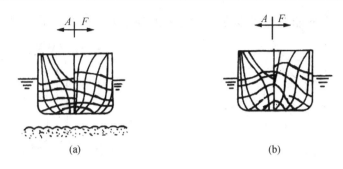

图 4-1-11　船舶在浅水与深水运动时船体周围的水流示意图

2.船体下沉与跳动

（1）船体下沉

船舶在不适航的浅水区航行时,因船底流速加快,水动压力降低,以致船舶的动吃水进一步增加,如图 4-1-12 所示。

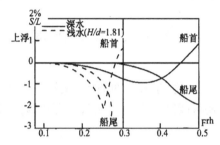

图 4-1-12　船舶在浅水区与深水区下沉比较示意图

（2）船体跳动

船舶驶入浅水区时,由于浮力与船舶重力的不平衡造成船体上下沉浮的运动现象,船员常称为"船体跳动"。

3.兴波变形,流水声失常

船舶从深水区刚驶入浅水区时,由于惯性作用,航速不会立即下降,而船体周围相对平均流速增加,使船首压力增加,产生的兴波和波浪声也较大。但这一段时间较短,随着浅水阻力的作用,使船速下降及水深对兴波的制约,散波的高度和浪花声都将变小。船员通常说的"流水无声"就是指后一种现象。所以,船舶航行时应随时注意水声的变化。

4.船首偏转现象

上行船舶利用缓流航道航行而驶入浅水区时,船首向深水一侧偏转的现象,船员称为"跑舵"。为了避免搁浅,驾驶人员常让船"跑舵",必要时降低船速,使船向深水区航行一段距离后,再调顺航向,继续航行。

5.赶浪与拖浪

（1）赶浪

船舶在浅水区航行,航行波与船舶纵中剖面的夹角随水深的减小而增大,这种夹角增大了的散波,就像在向前追赶船舶运动的现象,船员常称此现象为"赶浪",如图 4-1-13 所示。

（2）拖浪

船舶在浅水区航行,当航速达到一定值时,航行波与船舶纵中剖面间的夹角达 90°,且波峰分别位于艏艉处,并同船舶一起移动,船员常称此现象为"拖浪",如图4-1-14所示。

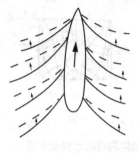

图4-1-13　赶浪示意图

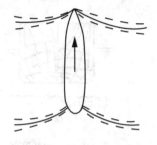

图4-1-14　拖浪示意图

（二）浅水对船舶操纵性能的影响

1.对旋回性、航向稳定性的影响

船舶在浅水区中航行,旋回性能下降,航向稳定性变好。

2.对船舶冲程的影响

船舶在浅水域航行时,由于船体下沉,船速下降,冲程减小。

（三）预防浅水效应的措施

船舶进入浅区,由于出现航速下降、船体下沉、船首偏转等现象,容易发生吸浅、倒头等不安全因素,甚至导致搁浅;船队还可能因之发生断缆散队等危险。因此,船舶驶入不适航浅水域应采取如下措施:

1.保持足够的富余水深

为了保证船舶在浅水区的安全航行,必须留有足够的富余水深。确定富余水深应考虑船体下沉量、船体的纵倾变化、船体在波浪中的摇荡、河床的底质等。

2.减速行驶

船舶在浅水域快速航行,会导致浅水阻力急剧增加,加大主机负荷且浪费燃料,增加吸浅或搁浅的危险,故应适当减速行驶。

3.连续测深

连续测深是船舶驶入不适航浅水区的必要措施,目的是探明航路水深,使船舶航行于深水水域。

4.提高船舶控制能力

一是要早用舵,早回舵,用舵舵角要适当增大;二是慢车与常车要交替应用,以保证船舶拥有足够的控制能力。

5.备锚

为防止船舶驶入不适航浅水区,因操纵灵活性降低或船舶出现"跑舵"等而发生倒头、失控等危险局面,在船舶驶入浅水区前,应通知备锚,必要时使用。

二、岸壁效应

船舶在受限水域航行,由于受航道岸壁或码头岸壁的限制,船体周围的流态发生变化,从而产生岸壁效应。岸壁效应分为岸推和岸吸两种现象,这两种现象同时产生。

（一）岸壁效应及产生原因

1.岸推

船舶在航道中过分靠近一侧岸壁航行,船首靠岸一侧水压力高于靠河心一侧,产生指向河心的压力差,使船首向河心一侧偏转。这种把船首推向河心的现象称为岸推现象,如图4-1-15所示。

2.岸吸

在船尾处,靠岸一侧的流速较靠河心一侧大,靠岸一侧水压力低于靠河心一侧,在船尾两侧产生压力差,其方向指向岸壁一侧,有把船尾吸向岸边的趋势,这一现象称为岸吸现象,如图4-1-15所示。

（二）影响岸壁效应的因素

1.岸距

岸距,即船舶与岸壁之间的距离,岸吸力和岸推力随岸距的减小而增大。

2.船速

船速越快,岸壁效应越剧烈。

3.水深与水道宽度

相对水深(水深与吃水比)越浅、水道宽度越窄,岸壁效应越明显。

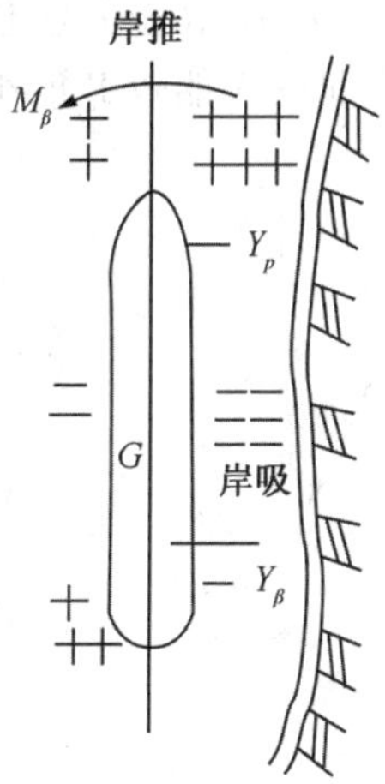

图4-1-15　岸壁效应示意图

（三）预防岸壁效应的措施

船在沿岸或沿码头岸壁航行时,一定要保持适当岸距,不宜距岸太近。当航宽受限时应减速行驶,驶离岸壁时,应用小舵角慢慢摆开,不宜操大舵角。

船舶接近岸壁航行时,为了抵消岸壁效应的作用,需要向岸壁方向压舵才能保向,如果压舵达5°以上仍不足以稳向时,应立即慢速或增加岸距。

第七节　船间效应（★ ☆ △）

船舶对水运动时,船首尾处流速降低,压力增高,艉部高压低于艏部高压;船中处流速增大,压力下降。船舶在对驶、追越或并进的过程中,若两船横距过近,将使船舶出现相互吸引、排斥、偏转等现象,称为船间效应。船间效应是导致船舶碰撞的主要原因,在船舶操纵中应引起充分重视,以防止碰撞事故发生。

一、船间效应产生的原因

（一）追越船舶的船间效应

当A船追越B船时,A船船首与B船船尾接近时,两船船首向右偏转,如图4-1-16(a)所示;当A船船首处于B船中部时,A船船首和B船尾向里吸拢,如图4-1-16(b)所示;当两船并进时,两船间流速加快,流压显著降低,使两船相互吸拢,如图4-1-16(c)所示;当 A 船船尾处于 B 船中部时,两船首右偏,如图 4-1-16(d)所示;当 A 船尾处于 B 船首时,两船首向左偏转,如图 4-1-16(e)所示。在上述追越过程中两船相互位置在图 4-1-16(c)位置时最容易发生吸拢而碰撞,特别是 A 船较 B 船小时应特别注意。

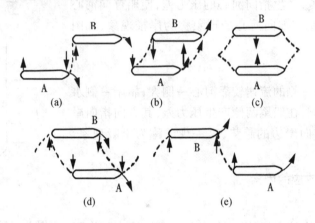

图 4-1-16 船船追越过程的船间效应示意图

(二)两船对驶相遇的船间效应

A、B 两船对驶相遇平行驶过,当两船首接近时,船首高压使两船相互排斥而向外偏转,如图 4-1-17(a)所示;当 A 船首处于 B 船中部时,两船首向内偏转,如图4-1-17(b)所示;当两船处于平行时,两船相互吸拢,如图 4-1-17(c)所示;当两船船尾处于对方中部时,两船船首均向外偏转,如图 4-1-17(d)所示;当两船尾平行接近时,两船首均向内偏转,如图 4-1-17(e)所示。

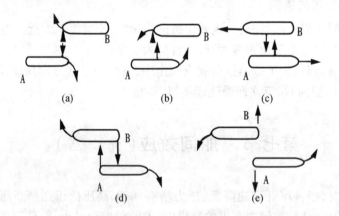

图 4-1-17 船船对驶相遇的船间效应示意图

二、影响船间效应的因素

(一)两船间距

两船间距越小,相互作用越大。当两船间距小于两船船长之和时,就会直接产生这种作用;当两船间距为两船船长之和的一半时,相互作用明显增大。

（二）两船航行方向

在两船对驶相遇时,由于相互持续时间较短,船间效应尚未发生船已驶过,或已发生但消失很快,影响较小。而在追越时,由于相互作用持续时间较长,尤其当两船并行时,持续时间更长,船间效应也就更严重。

（三）航速

航速越大,船体周围压力变化越激烈,兴波也越强烈,船间效应也更为明显。

（四）排水量

船舶排水量越大,产生的船间效应越明显。两船排水量差异越大,小船受到的影响越大。

（五）航道尺度

在浅窄的受限航道中航行,由于船体周围的压力变化及兴波较深敞水域中更为激烈,船间效应也就比深水中更为明显。

三、预防船间效应的措施

（一）追越中预防船间效应的措施

（1）尽量避免在狭窄、弯曲、浅滩河段处追越,应选择顺直、通航密度小的允许追越的河段进行追越。

（2）应尽量保持足够的横距,在深水、宽阔航道中快速追越,两船之间的横距至少要大于较大一船的船长。

（3）追越前必须用 VHF 电话与被追越船联系,并按照《内河避碰规则》有关规定,鸣放声号,征得被追越船同意后,方可进行追越。

（4）被追越船如果同意追越,应尽量让出航道,减速至能维持舵效的速度行驶;追越船应适当加速,以缩短两船相互作用时间,尽可能增加两船的横距,及早完成追越。当两船之间横距受到水深或其他限制时,双方均应酌情降低航速。

（5）一旦出现相互作用而有碰撞危险时,则追越船应减速或停车,并操适当舵角抑制偏转。

（二）对驶中预防船间效应的措施

（1）应避免在复杂航道中会船。

（2）对驶前应减速缓慢行驶,尽量增大两船间的横距。

（3）待两船船首平行时,切忌用大舵角抑制船首向外偏转,否则将导致船首进入对方船中部低压区时加速内转而引起碰撞。正确的措施是适当加车以增加舵效,稳定船首向,减少通过的时间,使相互作用迅速消失而安全通过。

第二章 船舶系、离泊操纵

船舶系、离泊操纵包括熟悉船舶特性,掌握船、桨、舵效应;结合泊位的具体情况,参照风、浪、流和水域等客观条件,运用车、舵、锚、缆、侧推器等操纵手段,准确地控制船舶的运动和摆位情况,完成系、离泊作业任务。

第一节 抛、起锚操纵

一、锚的用途(☆△)

锚设备的用途可以分为停泊用锚、操纵用锚和应急用锚。

(一)停泊用锚

锚泊是指船舶利用锚和锚链的系留力,使船安全、稳妥地系留于水面的停泊方法。船舶停泊用锚常见的方式有单锚泊和双锚泊。

(二)操纵用锚

协助船舶操纵用锚主要有拖锚制动、抛锚靠离码头、抛锚掉头以及拖锚倒行等。

1.抛锚制动

船舶低速航行过程中,为了降低船速,除使用主机倒车外,在水深适度的情况下,还可以抛下短链单锚,利用锚与河底的摩擦力来控制船速,减小冲程。单独使用倒车容易造成船首偏转,如果在使用倒车的同时辅以拖锚,则既有降低船速、控制冲程的作用,又有抑制船首偏转的作用。

2.抛锚靠离码头

若遇强吹拢风,为了控制船舶向码头方向的靠拢速度和为离泊提供方便,可采用抛"开锚"驶靠;在急流航段,为减小码头(或趸船)的负荷,可采用抛"拎水锚"驶靠;若遇强吹尾八字风或回流区域驶靠码头,为了控制船舶的惯性冲程,便于用车、用舵,可采用抛"倒锚"驶靠。

3.抛锚掉头

在航道宽度明显不足,水深、流速适当的情况下,可采用抛锚掉头方法完成掉头操纵。

4.拖锚倒行

船舶倒航时不具有航向稳定性和保向性,因此,稳定船首向十分困难,这时可将艉锚抛下,利用拖锚来稳定船首向。

(三)应急用锚

1.避免碰撞、触礁、搁浅

为了避免与前方近距离的他船或障碍物碰撞或触礁、搁浅,开全速倒车或操满舵有时仍难以避免事故发生时,可在水深允许的情况下同时抛锚紧急制动。

2. 利用拖锚或拖链漂航或滞航

船舶在大风浪中无法做有效航行,在船舶失控情况下或者由于船舶老旧、抗风能力差而采用漂航或滞航时,为避免船身打横,可以从船首松出锚和锚链,拖锚或拖链漂航或滞航。

3. 搁浅船舶的固定及脱浅

船舶搁浅后,可抛出开锚固定船体,以防止船体受到风浪作用造成墩底、打横或向岸漂移。此外,在自力脱浅时,绞收锚链可协助脱浅。

二、锚的抓力与出链长度的确定方法(★△)

(一)锚的抓力

锚的抓力又称为锚泊力或系留力,是指由锚和锚链产生的将船舶系留于水面的作用力。它由锚的抓驻力和锚链与河床摩擦力组成。

1. 锚的抓驻力

如图4-2-1所示,锚泊船锚的抓驻力为锚爪的抓力系数与锚重的乘积。锚爪的抓力系数与河床底质有关,泥底取2~6,沙底取3~5。

影响锚爪的抓力的主要因素有:锚型、锚重、链长、抛锚方法、水深、底质和水底地形等。

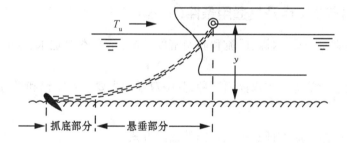

图4-2-1　锚及锚链的抓力示意图

2. 锚链的抓力

如图4-2-1所示,锚泊船的锚链抓力为锚链抓力系数与平卧河底锚链重量的乘积。卧底锚链在锚被拖动时,提供部分抓力,该抓力是由于卧底锚链与河底的摩擦而产生的。

(二)出链长度的确定

1. 单锚泊出链长度

单锚泊出链长度由卧底链长和悬垂链长两部分组成。悬垂链长不直接产生抓力,其作用是使锚杆仰角为零,拉力呈水平方向,保证锚能充分发挥最大抓力,同时缓冲阵发性作用在船体上的外力。

锚泊时出链长度可以按照锚地水域风速、流速和水深的大小进行经验估算。一般锚地水域风速增大,锚泊船出链长度也应相应增长;锚地水域流速较大,锚泊船出链长度也应相应增长;锚地水域水深较大,锚泊船出链长度也应相应增长。

单锚泊的一般出链长度为5~8倍水深,如果锚地条件好且锚泊时间短,出链长度可为3~5倍水深。

2．操纵用锚的出链长度

（1）抛锚制动的出链长度

拖锚制动时第一次出链长度一般为1.5倍水深。太长则易造成断链事故，太短起不到制动效果。第二次出链时，视船舶前进惯性情况，如果需要可以适当松链，或先让锚抓牢，再松链使船停住。

（2）顺流抛锚掉头的出链长度

船舶在内河顺流抛锚掉头的出链长度为水深的1.5倍左右，这样既能顺利完成掉头操纵，又不致损坏锚设备，造成断链失锚。抛锚时，若航速较大，松出的链长应先短些，待船速减慢，再适当松出锚链，让锚抓牢，把船拉住，借水动力助船完成掉头。

（3）靠、离泊操纵用锚的出链长度

单纯因靠泊用锚，出链长度以不超过1节落水为宜，以便靠妥后能随时绞起。如需利用锚、缆的相互配合来控制船首横移，抵制风动力、水动力的作用，出链长度可长一些，以便使锚抓牢，发挥其作用。抛倒锚时，出链长度不宜过长，以免造成离泊操纵困难。

3．搁浅用锚的出链长度

无论是为了固定船身，还是为了协助脱浅，锚链或钢缆都应尽可能松长一些，这样较为有利。

三、常用锚泊方式特点及其适用条件（★△）

船舶应根据锚地的底质、水深、风流和船舶密度情况，结合本船吃水、载荷、抗风力等情况来确定锚泊方式。

锚泊方式一般分为单锚泊和双锚泊两种，其中双锚泊主要有八字锚和平行锚两种。

（一）单锚泊

单锚泊是指船舶抛下船首任意一只艏锚的锚泊方式。

1．适用条件

单锚泊一般适用于锚泊时间不长，或锚地宽敞、底质好、风浪不大，或操纵用锚等情况。

2．特点

单锚泊操纵简便，抛起锚方便；不足之处是风浪增大时，偏荡严重，且需要较宽阔的回转水域，锚泊力较小。

3．抛左舷锚或右舷锚的选择

（1）锚地宽敞，风、流影响小，可抛任意一舷艏锚锚泊。

（2）单螺旋桨船可抛与螺旋桨旋转方向相反一舷艏锚锚泊。

（3）有风、流影响时，则抛上风舷或迎流一舷艏锚锚泊。

（4）为协助船舶掉头而抛单锚时，则应抛掉头一锚。

（5）为协助船舶靠泊而抛单锚时，则应抛外挡锚。

（二）双锚泊

1．八字锚

八字锚是指将两艏锚分别抛在船首左右前方，锚链成"倒八字"形状的双锚泊方式。

（1）适用条件

八字锚泊适用于锚地底质差、风大流急、单锚泊的锚抓力不足时。

（2）特点

合理地选择两锚锚链的夹角,既能增加锚抓力,又能抑制船舶偏荡,但操作较复杂,而在风、流方向多次改变后锚链常出现绞缠。

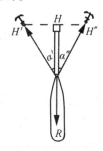

抛八字锚,左右舷锚链夹角的大小,直接关系到双锚系留力合力的大小和抑制偏荡的作用,如图 4-2-2 所示。在两舷松出的锚链长度相同的条件下,如果两锚链的夹角减小,则两锚系留力的合力增加;反之,两锚链的夹角增大,则两锚系留力的合力减小。

图 4-2-2　八字锚两锚抓力的合力示意图

一般当两锚链夹角在 30°～60°时,可以显著抑制强风中的船舶偏荡运动,而且对船首垂荡运动的缓冲效果也很好。因此,抛八字锚,一般要求两锚链夹角在 30°～60°为宜。

2. 平行锚

平行锚是指船舶同时抛下左右舷锚,双锚链保持平行,夹角为 0°的双锚泊方式,或称为一点锚,如图 4-2-3 所示。

图 4-2-3　平行锚示意图

（1）适用条件

平行锚泊是最适宜于抗台风或内河抵御急流的一种双锚泊方式。

（2）特点

平行锚的抛锚方法较为简便,且抓力最大,为单锚泊时抓力的两倍。但在大风浪中,风、流方向经常变化,使两锚链容易绞缠,并且平行锚泊方式也不能有效抑制偏荡的产生。

四、船舶抛、起锚的方法（★△）

（一）船舶抛锚方法

1. 抛单锚

抛单锚的方法分为后退抛锚法和前进抛锚法。

（1）后退抛锚法

后退抛锚法是指船舶到达预定的泊位,船略有后退趋势时,抛出舷锚的方法。这是最常用的锚泊抛锚方法,要点如下:

①船身与外力的夹角宜小

抛锚时,艏艉线与风、流或风流合力作用线的夹角越小越好,否则,锚链承受过大的负荷,易拉断锚链。锚泊时船首应顶风、顶流或顶风流合力作用方向;在空载、风强流弱时,船首应以顶风抛锚为好;满载、流强时,船首应顶流抛锚。

②抛锚时船速宜小

为了防止抛锚时锚链受到较大的张力,减小拖锚距离,保持锚的抓底稳定性,当船略有后退趋势时为抛锚的最佳时机。船舶完全静止不宜抛锚,这种情况下抛锚,会使松出的锚链堆积在锚上,造成锚链缠住锚爪;船后退速度过快会刹不住锚链,当刹紧锚链时,则可能绷断锚链或拉损锚设备。

③抛锚时要一抛到底,不宜中途刹住

抛锚时要一抛到底,不宜中途刹住。其目的是避免锚链承受过大的动力负荷而绷断。

④谨慎松链

锚抛到底后,松链约2倍水深时,应缓缓刹住,使锚链受力,让锚爪抓入河底,然后缓慢松链,即松一下紧一下,每次松出3~5 m为宜。在急流和大风中抛锚时,为防止船舶后退速度过快,须适当用进车控制后退速度。当锚链松至预定长度时,应适当用车,使锚缓缓受力,防止锚链承受冲击负荷。

⑤密切注意锚链受力情况

锚链松出至预定长度以后,应密切注意锚链受力情况,以判定抛下的锚在河底是否抓牢。如果锚链受力抬出水面,绷紧了一阵后轻微抖动数下,又慢慢松弛下去,且船位稳定,说明锚已抓牢;如果锚链在张紧一下之后就立即松弛且船身断续后退,说明锚尚未抓牢,应继续放链,直到抓牢为止。

(2)前进抛锚法

前进抛锚法通常在顺流抛锚掉头、驶靠码头抛开锚或倒锚、紧迫危险需要等抛锚操纵船舶时才被采用。

前进抛锚法是指在船舶只具有微小前进速度时,抛出艏锚的方法。前进抛锚法虽然也同样能把船停住,但它不及后退抛锚法安全、可靠。因为船舶在水浅时锚刚抛下,船从其上驶过,锚爪有可能划损船底;其次当船停止前进并随水流后退的过程中,锚要翻身,即锚爪最初以逆流抓入河底,这时则又翻过身来以顺流抓入河底,在翻身过程中,容易发生锚链缠住锚爪或因锚翻转而影响抓底状态等,从而影响锚抓力。

前进抛锚时,应严格控制船速(一般应减速至最小),并在锚抛下时立即下令倒车或停车,以便能较好地控制松链速度和长度。

2.抛双锚

常用的抛双锚有抛八字锚和抛平行锚,由于八字锚既能增加锚泊系留力,又能抑制船舶偏荡,因此,得以广泛应用,下面重点介绍抛八字锚的操纵方法。

抛八字锚的方法有:横移抛八字锚、后退抛八字锚。

(1)横移抛八字锚

横移抛八字锚法,保向较容易,且两锚锚位较准确,操作时间短,在实船操纵中多采用此法。

①如图4-2-4所示,先使船首顶流驶至锚位①并抛下左舷锚(在靠近航道一侧或有侧风或有横流影响的情况下,应先抛外挡锚或上风锚或迎流一舷的锚)。

②船略向后退至2位置,右舵使左舷迎流,船在水动力和螺旋桨推力合力作用下,松链横移至3位置(锚位②),松链长度为预定长度的0.5倍,用舵调顺船身,抛下右舷锚,随船体后退陆续松链至预定

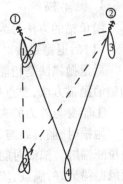

图4-2-4 抛八字锚示意图

长度。

③然后调整两链长度,使两链均衡受力,船在船4位置停泊稳妥为止。

(2)后退抛八字锚

①如图4-2-4所示,船首慢速顶流驶至锚位①抛下舷锚(船1位置)。

②松链至预定长度,船退至船2位置,开进车,顶流驶至锚位②(船3位置),抛下另一舷舷锚。

③松出预定锚链长度,使船退至船4位置停泊稳妥为止。

(二)船舶起锚方法

1.准备工作

在起锚前,驾驶员应指挥有关人员做好准备工作。首先脱开链轮检查锚机的运转情况,然后合上离合器,打开甲板制链器,使锚机处于随时可收绞状态。同时检查船首及其附近情况,最后告知驾驶台起锚准备完毕。

2.绞锚

双锚泊起锚操纵时应考虑当时的环境,确定起锚的先后顺序。通常先绞惰锚,同时松出力锚锚链,待绞起惰锚后再绞力锚;风较大时,应先绞起下风锚,后绞起上风锚;若水域较窄时,应先绞起内挡锚,后绞起外挡锚;若有横流影响,应先绞背流舷的锚,再绞迎流舷的锚。

绞锚过程中,应及时向驾驶台报告锚链出水节数、方向、长度和受力情况,以便驾驶台适时用车、舵配合,防止锚机和锚链受力过大。一般情况下,应用进车,保持锚链与水面垂直或接近垂直为绞锚的最佳时机。

3.短锚链与锚链垂直

当锚链绞进至尚余1.5~2倍水深长度时,几乎没有卧底锚链,锚链呈斜向下方的受力状态,如图4-2-5中的①位所示。

当锚链绞进到正好处于锚链筒的垂直下方,如图4-2-5中的②位所示,锚链长度大致与水深相等,锚链处于垂直拉紧状态,由于锚尚在抓底,作用于锚机上的负荷很大,应放慢绞进速度。如绞不动可将刹车刹紧,脱开离合器,用车协助,待锚拖动后再绞。

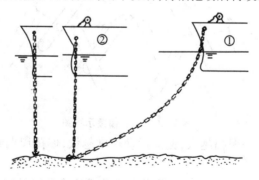

图4-2-5　起锚中锚链和锚状态示意图

4.锚离底

锚离底是指锚链绞进至锚冠刚离河底的一瞬间,锚失去抓力。判明锚离底的方法是:

(1)锚链由紧张受力(拉直)状态,突然出现抖动现象。

（2）锚机负荷突然降低，并可开快车绞进锚链。

（3）锚链垂直向下，锚链在水中由于锚的移动而出现摆动现象。

5.锚出水面

锚绞至露出水面后，应查看锚上是否挂有杂物（如渔网、电缆、钢丝绳等），在确认"锚清爽"后方可将锚收进，同时报告驾驶台。如果锚被卡住或淤埋，就不宜硬绞，可刹住锚链并报告船长，视具体情况采取措施。

6.结束工作

将锚收进锚链筒，使锚冠紧贴船壳，然后关紧刹车带，合上甲板制链器，脱开离合器，切断电源，停放锚链水，至此起锚作业结束。

五、大风浪中锚泊的特点和注意事项（★△）

（一）大风浪中锚泊的特点

船舶在大风浪中锚泊的主要特点就是偏荡，如图4-2-6所示。偏荡是指船舶在大风浪的作用下发生大幅度的左右对称的摆动现象。单锚泊船舶在大风浪作用下，偏荡最明显，抛八字锚的船舶，两锚链张角合适时可较大缓解偏荡，但如果风向有明显变化而未及时调整两锚链的出链长度，也会产生偏荡现象。

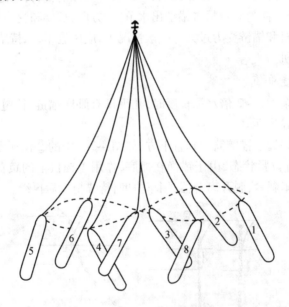

图4-2-6　船舶偏荡示意图

风速越大，偏荡运动的振幅越大，偏荡运动速度越快，偏荡周期越短，锚链上所受张力也越大。

驾驶台分布在船尾的船舶比驾驶台分布在船首或船中的船舶偏荡要小，空载时偏荡比满载时大。偏荡对锚泊船舶不利，将使锚链张力增加，锚抓力减小，甚至导致锚链绞缠、断链或走锚。

（二）大风浪中锚泊的注意事项

1.起锚检视或移泊

在下列情况下,船舶一旦受大风浪的袭击,会引起锚损坏或抓力不足而走锚甚至碰撞他船,必须进行锚检视或向良好的锚地移泊,以确保理想的锚泊状态。

（1）当锚和锚链被泥沙淤埋或锚地条件恶化时;

（2）当本船受风浪影响产生的偏荡范围内有他船锚泊时;

（3）锚地处的风浪较大时。

2.增加锚抓力和减小船舶偏荡

（1）松长锚链以增加抓力

锚抓力随松出链长的增加而增加,特别是对吸收动力负荷非常有效,但应注意锚链的增长会使船舶偏荡运动大幅度增加。

（2）抑制船舶偏荡

①压小舵角抑制偏荡;

②恰当使用车速以缓解偏荡;

③压载增加吃水以缓解偏荡(压载到满载吃水 3/4 以上);

④将船舶调整为艉纵倾以缓解偏荡;

⑤抛止荡锚以缓解偏荡(止荡锚又称立锚,就是将另一只艏锚在船舶偏荡至未抛锚一舷的极限位置,向平衡位置开始荡动时抛下);

⑥将单锚泊改抛八字锚以缓解偏荡。

3.车舵并用抵抗外力

大风浪到来时,船长应下令备车,使之处于随时可用状态,以保证船舶锚泊安全。当船舶受到异常风动力作用,偏荡运动激烈致使锚泊危险时,使用车舵配合锚联合抵抗外力(用舵经常保持迎风姿态、用车在锚链紧张的情况下给予适当的推力,以减少锚链负荷),缓和锚链张力。

第二节　走锚和守锚(★ ☆ △)

一、走锚

（一）船舶发生走锚的原因

（1）本船配备的锚未按规范配足重量。

（2）抛锚时松出的锚链长度不够,以致锚爪不能以较大的角度抓入河底,使锚抓力过小。

（3）河床底质不良,不能充分发挥锚抓力。

（4）洪水猛涨,流速激增,使船体承受的水动力大于锚的系留力。

（5）不正常水流影响。由于不正常水流的流速、流向经常变化,使船舶偏荡不定,锚的系留力减小,造成走锚。

（6）在暴风中,因风引起的船舶偏荡,使锚的系留力减小,以及风对船体产生的风动力急增,致使风动力、水动力之和大于锚的系留力而发生走锚。

(7)数船共抛一锚,使锚的系留力不足而走锚。

(二)船舶走锚的判断方法

1. 三点一线法

锚泊船舶于驾驶台正横方向选定两个固定参照物(两参照物距离尽可能大些),值班人员与两参照物成一直线,如两参照物分开,则船舶可能走锚。

2. 利用助航设备判断

利用雷达、GPS 等精确度较高的设备定位,并经常查核船位以便及时发现走锚。

3. 观察偏荡情况

强风中的锚泊船,若船舶不断左右来回偏荡,说明锚抓力仍能抵御外力对船舶作用及其造成的偏荡影响,船舶没有走锚;若船舶偏荡停止,而改为仅以抛锚舷受风状态,则可判定为船已走锚。

4. 观察锚链情况

正常锚泊时,锚链常有周期性松紧、升降现象,若锚链表现为持续拉紧状态并间或突然松动的现象,用手触摸感到锚链急剧抖动,说明船舶可能走锚。

5. 一点一线法

夜间用探照灯直射(一线)正横方向某固定参照物(一点),当船首向不变,若参照物不断前移,则船舶可能走锚。

(三)船舶走锚采取的措施

(1)单锚泊船立即抛另一锚并使之受力,同时紧急备车,告知船长。

(2)在确认锚尚未翻动,松链后不致触礁或触碰他船时,可适当松长锚链以增加抓力。

(3)开动主机以减轻锚链受力。

(4)在采取上述措施的同时,应按照避碰 规则规定,及时悬挂"Y"信号旗,并鸣放声号,或用其他通信手段,如 VHF 警告他船。

(5)如开车后仍不能控制走锚,则应果断决策,另择锚地重新抛锚。

二、锚泊值班与长期锚泊的活锚措施

(一)锚泊值班要求及注意事项

为了保证船舶的安全,锚泊船应指派专人"值锚更",随时注意锚泊船及周围的情况,用一切有效手段进行瞭望,检查锚泊船是否走锚。锚泊值班船员应做到:

(1)利用岸物标或助航设备等测定船位,对锚地水深、底质、风向、流向以及周围环境情况等做到心中有数。

(2)经常利用岸物标或助航设备校核船舶是否保持在锚位上。

(3)保持正规瞭望,并注意:

①周围锚泊船的情况,尤其是位于上风或上流方向锚泊船的动态,以防他船走锚危及本船安全。

②他船来锚泊时的锚位是否与本船有足够的安全距离,若过近,应设法通知对方,并报告

船长。

③若过往船舶或邻近锚泊船起锚离泊时距离本船过近,应严密注视其动态,若判断对本船有威胁时,应以各种信号警告对方。

④注意观察气象、锚位、锚链受力和船舶偏荡,必要时采取措施,防止因本船走锚酿成事故。

⑤在急流锚地或遇大风浪天气,除执行船长指示外,还应勤测锚位,定时巡视甲板,检查锚链和制链器是否正常。

⑥按时升降国旗及锚球,开关锚灯和甲板照明,按规定显示或悬挂相应的号灯、号型,鸣放相应的声号(特别是在能见度不良时)。

⑦锚泊中进行装卸作业,除应执行靠泊值班中有关装卸业务方面的职责外,应特别注意旁靠船、驳的系缆、碰垫以及其他各种安全措施。

⑧根据锚地情况以及水上安全管理的有关规定,用甚高频无线电话在规定的频道上守听。

⑨严格执行有关防止船舶污染的有关规定,采取措施,防止船舶对水域环境造成污染。

(二)长期锚泊的活锚措施

长时间锚泊会造成泥沙堆积在锚上致使锚被泥沙深埋的现象,称为"淤锚"。为了避免淤锚现象,应每隔一段时间把锚绞起来后重新抛下,以维持良好的锚泊状态,这种操作叫起锚检视,船员称为"活锚"。在泥沙淤积严重的河段,一般每隔3~5天进行一次起锚检视。

第三节　船舶掉头(★ ☆ △)

船首向改变180°的操纵称为船舶掉头。船舶掉头操纵需要正确运用车、舵、锚、缆等操纵设备,充分估计船舶冲程和旋回范围,并根据本船尺度、装载情况、风流条件、操纵性能和掉头区的具体情况,制定出具体的操纵方案,选择有利的掉头时机和掉头方向,力求操纵准确、安全可靠。船舶掉头时,应遵章悬挂或显示相应的号型、号灯,配合声号或高频通话并注意附近船舶动态等环境变化。

一、掉头方向的选择及应考虑的因素

正确选择掉头方向是完成掉头操纵的关键,船舶掉头方向的选择应根据本船操纵性能、航道条件、风流等影响因素来决定。

(一)根据船、桨、舵效应横向力的综合作用方向选择掉头方向

1. 单螺旋桨船掉头

单螺旋桨船在掉头时,右旋单螺旋桨船应选择向右掉头,左旋单螺旋桨船则应选择向左掉头。

2. 双螺旋桨船掉头

双螺旋桨船可向任意一舷掉头,确定掉头方向视其他影响因素而定。

（二）根据航道水流流速的分布选择掉头方向

1. 顺流船掉头为逆流船

顺流航行船舶掉头时，应从主流向缓流掉头，如图 4-2-7 所示。当船舶回转达 90°左右时，由于艉部处于主流区，艏部处于缓流区，水动力所产生的转船力矩与舵压力转船力矩方向相同，加速船舶回转，减小船舶旋回直径，帮助船舶掉头。

2. 逆流船掉头为顺流船

逆流航行船舶掉头时，应从缓流向主流掉头，如图 4-2-8 I 所示。从图中可以看出，当艏部驶入主流区时，水动力转船力矩与舵压力转船力矩方向相同，加速船舶回转。

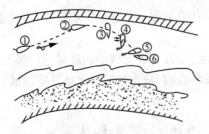
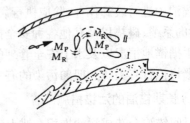

图 4-2-7　顺流船舶掉头方向选择示意图　　　图 4-2-8　逆流船舶掉头方向选择示意图

如果驾驶员错误选择由主流向缓向掉头，如图 4-2-8 中 II 所示，水动力转船力矩与舵压力转船力矩方向相反，阻碍船舶回转。

（三）有侧风作用时掉头方向的选择

船舶在侧风中掉头时，一般选择逆风掉头，原因如下：

1. 风致偏转的原因

①顺风掉头风致偏转

顺风掉头时，如图 4-2-9 中 I、II 所示（F_a 风动力，M_a 风动力转船力矩，M_p 舵压力转船力矩）。初期表现为碍转作用，但随着风舷角的增加，碍转效果逐渐减弱，至船尾顺风时，如图 4-2-9 中 III 所示，碍转效果为零。此后，船转至另一舷受风后，则又表现为明显的助转作用，帮助回转直至完成掉头。

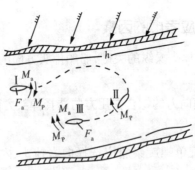

图 4-2-9　船舶顺风掉头风致偏转示意图

②逆风掉头风致偏转

逆风掉头时，如图 4-2-10 中 I 所示。初期呈现出助转，但随着风舷角的减小，助转效果逐渐减小，至船首顶风时，如图 4-2-10 中 II 所示，助转效果为零。此后，船转至另一舷受风后，则

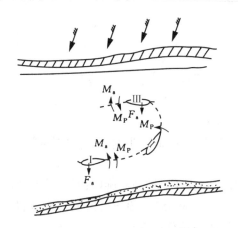

图 4-2-10　船舶逆风掉头风致偏转示意图

又呈现出明显的碍转作用,阻碍船舶回转,如图 4-2-10 中Ⅲ位所示。

2. 风致漂移的原因

船舶在回转掉头过程中,在风动力作用下,船舶向下风向漂移。船舶掉头方向不同,掉头水域的大小则不同。如图 4-2-11、4-2-12 所示(D_T——船舶无风掉头时旋回初径,D_T'——船舶顺风掉头时旋回初径),图中虚线为船舶在无侧风作用时掉头所需的水域,实线为顺风掉头和逆风掉头所需的水域。船舶掉头所需水域大小,一般用船舶旋回初径的大小来衡量。船舶顺风掉头时的旋回初径大于逆风掉头时的旋回初径。当船舶空载时,或水线面以上侧面积与水线下侧面积比值较大且风速较大时,顺风掉头,逆风掉头两者所需的水域差值更大。

综上所述,从风致偏转角度来看,无论逆风掉头还是顺风掉头,风动力转船力矩都存在助转和碍转两个方面的作用,只是出现的先后顺序不同而已;从风致漂移角度来,逆风掉头所需水域小于顺风掉头所需水域。

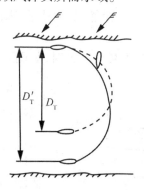

图 4-2-11　船舶顺风掉头风致漂移示意图

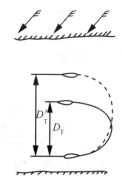

图 4-2-12　船舶逆风掉头风致漂移示意图

二、船舶掉头常用的操纵方法

船舶掉头的方法主要有:连续进车掉头、进倒车掉头、抛锚掉头、顶岸掉头和正倒车掉头五种。五种掉头方法的适用条件和操作要点分述如下。

（一）连续进车掉头

1.适用条件

航道宽度大于船舶旋回初径的条件下，可采用连续进车回转掉头的方法。

2.操纵要点

（1）单螺旋桨船

①在驶抵选定的掉头地点之前，先向掉头的相反方向操舵，拉大档子，腾出水域，以供船舶安全回转之用。

②降低船速，减小回转运动的纵距、横倾和旋回初径，并增加储备功率，以备急需之用。

③向掉头方向转舵，当船首改向35°～40°时，恢复常速，增加螺旋桨转速以提高舵压力，增加舵压力转船力矩，加大船舶回转角速度。

④当掉头接近完成时，应及早回舵，必要时可操反舵，以调顺船身，防止船尾扫岸或触礁。

（2）双螺旋桨船

①拉大档子，腾出水域，然后两部主机同时改为慢速或中速。

②将舵转向回转掉头一侧，待船回改向20°～30°时，将外侧主机增至中速或常速，以便在回转掉头过程中两部主机转速保持一个差值，形成足够的推力偏心转船力矩帮助船舶回转。

③当船舶回转改向90°时，应减速以减小横倾和回转水域；待船舶回转改向160°～170°时，将两侧主机开到相同转速，及早回舵，必要时可操反舵调顺船身。

（二）进、倒车掉头

1.适用条件

在强风中，如果船舶前部上层建筑物受风面积大、航道宽度又较窄，多采用进、倒车掉头。

2.操纵要点

（1）船舶在驶抵选定的掉头地点之前，先向掉头的相反方向操舵，拉大档子，腾出水域，以供船舶安全回转之用，如图4-2-13中①②位置。

（2）向下风方向操舵，使船首向下风岸回转，当船首转过40°～60°时，如图4-2-13中③位置。

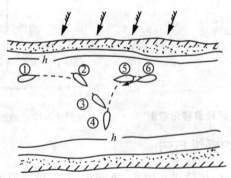

图4-2-13　进、倒车掉头示意图

（3）停车，然后开倒车，由于惯性作用，船舶仍向前移动一段距离，当船舶在螺旋桨反转拉力的作用下后退时，将舵转向回转方向的另一侧，此时，若是右旋单桨船，则在舵压力、尾流螺旋性效应横向力、螺旋桨水面效应横向力和"尾找风"的共同作用下，船舶在后退的同时，船尾继续向左偏转,如图4-2-13中④⑤位置。

(4)待船尾退至接近航道上风侧边界时,又改为进车,右舵,继续回转,直至整个掉头作业完成,如图4-2-13中⑥位置。

3. 注意事项

(1)采用进、倒车掉头时,应了解本船螺旋桨反转时向后拉力能否克服当时风动力对船尾的作用和船舶的后退惯性。

(2)单螺旋桨船采用进、倒车掉头时,应充分考虑船、桨、舵效应横向力的影响,右旋单桨船应选择向右掉头,左旋单桨船应选择向左掉头。

(三)抛锚掉头

1. 适用条件

当航道宽度明显不足,采用连续进车掉头或进、倒车掉头操纵困难时,可采用抛锚掉头方法。

2. 操纵要点

(1)船舶在驶抵选定的掉头地点之前,通知水长备妥掉头方向一舷的艏锚。

(2)向掉头的相反方向操舵,拉大档子,腾出水域,并及时减速慢车,如图4-2-14中①②位置。

(3)船至掉头地点,用舵回转,当转过一个适当角度后停车或倒车,待艏艉线与流向接近垂直时,抛下与掉头方向一舷的艏锚,松链约1.5倍水深长度时,即行"刹车"呈"拖锚"状态,如图4-2-14中③位置,此时,船舶在锚和水流的作用下就可顺利完成掉头。

(4)然后起锚,按所需航路航行或进行其他操纵作业,如图4-2-14中⑥位置。

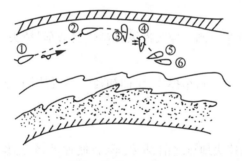

图4-2-14 抛锚掉头示意图

3. 注意事项

(1)抛锚掉头应选择抛掉头方向一舷的艏锚,即向右掉头应抛右舷艏锚,向左掉头应抛左舷艏锚。

(2)在无流狭窄港口抛锚掉头时,当抛下掉头方向一舷艏锚后,应用舵和断续的微进车,以获得舵压力转船力矩,使船在舵压力转船力矩和锚抓力的作用下,顺利完成掉头作业。

(3)抛锚前,余速应控制至最低程度,为此,应根据本船停车淌航的距离适时停车,控制船舶惯性。

(4)船舶掉头时,要处理好落锚时的船位及船身与流向的夹角。一般艏艉线与流向接近垂直时,是抛锚掉头的最佳时机。

（四）顶岸掉头

1. 适用条件

在航道狭窄且岸边有足够水深，风、流影响较小，无水下障碍物的条件下，可采用此法进行掉头。

2. 操纵要点

（1）当船舶选择好掉头地点和掉头方向后，拉大档子，减速慢车，然后停车，以大于45°的夹角滑行至岸边，如图4-2-15中②③位置。

（2）若速度过大，可略开倒车或抛拖锚，使船舶以安全速度轻抵岸边，此后操舵，开慢进车（若为双螺旋桨船，则可用一进车一倒车），使船舶在舵压力和推力偏心效应横向力的作用下，以船首顶岸点为转心做回转运动，如图4-2-15中④⑤位置。

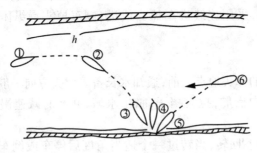

图4-2-15 顶岸掉头示意图

（3）待一舷与岸边靠拢，约成45°夹角时，停车，继开倒车，操正舵，船身即可逐渐驶离岸边，当船舶驶至图4-2-15中⑥位置时，掉头操纵即告结束。

（五）正倒车掉头

正倒车掉头即采用一进车一倒车掉头操纵，俗称"鸳鸯车"掉头。

1. 适用条件

在航道狭窄的水域内采用鸳鸯车掉头，旋回初径较小，若用车得当，船舶可原地回转掉头，但掉头时间较长。

2. 操纵要点

（1）船舶在驶抵选定的掉头地点之前，早松车，控制速度，到达预定位置时，向掉头的相反方向操舵，拉大档子，腾出水域，以增加供船舶回转的水域面积。

（2）向掉头一舷操舵，将掉头一舷的车停止并开倒车，若船速过大以至于有可能逼近航道边界时，应增加倒车转速，减小进车转速。

（3）待船舶回转改向160°～170°时，将两侧主机开到相同转速，及早回舵，必要时可操反舵，以调顺船身。

第四节　船舶靠、离泊操纵

一、系缆的名称和作用

船舶系缆主要运用在船舶靠离码头、协助掉头等情况，一般情况都要运用车舵配合完成相应的操纵。船舶靠泊的系缆如图4-2-16所示。

（1）艏缆，又叫拎水缆或腰缆，其作用是拎住船体，不被水流冲击而下移。

（2）艉缆，其作用是制止船身因风或其他因素的影响向船首方向的移动。

（3）艏倒缆，其作用与艉缆一样，它与艏缆一起，有起到一定程度制止船首向外张开的作用。

（4）艉倒缆，又叫坐缆，作用与艏缆一样，它与艉缆一起，起到一定程度的制止船尾向外张开的作用，还可以在离码头时当坐缆用。

（5）横缆，其作用是使船向贴紧码头，防止船首（尾）向外移动。

靠泊时间较短的船舶，可只系带艏缆、艏倒缆、艉倒缆和艉缆；在水流流向恒定的河段，通常可只系带艏缆、艏倒缆和艉缆。

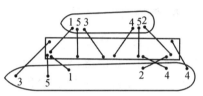

图4-2-16　船舶靠泊的系缆

二、船舶用缆的注意事项（☆△）

（一）靠泊用缆注意事项

在一般情况下，顶流驶靠码头应先带上艏倒缆，再系上艏缆和艉缆。艏倒缆的作用效果与其方向有关，如在正横位置，绞收该缆可使船首靠拢，再操外舵，可使船尾平行靠拢；如该缆在正横向前，绞收该缆，可使船前移和靠拢，并配合车、舵灵活控制船位；如该缆在正横向后，可制止船舶前移，同样可配合车、舵来灵活操纵船舶。

向码头绞收系缆时，艏、艉要协调配合，使船接近码头时，基本上与码头平行缓慢绞拢，船舶下移，艏缆吃力时，应用外舷进车，以免承受过大的动力负荷；在绞收艉缆时，如果船尾靠拢的速度过快，应操内舵，以减缓靠拢速度。

（二）离泊用缆注意事项

1. 单绑

单绑是指先解去离泊操纵中用不着的各缆，留下需要的系缆。一般船首保留一根艏缆和一根艏倒缆，顺流时保留一根艉缆，顶流时保留一根艉倒缆。静水港则根据码头的风向而定。

2. 离泊倒缆运用

（1）艏倒缆

在尾吹拢风或水流来自船尾时离泊，为了避免螺旋桨及舵碰触码头或船尾碰撞尾后方停泊船舶，可采取留艏倒缆开尾驶离的方法。在这种情况下，要选择强度大、质量好的缆绳作为艏倒缆;出缆时,尽可能靠近船首处,将其系于贴靠码头边而接近船中的缆桩上,力求系缆与码头边缘线的夹角最小;用车时,应逐级进车,防止缆绳受顿力,绷断缆绳。

(2)艉倒缆

在顶流情况下驶离码头,可留艉倒缆,开倒车,使船首先扬出某一角度,然后再开进车,解去艉倒缆驶离码头(但在流速较大的码头,此法慎用,防止船首倒头事故发生)。在这种情况下,艉倒缆的强度应足够大;应缓缓受力并一次吃紧;收缆应动作迅速,以免发生缆绳绞缠螺旋桨。

(三)溜缆

离泊时,船首或船尾的最后一根缆绳,有时用来阻滞艏、艉的偏转或控制船身的前后移动,需将其做一时溜出、一时刹住的操作,这根缆绳俗称"溜缆"。

溜缆应采用钢丝缆;溜缆不适用于大型船舶;溜缆的速度不宜过快,一次溜出的长度不宜过长;溜缆应由熟练的水手操作,以策安全。

(四)停泊用缆注意事项

1. 各缆受力要均匀

停泊中因水位涨落,装卸货及风、流等影响,应及时调整各缆的松紧程度,保持各缆受力均匀。若仅某一根缆绳受力,则会因负荷过大而绷断。

2. 防止磨损

系泊过程中各缆绳与码头、导缆孔以及其他缆绳之间的摩擦部位应加以包扎衬垫,以减少相互间的摩擦。

3. 角度应适宜

艏、艉系缆与艏艉线之间的夹角不宜过大,过大易使船舶前、后移动;各缆与水平面间的夹角也应尽量小,以免缆绳承受过大的负荷。

4. 试车前检查

试车前应检查缆绳,使各缆受力均匀。

5. 挽缆

系缆在桩上要挽牢,且挽桩道数要足够,以防滑出。

三、靠泊操纵(★△)

(一)靠泊操纵要领

1. 控制速度

船舶驶靠码头控制速度是关键,在保持舵效的基础上,余速慢些为好。控制速度应注意以下几点:

(1)掌握好慢车、停车时机。船舶慢车和停车时机应根据船舶装载情况、船舶冲程,结合当时当地风、流方向和速度,以及本船倒车功率确定。

(2)船抵码头下端位置是控制速度的关键。可根据码头物标移动速度来判断航速的快慢,如发现航速较快,可预先用倒车抑制。

(3)吹开风较强时,为防止风压,航速要求稍大。

(4)码头边的流速比航道中稍缓慢,由航道中淌航至码头边时,会发觉航速较大,对此应有所估计。

2.摆好船位

一般情况下,船舶驶靠码头的船位,通常是指慢车、停车时的船舶位置,用纵距和横距来衡量。

(1)纵距

纵距是指靠泊船的船首在停车淌航时至泊位上端点的纵向距离。一般情况下,纵距为2~3倍船长,视风、流情况及船舶冲程大小做适当调整。

(2)横距

横距是指靠泊船的船首在停车淌航和驶抵泊位时,正横外距码头外缘线的垂直距离。停车淌航时,船至码头的横向距离,视在风流的影响情况下,选定船舶与码头夹角的大小而定。夹角大,则横距适当放宽;夹角小,则横距适当缩小。在风、流影响不大的情况下,以泊位中点为例,一般为1~2倍船宽;吹开风时,横距适当缩小;吹拢风时,横距适当增大,一般为3~5倍船宽。

3.调整好驶靠角

驶靠角是指船舶驶靠码头时,艏艉线与码头外缘线之间的夹角。

(1)重载船在急流港口顶流驶靠时,靠拢角度宜小,以降低驶靠横移速度,减轻船舶向码头或趸船的驶靠力。

(2)空船、缓流或吹开风时,驶靠角宜大,以减轻风致漂移,并保证有足够的驶靠速度。

(3)嵌挡驶靠时,应使船到达泊位档子正横外处,使船身与码头边缘线接近相平行。

(4)在困挡水水域内驶靠码头或趸船时,应将船首略向外扬,以减小艏艉线与流向间的夹角。船舶在淌航过程中,反复调整驶靠角至最理想的情况,是使船接近平行地贴靠码头的关键。

(5)淌航前进中,不断调整风、流压差,并减小船与风或流的夹角,而获得较好的驶靠角。

(6)船驶近码头时,力求平行靠拢,前后位移应用缆、车、舵配合,调整适当。

(二)靠泊的基本方法

船舶靠泊的基本方法有:滑行驶靠、横移驶靠、大角度驶靠和抛锚驶靠四种,抛锚驶靠在我省的支小河流中不常使用,下面就前三种靠泊方法进行详细介绍。

1.滑行驶靠

(1)适用条件

滑行驶靠又称小角度驶靠或游移驶靠。在水流平缓,风力较小,泊位下方水域宽敞的码头靠泊时使用该方法。

(2)操纵要点

①如图 4-2-17 中Ⅰ所示的逆流船,以及如图 4-2-17 中Ⅱ、Ⅲ所示的顺流船掉头后,沿着码头所在的一侧,与码头外缘线保持 0.5~1.0 倍船长的横距,慢车航行,视航速的大小决定停车时机。一般情况下,当船首与码头的下端点距离 2~3 倍船长时停车,用舵对准码头上端外侧,使艏艉线与码头外缘长线夹角不大于 15°,借船舶惯性滑行前进。

②当船首与码头尾端接近正横时,向外舷操舵,调顺船身。此时,应观察正横物标的后移

速度,以此来测定航速,若航速过大,应适当开倒车制动,船舶未到位,可用慢车,调整船速。

③当船舶停下来时,递上艏倒缆,再出其余各缆,系妥各系缆后,通知机舱"完车"。

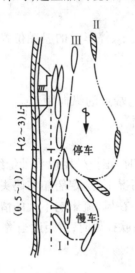

图 4-2-17　船舶滑行驶靠示意图　　图 4-2-18　船舶顶流横移驶靠示意图

2.横移驶靠

(1)适用条件

横移驶靠又称嵌挡驶靠或平移驶靠。在水流较急或泊位上、下方均有他船靠泊的情况下使用该方法。

(2)操纵要点

①根据水流的强弱和船舶冲程,及时慢车、停车,操纵船舶至靠泊码头外挡停住船身,如图4-2-18中①位置所示。

②操内舵开慢车,使艏艉线与流向成一恰当的流舷角,此时船舶在水动力和转船力矩的作用下向码头横移靠拢。若横移过快,宜减小流舷角和车速;若横移过慢,宜增加流舷角和车速。一般情况下,控制船舶的前后移动以调整车速为主;控制船舶的横向移动速度以调节流舷角的大小为主。

③当船舶接近码头时,操纵必须格外谨慎,宜采用较小的流舷角和车速,采用边转边稳边顺身的操纵方法,如图4-2-18中③④位置所示。

④船位达图4-2-18中⑤位置时,带上艏倒缆,调顺船身,系上各缆,通知机舱"完车"。

3.大角度驶靠

(1)适用条件

在有强吹开风情况下或遇弱流和尾吹开风时,采用滑行驶靠和横移驶靠不易靠拢码头,宜采用大角度驶靠。

(2)操纵要点

①逆流航行船舶可直接从航道上以 30°~60°的角度,甚至成直角,中速对准码头的下端点驶向码头。若条件允许,艏艉线应与风、流合力的方向相反。如风力不大或流速较急,可对着码头的中部驶去,使风、流对船体的动力作用相互抵消,以减小偏航,如图4-2-19中①位置所示。

②当距码头的距离约为2倍船长时,改开慢车,向外舷操满舵,如图4-2-19中②位置所示。使船到达码头旁边时,能与码头边线相平行。

③及时停车或倒车制动(必要时抛锚制动),使船首到达码头上端点时把船停住,如图4-2-19中③位置所示。

④带上艏倒缆及相应的各缆(带好艏倒缆后,若船尾被风吹开,可将艏倒缆固定),开内挡慢进车或鸳鸯车,操外舵转,使船尾向码头靠拢,绞收各缆系妥后通知机舱"完车"。

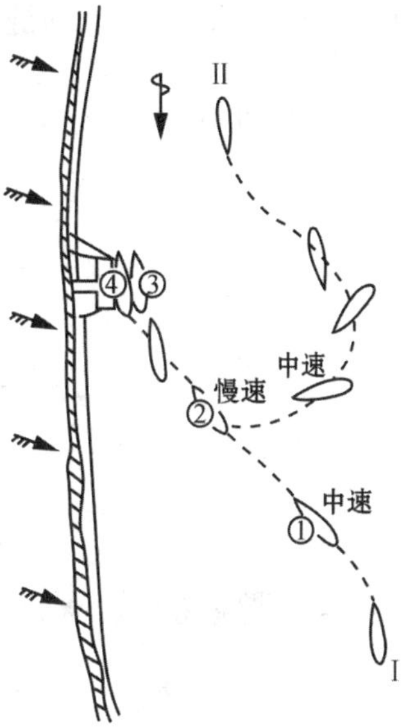

4. 抛锚驶靠

抛锚驶靠有:抛开锚、抛拎水锚、抛倒锚等驶靠方法。

(1)抛开锚驶靠

在强吹拢风的情况下,为了控制船舶向码头靠拢的速度,并为离泊提供方便,采用抛开锚驶靠——船舶驶靠码头时,在泊位正横外侧抛下外挡艏锚。

其操作要点如图4-2-20所示。

(2)抛拎水锚驶靠

若遇艏吹强拢风、困挡水、急流或码头结构强度较弱的情况时,可抛拎水锚驶靠——船舶靠泊时,在码头上游方向抛下外挡艏锚,用以承受吹拢风或强流水动力的作用,以减轻码头负荷。

其操作要点如图4-2-21所示,应防止本船锚爪钩住码头的锚链。

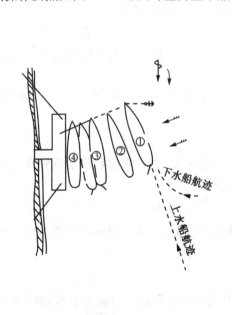

图4-2-20 抛开锚驶靠示意图

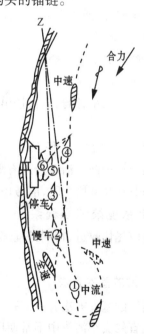

图4-2-19 大角度驶靠示意图

图4-2-21 抛拎水锚驶靠示意图

(3)抛倒锚驶靠

当船舶驶靠码头遇到强后八字风或有困挡水、回流时,可采用抛倒锚驶靠。船舶靠泊时,抛下外挡艉锚,使锚和锚链方向位于船首后方,该法通过锚控制船速,便于利用车、舵灵活操纵船舶。

其操纵要点如图4-2-22所示,应防止锚爪划破船底。

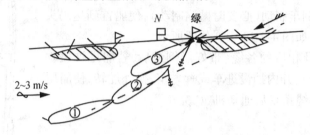

图 4-2-22 抛倒锚驶靠示意图

四、离泊操纵(★△)

(一)操纵要领

1. 确定开艏或开艉

①确定开艏的条件

开艏即船首先离开码头(或称扬头),基本条件是:顶流、无风(或吹开风或艏吹拢风)、泊位前方无障碍物。

②确定开艉的条件

开艉即船尾先离开码头,基本条件是:艉吹拢风、有较旺的回流,或码头的上游停靠船多或有障碍物伸出较开,或码头上端水深不足等不利于开头驶离的情况。

2. 掌握驶离角

常流及艏前方水域较清爽时,开艏驶离的角度可小些;艏前方有他船靠泊或有吹拢风时,开艏驶离的角度应大些。

若开艉角度太小,则当船首扬出时,船尾可能甩回码头;若开艉驶离角太大,可能使船首扬不出来。

3. 控制船舶的前后移动

一般系泊档子前后活动余地有限,要求用车不能过大;船舶的前后移动应靠滞、溜缆绳和车、舵来控制;在驶离码头时,应考虑船舶前、后及外挡的余地。

4. 防止系缆绞缠螺旋桨

解缆时应尽快收进,特别是艉部系缆未收清前谨慎动车。为防止系缆绞缠桨叶,一般应先动外挡车。

(二)离泊的基本方法

船舶离泊的基本方法有:小角度驶离、开艉倒车驶离、坐缆(艏)驶离和绞锚驶离四种,绞锚驶离在我省的支小河流中不常使用,下面就前三种离泊方法进行详细介绍。

1. 小角度驶离

(1)适用条件

码头前方水域宽敞无碍,水流平稳。

（2）操纵要点

①备车回铃后，解去所有系缆，开内挡慢进车，稍用外舵或正舵，使船首外扬一小角度。

②双慢进车边操外舵边稳舵或改开外挡车正舵，使船舶慢慢离开码头。

③最初车速和舵角都不宜太大，以免船尾扫碰码头，待船尾完全驶离码头后，再常车、用舵驶进航道。

2. 开艉倒车驶离

（1）适用条件

开艉倒车驶离又称飞艄倒车驶离，在有回流、艉后来风或吹拢风，或船舶前方有障碍物等时运用此法驶离码头。

（2）操纵要点

①如图 4-2-23 所示，备车回铃后，解去各缆。

②操内舵慢进外挡车（或正舵用外进内倒鸳鸯车），使船尾转离码头，视当时风、流力情况，待船尾转至适当角度时，停车、正舵，同时开倒车驶离码头。

③当船尾吹拢风太强，可利用艄倒缆控制艄，车舵配合使艉甩开更大的角度时，停车、正舵，快速解掉艄倒缆，开倒车驶离码头。

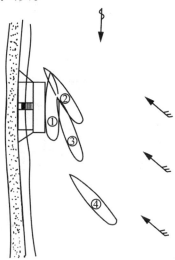

图 4-2-23　开艉倒车驶离示意图

3. 坐缆（艄）驶离

（1）适用条件

有吹拢风、困挡水、码头前方有他船系泊时，常用此法驶离。

①如图 4-2-24 所示，备车回铃后，解去除艄倒缆的各缆。

②操正舵慢倒外挡车（或用外倒内进鸳鸯车操外舵），使船首转向河心（如遇强吹拢风，采取上述方法未能将船首转出，则可放长坐缆使船慢慢下移，待船尾超出码头下端至一定距离，挽住坐缆，再用车舵配合将船首转向河心），视当时风、流力情况，待船首转至适当角度时，解掉艄倒缆快速收回，操正舵（必要时稍用内舵），双进车驶离码头。具体如图 4-2-24（b）所示。

4. 绞锚驶离

对于抛锚驶靠的船舶，离泊时均采用绞锚驶离。

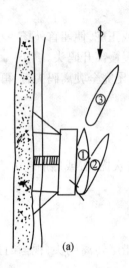
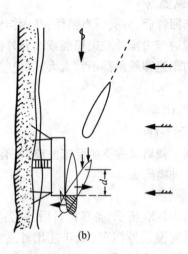

图 4-2-24　坐缆（艄）驶离示意图

　　其操纵要点是：备车回铃后，解掉全部系缆，利用车舵配合收绞锚链，待锚绞出水面后，即可驶上航路。

第三章 特殊情况下的船舶操纵

船舶在特殊情况下的操纵包括大风浪中的船舶操纵、雷暴雨中的操纵、船舶防撞的操纵、搁浅与触礁后的操纵、弃船操纵及主要设备损坏时的船舶操纵等内容。

第一节 大风浪中的船舶操纵（★ ☆ △）

一、大风浪对船舶的危害

船舶在大风浪中航行时所遭受的危害主要包括：

(1)船舶横向受大风浪的影响易产生过大的横倾角,引起货物位移和稳性较差的船舶发生倾覆。

(2)船舶纵向受大风浪的影响产生拍底、甲板上浪、艉淹和螺旋桨空转等现象,造成船舶结构受损、航向不稳、失控打横和打空车时抖动剧烈等。

(3)船舶垂向受风浪的影响使船舶发生中拱或中垂现象。

二、船舶应对大风浪的处置措施

（一）开航前

船舶在开航前应注意收听天气预报或有关部门发布的大风警报。当出发港有7级以上或超过船舶抗风等级的大风时,船舶不得开航,并采取有效避风、抗风措施。

（二）航行中

船舶在航行中收到气象预报或有关部门发布的船舶途经水域有7级以上大风或超过船舶抗风等级的大风时,船舶必须采取提前停航驶往避风港、避风锚地"扎风",并做好以下措施：

1. 保证水密

(1)检查甲板开口封闭的水密性,必要时进行加固。

(2)检查各水密门是否良好,不使用的一律关闭闩紧。

(3)将通风口关闭并加盖防水布。

(4)天窗和舷窗都要盖好并旋紧铁盖。

(5)锚链管盖好,防止水流灌进锚链舱。

2. 排水畅通

(1)检查排水管系、抽水泵、分路阀等,保证其处于良好工作状态。

(2)清洁污水沟,保证畅通。

(3)甲板上的排水孔应保证畅通。

3.绑牢活动物件

(1)装卸货设备、锚、舷梯、救生艇筏以及一切未固定的甲板物件都要绑牢。

(2)散装货物进行平舱。

(3)各水舱及燃油舱应尽可能注满或抽空,减少自由液面。

(4)舱内或甲板装有重件货物时,应仔细检查加固,必要时加绑。

4.做好应急准备

(1)保证驾驶台、机舱在应急情况下通信畅通。

(2)检查应急机电设备、舵设备等是否处于良好状态。

(3)保证消防、救生和堵漏设备随时可用。

(4)及时收听气象信息等。

5.空船压载

空船在大风浪中有很多不利之处,例如,保向性下降,拍底增大,螺旋桨空转加剧,易发生横摇谐振等。为确保航行安全,应进行适当的压载,以提高船舶抗风浪的能力和改善船舶的性能。在吃水差方面,既要防止螺旋桨空转,又要减轻拍底,一般以适当艉纵倾较为理想。

(三)突遇大风浪时的紧急处置方法

(1)及时报告船长,船长应立即进入驾驶室指挥或接替操作,船长亲自操作时,驾驶员应协助船长瞭望和联系,听从船长指挥。

(2)加强联系,随时了解前方航道风浪情况和来往船舶动态。

(3)关闭水密门窗(保证安全的前提下,上层建筑可以让其通透,避免船舶产生过大横倾),船队加强系缆、货物加强系固、固定可能移动的物件。

(4)驶离原航路,避开大浪区航行。

(5)根据当时的实际情况,采取相应的安全操作方法。

(6)密切注意风速、风向的变化,发现异常情况采取相应的应急措施。

三、大风浪中常用的操纵方法

船舶在大风浪中航行,无论与风浪处于何种相对位置,都会给船舶航行带来困难。如横浪中,由于船舶的横摇周期和波浪的周期很接近,容易丧失横稳性,此时,改变速度无济于事,因此不得不采取顶浪航行。顶浪时,巨浪的冲击将会造成拍底、甲板上浪和打空转而损坏船体、甲板设备、舵和螺旋桨。如果为缓和浪的冲击而改做顺浪航行,又将出现大浪艉淹,舵效极度下降而被打横,仍然十分危险。

如果船舶必须在大风浪中航行,则尽可能选择在上风岸等风浪较小的水域航行,切忌横浪航行。在大风浪中安全航行的方法主要有顶浪航行、顺浪航行、偏浪航行三种方法,具体应采取何种操纵方法,应根据具体的实际情况确定。在不能做有效航行时则可以采取滞航和漂滞的方法。

1.顶浪航行

船舶航行方向与波浪传递方向相反,其主要的安全影响是产生拍底和甲板上浪。可以通过以下措施减轻其影响程度:

①适当减速,在保证必要的舵效前提下,尽量降低航速,减少波浪对船舶底部的冲击力;

②改为顺浪航行,使船舶航行方向与风浪方向相同,由于相对速度较小,拍底现象能得到减弱;

③偏浪航行,使艏与波浪避免正交,以斜交的态势迎浪航行,降低波浪对船体的危害;

④正确变换车速,根据风浪情况,适当地交替运用快、慢车,既能保证船舶的操纵性能,又能减轻风浪的冲击力。

2.顺浪航行

船舶顺浪航行时,由于船舶航行方向与波浪传递方向相同,波浪与船舶相对速度小,可以大大减弱波浪对船体的冲击。顺浪航行,当航速小于波浪传播速度时,若船尾处在波谷中,则大浪将自船尾涌上甲板,形成艉淹现象;当航速等于波浪传播速度时,则船尾冲漂。上述现象都可能造成船舶打横,用舵不能控制的局面。

为了避免上述现象的发生,一般采取调整航速的措施,使航速稍大于波浪传播速度,这样既能避免艉淹,又能保持舵效。

3.偏浪航行

船舶在大风浪中航行,如果船舶横摇剧烈,应首先调整航向;顶浪航行时,为了减轻波浪对船舶的冲击力和船舶剧烈的纵摇,应首先调整航速,其次再调整航向。为了避免船首受顶浪航行过大的冲击和减轻横摇、纵摇的剧烈程度,而且又不致使船舶偏离航线过多,可采取顶浪作"Z"形航法(也叫偏顶浪航行),但应注意保持足够的舵效以增强船舶的控制能力,避免形成横浪航行的态势,如图4-3-1所示。

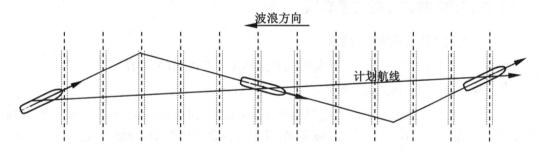

图4-3-1　偏浪航行示意图

偏顶浪航行是使船舶的主航向与波浪传播方向成$20° \sim 40°$的夹角,斜着波浪传播的方向前进的方法。为了防止偏离航线太远,船体两舷受力不均,一般采用两舷交替受浪。

4.滞航

当船舶不能做有效航行时,以能保持舵效的最小速度(船舶处于缓进或不进,甚至是微退的状态),将风浪置于艏$2° \sim 3°$的方位上前进的方法称为滞航。滞航适用于船长较长或艏干舷较高的船舶,且下风处水域不太宽裕时,采用此法最为有利。注意根据风浪变化调整航速和航向,有效控制好航向和船位,避免被风浪打成横浪。

5.漂滞

船舶停止主机随风浪漂流称为漂滞。当主机或舵机发生故障时,船舶将被迫漂滞;当滞航中不能顶浪、顺浪中保向差以及老旧的船舶,也可以主动采取漂滞。

漂滞时船舶会向下风方向漂移,故在下风侧必须有宽阔的水域,水线上受风面积大的船舶尤其应注意,同时船舶一旦漂滞极易陷入横浪状态,这时横摇加剧,船舶丧失稳性。

四、大风浪中船舶掉头操纵注意事项

大风浪中船舶掉头一般来说从顶浪转向顺浪较为容易,而从顺浪转向顶浪比较困难和危险,尤其是空船。在大风浪中掉头,必须做到以下几点。

(一)仔细观察波浪规律,选择适当时机掉头

波浪大小的变化是有规律的,一般情况下,连着三四个大浪之后,必接七八个小浪,俗称"三大八小"。要利用这个规律,抓紧江面较为平静的一段时间,度过横风或横浪阶段,并争取在下一组大浪到来之前完成掉头。

(二)大风浪中掉头注意事项

(1)在掉头过程中,原则上要求前冲距离要小,并减小船舶在掉头中的横倾。因此,在掉头开始时宜用慢车、中舵,力求避免掉头产生的横倾角与波浪引起的横摇角叠加,导致较大的横倾,危及船舶安全。

(2)要求尽可能缩短掉头过程的时间,在掉头中可适时用短暂的快车和满舵,以增加舵效,既可缩短船身横向受浪时间,又可安全顺利地完成掉头任务。

(3)若因在掉头中判断失误,造成在掉头过程中遇上大浪,而处于危险局面时,切忌强行掉头和急速回舵,甚至操相反方向的反舵。正确的措施是及时减速并缓慢回舵,恢复原航向,再等待时机。

五、大风浪中停泊船舶注意事项

(一)锚泊船舶遇大风浪时的措施

见第2章第1节中"五、大风浪中锚泊的特点和注意事项"有关内容。

(二)靠泊码头船舶遇大风浪时的措施

当靠泊码头的船舶遇大风浪时,受风浪及其岸壁反射波的影响,靠泊船将出现艏摇、横摇、纵摇,以及横荡、纵荡和垂荡六个自由度运动,其中对船舶影响最大的是纵荡,它将导致靠泊船与码头严重摩擦和断缆事故的发生。

1. 加强系缆并保护好船体

为了抵抗风、浪的作用力,要增带系缆,并使各系缆均匀受力,避免或减小系缆承受顿力。为了保护系缆,在导缆孔或导缆钩与系缆接触处涂油或垫上油布防止摩擦,并适当地将缆绳接触部分错开。为了防止船舶靠泊一舷与码头之间的摩擦和挤压,应配备足够的靠垫。

2. 抛锚并缓和船体摇荡

靠泊船舶在风浪、涌浪的作用下极易产生横摇、纵摇和垂荡,导致船体和系缆损伤。因此,为缓和船舶摇荡,可增加吃水并抛下舷锚,以抵抗风浪对船舶的冲击力,减轻摇荡。

靠泊船舶遇到大风浪恶劣天气时,如果风从岸上吹来,则外力增加不大,所以增加系缆即可抵御;如果风从宽阔的江面吹来,靠泊船舶就容易陷入危险,此时应根据具体情况,必要时选择避风锚地锚泊。

第二节 雷暴雨中操纵(★☆△)

一、雷暴雨天气特点

雷暴雨天气属于强对流天气,在气象学上所指的是发生突然、移动迅速、天气变化剧烈、破坏力极强的灾害性天气,往往伴有雷雨、大风、冰雹、龙卷风、局部强降雨等恶劣天气。其主要特点是:

(1)雷暴雨天气常常出现在夏、春季节,它是强烈垂直发展的积雨云所产生的一种中小尺度的天气系统。

(2)雷暴雨天气,一般持续时间短、消失快,预报难度大,当地气象台无法正确地预报出何时、何地将有雷暴雨,也无法预测其强度。

(3)在雷暴雨来临时,天气阴暗,伴随着大风,强降雨,能见度极差;在雷暴雨天气过境时,乌云滚滚、雷声隆隆、风速极大、风力增加、狂风伴强降雨,有时伴有冰雹。

因此,在雷暴雨天气,航行船舶能见度严重不良,有时连自己的船头都看不到;由于暴雨集中,雷达的雨雪干扰已不起作用,整个雷达屏幕上都是白茫茫一片,使雷达失去应有的作用;强风作用于船舶,对于一些小功率、大吨位的船舶根本无法控制,随风漂移,极易造成搁浅、触礁、碰撞等事故的发生。

二、船舶操纵注意事项

(1)针对暴雨天气的特点,船公司和船舶应制定灾害性天气的应急预案,许多中小型个体船舶没有预案,仅仅凭经验预防和操作,往往在灾害性天气到来时,措手不及,常常损失惨重。因此,船舶制定并组织实施灾害性天气的应急预案对船舶安全来说尤其重要。

(2)船舶应密切关注天气变化,做好天气预报的收听和处置,注意收集海事部门预警信息,了解雷雨、大风动态,密切注意风向、风速变化,做好恶劣天气下的安全防范工作,严格落实各项安全措施,确保安全。

(3)天气发生剧烈变化时,应立即报告船长,请船长上驾驶台,通知机舱备车,水手长备锚。

(4)检查舵设备、锚设备、救生设备、消防设备,使其处于正常状态;检查甲板排水孔、排水管系、机械、分路阀,清洁污水沟,保持排水系统的畅通;封闭水密门窗、甲板开口,加固舱盖板;固定甲板设备、重件,容易移动的货物必须扎牢,散装货物扒平;调整前后吃水,水舱、油舱应尽可能注满或抽空,减少自由液面。

(5)加强瞭望,增加瞭望人员,开启雷达并调整到最佳工作状态,对雷达图像保持连续观察并不断地变换量程,以便获得避碰的早期信息。同时,了解和掌握雷达受雨雪干扰的局限性,对一些有可能探测不到的物标,以及风浪抑制掉的细小物标的回波,必须做到心中有数。

(6)船长应根据船舶通航密度和环境情况,减速行驶,并开启航行灯,按章鸣放雾号。抓住岸形、浮标和显著物标,结合雷达图像,稳住航向,摆正船位,勤测勤算,准确掌握本船船位,谨防偏离航路。

（7）船长应根据风向与风力大小选择好风压差角，确保船舶航行在正确的航路，要细心查核避碰行动的有效性，采取的避让行动不致造成另一船舶的紧迫局面。航经大桥、船闸等水域时，应严格遵照有关规定执行。

（8）船长应根据雷暴天气的变化、能见度大小、航行环境、助航设备状况及船舶操纵性能，及早选择安全水域抛锚，绝不能心存疑虑，优柔寡断，怕影响船期，延误抵港时间，而冒险航行。

（9）加强与海事部门、港口和公司的联系，服从海事管理机构指挥，发生险情或发现他船发生险情时，立即向海事管理机构报告。

第三节　船舶防碰撞操纵（★ ☆ △）

一、碰撞事故的原因

碰撞是指船舶与船舶之间或船舶与水上移动式装置之间发生接触造成损害的事故。船舶发生碰撞的原因很多，主要是驾驶人员的责任心不强，思想麻痹，没有严格履行职责，违反规章制度等引起的。

（1）两船对驶或追越互不相让或强行追越，临近时避让不及而引起碰撞。

（2）不按《中华人民共和国内河避碰规则》（以下简称《内河避碰规则》）的要求鸣放（或显示）信号，造成互相误会而未及时采取措施或采取错误的措施。

（3）在航或停泊中，疏忽瞭望，未能及时判断来船的动态，以致迟误采取措施的时机。

（4）驾驶员对风压、流压估计不足，以致避让措施不够及时、适当和主动。

（5）未正确使用雷达等助航设备。

（6）在能见度不良时，未使用安全速度。

（7）不服从海事机关的指挥，违章航行。

（8）船舶设备（如车、舵、锚）保养不良，操纵失灵。

（9）在紧迫危险时惊慌失措或者措施不当。

二、预防碰撞事故的措施

（一）预防碰撞事故的措施

（1）严格遵守《内河避碰规则》中的避让原则，两船相遇有碰撞危险时，让路船应早让、宽让、主动让，被让路船应当协同配合操作。

（2）两船对驶相遇，有碰撞危险时，应及早交换信号，转向避让；两船横向交叉相遇，应根据相对位置的变化来判断是否能安全通过，按照规则谨慎避让；两船追越相遇，追越船应征得前船同意，方可追越，被追越船应协同操作。

（3）对来船所发信号或灯光显示有怀疑时，应先采取减速措施，弄清来船动态后，再常速前进。

（4）避免在狭窄、弯曲、浅滩、桥梁等航段会船或追越。

（5）凡设有通行信号的单行控制河段，航行船舶必须服从指挥，做到早联系、早瞭望、早鸣笛和采取相应措施。

（6）在雾中航行应使用安全航速,按章鸣放雾号,加强瞭望和测深,谨慎驾驶,若能见度不良,应选择锚地抛锚扎雾,切忌冒雾航行。

（二）船舶在紧迫危险时的避碰措施

（1）立即停车、倒车,必要时抛下双锚制动;在可能条件下放下靠把,通知旅客及无关人员避开险区。

（2）两船迎面相遇,船位已经逼近,应先操外舵使船首避开,再向来船一侧操内舵,以避开船尾。交叉相遇应避免一船船首对着另一船中部。

（3）在紧迫危险时,应以减少损失为原则,避重就轻,有时为了避免碰撞,甚至不惜自己搁浅驶出航道外避让。

三、船舶碰撞后操纵船舶的应急措施和注意事项

（一）本船船首撞入他船船体时应采取的措施

不论在撞入前是进车还是已采取倒车措施,撞入后,在不影响本船安全的情况下,都应首先开微速进车顶住被撞船,待被撞船采取防水应急措施,并征得同意之后方可倒车脱出。脱离后,应滞留在附近,一方面检查本船受损情况,另一方面随时准备给予对方各方面的救援,当确信对方已脱离险境可以继续航行时,本船方可离去。

（二）本船船体被他船撞入时应采取的措施

（1）应尽可能使本船停住,避免前进或后退,以减少进水量。

（2）关闭破洞舱室前后的水密装置,当各项堵漏器材准备妥善后,方可同意对方倒车脱出。

（3）碰撞发生后,驾驶员应亲自率水手到现场检查船体破损程度及邻近舱室损伤情况,并立即向船长报告。

（4）为保护破损部位及便于进行防水堵漏作业,应操纵船舶使破损位置处于下风下流侧。

（三）应变部署

发生碰撞后,应按照应变部署进行防水堵漏的抢救工作。

（1）船长应命令驾驶员和轮机员检查破损部位的受损情况,有无进水、人员伤亡、油污染情况及程度。及时对各压载水舱及污水沟进行测量。

（2）机舱人员除检查主、辅机情况外,还应将全部排水泵及备用发电机准备好,随时准备按命令排水或送电。

（3）按船长指示,发出求救信号。

（4）碰撞后,应立即电告公司,并按船舶海事处理程序办理相关事宜,报告事故的性质、原因、经过及结果。

（四）排水与堵漏

1. 排水

当破损部位确定后,应立即关闭邻近舱室的水密门窗,立即通知机舱运用各种水泵（包括应急水泵、压载水泵、污水水泵等）,全力进行排水。

2.堵漏

船体破损部位、漏洞大小和形状确定后,应立即采取堵漏措施。对于较小的破洞可用毛毯、木栓等堵住;对于较大的破洞可用堵漏毯或堵漏板或堵漏水泥箱堵住,并将舱内积水排出;对于具有较大破口面积的破洞,仅凭堵漏毯往往难以奏效,因而必须对进水邻近舱壁进行加强,以防止水压过大造成舱壁破损而波及邻舱。

（五）抢滩

船舶碰撞后大量进水,排水速度跟不上进水速度,又无法进行堵漏,且预计有沉没危险而附近有浅水区时,可考虑采取抢滩措施,以减少损失。选择抢滩地点应注意以下事项:

（1）抢滩处河床底质:泥、沙、沙砾底均可,但软泥底应注意防止船体下陷;礁石底不可抢滩。

（2）抢滩处坡度:若条件许可,应尽量选择适合于该船的坡度,一般小型船选择1:15,大型船选择1:17的坡度。

（3）抢滩处水深:抢滩后船体主甲板应露出水面。

（4）抢滩处风、流和波浪:若条件允许,抢滩处流速应较缓,风和波浪的影响应较小。

（5）抢滩处周围环境:应有利于系固船舶,且尽可能远离航道,便于出滩和施救作业。

第四节　搁浅与触礁（★ ☆ △）

搁浅是指船舶搁在水深小于其吃水的浅滩上或因故搁在河床浅处,失去浮力,不能行驶的事故。

触礁是指船舶在航行中触碰礁石、水下物体等,造成船舶受损,发生漏水或沉没的意外事故。

一、出现搁浅危险时的紧急措施

航行中的船舶,无论何种原因致使搁浅或触礁不可避免时,切忌惊慌失措,应设法采取减轻搁浅程度,避免船体损伤的应急措施:

（1）及时用倒车或抛锚来控制船舶惯性冲程,避免或减小船舶搁浅或触礁的程度。

（2）当搁浅或触礁不可避免时,应尽量避开礁石,使船舶搁在较平坦的沙滩上。

（3）当搁浅或触礁不可避免时,宁使船首受损也要保护好船尾的螺旋桨和舵设备。

（4）船舶已搁浅,应立即停车,迅速查明情况,然后决定是自力脱浅还是请求援助脱浅,切勿存在侥幸心理,滥用车、舵操纵船舶。

二、搁浅或触礁后的应急措施

（一）切忌盲目动车

如盲目动车,可能导致船体、螺旋桨和舵受损加重,即使能够脱浅或离开礁石,也可能再次搁浅或触礁,如果搁置在石角上,则还可能扩大破损,致使船舶大量进水而倾覆或沉没。

（二）显示信号

船舶搁浅后,应按《内河避碰规则》的规定,白天显示号型（在桅杆的横桁上垂直悬挂三个黑球）,夜间显示号灯（锚灯与两盏垂直红色定光灯）,使来往船舶注意。

（三）紧急报告

船舶发生搁浅或触礁后,应立即电告船公司和海事机关,如实详细地记载航行日志,经常与船公司及海事机关保持联系,以取得指导及援助。

（四）水密工作

立即检查或关闭与海底相通的水密门盖,如管弄水密盖、双层底舱（包括管盖及货舱污水井在机舱内测深管的速闭阀或管盖等）。必须清楚任何水密门盖漏水,等于丧失双层底的功能。

（五）调查情况

1. 测定船位

船舶发生搁浅后,首要的任务是弄清船舶搁浅的船位,要利用可靠物标测出搁浅船位和态势,并每间隔一定时间进行一次测定,以判断船位的变化情况。

2. 查清船底破损及进水情况

测量清水舱、压载舱、双层底、艏艉尖舱的水深以及油舱的液位,以判断船舶是否破损或进水。若船舶破损,必须找出破损的位置,补好漏洞,将水排出。

3. 弄清船舶吃水和周围的水深及底质

摸清船舶的吃水和周围的水深可判定搁浅的部位,决定船舶脱浅的方向,为他船前来救助提供安全路线。

测量船边水深可自船首向两舷每隔 10 m 测一个点,把所测得的水深及底质标明在平面图上,如图 4-3-2 所示。

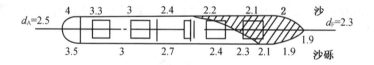

图 4-3-2　搁浅船的水深和底质示意图

测量船体周围水深的方法是,从船边开始以辐射方向进行,如图 4-3-3 所示。测量时应记下时间、水位。

4. 观察水位

船舶搁浅后,应准确把握水位的涨落变化趋势,为选择脱浅时间做好准备。搁浅船舶应随时注意风、流的大小和方向,防止搁浅船舶受风、流影响而扩大损失。

5. 查清螺旋桨、舵及其他动力的情况

查清船舶搁浅后,螺旋桨、舵等操纵设备是否受到严重损坏,若损坏严重,船舶将失去动力,无法利用本船动力自行脱浅。

查清船舶供水、供电设施是否完好,它对绞锚脱浅或卸载脱浅具有决定性作用。因此,船舶搁浅后应尽可能保证这些设备处于良好状态。

6.关注未来天气情况

收听近期天气预报,力争在天气变坏前救船脱浅。应立即采取措施,防止因风、流、浪的影响使船舶搁浅更加严重。

（六）保护船体

船舶搁浅后可能发生墩底、向岸漂移或打横。因此,搁浅后应设法固定和保护船体。

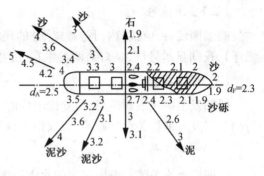

图 4-3-3　搁浅船周围水深示意图

1.固定船体

搁浅后可利用本船所配备的锚、锚链、各种缆绳及装卸索具来固定船体,以防止船舶受风、流、波浪的影响,造成漂移、打横。

当搁浅船舶的船身与岸线垂直或接近垂直时,应从船尾两边各成45°方向抛出主锚固定船体,如图 4-3-4 所示。当搁浅船舶的船身与岸线平行时,应从首尾向外各成45°方向抛锚固定船体,如图 4-3-5 所示。

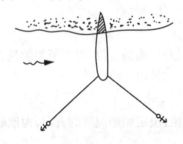

图 4-3-4　船身与岸线垂直或
接近垂直抛锚固定船位示意图

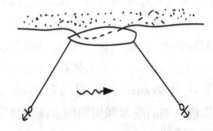

图 4-3-5　船身与岸线平行抛锚
固定船位示意图

当搁浅船舶的船身与岸线平行,且河底坡度较大时,若水位下降,船身可能大幅度倾斜甚至倾覆。因此,必须向岸一边运锚或向岸上带缆,或用空驳系于搁浅相反一舷来固定船位,如图 4-3-6 所示。

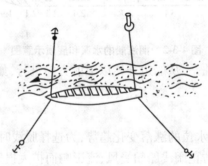

图 4-3-6　船身与岸线平行,且河底坡度
较大抛锚固定船位示意图

固定船体用的锚链和缆绳应尽可能长些、远些,同时应根据地形,充分利用陆地上的树木、建筑物等来系住缆绳。

2. 坐礁时的船体保护

如果船舶搁在礁石上，为了防止受波浪作用发生纵摇、垂荡进而产生墩底使船底造成破洞，除按上述方法固定船体外，还应将各压载水舱注满水，使船能牢固地坐于河底。如果用注满水舱的办法还不能达到目的，则应考虑将部分货舱注水。采用局部货舱注水时，还应注意相邻舱壁的加强。

三、搁浅后的脱浅方法和脱浅救助的注意事项

（一）脱浅方法

1. 自力脱浅

（1）使用主机脱浅

适用条件：若船舶搁浅程度甚微，艉部有足够的水深，可在确定脱浅线路后，运用主机倒车脱浅。

操纵方法：倒车时，一般应从慢速逐渐增至快速，当快倒车无效时，可改用半速车并配合左、右满舵来扭动船体；若双螺旋桨船，则可开一进车一倒车，使船舶左右摆动，减少船底与河底间的接触面积和摩擦力，然后再快倒车；如底质是泥沙，倒车时应注意泥沙可能在船体周围堆积妨碍出浅。

（2）调整吃水差脱浅

适用条件：船舶的一端或一舷搁浅，另一端或另一舷有足够的水深，可考虑用调整和转移压载物的方法脱浅。

操纵方法：采用移动船用燃料油、淡水、压舱水、货物或旅客的方法，减轻搁浅一端（或一舷）的压力，再配合用主机使船脱浅，如船首搁浅，可将艏部的压舱水或燃料油移至船尾，使船首浮起而脱浅。移载时，要进行计算，以免脱浅后产生较大的纵倾或横倾，使船舶发生危险。若船舶一舷搁浅而河底坡度陡，不宜使用此法。

（3）绞锚脱浅

适用条件：若绞锚产生的拉力足以使船舶脱浅，则可采用绞锚脱浅法。因为锚能产生持续而强大的拉力，且拖力方向确定。

操纵方法：用小艇将锚运出抛投，出锚的方向要根据在船舶周围测深的情况、船体和浅滩相对位置、风向和流向来确定。锚索最好连接在绞辘上，开动锚机或绞车，通过绞辘绞锚，同时配合用车脱浅，如图 4-3-7、图 4-3-8 所示。

绞锚的缆最好用一节锚链加钢缆组合，钢缆的长度要视抛锚点与船的距离而定，但必须保持足够的垂直度，使锚的抓力充分发挥。绞辘在船上的着力点，必须是可靠的舱口或甲板室的围壁。为了防止失锚，抛锚前必须在锚环上系一根钢丝做好锚浮标，如绞锚时锚缆绷断，则可以通过浮在水面的锚标，重新将锚绞起。在施绞过程中配合使用车、舵时，应防止锚缆打损车、舵。

（4）卸载脱浅

适用条件：在上述几种方法均不能使船脱浅时，可采用卸载脱浅。

操纵方法：为了减轻搁浅船舶的载重，减小船舶吃水，增加浮力脱浅，可利用附近港口调来船队协助，采用卸货的办法脱浅。卸货过驳前应认真进行估算，即卸哪些舱的货物效果大，卸

哪些货种最迅速、方便,应卸多少等。卸出的重量应是船舶本身拉力、拖船拉力及绞锚拉力或移载等不足的数量。一般先卸去多余的燃油、压载水,再卸货物。

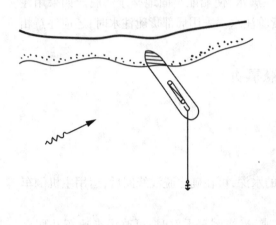

图 4-3-7 绞锚脱浅示意图   图 4-3-8 利用艏主锚和艉锚脱浅示意图

2. 他船协助脱浅

(1)请求他船协助脱浅的条件

①船体破损严重,已失去漂浮能力;

②螺旋桨、舵损坏,无法操纵船舶;

③经过计算,船舶本身无法自行脱浅;

④船舶搁浅后水位陡退,要求尽快脱浅等。

(2)搁浅船应向救助船提供的资料

①主要船图、主要尺度、原来载重量吨数、加载后艏艉吃水差变化等。

②货种、质量及分舱图,油、水的数量及部位。如有危险货物,则应特别详列舱位、吨数和注意事项。

③搁浅前的航向、航速及搁浅时间,现在的首向。

④搁浅前后的吃水,以及搁浅后吃水是否出现变化。

⑤主机、甲板机械的功率及现时技术状况。

⑥本船船位,船边水深、底质等。

(3)他船协助脱浅的方法

他船协助脱浅分两种情况:如果水深允许,救助船可直接驶靠搁浅船,卸去搁浅船上的部分货物,以减小搁浅的程度,并带上拖缆;水深不足,救助船最好利用倒车,使其倒着逐渐接近搁浅船,直到不能接近时抛下艉锚,通过舢板或撇缆接上搁浅船舶的拖缆,然后,两船船长共同研究脱浅的方法和临时联系信号。准备就绪后,救助船即可起锚慢慢向上游或斜向上游起拖,如图 4-3-9(a)所示,让拖缆渐渐受力,当拖缆与拖船的艏艉线成一直线后,即可增加车速至全速;搁浅船也要同时开倒车和绞开锚来配合脱浅。如不能立即脱浅,可左右摆动,使搁浅船逐渐下滩,如图 4-3-9(b)所示。

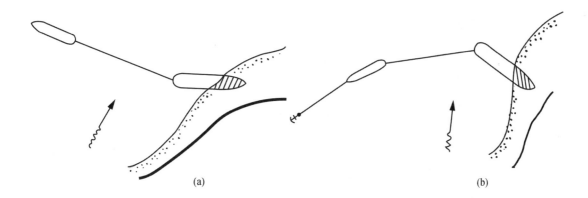

(a)　　　　　　　　　　　　(b)

图 4-3-9　拖船拖带脱浅示意图

（二）脱险救助的注意事项

（1）拖缆、拖带装置和系缆柱的强度是否可靠,在使用"急动脱浅法"时,常拉断拖缆和系缆柱,所以应注意人身的安全和钢丝绳缠绞螺旋桨桨叶。

（2）应注意所抛出的流锚位置,防止锚链打损螺旋桨。

（3）应向深水区一侧拖带,拖缆应带在搁浅船上离搁着点最远的位置,以产生最大的摆动力矩,使船脱浅。

（4）救助船在用车前,应观察拖缆的松弛程度,拖缆切忌骤然受力。

（5）掌握恰当时机敲钩脱缆。拖船敲钩脱缆时要果断,力争一锤成功。

（6）主拖船事先要考虑将拖缆安全收回的方法。

（7）搁浅船脱浅后,防止碰到救助船。

第五节　弃船与人落水应急应变

一、弃船

弃船是船舶发生水上交通事故且不能挽救危局时,为了救助船上人命,船长采取的弃置船舶的措施。《中华人民共和国海商法》(以下简称《海商法》)第 38 条规定:"船舶发生海上事故,危及在船人员和财产安全时,船长应当组织船员和其他在船人员尽力施救。在船舶沉没、毁灭不可避免的情况下,船长可以做出弃船决定;但是,除紧急情况外,船长应当报经船舶所有人同意。"

（一）弃船的条件(★△)

（1）船舶触礁或搁置于礁石上,大量进水,机舱被淹没,无法排水堵漏,失去一切施救能力,随时有沉没、折断、倾覆的危险。

（2）失火后殃及机舱,已焚毁动力灭火系统,火势继续蔓延,危及整个船舶安全。

（3）发生其他严重事故,如爆炸、剧烈碰撞等造成船舶有立即沉没的危险。

船舶发生上述水上交通事故,通过奋力自救或他救均无希望,船舶沉没或毁灭不可避免的情况下,为了旅客和船员的生命安全,船长决定弃置船舶。

（二）弃船的注意事项（★△）

（1）在弃船前，船长应当指挥船员尽力抢救航行日志、机舱日志、油类记录簿、航行图、贵重文件、贵重物品、现金、账册等，离船时，应有专人负责。

（2）弃船前，船长应尽力操纵船舶，使其沉没于航道外靠岸的浅水区，防止船舶沉没于港口、主航道、锚地、作业区域或妨碍他船正常航行的区域，并为以后的打捞施救工作创造便利条件。

（3）弃船时，船长必须采取一切措施，首先组织老、弱、妇、幼和旅客安全离船，然后安排船员离船，船长应当携带降下的国旗最后离船。

（4）弃船时，可能因难船倾斜过度或吊艇设备发生故障等原因，以致有部分人员未能随艇离开。此时，尚未离船人员可沿绳索或绳梯下水，或将脚朝下，两手抱在胸前跳入水中。如果船舶倾斜过度，应从船首或船尾离船。离船后应尽量游开并寻找漂浮物以待援救。各艇筏此时应在遇难船附近搜寻落水人员。

二、人员落水时的措施（★☆△）

船舶在发生水上交通事故或船员在舷外作业，或其他原因不慎失足落水时，应迅速、正确、全力施救。

（一）发现人落水的应急措施

（1）立即停车，向落水者一侧操舵，使船尾摆开，以免落水者被螺旋桨所伤。

（2）扔下救生圈或木板等漂浮物，以便落水者能攀附。

（3）报告船长，发出人落水警报，按规章显示、鸣放信号，同时通知机舱备车，并准备放艇救助。

（4）派人携带望远镜登高瞭望，不断报告落水者的方位和大概距离。

（5）在航道条件许可的情况下，船舶应及时掉头驶回人落水的位置，尽力搜索援救落水者。凡过往船舶有责任协助寻救。

（6）风浪中救助落水人员时，救助船应驶向落水者的上风舷，在下风舷放下救生艇，操纵救生艇于下风舷将落水者救起。

（二）驶近落水者的操纵方法

人落水后，值班驾驶员除应采取以上措施外，还应根据当时航道、水流、气象等客观条件，结合本船的操纵性能，在保证船舶安全的情况下，操纵船舶迅速回到落水者附近，与此同时，准备好放艇工作。船舶回到落水者附近，可按下述两种方法操纵：

1. 一次转向法

（1）如发现有人从右舷落水，如图 4-3-10 中①位置所示，应立即停车（双螺旋桨船右停车），右满舵。

（2）至如图 4-3-10 中②位置时，双进车，使船向落水者一舷回转，在回转过程中，可根据流的影响使用倒顺车或进车差速回转，以减小前进速度，加快回转掉头。

（3）待船首接近落水者（落水者约在 15°舷角处），应提前回舵，双停车，如图 4-3-10 中④位置所示，船以惯性驶向落水者，操纵船舶停在有利于施救的位置上（不得从落水者的上游接近）进行施救。

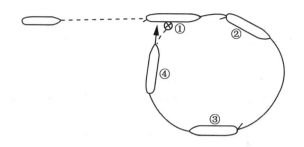

图4-3-10　一次转向法施救落水者示意图

2.返回原航迹法

若发现落水者较晚,无法确定落水者的位置,可采用返回原航迹法寻找,如图4-3-11所示。船舶常速前进,向任意一舷操满舵,当航向改变60°时,下令向相反方向操满舵,一般在航向改变90°时,船即开始向相反方向回转。当回转至180°,立即稳舵,保持船位在这一航向上,沿着原航迹寻找落水者。

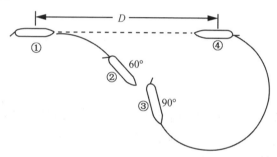

图4-3-11　返回原航迹法施救落水者示意图

第六节　主要设备损坏时的船舶操纵(★ ☆ △)

一、失锚和锚机损坏时的措施

(1)起锚时,应利用车、舵配合,使锚链不过分受力,这样可防止因锚链时紧时松使锚机受锚链的突然拉力而损坏。因此,抛、起锚作业时,在船首甲板指挥的驾驶员应与船长保持联系,相互配合协调,保证船长每一命令都能贯彻执行,更好地操纵船舶。

(2)活锚,船舶在淤沙河段长时间锚泊时,要经常做好活锚工作,以免失锚。

(3)风浪大时,应放长锚链,以防锚链张力过大而失锚。

(4)损坏锚机时,可暂时用起货机或绞车及钢丝绳、卸扣、滑轮把锚链分段绞回,并尽快修复锚机。

(5)认真选择锚地,避免在石质河底、乱石河底抛锚。

船舶一旦发生失锚事故,应用车舵操纵船舶,稳住船位,必要时,可抛下第二只锚,并测定出失锚时的船位,组织打捞失锚。若无法打捞时,应将失锚时的位置标注于航行图上,为今后打捞提供方便。双锚均丢失时,应及时配妥,不得无锚航行。失锚事故经过应详细记入航海日志。

二、舵失灵及损坏时的措施

舵失灵是指舵设备系统临时发生故障使航行船舶失去控制能力的现象。船舶舵设备系统发生故障或舵叶受损,船舶将失去方向性,导致碰撞、触礁、搁浅等事故发生。船舶发生舵失灵及损坏时的应急措施:

(1)首先应立即起用应急舵操舵系统,减速停车,并报告船长,通知机舱。

(2)船队发生舵失灵除应立即起用应急舵操舵系统外,还应立即通知驳船帮舵。

(3)悬挂舵失灵信号。

(4)双螺旋桨船可利用主机进、倒车短时间操纵船舶。

(5)在情况危急或航行条件受到限制时,应立即停车,并抛双锚稳住船位。

三、缆绳绞缠桨叶时的紧急措施

(一)缆绳绞缠螺旋桨桨叶的原因

船舶在靠离码头或拖带、顶推船舶时,由于操作不慎而使缆绳落入水中绞缠螺旋桨桨叶时,应立即停车、抛锚,并设法加以清除,否则将损坏螺旋桨及主机。

(二)缆绳绞缠桨叶的清解方法

(1)清解缠绕螺旋桨的缆绳时,应将留在船上的一端绳头系固,切不可松放下水。

(2)在机舱内用人力将地轴反转(原顺车绞缠向倒车方向旋转),每转一周,船尾的绳头收紧一次,经多次旋转和收紧后,即可解脱。

(3)如难以清解且无法在水面上清解,需派潜水员下水检查清解或压首、抬尾清解或进坞修理。

(三)防止缆绳绞缠桨的方法

(1)用车前,解船尾系缆必须与驾驶台保持联系。

(2)靠泊作业前,一定要把从导缆孔出的缆绳头放在甲板上。

(3)离泊时迅速收起落于水中的缆绳,待全部缆绳从导缆孔收进后,才能用车。

四、主机损坏时的措施

(1)航行船舶,如遇主机损坏及发生故障,应立即设法借助惯性用舵控制航向,尽可能操纵船舶于航道边缘较浅的水域或缓流区航行。

(2)通知水手长备锚,测量水深。

(3)立即悬挂主机失灵信号。

(4)锚泊后,组织机舱人员尽力抢修。

(5)如船舶正通过大桥、浅险航道,或有碰撞、搁浅危险时,应立即抛下双锚,控制船舶前进,以减小损失。

(6)如损坏程度严重,不能自修,应立即拖往船厂修理,并将发生的情况详细记入航行日志。

五、全船失电时的措施

(一)全船失电的原因

造成全船失电的原因十分复杂,常见的有:

(1)电站本身的故障,如空气开关的故障、相复励变压器故障等。

(2)大电流、过负荷,如大功率泵的启动或电气短路等。

(3)大功率电动辅机故障或启动控制箱的延时发生故障。

(4)发电机及其原动机本身的故障,如调速器故障滑油低压、冷却水低压、燃油供油中断等。

(5)操作失误。

(二)全船失电的应急措施

全船失电时应立即通知驾驶台并接上应急电源,检查应急电源是否正常;在全船失电情况下首先应注意确保舵机、助航设备和消防设备供电。根据船舶航行状态的不同应采取不同的应急措施,以免因全船失电而产生其他重大事故。

(1)船舶在航行中突然失电时,应首先停止主机运转并立即电告驾驶台,然后迅速启动备用发电机组,尽快恢复供电。如果情况特殊急需用车避让,只要主机短时间运转则应执行驾驶台命令。如果备用发电机组也不能启动,则应启动应急发电机(正常情况下,应急发电机应正常启动),并首先给助航设备和舵机供电。

(2)船舶在狭水道或港内航行中突然失电时,应迅速启动发电机组尽快恢复供电,同时应立即通知驾驶台并停止主机运转。在应急处理过程中必须有人坚守主机操纵台,随时与驾驶台联系,如情况危急船长必须用车时,可按车令强制主机运行而不考虑主机后果。

(3)船舶在系泊或锚泊状态下发生故障时,应先启动备用发电机组,恢复正常供电后,再分析检查供电原因并予以排除。

(4)按规定显示船舶失控信号,通知水手长备好锚。

练习题

一、选择题

1.同一满载船舶,下列(　　)情况下舵效最好。

 A.平吃水   B.适当艏倾

 C.适当艉倾   D.横倾

2.船舶由全速前进改为全速倒车时的船舶冲程称为(　　)。

 A.停车冲程   B.倒车冲程

 C.最短停船距离   D.最小冲程

3.浅水对船舶操纵性能的影响表现为(　　)。

 A.旋回性变好、航向稳定性变差   B.旋回性变好、航向稳定性变好

C. 旋回性变差、航向稳定性变好　　　　D. 旋回性变差、航向稳定性变差

4. 会直接产生船吸作用的两船间距( )。

    A. 两船船长之和的一半　　　　　　　　B. 小于两船船长之和

    C. 小于两船船长之和的 2 倍　　　　　　D. 小于两船船长之和的 3 倍

5. 旋回圈的要素主要包括( )等。

    A. 反移量、纵距、横距、旋回初径、旋回直径　　B. 纵距、纵距、旋回初径、旋回直径

    C. 反移量、纵距、横距、旋回初径　　　　D. 反移量、旋回初径、旋回直径

6. 定速直航的船舶,操一舵角后,其重心做( )的运动轨迹,称为旋回圈。

    A. 360°　　　　　　　　　　　　　　　　B. 270°

    C. 180°　　　　　　　　　　　　　　　　D. 90°

7. 下列说法正确的是( )。

    A. 船舶满载比轻载的冲程要短

    B. 船舶顺风、顺流航行时,冲程增大

    C. 同一船舶航行在深水中比在浅水中冲程要短

    D. 船舶污底越严重,相应冲程越大

8. 水流对舵压力、舵效的影响是( )。

    A. 逆流或顺流航行时,舵压力一样大　　B. 逆流舵压力大

    C. 顺流舵压力大　　　　　　　　　　　　D. 顺流时的舵效比逆流时好

9. 船舶进入不适航浅水区后,船舶会出现"跑舵"现象,下述说法正确的是( )。

①船首向深水侧偏转;②船首向浅水侧偏转;③出现跑舵应及时用舵抑制偏转,以便稳定其原航向;④让其跑舵,必要时减速,使船向深水区航行一段距离后,再调顺航向续航

    A. ①③　　　　　　　　　　　　　　　　B. ②③

    C. ①④　　　　　　　　　　　　　　　　D. ②④

10. 舵角的大小影响舵效,一般来说,( )舵效越好。

    A. 舵角越大　　　　　　　　　　　　　　B. 舵角越小

    C. 舵角在某个极限值内,舵角越大　　　　D. 舵角达到 90°时

11. 船舶做大舵角快速转向时,会产生横倾,它是( )。

    A. 内倾　　　　　　　　　　　　　　　　B. 外倾

    C. 先内倾后外倾　　　　　　　　　　　　D. 先外倾后内倾

12. 船舶在有均匀流水中,其回旋圈形状为( )。

    A. 保持与静水中一样的近似圆圈　　　　B. 逆流旋回,近似椭圆形,纵距短

    C. 逆流旋回,近似椭圆形,纵距长　　　　D. 顺流旋回,近似椭圆形,纵距短

13. 发生岸推、岸吸现象的顺序是( )。

    A. 岸推、岸吸同时发生　　　　　　　　B. 先发生岸推、继而发生岸吸

    C. 先发生岸吸、继而发生岸推　　　　　D. 岸推、岸吸单独发生

14. 一大船从小船左舷追越,当大船首平小船尾时,小船易发生( )。

    A. 船首向右转　　　　　　　　　　　　B. 船首先左转

    C. 船身平行吸扰　　　　　　　　　　　D. 船身平行排斥

15. 船舶旋回运动中,船舶重心处的反移量达到( )船宽。

A. 1/3
B. 1/2
C. 3/4
D. 1 倍

16. 船在浅水区中航行,下述不正确的是(　　)。
   A. 船速下降
   B. 船体下沉和纵倾
   C. 舵效差,转向不灵
   D. 艏向浅水一侧偏转

17. 船舶转舵后,可能会产生(　　)结果。
   ①航速损失;②回转;③侧移;④阻力增加;⑤航迹弯曲
   A. ①②③④⑤
   B. ①②④⑤
   C. ①③④⑤
   D. ①②③④

18. 船长大于 30 m 的船,急流航区的转舵时间为(　　)s,其他航区为(　　)s。
   A. 12;20
   B. 15;20
   C. 12;15
   D. 15;25

19. 旋回圈是指船舶以固定的舵角和航速作(　　)旋回时,船舶重心处所经过的轨迹。
   A. 360°
   B. 270°
   C. 180°
   D. 90°

20. 船舶全速满舵旋回时,船尾处的反移量一般为(　　)。
   A. 船宽的 1/5 ~ 1/10
   B. 船长的 1/5 ~ 1/10
   C. 船宽的 1/2
   D. 船宽的 2 倍

21. 搁浅用锚,一般用锚链(　　)。
   A. 尽量短
   B. 尽量长
   C. 根据水深估算
   D. 根据风流估算

22. 驾驶员发现单锚泊船已走锚,首先应当(　　)。
   A. 松长锚链
   B. 加抛另一舷锚
   C. 通知机舱紧急备车
   D. 告知船长

23. 船舶驶靠码头控制速度是关键,关于控制航速的说法,下述不正确的是(　　)。
   A. 船舶抵码头下端位置是控制速度的关键
   B. 如发现航速较快,可预先用倒车抑制
   C. 为防止风压影响,可适当增大航速
   D. 为防止风压影响,应尽量减小航速

24. 单锚泊时,锚的总抓力是(　　)。
   ①锚爪抓力;②卧底锚链与河床底的摩擦力;③悬垂锚链的重力;④锚爪的重量
   A. ①
   B. ①②
   C. ①②③
   D. ①②③④

25. 在大风浪中的锚泊船,船舶偏荡运动速度和摆幅大的船是(　　)。
   ①空载船;②满载船;③驾驶台在船首或船中的船;④驾驶台在船尾的船
   A. ①③
   B. ①④
   C. ②③
   D. ②④

26. 大风浪来临前的准备工作有(　　)。
   ①保证水密;②排水畅通;③绑牢活动物体;④做好应急准备;⑤空船压载
   A. ①③④⑤
   B. ①②③④
   C. ②③④⑤
   D. ①②③④⑤

27. 航道宽度明显不足,一般使用( )方法掉头。
    A. 连续进车掉头   B. 进、倒车掉头
    C. 利用流力掉头   D. 抛锚掉头

28. 靠泊操纵的要领是( )。
    ①控制速度;②摆好船位;③调整好驶靠角;④大副亲自指挥
    A. ①   B. ①②
    C. ①②③   D. ①②③④

29. 船舶采用大角度驶靠码头的适用条件( )。
    A. 码头水域水流较急或泊位上下方均有他船靠泊
    B. 在有强吹开风或遇弱流和尾吹开风
    C. 在有强吹拢风的情况下,为了控制船舶向码头的靠拢速度
    D. 遇艏强吹拢风、困挡水、急流或码头结构强度较弱

30. 船舶靠泊时的纵距,一般情况下为( )倍船长,视风、流及冲程大小做适当调整。
    A. 1   B. 2 ~ 3
    C. 4 ~ 5   D. 5 ~ 6

31. 船舶进行单锚泊,如有风、流影响时,则抛( )一舷艏锚锚泊。
    A. 左舷   B. 右舷
    C. 下风舷或背流舷   D. 上风舷或迎流舷

32. 在有流河段,顺流船采用抛锚法掉头时,当船身转至与流向呈( )时,抛下艏锚。
    A. 25° ~ 30°   B. 50° ~ 60°
    C. 80° ~ 90°   D. 140° ~ 160°

33. 靠泊操作三要领是( )。
    A. 控制余速、注意风流、掌握驶靠角   B. 控制余速、摆好船位、车舵配合
    C. 控制余速、摆好船位、掌握驶靠角   D. 注意风流、摆好船位、掌握驶靠角

34. 靠泊的基本方法有( )。
    ①滑行驶靠;②横移驶靠;③大角度驶靠;④抛锚和顺流驶靠
    A. ①   B. ①②
    C. ①②③   D. ①②③④

35. 船舶在旋回掉头过程中如发现横倾角过大时,为防止船舶发生倾覆的危险,应( )。
    A. 先抛锚后回舵   B. 立即减速或停车
    C. 加舵   D. 压舵

36. 在弯曲航道中进行掉头作业的下行船( )。
    A. 应从主流向缓流掉头   B. 应从缓流向主流掉头
    C. 应从中间向岸边掉头   D. 可向任意一舷掉头

37. 空船在大风浪中航行有很多不利之处,为确保航行安全,应( ),以提高船舶抗风浪的能力和防止螺旋桨空转。
    ①进行适当的压载;②保持适当艉倾;③保持适当的艏倾
    A. ①③   B. ③
    C. ①②   D. ①

38. 船舶搁浅后应设法固定和保护船体,当船身与岸线平行时,应从(　　)向外各成45°方向抛锚。

    A. 船首   B. 船尾

    C. 船中   D. 艏艉

39. 弃船时,人员离船顺序是(　　)。

    A. 老弱幼妇、旅客、普通船员、高级船员、船长

    B. 船长、老弱幼妇、旅客、普通船员、高级船员

    C. 高级船员、老弱幼妇、旅客、普通船员、船长

    D. 普通船员、老弱幼妇、旅客、高级船员、船长

40. 主机全部损坏时应立即悬挂主机失灵信号,尽一切努力控制船舶,下列各项措施中正确的一项处置方法是(　　)。

    A. 小型船舶可通过送流锚作业将船舶拉向岸边

    B. 配有机动救生艇的船舶可通过释放机动救生艇拖带至安全地点

    C. 立即设法借助惯性用舵控制航向,尽可能操纵船舶于航道边缘较浅的水域或缓流区锚泊

    D. 寻找大桥桥墩等水上建筑物紧急系靠抢修

41. 船舶在大风浪来临前的准备工作,下述不正确的是(　　)。

    A. 舱内的散装货要扒平,油、水舱柜尽可能注满或抽空

    B. 根据船舶现状和水域的自然条件,决定续航还是锚泊,做好各种应急准备

    C. 空载船要进行适当压载,一般以平吃水为宜

    D. 水密门、通风口、舷窗和锚链管要关闭严实并用防水布盖妥

42. 两船迎面相遇处于碰撞紧迫危险时,应先使(　　)避开,再向来船一侧操舵,以避开(　　)。

    A. 船首;船首   B. 船首;船尾

    C. 船尾;船首   D. 船尾;船尾

43. 航行中船舶在搁浅或触礁不可避免时,宁使船首受损亦要保护好船尾,其目的是(　　)。

    A. 便于排水堵漏   B. 防止船体变形

    C. 防止打坏车、舵设备,扩大事故   D. 防止人员伤亡

44. 船舶搁浅后,不得盲目使用车舵,其目的是(　　)。

    A 便于排水堵漏   B. 防止船体变形

    C. 防止打坏桨、舵和扩大事故   D. 防止人员伤亡

45. 弃船前应尽量操纵船舶沉没于(　　)处。

    A. 航道外浅水   B. 航道中央深水

    C. 航道任意   D. 航道端部

46. 下列属于船舶失锚原因的是(　　)。

    ①尚有余速时急于抛锚;②出链长度不够;③深水区抛锚方法不当;④在急流中抛锚

    A.①②   B.①③④

    C.①②③   D.①②③④

47.船舶发生舵失灵时,首先应( )。

    A.抛锚
                                B.备车

    C.启用应急舵操舵系统
            D.悬挂舵机失灵信号

48.缆绳绞缠桨叶时应立即( ),并设法加以清除,防止损坏螺旋桨和主机。

    ①停车;②绞收;③送放;④抛锚

    A.①②④
                                B.②③④

    C.①④
                                  D.①②③④

49.大风浪中整个掉头的过程中要避免( )。

    A.开快车

    B.用满舵

    C.用5°以下小舵角

    D.让操舵引起横倾与波浪引起横倾同时发生在同一方向

50.值班驾驶员在航行中发现有人落水,应( )。

    ①立即停车,并向落水者一舷操舵,避免车叶打伤落水人员;②就近抛下救生圈;③鸣放人员落水信号;④报告船长

    A.①②
                                B.①④

    C.①②③
                              D.①②③④

51.船舶搁浅后,为防止情况恶化,首先应( )。

    A.连续不断用倒车使船舶迅速脱浅

    B.运锚向后抛,通过绞锚倒出

    C.查明船底有无破损进水,摸清船舶吃水和周围水深、底质情况

    D.开慢车并左右满舵,使船体扭动再开快倒车倒出

52.在碰撞不可避免时,应尽力避免( )部位被他船撞入。

    A.机舱或船中
                          B.船首或船尾

    C.机舱或船尾
                          D.船首或船中

53.避免失锚的措施主要有( )等几项。

    ①起锚作业时,应利用车舵配合,切忌硬绞;②认真选择锚地,在淤沙河段注意活锚;③风浪大时应及时送放锚链;④正确养护锚机

    A.①②
                                B.③④

    C.①②④
                              D.①②③④

54.船舶在航行中突然失电时,应迅速启动发电机组尽快恢复供电,同时应立即通知( )。

    A.驾驶台
                                B.船长

    C.船舶所有人
                          D.主管机关

55.船舶在大风浪中航行,应尽量避免船舶( )。

    A.正横受浪
                                B.船首受浪

    C.船尾受浪
                              D.舷侧受浪

二、判断题（正确打√,错误打×）

1. 在极限舵角范围内,工况相同的情况下舵角越大,舵压力就越大,舵效越好。（　）

2. 转舵时间越长,船舶舵效越好。（　）

3. 舵速大则舵效好,反之则舵效差。（　）

4. 反移量又称偏距或反横距,是指操舵后船舶重心自原航向的延伸线向操舵相反方向横移的最大距离。（　）

5. 在旋回运动中,出现较大外倾角时,应立即慢车、停车,待船速下降后再缓慢回舵,切忌急回舵,甚至操反舵。（　）

6. 在旋回运动中,船舶先内倾后外倾且内倾比外倾角大。（　）

7. 通常船尾的反移量为 1/2 船宽。（　）

8. 通常重心处的反移量达 1/10～1/5 船长。（　）

9. 船舶在各种速度下,停车至船舶速度为零时所需滑行的距离为停车冲程。（　）

10. 在船速一定时,排水量越大,冲程就越大。（　）

11. 船舶前进中正横前来风,如船速慢、风速大、艉纵倾或艏部受风面积大的船舶,则船首顺风偏转。（　）

12. 船舶前进中正横前来风,船速快、尾部受风面积大的船舶,则船首逆风偏转。（　）

13. 船舶逆流航行时,流速越大冲程越小。（　）

14. 船舶顺流航行时,流速越大冲程越小。（　）

15. 同一船舶,逆流船的舵效较顺流船好。（　）

16. 当船舶驶入不适航的浅水区时,一般情况下船体会下沉。（　）

17. 上行船舶利用缓流航道航行而驶入浅水区时,船首会向深水一侧偏转。（　）

18. 船舶在航道中过分靠近一侧岸壁航行,船首向河心一侧偏转的现象称为岸推现象。（　）

19. 船舶在航道中过分靠近一侧岸壁航行,船尾两侧产生压力差有把船尾吸向岸边的趋势,这一现象称为岸吸现象。（　）

20. 船舶排水量越大,产生的船间效应越明显。（　）

21. 两船排水量差异越大,小船受到船间效应的影响越显著。（　）

22. 锚设备的用途可以分为停泊用锚、操纵用锚和应急用锚。（　）

23. 锚的抓力是指由锚和锚链产生的将船舶系留于水面的作用力。（　）

24. 锚泊船舶为抑制船舶偏荡,经常用压载增加吃水以缓解偏荡,压载一般要求到满载吃水 3/4 以上。（　）

25. 洪水猛涨,流速激增,使船体承受的水动力大于锚的系留力不是船舶走锚的原因。（　）

26. 掌握船舶的纵距,就能较好地把握用舵时机。（　）

27. 移动重物调整船舶的纵横倾脱浅方法适用于:船舶的一端或一舷搁浅,另一端或另一舷有足够水深。（　）

28. 船舶失火后,应立即弃船。（　）

29. 当你船撞入他船船体,应当立即开倒车倒出,以免造成重大损失。（　）

30. 搁浅后应立即用倒车脱浅。（　　）

31. 航行中船舶有人落水时,应立即停车,向落水者相反一侧操满舵,使船尾摆开。（　　）

32. 在全船失电的情况下首先应注意确保舵机、助航设备和消防设备供电。（　　）

33. 一般情况下,顺流航行船舶掉头时,应从主流向缓流掉头。（　　）

34. 一般情况下,逆流航行船舶掉头时,应从缓流向主流掉头。（　　）

35. 船舶垂向受风浪的影响使船舶发生中拱或中垂现象。（　　）

参考答案

一、选择题

1. C	2. D	3. C	4. B	5. A	6. A	7. B	8. A	9. C	10. C
11. C	12. B	13. A	14. B	15. B	16. D	17. A	18. A	19. A	20. B
21. B	22. B	23. D	24. B	25. A	26. D	27. D	28. C	29. B	30. B
31. D	32. C	33. C	34. D	35. B	36. A	37. C	38. D	39. A	40. C
41. C	42. B	43. C	44. C	45. A	46. B	47. C	48. C	49. D	50. D
51. C	52. A	53. D	54. A	55. A					

二、判断题

1. √	2. ×	3. √	4. √	5. √	6. ×	7. ×	8. ×	9. √	10. √
11. √	12. √	13. √	14. ×	15. √	16. √	17. √	18. √	19. √	20. √
21. √	22. √	23. √	24. √	25. ×	26. √	27. √	28. ×	29. ×	30. ×
31. ×	32. √	33. √	34. √	35. √					

第二分篇　航道与引航

把船舶从始发港安全驾引到目的港,这是水上运输生产的重要环节,要达到安全驾引船舶,就必须全面掌握航道的情况、熟悉水文要素、掌握气象常识,遵循船舶驾引法规。本分篇主要阐述了船舶引航的基本理论和基本方法,还包括与安全驾引船舶相关的航道尺度、水文要素、标志、航行图及气象常识等主要内容。

第四章　内河航道尺度与水文要素

水文是构成航行条件的主要因素,与航道情况有着密切的联系,水文要素在某一时刻的综合反映,表征着河流的水流情况及其对船舶航行的影响。

第一节　内河航道尺度

在天然河流、运河、湖泊、水库中具有一定宽度、深度、弯曲半径,能供船舶安全航行的水域称为航道。但在通航水域上设置固定建筑物,在必须满足本通航水域上能供船舶安全航行的最低通航航道尺度时,还必须满足船舶正常通航的最低净空高度。

一、航道尺度与航道标准尺度(☆△)

(一)内河航道尺度

内河航道尺度是指在一定水位下的航道深度、宽度、弯曲半径的总称。航道尺度随水位涨落而变化。

(二)航道标准尺度

航道标准尺度(又称航道维护尺度、航道保证尺度、航道保障尺度、航道最小尺度),它是指在一定保证率的设计最低通航水位下,为保证标准船舶安全通航,航道必须维护的最小航道尺度,它包括航道标准深度、宽度和最小弯曲半径,同一条河流,不同河段航道标准尺度可不相同,通常下游河段航道标准尺度大于上游河段。

1.航道标准深度

航道标准深度又称最小保证水深,它是设计代表船型在设计最低通航水位时,须保证的航道最小水深,是通航标准的主要指标,如图4-4-1所示。

2.航道标准宽度

航道标准宽度是指在设计最低通航水位时,设计代表船型或船队满载吃水航行所需的航

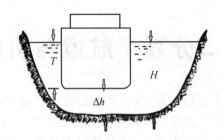

图 4-4-1　航道标准深度示意图

H—航道标准深度；T—设计代表船型的最大吃水；Δh—富余水深

道最小宽度，即整个通航期内航道中应保证的最小宽度。

3. 航道最弯曲半径

航道最弯曲半径是指航道弯曲处，其轴线圆半径长度，又称为航道曲率半径；航道弯曲系数是指弯曲航道的实际长度与起止点之间的直线长度之比，用 K 表示。从理论上讲，弯曲航道的弯曲系数往往大于 1.5，若在 1.0 ~ 1.5 之间称为微弯航道，近似于 1.0 称为顺直航道。弯曲系数越大，航道弯曲半径越小，航道条件越差，船舶航行越困难。

（1）航道最小弯曲半径的确定

航道最小弯曲半径是指在设计最低通航水位时，应保证航区设计代表船型或船队，下行安全通过弯曲河段所必需的航道弯曲半径。在确定最小弯曲半径时除与船长有关外，还与航道、水流、船宽与航宽、航速与流速、船队尺度与系结方式、操纵性能与引航技术等因素有关。

①按照我国内河通航标准规定，内河航道的最小弯曲半径，采用顶推船队长度的 3 倍或货船长度、拖带船队最大单船长度的 4 倍。

②在特殊困难河段，航道最小弯曲半径不能达到上述要求时，在宽度加大和驾驶通视均能满足需要的前提下，弯曲半径可适当减小，但不得小于顶推船队长度的 2 倍或货船长度、拖带船队最大单船长度的 3 倍。

③流速 3 m/s 以上、水势汹乱的山区性河流航道，其最小弯曲半径宜采用顶推船队长度或货船长度的 5 倍。

（2）航道弯曲半径求法

航道弯曲半径一般可以从资料中得知，也可以从航行图或航道图上量取，也可采用几何作图法（"三点求圆心法"）获得，其方法和步骤如下，如图 4-4-2 所示。

在航道中心线上的最弯曲部分截取一线段，从线段上取上、下起止点和顶点 A、B、C 视作圆弧线上的三点；连接 AC 和 CB，并作两线段的垂直平分线 OE、OF 交于 O 点；OC 即为弯曲半径，实际长度可从该图的比例尺上量取。

二、富余水深与航道标准深度的关系（★）

富余水深或称剩余水深是指船舶安全航行时船舶平板龙骨外缘最低点至相应河底所应保持的最小距离。富余水深的作用是保证船舶的航行安全。富余水深与船舶在航行中下沉量，保证船舶推进器和船舶舵效以达到操纵灵活安全而增加的吃水，防止船舶因波浪或其他原因偶然触及河底需增加的水深有关。但在山区河流大型顶推船队编队后，船舶吃水量略有增加，一般为 0.06 m 左右，中小型河流船队较小，可以不考虑。

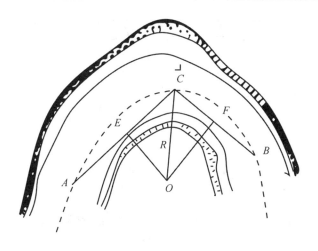

图 4-4-2　航道弯曲半径求法示意图

《内河通航标准》(GB 50139—2014)规定船舶富余水深值见表 4-4-1。

表 4-4-1　富余水深值

航道等级	I	II	III	IV	V	VI	VII
富余水深(m)	0.4 ~ 0.5	0.3 ~ 0.4	0.3 ~ 0.4	0.2 ~ 0.3	0.2 ~ 0.3	0.2	0.2

注:①富余水深值主要包括船舶航行下沉量和触底安全富余量;

②流速或风浪较大的水域取大值,反之取小值;

③卵石和岩石质河床富余水深值应另加 0.1 ~ 0.2 m。

三、航道尺度与通航尺度的关系(★)

通航尺度不但包括航道尺度三个关系量的因素外,还包括通航净空高度。人类为了改变自然而更好为人类服务,随着交通网络化发展和河流的综合开发利用,往往在通航河流、水库等通航水域上修桥筑坝建电站等,住房和城乡建设部规定,要求在建设这类永久性建筑物时必须满足船舶正常通航,留足通航净空高度和宽度。

(一)通航净空高度(★)

规定富余高度(ΔD)是指为了保证架空管线、桥梁、船闸等水上固定建筑物的安全必须留足的最小安全距离。如桥梁必须控制在 1 ~ 1.5 m,架空管线因受气温和输电电压的高低的影响一般必须控制在 3 ~ 7 m,船闸一般必须控制在 0.5 ~ 1 m,船舶驾驶员在计算安全通航净空高度必须结合当时实际情况准确计算和判定船舶是否能安全通过。

通航净空高度(D)是指船舶安全通过的最低高度。

航道部门和桥梁工程部门:通常把水上跨河建筑物下缘最低点到设计最高通航水位面的垂直距离,称为设计净空高度(记为 D_1,包括规定富余高度)。

航运管理部门为了便于驾驶员计算和掌握船舶通过跨河净空建筑物的安全高度,常把水上跨河建筑物的下缘最低点至当地零水位面的垂直距离称为通航净空高度或称净空高度(记为 D_2,包括规定富余高度)。

例如,如图 4-4-3 所示,D_2 为 14 m,该桥安全富余高度规定 ΔD 为 1 m,已知船舶水面上高

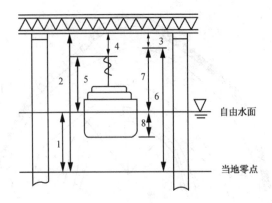

**图 4-4-3　嘉陵江某某大桥通航孔桥孔下缘最低点
到当地零点水位面的垂直距离**

1—当地水位(自由水面至当地零点的垂直距离);2—净空高度(航运部门规定);3—规定富余
高度;4—实际富余高度;5—船舶最大水面上高度;6—实际通航最大高度;7—自由通航最大高
度(安全通航高度或允许通航的最大高度);8—吃水

度 H_C 为 9 m,当天当地水位 W 为 3.5 m,问该船能否安全通过?

船舶安全通过跨河架空建筑物的计算方法:

$$H_C + W + \Delta D \leqslant D_2$$
$$9 + 3.5 + 1 = 13.5 \text{ m}$$

因 $H_C + W + \Delta D = 13.5$ m,小于 D_2,所以能安全通过。

(二)船闸有效尺度(★)

船闸由闸首(上、下闸首)、闸室和引航道(上、下引航道)组成,如图 4-4-4 所示。

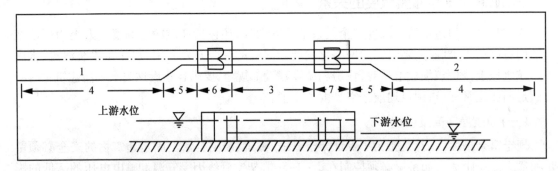

图 4-4-4　船闸

1—游引航道;2—下游引航道;3—船闸;4—引航墙;5—导航建筑物;6—上闸首;7—下闸首

船闸有效尺度是指船闸闸室内能够满足设计通航标准的有效尺度。该尺度包括船闸有效长度、船闸有效宽度、门槛最小水深。

船闸有效长度是指闸室内允许船舶(队)安全停泊的长度。

船闸有效宽度是指闸室或闸首边墩墙迎水面最突出部分之间的最小距离。船闸有效宽度系列应为 34 m、23 m、18 m 或 16 m、12 m、8 m。

门槛最小水深是指设计最低通航水位至门槛顶部的垂直距离,门槛最小水深不应小于设计船舶或船队满载时最大吃水的 1.6 倍。

第二节　水位与水深

一、水位的相关概念(★ ☆ △)

(一)水位

水位是指河道中某时某地的自由水面至某一基准面的垂直距离,称为水位。单位为米(m),水位是一个经常变化的值,观测水位的方法有:水尺法、自动记录法。

(二)水位基准面

用于起算水位值的基准面称为水位基准面。例如某某港口水位零点的确定,常常是通过对这个港口每年最低水位进行记录统计,将近10年或更长时间的最低水位值求其平均数,人们规定这个平均值水位点面作为当地水位零点基准面,故又称为水位零点。高于该基准面者为正值,低于该基准面者为负值,根据需要的不同,水位零点又分为基本零点和当地零点。

1.基本零点

以某一河口附近海域的某一较低的海平面作为零点,称为基本零点,又称绝对零点或绝对基准面,如长江用的吴淞零点。

自1957年起,我国统一采用"黄海平均海平面"作为陆地标高的起算面。这个基准面是起算全国"高程"的基本零点,所以该面又称"大地基准面"。在此基准面以上叫绝对高度,又称为海拔。

2.当地零点

以当地历年来最低水位或接近于该水位的水平面作为零点,称为当地零点,又称测站零点或各港零点。

3.基本零点与当地零点的关系

以基本零点起算的水位,称为绝对水位,以该零点确定的高程称为绝对高程。以当地零点起算的水位,称为当地水位,以该零点确定的高程称为相对高程。基本零点与各个当地零点有个高程差,即为各当地零点的高程。我们只要了解这个差数,就能在实际中加以运用,其表达式如下:

$$绝对水位 = 当地水位 + 高程$$
$$绝对高程 = 相对高程 + 高程$$

二、水深与图示水深(★ ☆ △)

(一)水深

自由水面距离河床底部表面的垂直高度称为水深。实际水深值是经常发生变化的,水位上升,水深增大;水位下降,水深减小。

(二)图示水深

为了绘制航道图或航行参考图,标明某处的深度或礁石的高程,不可能用实际水深,因此,绘图用的水深必须以某一基准面为标准起算。某一基准面至河底的深度称为图示水深,或图注水深。该基准面称为深度基准面,又称为绘图基准面。通常规定以基准面为零值,凡在基准面以上的水深取负值,一般称为干出高度,凡在基准面以下的水深取正值,称为图示水深(图注水深),为便于计算,我国内河的水位和水深基准面已统一,如图4-4-5所示。

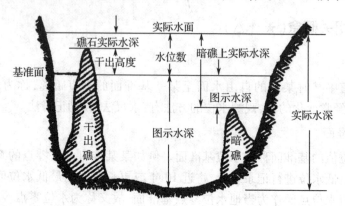

图4-4-5　水深与图示水深

(三)实际水深的计算(★ ☆ △)

我们只要知道某日的水位和图示水深,即可求实际水深,其关系式为:

$$实际水深 = 图示水深 + 水位$$

例:已知长江某处礁石的图示水深为$+1.2$ m,当时当地水位为4.0 m,礁石上的实际水深是多少? 若某船艏吃水为4.5 m,艉吃水为5.0 m,当地富余水深规定为0.3 m,问该船能否从礁石上安全通过?

解:该礁石的实际水深(H) = 图示水深 + 水位 = $1.2+4.0=5.2$(m)

船舶通过时需要最小安全水深(h) = 船舶最大吃水 + 富余水深 = $5.0+0.3=5.3$(m)

因为$H<h$,所以该船不能从礁石上安全通过。

在求某处实际水深用来船舶航行参考时必须要充分考虑到下列因素:

(1)容易淤积和冲刷变化较大的河段;

(2)障碍物残存河底时间的长久,是否有变动;

(3)暗礁一般比较稳定,但长期会受泥沙淤积。

第三节　内河航区的划分和航道等级

一、内河航区分级标准

(一)内河航区级别(★)

(1)根据水文和气象条件,按照不同的波高(m)和计算波长(m)的标准将内河船舶航行区域划分为 A、B、C 三级,其中某些水域,依据水流情况,又划分为急流航段,即 J 级航段。例如宜昌以上为 C 级航区,其波高在0.5 m 及以下,波长在 5.0 m 以内,B 级航区,波高在

0.5～1.5 m,波长 15.0 m 范围内。

（2）在峡谷河流中,滩上流速超过 3.5 m/s 的航段,定为急流航段。

（3）急流航段按滩上流速大小划分为 J_1、J_2 两级:

J_1 级航段——航区内滩上流速为 5 m/s 以上但不超过 6.5 m/s 的航段;

J_2 级航段——航区内滩上流速为 3.5 m/s 以上至 5 m/s 的航段。

二、内河航道等级划分（★）

《内河通航标准》（GB 50139—2014）已于 2015 年 1 月 1 日实施,适用于天然河流、渠化河流、湖泊、水库、运河和渠道等通航内河船舶的航道、船闸和过河建筑物的规划、设计和通航论证。

内河航道按可通航内河船舶的吨级划分为 7 级,见表 4-4-2。

表 4-4-2　航道等级划分

航道等级	Ⅰ	Ⅱ	Ⅲ	Ⅳ	Ⅴ	Ⅵ	Ⅶ
船舶吨位(t)	3 000	2 000	1 000	500	300	100	50

注:①船舶吨级是按通航内河驳船和货船设计载重吨确定的;

②通航 3 000 t 级以上船舶的航道列入Ⅰ级航道。

第四节　流向与流态

一、流向与流态的概念

（一）流向

流向是指水流质点的运动方向称为流向,它是指水流去的方向。河槽中的水流方向是随河槽的形态、水位的不同而发生变化的。观测水流的方向除了用仪器之外,还可用目测。

目测流向的方法主要有:（☆△）

（1）观察漂流物的运动方向,判定该处的表层流向。

（2）观察航标船向及其艉部水流迹线的方向。

（3）观察单锚泊船舶的艏艉方向。

（4）观察河岸形状。在顺直河段,流向基本与岸线平行一致;弯曲河段,一般是凸岸水势高,凹岸水势低。水流扫弯,水流从凸岸流向凹岸;弯曲顶点以下,由于超高现象,水流自凹岸流向凸岸。

（5）观察河岸水生植物被水流冲击的倾倒方向。

（6）观察翻花水在水面漂浮的方向。

（7）在宽阔或水流较缓的河段不易判定流向时,可根据船舶压舵的情况及偏航的程度或前船尾迹线水流的偏摆来估计流向。

（二）流态

水流运动的形态称流态,在船舶引航中通常是指水流的表层形态。流态的好坏不仅关系到航道的变化,还直接影响到船舶的航行。

二、常见流态的概念(★☆△)

通常从表层水流对船舶运动产生作用和影响可分为以下几种流态。

1. 主流

主流是指河槽中表层流速较大并决定主要流向的一股水流称主流。主流在河槽中的位置和流速的大小,随河槽的形态、水位的高低、比降的大小而定,它在河槽中的位置常常与河槽的深泓线相对应。在不同类型的河段中,主流所处的位置是不一样的。

2. 缓流

缓流是指主流两侧流速较缓的水流称为缓流。

3. 急流

急流是指阻滞和妨碍船舶航行的湍急水流,而水力学中的"急流"两者的内涵是有区别的,如图4-4-6所示。

4. 埂水

埂水是指水流受河床形状影响或受礁石等障碍物所阻,在障碍物顶部或稍上处水面隆起成埂状的水流称"埂水",是一种局部的壅水现象,如图4-4-6所示。

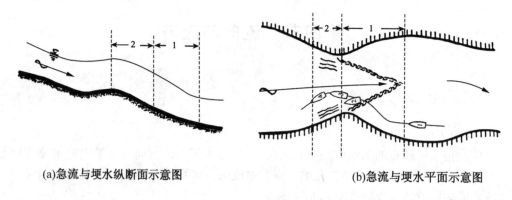

(a)急流与埂水纵断面示意图   (b)急流与埂水平面示意图

图4-4-6　急流段与埂水段
1—急流段;2—埂水段

5. 回流

回流是指同主流流向相反的回转倒流称为回流。因长江走向是自西向东,故长江的回流又称"西流"。

6. 横流

横流是指凡水流流向与河槽轴线成一交角具有横向推力的水流统称为横流。横流按出现的地段和对船舶航行的影响,可分为以下几种,如图4-4-7所示。

（1）斜流

水流受突出地形、岸嘴、石梁所阻,迫使水流汇集成束,从一岸向河心或彼岸斜冲的强力水流。

（2）出水

水流冲击岸壁、边滩、石梁等障碍物,从一岸向河心或向彼岸喷射不成流束且面积较宽的水流。若成半边形向外翻滚的水流,称为"出泡"。不论出水或出泡均具有横推力,故又称"护岸水"或"护岸泡"。

（3）背脑水与披头水

背脑水与披头水同系一种水流,它是水流向岸嘴冲压或向江心洲、石梁脑部冲泻而成。对下行船舶而言,在它的作用下,船体横移而迫近岸嘴或洲滩脑部而背脑,称"背脑水"。对上行船舶而言,当船舶出角迎流后,船向与该水流流向存在一交角,水流冲压船首外舷,有打头之势,故又称"披头水"。

（4）内拖水

航道中,部分水流向岸边低陷处流泻的横向水流,称为"内拖水"。它的特点是向岸边困压,故习称"内困水",当它在码头附近出现,又称"困挡水"。

（5）扫弯水

在弯曲河段,水流在重力和离心力的作用下,形成单向环流,其表层水流流向凹岸,扫弯而下的水流。扫弯水兼有横流和强流的特性,它的强弱与水流的纵向流速、河弯曲率半径和水深大小有关。如船舶航行操作不当,在其作用下,易造成船舶偏航,导致输向落弯。

（6）滑梁水

石梁淹没,但水深又不足以安全过船时,水流向梁面冲泻,这种横向水流,称为"滑梁水"。它的特点是河心高、两侧低、横流强。在其横推力作用下,稍不慎,船舶即可能被推离正常航路而有发生事故的危险。

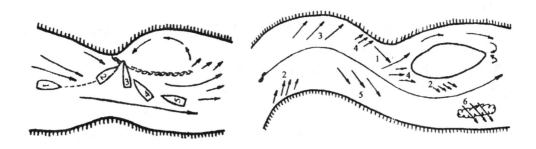

图4-4-7　横流

1—斜流;2—出水;3—扫弯水;4—背脑;5—内拖水;6—滑梁水

7. 泡水

泡水是指一种由水下向水面翻涌,中心隆起并向四周辐射扩散的水流称"泡水"或称"上升流",如图4-4-8所示。泡水,主要是速度较高的水流受水下障碍物的阻挡,或不同流速、不同流向水流相互撞击,降速增压所形成的上升水流。泡水按其在河槽的位置、形状、翻涌力量强弱及对船舶航行的影响可分为以下几种类型:

（1）枕头泡

枕头泡位于滩嘴下夹堰内侧,由回流出水与斜流及主流相互撞击而成的椭圆形泡水,形似枕头,如图4-4-8中1所示。

此泡在任何滩沱相连的河床地形中均存在,当回流缓慢,出水不强时,并不明显,仅有翻花水纹。但在急流滩中汹涌强劲,其位置在沱区上角与主流交汇的滩舌边缘,是上下船舶必须注意的流态,都以此为转向点。

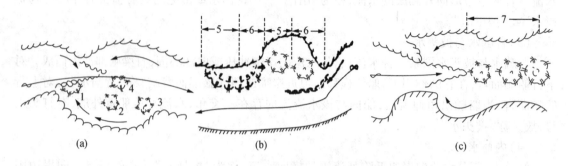

图 4-4-8 常见的泡水示意图

1—枕头泡；2—困堂泡；3—分界泡；4—拦马泡；5—上泡；6—下泡；7—分迳泡

（2）困堂泡

困堂泡位于回流区中部，由紊动区内压水流与回流在大范围内摩擦、相互撞击而成的强力泡水，如图 4-4-8 中 2 所示。

它多出现于沱湾深徙、地形复杂、回流强盛、流线弯曲、沱区水流高度紊乱的沱心。该泡向内的泡流增强了扫边回流的力量，可迫使船舶内困，产生贴岸危险。该泡以上的沱区称"上荡"。由于困堂泡向上部分水流增强了沱区回流及回流出水力量，受其影响的上行船易困边，下行船易打枪。该泡以下沱区称"下荡"。因泡下半部分泡流下冲力是顺向水流，与回流方向相反，流力减弱，故有"上荡让，下荡上"的引航术语。

（3）分界泡

分界泡位于沱区下半部，水流以较大夹角冲击沱区下角岸壁或受相对静止的水流阻挡而反射出水面的泡水，如图 4-4-8 中 3 所示。

该泡向上游流动之水流是回流的初始部位，向下游流动之水流，是常流的初始部位，此两种异向水流以此分界，故称"分界泡"。泡力弱者，称"分界水"。

（4）拦马泡

拦马泡位于急流滩滩舌下方，由于滩舌高速水流下切，降速增压形成的泡水，其位置正挡下行船航路，如图 4-4-8 中 4 所示。

（5）分迳泡

分迳泡位于河心主流带上，泡心明显隆起并向两侧滚泻，横推力极强的泡水，如图 4-4-8 中 7 所示。它一般不是孤泡出现，而是沿主流带成连串泡，故又称"连珠泡"。未形成泡呈水面背流的，称"分迳水"。

（6）卧槽水

卧槽水是指两个以上的强烈泡喷毗邻，相互撞击，中间凹陷，伴有漩涡，下吸力极强的低水槽称"卧槽"，其低陷出水流称为"卧槽水"。它易使船舶倾斜偏转，应避开航行。

8. 花水

花水是指水流受阻后降速增压所产生的上升流较弱，水面呈现紊乱或鱼鳞状的水纹称花水，如图 4-4-9 所示。花水形成的基本原因与泡水相同，花水的强弱与流速的大小、河底糙度及水深大小有关，因此，有"深水花水"和"浅水花水"之分。

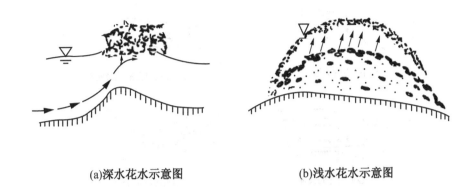

(a)深水花水示意图　　　　　(b)浅水花水示意图

图4-4-9　花水

（1）深水花水

水流受到障碍物的阻挡,产生的上升流,受纵向水流抑制及水流脉动作用的影响,涌出水面力量微弱,呈现紊乱状如密集的小泡水。深水花水一般产生在水深不大的水下障碍物的上方,是障碍物的重要标志。

（2）浅水花水

流受到河底起伏或障碍物的阻挡,上升流微弱,涌升出水面产生鱼鳞状的细波纹,细波涟漪,闪耀反光,水面状似鱼鳞所覆盖,早晨或傍晚远看,水色暗黑,水纹如麻花铰链。此流态一般产生在水深不大的卵石滩地,是浅区的重要标志。

9. 漩水

漩水是由两股不同流向的水流相汇时形成交界面,交界面附近的水体发生波动摩擦,造成局部水体做垂线轴旋转,这个高速旋转的水体,成为漩涡核心,带动其周围的水做圆周运动。自边缘向中心的旋转速度逐渐增加,压力急剧降低而产生流压差,形成了旋转力矩。由于存在流速梯度,从而形成由外向内、自上而下凹陷的旋转水流,即漩水。简单描述为漩水就是由外向内、自上而下、水面中心下陷的旋转水流,如图4-4-10所示。大面积的漩水,称"漩坑"。在汛末水位下退、水流冲刷淤沙航槽时,水流含沙量大,而形成的强有力的漩水,称"沙漩"。

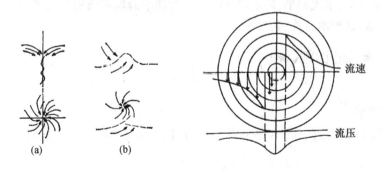

(a)　　　　(b)　　　　流速　　流压

图4-4-10　漩水

10. 夹堰水

两股不同流向的水流汇合时相互撞击,在交界面上呈现涡流浪花的带状水流称为夹堰水。

微弱的夹堰水,习称"眉毛水",如图 4-4-11 所示。

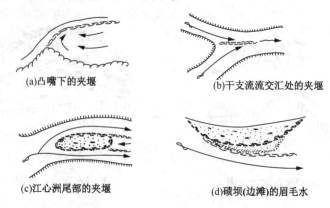

(a)凸嘴下的夹堰

(b)干支流流交汇处的夹堰

(c)江心洲尾部的夹堰

(d)碛坝(边滩)的眉毛水

图 4-4-11　夹堰水

11.旺水

水流受礁石、流坝或水工建筑物阻挡,在其下游形成的回流、泡漩、夹堰水及缓流等水流的总称为"旺水",这个局部区域称"旺水区",如图 4-4-12 所示。

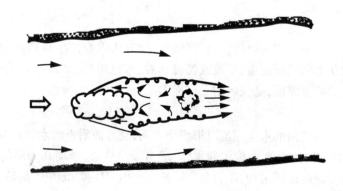

图 4-4-12　旺水

12.走沙水

汛末,水位下退,水流归槽,冲刷淤沙使其附近和下游段水流极为混浊,呈棕黑色,或出现间歇性的黑沙泡,这种水流称"走沙水"。

三、常见流态的识别(★ ☆ △)

1.主流

(1)岸形陡缓

陡岸水深,主流靠近陡岸。对比两岸陡缓程度,可估计主流位置是分心、四六分心、三七分心等。

(2)河道弯直

顺直宽阔河段,主流带基本位于河心或略偏水深一侧;微弯河段,水流受河床形态的约束,主流稍偏于凹岸;急弯河段,由于弯道环流作用,在凸岸上半段主流偏靠凸岸至凸嘴受阻折向凹岸后,紧沿凹岸下半段扫弯下流。

（3）水面色泽、波纹

在晨昏微光斜射水面情况下涨水时主流水面光滑如镜,退水时水色发暗。在流速较大河段,主流两侧波纹对称相似,从两岸向河心细心观察对比就可找到主流所在。

2. 缓流

主流带由于随河槽弯曲而摆动,使两侧的缓流带宽窄不一,且出现强弱不同的横向水流。通常凹岸(或陡岸)一侧缓流较窄,流速稍大,凸岸(或坦岸)一侧缓流流带较宽,流速较缓、流势较高,上行船常利用这侧缓流航行,以提高航速,挂高船位。

3. 急流和埂水

急流和埂水均由于水流受突出地形或水下障碍物阻束,缩小过水断面,形成极短距离内较显著的落差,上游水面平缓,下游呈较大的纵比降,形成跌水及急流。如洪水期峡谷河段中的急流滩段。枯水期宽谷河段中的溪口冲积扇处,即枯水急流滩段。

4. 回流

回流的形成是水流受阻分离,其边界层产生脱离后,流线变形,引起了流速、流压的变化。当河水流经狭窄断面或岸嘴之前,受岸嘴所阻,流速降低,压力增大,形成压力回流;在岸嘴外,流速骤增压力降低,至岸嘴以下,河床断面放宽后,流速又渐降低,而压力渐升高,沱区水流分离,形成吸力回流。过沱区后水流逐渐恢复常态。将沱区各断面流速为零的诸点连接起来就成为顺流与逆流的分界面,称为不连续面。该面并不稳定,常分裂成连串的小形漩涡,故又称为沱楞。回流主要出现在河床突然束窄或放宽河段的上、下游;伸入江中的岸嘴、石梁、江心洲的尾部;急弯河段弯顶端附近;支流汇合口的下方;岸形凹进的沱内;未溢流的丁坝以及桥墩的下游等处,如图4-4-13所示。

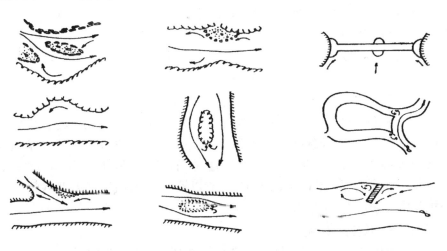

图4-4-13　回流

5. 漩水

漩水及其附近的流速、压力分布存在着特殊性。流速由漩水边缘向漩涡中心逐渐加大,以涡心边缘流速最大,水流汇集做下沉运动,压力也随之降低。

漩水通常不叠加在主流上,而是在主流边缘交界面附近的摩擦层产生,随主流向下游移动,并逐渐减弱,最后消失。漩水的旋转方向,自流速大的一侧向流速小的一侧旋转,所以居主流左侧者,做逆时针方向旋转,居右者做顺时针方向旋转。在急流滩段和峡谷河段,漩水和泡水常相伴出现。

6.夹堰水

凸嘴挑流较强的地方产生的夹堰水其水纹清晰明显,它标示着主流与缓流的界限。眉毛水是枯水期山区河流的碛坝和平原河流的边滩所挑流的一种常见流态,它标明深水区与浅水区的界限,是上行船舶选择航路和抓点定向的重要标志,如图4-4-11所示。

夹堰水的形成及出现的地方有:

(1)两种不同流向的水流交汇,流速流压发生急剧变化,在交界面处表现出紊乱的流态。这类夹堰水常出现在凸嘴下方斜流与回流的交汇处。若凸嘴为卵石碛坝或沙滩,因其外流微弱,夹堰水不显著而成月弯形"眉毛水"。

(2)两种流速差异较大的水流交汇时,互相冲击消能,流速、流压急剧变化,面流上表现出涡流浪花带。这类夹堰常出现在河心石梁和江心洲尾部,干、支流汇合处以及枯中水期的对口或错口急流滩的滩舌以下河段。

7.走沙水

走沙时在走沙区外缘及下游段出现白色水泡沫,集聚一线或随主流分散下流;水流含沙量重,流速大,冲刷力强,水色浑浊,呈深褐色或暗黑色,并伴有沙泡、沙漩;因水流湍急,在浮标尾部出现很长的暗黑色沙浪,并易造成浮标移位或流失。

四、常见水流对船舶航行的影响(★ ☆ △)

1.主流对船舶航行的影响

主流是选择航路的依据,在宽阔顺直河段,下行船舶应"认主流、走主流",上行船舶应"认主流、丢主流",利用主流以提高航速;在弯曲狭窄河段,主流带随河形弯曲,主流两侧出现横向分速水流扫弯而形成强横流,同时出现了流势高低,因此,无论上下水航行,应将航路(航迹线)选择在主流上侧航行,即高流势一侧航行。

2.急流和埂水对船舶航行的影响

船舶通过急流和埂水河段,上行最困难不是在最大流速段处而是在埂水段处。因为最大流速处,可以通过走沱区躲开急流,但埂水段处除了受水流阻力影响外,还受坡降阻力的影响,上行船舶出角转嘴,常会出现"抵埂""吊埂""摆埂"的现象。另外,急流和埂水段,由于流速大,常伴随有泡漩,下行船舶航速快、惯性量大,难以控制,极易偏航,易出现险情。

3.回流对船舶航行的影响

(1)对上行船舶航行的影响

上行船舶对回流的利用应考虑回流区的大小、强弱等。对面积大而力量弱的回流,上行船可适当利用,提高过滩能力。对回流面积小、力量强的回流区,上行船舶应避开航行。由于船舶在回流区航行船体两侧受不同流向和流压的水流影响,船向偏摆不定,用舵频繁,航迹线扭摆弯曲;若贪回流过多,使船向与回流流线夹角增大,船尾外舷受回流冲压,致使船舶困边、窝凼,若因扬头过迟,船濒临岸嘴,横向出角,出现操作失误就会造成"打张"的危险局面,如图4-4-14(a)所示。当发现有打张趋势时,往往操满舵迎流转向,此时船舶转向迟缓,当船尾脱离回流后,船首受披头水冲压,船尾受斜流冲压,使船首急速内转向而触岸,这种操作的失误称"挖岸",如图4-4-14(b)所示。

(a)打张　　　　　　　　　　(b)挖岸

图4-4-14　对上行船舶航行的影响

(2)对下行船舶的影响

在航道条件允许的情况下,下行船舶应避开回流区航行,以提高航速。若在急弯河段中航行,当船舶在扩大航迹线曲率半径,穿越主流,乘迎斜流向凸嘴挂高的过程,航迹带宽度随漂角的增大而增大,船首外舷可利用嘴下回流出水作为支撑点直外舵提尾顺向,缩小航迹带宽度,达到挂高及船向与岸形、流线顺向的目的。如因操作失误,驶入回流过多,船首受回流作用,船尾受斜流作用,两种异向流产生的旋转力矩大于满舵角产生的转船力矩,以致船身打横有掉头之势,称"吊钩",如图4-4-15(a)所示。

若两种异向流产生的旋转力矩相抗衡;船舶不再回转,但又未能调顺船身,以致斜向直冲岸边的现象,称"打枪",如图4-4-15(b)所示。以上合称"吊钩打枪"。

若下行船舶,在旋转半径不足的狭窄水域中掉头时可采用船首插回流末端的方法,利用回流出水;增大船舶的旋转力矩,缩小旋回圈半径,迅速完成掉头过程。

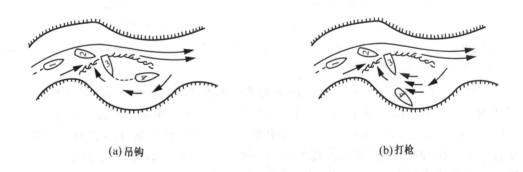

(a)吊钩　　　　　　　　　　(b)打枪

图4-4-15　对下行船舶的影响

4.横流对船舶航行的影响

横流具有较强的横推力,对航行中的船舶产生强烈的水动力作用。由于横流形成的原因及其作用于船体部位不同,因而引起船舶偏转或横移的状况也不一样。按对船舶的航行影响可将横流分为局部横流与横流场。

(1)局部横流对船舶航行的影响

局部横流常见于山区小溪水位陡涨陡落期间,多以高流束出现,使船体局部受流力而产生偏转或漂移。这类横流随着船舶前进,横流水动力作用点自船首向船尾方向移动,表现有三个过程:当横流束水动力中心作用于船舶(队)首部位置时,船首顺流方向偏转;作用中心点移至重心时,船体产生横向漂移;作用中心点移至船尾时,船尾顺流方向偏转。为了克服局部横流对船舶的操控影响,常采用"一舵变三舵,四舵还原"的操作方法。

(2)横流区(场)对船舶航行的影响

当横向水流的水域大于一个大型船舶的长度时,可视为横流区。横流区一般出现在大面积的内拖水水域、弯道及滑梁河槽横向分速范围大的地段,或当船舶改变航向过河,船首向与流向以较大的夹角行驶时。船舶(队)在横流区的实际航迹向是真航向和横流流向的合运动方向。实际航迹向和真航向构成的夹角称"流压差角",如图4-4-16所示。船舶(队)在横流区中航行,船体在流压的作用下,使船舶产生横向漂移。为克服这种漂移,使航迹线与计划航线相一致,应充分估计横流的作用力,预先向横流的上方偏转一个恰当角度(或称迎流角)为偏航留有余地,以使船舶(队)保持在横推力与船舶推进力的合力方向,沿着预定安全航线航行,如图4-4-17所示。此种操作方法称为"修正航向,消除流压差法"。

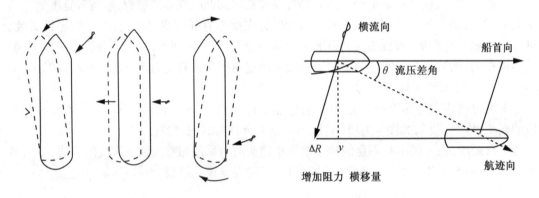

图4-4-16　局部横流对船舶影响　　　图4-4-17　横流场中船舶漂移

流压差的大小,不是一个恒定的常数,故船舶通过横流区时常采用加车迎流,在相同的航程内,缩短通过横流时间,达到减小流压差和横移量,增大舵效,提高船舶操纵灵活性的效果。

5.漩水对船舶航行的影响

漩水对船舶的操纵性影响极大,船舶从漩水一侧驶过时会发生大角度横向倾斜,若从中心穿过,则发生较大纵摇,且船首沉入水中产生强烈的扭摆和严重的起伏,强大的漩水将使船舶失控。因此,无论上、下行船舶应尽可能绕开航行,若航道条件限制,必须把航路选择在顺漩水旋转方向一侧,使船位处于漩水的高水势,并在水流做旋转运动时的离心力作用下,船体不易陷入漩涡中心,此种操作方法称为"上顺漩"或"撵漩",如图4-4-18所示。

6.泡水对船舶航行的影响

泡水具有较集中的横推力,对船体一侧具有显著的水动力作用,使船舶发生横倾、偏转和横移。因此,无论上、下行应尽量避开航行;若当泡水阻挡航路时,应以适当方式用舵乘迎,以骑泡、穿泡或傍泡而过,如图4-4-19所示。傍泡而过可采用"一泡四舵"(与"一舵变三,舵四舵还原"操作要点相同)的方法。

7.夹堰水对船舶航行的影响

夹堰水对船舶航行的影响具有两重性。在急流滩,夹堰水内侧有较宽的缓流带时,上行船

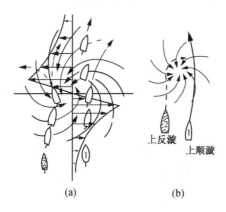

图 4-4-18　漩水对船舶航行的影响

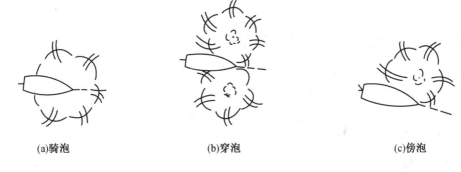

(a)骑泡　　　　　　　(b)穿泡　　　　　　　(c)傍泡

图 4-4-19　泡水对船舶航行的影响

舶可循夹堰内侧缓流航行,以避开河心高速水流及陡比降,以提高航速和过滩能力;较强的夹堰水伴有泡漩乱流,流速流压梯度差大,船舶航经夹堰水时,船向极易偏摆,船身颠簸起伏,甚至出现歪船扎驳,而且在夹堰处还会激起经久不息的大浪,危及他船航行安全,船舶必要时应绕开航行或减速通过,防止浪损事故发生。

8. 旺水对船舶航行的影响

虽然旺水区水流紊动,但其尾部存在缓流,为上行船舶提高航速提供了有利条件。上行船舶动在利用缓流时,当船头或船队驳首达旺水区分界水(泡漩、回流)时,用舵外扬循夹堰上,这样既利用了缓流,又避免了较大的驶出角,此种操作方法称为"接旺"。如利用缓流过多,超越分界水,深入旺水区,受水动压力的作用,使船舶不能处于正常的船位、航向,谓之"贪旺"。当船体进入强回流内,受回流的推压,舵效降低,操纵困难,被迫用大舵角横向出角,此时,船首尾受异向流力的作用所形成的转向力矩,极易造成船舶出角打张或触礁等事故,谓之"抢旺"。

9. 走沙水对船舶航行的影响

走沙水因含沙量急增,水流湍急,流态变坏,在其下游段激起沙浪,船舶航行的水阻力增大,航速下降,舵效降低,故上下行船舶均应增大车速,克服航行阻力,提高操纵灵活性。

第五章 内河助航标志与内河交通安全标志

内河助航标志和内河交通安全标志是反映航道尺度、确定航道方向、标示航道界限、揭示航道信息、引导船舶安全航行的重要标志。

第一节 内河助航标志

一、内河助航标志的功能、涂色、灯质

1994 年 9 月 1 日实施的《内河助航标志》(GB 5863—1993),包含船舶在内河安全航行的重要助航设施的内容,并引用《内河助航标志的主要外形尺寸》(GB 5864—1993)作为补充。该标准适用于中华人民共和国江河、湖泊、水库通航水域所配布的内河航标。个别特殊水域经批准后,可根据具体情况另行规定。

（一）主要功能(☆△)

内河航标标示内河航道的方向、界限与碍航物,揭示有关航道信息,为船舶航行指出安全、经济的航道。

（二）决定河流左、右岸的原则(☆△)

根据内河助航标志的规定,按水流方向确定河流的上、下游,面向河流下游,左手一侧为左岸,右手一侧为右岸。

对水流流向不明显或各河段流向不同的河流,按下列顺序确定上、下游:

(1)通往海口的一端为下游;

(2)通往主要干流的一端为下游;

(3)河流偏南或偏东的一端为下游;

(4)以航线两端主要港埠间主要水流方向确定上、下游。

（三）航标的涂色原则(☆△)

需要区分左、右岸的内河航标:左岸为白色(黑色),右岸为红色。不必区分左、右岸的内河航标按背景的明暗确定,其颜色是:背景明亮处为红色(黑色),背景深暗处为白色。

（四）航标灯质三要素(☆△)

灯光颜色、发光方式和发光周期称为航标灯质三要素。

1. 灯光颜色

灯光颜色有红光、绿光、白光、黄光四种。

灯光光色采用原则:左岸光色为绿光(白光),右岸光色为红光。

2.发光方式

发光方式有定光、闪光、莫尔斯光、明暗光(顿光)四种。

定光:工作时间内颜色和亮度不变的长明不断的灯光。

闪光:灯光颜色不变,每隔一定时间亮一次,亮的时间比暗的时间短的灯光。

莫尔斯光:灯标发出的明暗(长短或划点)组成英文字母或数字的莫尔斯符号的灯光,灯光颜色不变。

明暗光(顿光):灯光颜色不变,每隔一定时间熄灭一次,其熄灭时间比发光时间短的灯光。

3.发光周期

发光周期(凡完成一个循环所需要的总的时间叫一个周期)有 10 s、6 s 两种。对单闪、双闪、明暗光等灯质的闪光周期不得超过 6 s,其他灯质的闪光周期不得超过 10 s。

二、内河航标分类、功能及种类

(一)航标的分类(☆△)

内河航标按功能分为:航行标志、信号标志、专用标志等三类。按设置位置,航标分为:岸标、浮标。浮标又可分为:桥区浮标、滩险河段浮标、重点浮标等,如图 4-5-1 所示。

图 4-5-1　内河航标示意图

(二)内河航标功能及种类(☆△)

1.航行标志

航行标志指示航道方向、界限和碍航物位置的标志,包括过河标、沿岸标、导标、过渡导标、首尾导标、侧面标、左右通航标、示位标、泛滥标及桥涵标等 10 种,重点介绍以下几种。

(1)侧面标

侧面标设在浅滩、礁石、沉船或其他碍航物靠近航道一侧,标示航道的侧面界限;设在水网地区优良航道两岸时,标示岸形、凸嘴或不通航的汊港,指示船舶在航道内航行。浮标可采用柱形、锥形、罐形、杆形或桅顶装有球形顶标的灯船。需要同时以标志形状特征区分左、右岸两侧时,左岸一侧浮标为锥形或加装锥形顶标,右岸一侧浮标为罐形或装罐形顶标,也可只在左岸一侧浮标加装球形顶标,固定设置在岸上或水中的侧面标可采用杆形或柱形。杆形灯装需要增加视距时,左岸一侧可加装锥形顶标,右岸一侧加装罐形顶标。其颜色为左岸一侧:白色

（黑色）。杆形灯桩的标杆为白色、黑色相同横纹。浮标加装的锥形或球形顶标为黑色（白色）。右岸一侧:红色。杆形灯桩的标杆为红、白色相间横纹。浮标加装的罐形顶标为红色，如图 4-5-2 所示。

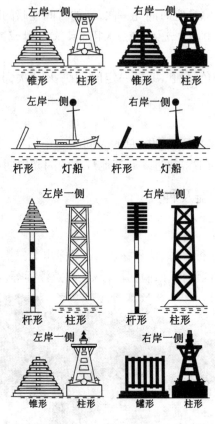

图 4-5-2　侧面标

（2）左右通航标

左右通航标设在航道中个别河心碍航物或航道分岔处,标示该标两侧都可通航。浮标可采用柱形、锥形或灯船。灯柱可采用柱形。其颜色为标体每面的中线两侧分别为红色和白色,如图 4-5-3 所示。

图 4-5-3　左右通航标

（3）桥涵标

桥涵标设在通航桥孔迎船一面的桥梁中央,标示船舶通航桥孔位置。形状为正方形标牌表示通航桥孔。多孔通航的桥梁,正方形标牌表示大轮通航的桥孔,圆形标牌表示小轮(包括非机动船、人工流放排筏)通航的桥孔,大、小轮的具体划分由各地区确定。其颜色为正方形标牌为红色,圆形标牌为白色,如图4-5-4所示。

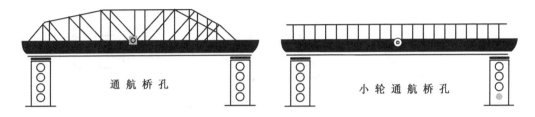

图4-5-4 桥涵标

桥涵标的灯质:通航(或大轮通航桥孔)为红色单面定光;小轮(包括非机动船、人工流放排筏)通航桥孔为绿色单面定光。在通航桥孔迎船一面两侧桥柱上,还可各垂直设置绿色单面定光桥柱灯2~4盏(按桥柱高度确定),标示桥柱位置。

2.信号标志

为航行船舶揭示有关航道信息的标志称为信号标志,包括鸣笛标、界限标、通航信号标、横流标、水深信号标及节制闸标等6种。

（1）鸣笛标

鸣笛标设在通航控制河段或上、下行船舶不能互相通视的急转弯的上下游两端河岸上,指示船舶鸣笛。标杆上端装圆形标牌一块,标牌面向来船方向,标牌正中写"鸣"字。其颜色为标杆为白、黑色相间斜纹,标牌为白色、黑边、黑字,如图4-5-5所示。

图4-5-5 鸣笛标

（2）界限标

界限标设在通航控制河段上、下游,标示通航控制河段的上、下界限。其设在船闸闸室有效长度的两端时,标示闸室内允许船舶安全停靠的界限。标杆上端装菱形标牌一块,标牌面向来船方向(也可镶绘在船闸闸墙上)。其颜色为标杆为白、黑色相间斜纹,标牌为白底、黑边、中间有黑色横条一道,如图 4-5-6 所示。

(3)通行信号标

通行信号标设在上、下行船舶相互不能通视,同向并驶或对驶有危险的狭窄、急弯航段或单孔通航的桥梁、通航建筑物及施工禁航等需通航控制的河段,利用信号控制上行或下行的船舶单向顺序通航或禁止通航,如图 4-5-7 所示。

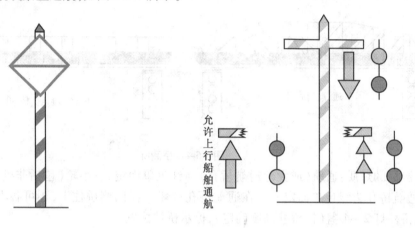

图 4-5-6　界限标　　　　　　　　　　图 4-5-7　通行信号标

(4)横流标

横流标标示航道内有横流,警告船舶注意,形状为菱形体,左岸一侧顶标为白色或黑色;右岸一侧为顶标为红色,如图 4-5-8 所示。

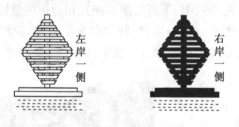

图 4-5-8　横流标

(5)水深信号标

水深信号标设在浅滩上、下游靠近航道一侧的河岸,揭示浅滩航道的最小水深,如图 4-5-9 所示。

3.专用标志

专用标志为标示沿、跨航道的各种建筑物,或为标示特定水域所设置的标志,其主要功能不是为了助航的标志统称为专用标志,包括管线标、专用标等两种。

(1)管线标

管线标设在需要标示跨河管线(管道、电缆、电线等)的两端或一端岸上或设在跨河管线的上、下游适当距离的两岸或一岸,禁止船舶在敷设水底管线的水域抛锚、拖锚航行或垂放重物,警告船舶驶至架空管线区域时应注意采取必要的措施。形状是由两根立柱上端装等边三角形空心标牌一块,设在跨河管线两端上的标牌与河岸平行,设在跨河管线上、下游的标牌与河岸垂直。标示水底管道线的三角形标牌尖端朝上,标牌下部写"禁止抛锚";标示架空管线

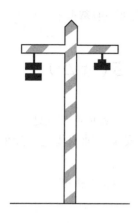

数字	号型	灯号	数字	号型	灯号
1	▬	○	6	▬▬	◐
2	▬▬	○○	7	▬▬	◐○
3	▬▬▬	○○○	8	▬▬▬	◐○○
4	◤◢	◐	9	◤◢	◐○
5	◤◢	◐○			

图 4-5-9　水深信号标

的三角形标牌尖端朝下,标牌上部写"架空管线"。其立柱颜色为红、白色相间斜纹,标牌为白色、黑边、黑字,如图 4-5-10 所示。

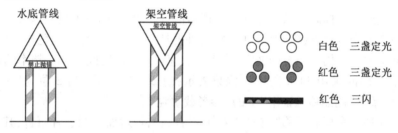

图 4-5-10　管线标

（2）专用浮标

专用浮标标示锚地、渔场、娱乐区、游泳场、水文测量、水下钻深、疏浚作业等特定水域;或标示取水口、排水口、泵房以及其他航道界限外的水工构筑物。其形状可任选,颜色为黄色,如图 4-5-11 所示。

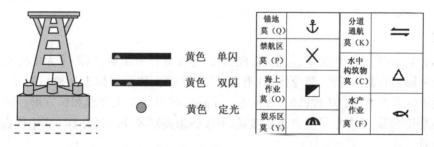

图 4-5-11　专用浮标

（三）内河航标作用距离（★ ☆ △）

内河航标作用距离是指船舶航行时必须离开航标的最小安全横距,或指船舶循航标航行时与浮标或岸标标位处水沫线需保持的最小间距。其起算方法为:岸标的作用距离是从标位（或前标标位）处的水沫线起算;浮标的作用距离是从标位处起算。《内河助航标志》明确了各河区航标主管部门可根据具体情况规定标志的不同作用距离,如长江下游一般岸标的作用距离为 100 m,浮标的作用距离一般为 50 m。长江上游峡谷河段岸标作用距离为水沫线 30 m,

其他支小河流如嘉陵江、渠江多设置重点棒标,它的作用距离一般掌握在 10～15 m。

第二节　内河交通安全标志(☆△)

内河交通安全标志是用图形符号、颜色和文字向交通参与者传递与交通有关的信息,用于管理交通的设施。它在规范内河交通行为、促进内河交通安全管理现代化和降低内河交通事故等方面有着极为重要的作用。

现行的《内河交通安全标志》(GB 13851—2008)是一个强制性标准。

一、相关规定

(1)告示性标志是指以文字为主,辅以或不辅以图形符号,做告示性表述并以告示内容确定类别归属的主标志。如:告示警告性内容的属于警告类;告示禁止、限制性内容的属于禁令类等。

(2)内河交通安全标志的颜色范围,按《视角信号表面色》的有关规定执行。

(3)内河交通安全标志(警示标志除外)的外框外缘应有与该标志底色相同颜色的衬边。

(4)内河交通标志构成图案的文字,除表示航速(km/h)、时间、频道、频率的以外,均应标明其计量单位。时间采用 24 h 制用 4 位数表示,前 2 位为"时",后 2 位为"分",中间不加":";船舶吨位系指"船舶检验证书"上的"参考载重吨"。

(5)内河交通安全标志所称"前方""左侧""右侧",均对面向标志者而言,其前面为前方,左手一侧为左侧,右手一侧为右侧。

(6)除有规定"顺航道设置"的以外,其标志板面应与航道中心线成一定夹角:宽阔航道 45°～60°,窄航道 75°～90°。

二、标志分类及作用

内河交通安全标志分为主标志和辅助标志。

(一)主标志

主标志是由图形符号、文字、边框、斜杠、斜线等视觉符号组成,以图像为主要特征的图形的标志。主标志有警告标志、禁令标志(有禁止、解除禁止和限制标志 3 种)、警示标志、指令标志和提示标志 5 类,共 67 种(96 个)标志。主标志的形状为正方形和长方形。标志个体是正方形还是长方形,长方形是竖置还是横置,不按标志类别区分而取决于标志中代表某种含义的图形符号。

(1)警告标志(共 12 种,21 个),如取水口、排水口、渡口、高度受限标志等;

(2)禁令标志(共 29 种,36 个),如禁止通行、驶入、转弯、掉头、追越、会船等,解除禁止掉头、追越、会船、顶推或傍拖、鸣笛标志等;

(3)警示标志(共 2 种,3 个),如桥梁警示、导向标志等;

(4)指令标志(共 10 种,14 个),如行驶方向、靠一侧行驶、停航让行、停航受检标志等;

(5)提示标志(共 14 种,22 个),如靠泊区、锚地、掉头区、应急电话、航道尽头标志等。

同时对通航净高标尺和闸门槛水深标尺做了要求。标尺的尺寸要求:刻度为米(m)制,在刻度纵线上每隔 1 dm 交替设置长、短横刻度线一道,在长横线处标示 0 和分米的双数,不标计量单位,每一数值的基准均在刻度线和阿拉伯数字的下缘。标示数值的原点(0 位)规定:通航净高标尺为该过河建筑物经核定的通航净空上底标高,数字序列由上而下、上小下大排列。闸门槛水深标尺为该闸门槛的顶标高,数字序列由下而上、下小上大排列。

(二)辅助标志

凡主标志无法完整表达其规定时,应附加辅助标志。辅助标志的形状为长方形,长度应与其所附主标志的宽度相等,边框左、右和下部的衬边应与所附主标志的衬边等宽。高度根据内容按规定确定;当内容较多一行排列不下,或因表达内容需要时,可相应增加高度做两行排列。辅助标志的颜色为白底、黑色、黑边框。辅助标志所表述的文字应当简洁、明了、准确、无歧义,需要时可以使用"箭头"等图形符号,如图 4-5-12 所示。

辅助标志附加标示方法有标示时间,标示方向、距离,标示区域、范围,标示缘由,标示船舶种类以及组合标示(需要同时标示上述两种及以上内容时,使用组合标示的方法只使用一块辅助标志)等 6 种。

标示船舶种类　　　　　　　　　　　　　　标示缘由

图 4-5-12　辅助标志

(三)可变信息标志

可变信息标志是一种可以改变显示内容的标志,可以显示因航道、船闸、船舶流、交通事故、水上水下施工和气象等情况的变化而改变的管理内容,用于发布航行通(警)告、气象预报、交通信息,以控制船舶航速、流向和流量,更有效地管理交通;结合水位仪,还可以显示水上过河建筑物随时变化着的实际通航净空高度。

可变信息标志一般用于干线航道,干支流交汇水域和通航密集区,交通管制航段,以及船闸、港区等重要水域。

可变信息标志的字幕颜色应根据所显示内容的性质遵循下列原则:警告为黄色,禁止、限制为红色,指令为蓝色,提示为绿色。

附:内河交通安全标志

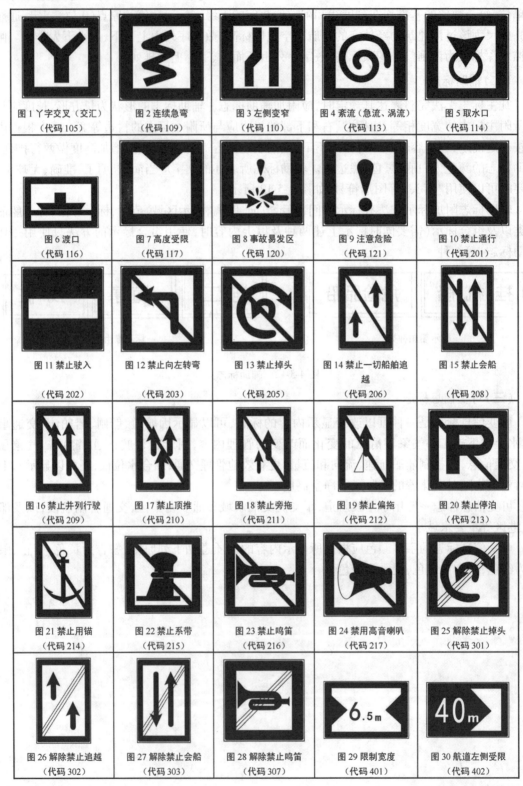

图1 丫字交叉（交汇）（代码105）　图2 连续急弯（代码109）　图3 左侧变窄（代码110）　图4 紊流（急流、涡流）（代码113）　图5 取水口（代码114）

图6 渡口（代码116）　图7 高度受限（代码117）　图8 事故易发区（代码120）　图9 注意危险（代码121）　图10 禁止通行（代码201）

图11 禁止驶入（代码202）　图12 禁止向左转弯（代码203）　图13 禁止掉头（代码205）　图14 禁止一切船舶追越（代码206）　图15 禁止会船（代码208）

图16 禁止并列行驶（代码209）　图17 禁止顶推（代码210）　图18 禁止旁拖（代码211）　图19 禁止偏拖（代码212）　图20 禁止停泊（代码213）

图21 禁止用锚（代码214）　图22 禁止系带（代码215）　图23 禁止鸣笛（代码216）　图24 禁用高音喇叭（代码217）　图25 解除禁止掉头（代码301）

图26 解除禁止追越（代码302）　图27 解除禁止会船（代码303）　图28 解除禁止鸣笛（代码307）　图29 限制宽度（代码401）　图30 航道左侧受限（代码402）

图 31 限制高速 （代码 404）

图 32 限制低速 （代码 405）

图 33 限制顶推尺度 （代码 407）

图 34 限制停泊范围 （代码 409）

图 35 限制船舶尺度或 吨位标志 （代码 410）

图 36 导向标组合使用 （代码 503）

图 37 向左转弯 （代码 601）

图 38 靠左侧行驶 （代码 604）

图 39 回航 （代码 606）

图 40 分道通航 （代码 607）

图 41 停航让行 （代码 608）

图 42 鸣笛 （代码 609）

图 43 右舷会船 （代码 610）

图 44 停航受检 （代码 613）

图 45 横越区 （代码 614）

图 46 靠泊区 （代码 701）

图 47 锚地 （代码 702）

图 48 掉头区 （代码 703）

图 49 航道尽头 （代码 710）

图 50 超高频联络 （代码 711）

图 51 甚高频联络 （代码 712）

图 52 调频广播 （代码 713）

图 53 中波广播 （代码 714）

图 54 应急电话 （代码 715）

图 55 主标志附加辅助 标志示例 （前方 1 000 m 禁止掉头）

第六章　航行图与航行安全信息

反映航道及有关陆域的地形、地物、地貌及助航标志的测量图叫航道图,包括航道图内容以及与航行有关的文字材料,供船舶在内河航行使用的图籍叫航行图。它是按一定的比例尺将河槽形状、水深分布、障碍物位置以及与航行有关的资料等,用各种符号绘制在平面纸上,供船舶航行用的一种地图。图中不能用符号表明的部分,则用文字加以说明。

航行图是船舶驾引人员在航行中必备的重要资料,是船舶驾引人员全面了解和掌握航道情况,正确地选择航路,摆正船位,引导船舶安全航行的重要依据。

第一节　常见图式的识别(☆△)

一、比例尺

图上线段长度与对应的实际地形长度相比,称为该图的比例尺(又称缩图),它表示图形是按实际地形的多少倍缩小绘制而成的。航行图上常用的比例尺有数字比例尺和直线比例尺两种。

(一)数字比例尺

用分数或数字比例形式表示的比例尺叫数字比例尺。为了计算方便,一般比例尺用分子等于1、分母为整数的形式表示,分母表示实际地形长度在图上的缩小倍数。写成 1:25 000、1:40 000、1:50 000 的形式。分母越大,则比例尺越小;反之,分母越小,则比例尺越大。

(二)直线比例尺

在图上用一定线段的长度来表示地面上的实际长度或用直线刻度尺的形式表示的比例尺叫直线比例尺或图示比例尺。应用数字比例尺需要经常换算,在实际使用时不方便,为了直接而方便地进行图上与实地相应水平距离的换算,可采用直线比例尺,它可以在图上直接量取距离,使用方便,故一般航行图上均采用它。

二、图式

航行图上,用来表示各种不同河床、地形、地物、障碍物等要素的符号、缩写、注记和颜色称为图式(又叫图例)。它是人们识别和使用航行图的重要工具,是测图者和使用者沟通的语言。航行图所用的图式大致有水深、水区界限、水区障碍物、航线、水流、助航设备、居民点及地物地貌等。统一标准的图式能够科学地反映实际场地的形态和特征,不同的航行图所用的图式大致相同,但也有个别符号(如等深线)有不同的规定,使用时应予注意,如表4-6-1所示。

表 4-6-1 图式

形式	示例
线段式	100 0 100 200
文字式	一千万分之一 图上 1 cm 代表实地距离 100 km
数字式	1/1 000 000 或 1:1 000 000

（一）图式的主要内容

有关图式的主要内容包括水深、水区界限、水流、锚地、港口、水区障碍物、底质等，如表 4-6-2 所示。

表 4-6-2 水深、水区界限图式

符号名称	符号	说明
岸　线		
陡岸		
水深数字	$\underline{5}_1$　　5_3	表示基准面下的深度
等深线（m）	0 2 5 10	
等下出线		
导航线	250°～70°	（红色）
主航线		全年通航的航线（红色）
经济航线		
变迁航线		通常都为易变水道（红色）
禁工界线		（紫色）
港界		
锚地界		
里程界	170	（红色）
危险界线		（紫色）

— 223 —

（二）重要图式注释

1. 水深

航行图上的水深数字主要有：

（1）5_2——表示绘图基准面以下的水深为 5.2 m。

（2）4_2——表示绘图基准面以上的水深为 4.2 m。

2. 等深线

等深线是指航行图上水深相等的各点连线，根据等深水深大小分别用实线或虚线等方式来表示。

3. 礁石

礁石是指水道中突出、孤立的岩石。它可区分为明礁、干出礁、适淹礁和暗礁。

（1）明礁——洪水期露出水面的孤立岩石；

（2）干出礁——绘图基准面以上的孤立礁石，洪水期时淹没，枯水期时露出，数字注记是干出高度；

（3）适淹礁——仅指绘图基准面适淹的礁石；

（4）暗礁——绘图基准面以下的孤立礁石。

4. 沉船

沉船分为部分露出基准面上的沉船、深度不明的沉船、测出水深的沉船。

5. 障碍物

障碍物是指水域中有碍航行的物体，如水底的桩、柱、管、弃锚等类，均注明性质、深度或高度。对其可靠程度，则用"概位""疑存"注记。

6. 险恶地

险恶地是指岩礁、暗礁密布，不能一一测定位置，对航行有极大危险的水域。

表 4-6-3 所示为各种障碍物、地貌等图式。

三、助航标志图式

助航标志如表 4-6-4 所示。

表 4-6-3 障碍物、地貌等图式

符号名称	符号	符号名称	符号
卵石		城镇	
沙滩		乡村	
岩礁		独立村	
险恶地		宝塔	
明礁		烟囱	
暗礁		庙宇	
下出礁		教堂	
适淹礁		塔形建筑物	
概位礁	（概位） （疑存）	铁塔	
暗礁（注明浓度）		独立石	
		气象站	
部分露出基准面上的沉船		纪念碑	
深度不及6.5 m 的沉船		三角点高程点	
深度超过6.5 m 的沉船		正北	
深度不明的沉船		山脉	
测出水深的沉船	沉船	铁路	
性质不明的障碍物		公路	
测出深度的性质不明障碍物	障碍物	乡村小路	
		铁路桥	
石堆		公路桥	
		小桥	

障碍物图式

地物、地貌图式

表 4-6-4　助航标志图式

序号	名称		图例		序号	名称		图例	
			左岸	右岸				左岸	右岸
1	桥涵标	通航桥孔	■		7	桥区左右通航标	浮鼓		
		小轮通航桥孔	○				标志船		
2	桥柱灯		⊗				灯船		
3	通航桥孔左侧、右侧标		◗	◖	8	专用标志		浮标 岸标	
4	桥墩承台警示标					加装"×"形顶标，表示禁止驶入	专用标上加装		
5	桥区航道界限标						侧面标上加装		
6	桥区侧面标	浮鼓			9	航道整治建筑物提示标志	岸上	上标牌 带副标牌	
		标志船	锥形 矩形				水中		
		灯船			10	禁止抛锚标		岸标 浮标	

第二节　航行安全信息(★ ☆ △)

一、基本概念

(一)航行安全信息

航行安全信息是指利用媒体等手段传递的用以描述水域通航环境状况、与船舶航行及各种水上活动安全有关并直接产生影响的各种消息和情况、情报的总和。

1.航行安全信息特点

航行安全信息具有显著的行业性、明显的时效性和有限的地域性等特点。

2.航行安全信息传递处置原则

航行安全信息传递处置原则是:及时发布、顺畅传播、保证接获、认真处置。

3.航行安全信息传递渠道

(1)涉及"水深"的航行安全信息通常一般由航道管理部门发布,但有时是由航道部门测定后,再由水上安全监督部门发布;

(2)涉及"碍航物"等方面的航行安全信息则均由水上安全监督部门收集、发布;

(3)涉及水情一般由上游向下游传递,均由水上安全监督部门收集、发布;

(4)定期期刊发布,一般涉及大型航道整治、水工建筑工程完工验收合格后,使某段航道已发生根本性改变,一般由航道管理部门设计和验收合格报告,收集相关通航数据通过期刊发布。

二、种类

(一)常用的航行安全信息

1. 航行通告

航行通告是指以书面形式或者通过报纸、广播、电视等新闻媒介发布,传递的信息主要是可能影响船舶航行、停泊安全的施工作业、恶劣天气及功能水域变更、标志的增减、变迁、港航规章的生效或废止等。

2. 航行警告

航行警告是指以无线电报或者无线电话的形式发布,传递的信息与航行通告类似。

3. 临时警示信息

临时警示信息是指由单个 VTS、VHF 岸台、AIS 岸台所发布的临时性、突发性有关航行、停泊安全事项的信息。一般覆盖范围较小,通常局限于某 VTS 中心或 VHF、AIS 岸台所能覆盖的水域。有时,也考虑向特定人群,通过手机短信的形式进行发布。

4. 信息联播

信息联播是指由多个 VTS、VHF、AIS 岸台联网发布的与航行、停泊作业安全有关的信息。

5. 公司内部安全信息

公司内部安全信息是指船舶单位根据本单位所属船舶特点、某一时段存在的问题,制定的通报、注意事项或相关要求并通过畅通有效的途径发布给所属船舶的与航行安全有关的信息。

(二)内河船舶航行安全信息

1. 航道通电

航道通电是指由航道管理部门将航道及航标设置变化情况用通电的形式发往航区全线,是驾引人员了解航道情况和更正航行图的依据。

2. 航道通告

航道通告是指是由内河航道管理部门发布的有关航道变化、航标异动及其他航道情况的文告。

3. 航道公报

航道公报是指是由航道部门汇集航道通电内容按月发布的航道变异资料,主要内容是航道尺度、标志异动及航行注意事项等。

4. 水位通电

水位通电是指由管理部门向船舶发布的每天的水位数字及其涨落情况的通电或文件。

5. 安全航行通电

安全航行通电是指由相关管理部门根据季节、航道、水文、气象变化情况对船舶发布的通电或文件。

6. 内河交通安全标志

《内河交通安全标志》(GB 13851—2008)中的可变信息标志是一种可以改变显示内容的标志。它可显示因航道、船闸、船舶流、交通事故、水上水下施工和气象等情况的变化而改变的管理内容,用于发布航行(警)通告、气象预报、交通信息,以控制船舶航速、流向和流量,更有效地管理交通;结合水位仪,还可以显示水上过河建筑物随时变化着的实际通航净空高度。

三、接收及处置航行安全信息

航行安全信息只有在接收后并被正确处置方能发挥其应有的作用。即发布者应做到"及时传递",接收者应做到"无丢失接收"。航行安全信息能否得到及时、有效、无遗漏的传递,固然与信息传播的方式、手段和途径有关,但归根到底取决于接收终端的设备性能状况、环境条件、操作人员的技术状况及敬业精神。

(1)受规范(公约)约束的船舶应配备合格的接收设备或合格的操作人员,以确保能正确接收到航行安全信息。

(2)船舶单位应提高对航行安全信息的采集、管理工作重要性的认识。及时将收到的航行通告向所属船舶通报并提出相关要求和建议。

(3)船舶应加强管理,提高安全意识,做到抄收后及时在江图上注标,或及时进行传递、贯彻。

(4)船舶收到安全信息后,应结合本船技术状况和拟航经水域情况,制定有效措施。

第七章 气象常识

环绕地球表面的整个空气层称为大气层,简称大气。在大气中发生的各种天气现象,如寒暑、干湿、阴晴、云雾、雨雪、雷电等各种物理状态和物理现象统称为气象。

第一节 气象要素(★ ☆ △)

表征大气状态的物理量和物理现象称为气象要素,如气温、气压、湿度、风、云、雾、降水和能见度等。本节主要讨论风、雾和能见度等要素。

一、相关概念

1. 风

风是指空气相对于地面或海底的水平运动。

2. 风速

风速是指单位时间内空气在水平方向上移动的距离,常用的单位有 m/s、km/h、n mile/h(kn),及风级。

3. 风向

风向是指风的来向,如风从东向西吹称为东风。

4. 风压

风压是指风吹过障碍物时,在与风垂直方向单位面积所受到的压力。

二、风力等级的确定

在日常生活和实际工作中,人们习惯于用风力表示风的大小。风力等级是根据风对地面或海面的影响程度来确定的。目前国际上采用的风力等级是英国人蒲福于 1905 年拟定的,故又称"蒲福风级",从 0 至 12 共分为 13 个等级。自 1946 年以后,风力等级又有修改,并增加到 18 个等级。风对船舶航行安全影响较大,4 级风的平均速度达到 6.7 m/s,在海面上可掀起 1~1.5 m 的浪;5 级风速达到 8.0~10.7 m/s,平均速度将达到 9.4 m/s,在海面上可掀起 2~2.5 m 的中浪。2015 年自然天灾引发"6·1 东方之星旅游客船倾覆事件"后,交通运输部海事局要求对四、五类客渡船抗风能力重新进行核准,最低抗风能力必须达到 5 级。

> **风级歌谣**
>
> 0级烟柱直冲天;1级炊烟随风偏;
>
> 2级轻风拂脸面;3级叶动红旗展;
>
> 4级风吹飞纸片;5级小树随风摇;
>
> 6级举伞有困难;7级迎风走不便;
>
> 8级风吹树枝断;9级屋顶飞瓦片;
>
> 10级拔树倒路边;11、12级很少见。

水平方向上气压分布的不均匀是产生风的直接原因。比如某个地方的气压高于其周围的气压,那么空气就会从气压高的地区向周围流去而产生了风。

船舶航行时,会产生一种从船首方向吹来的风,其风向与航向相同,风速与船速相等。这种风称为船行风(又称船风)。因为有了这种船行风,就使得我们在航行中的船舶上,用仪器测得的风不是真风,而是真风与船行风两者的合成风,称相对风或视风,如图4-7-1所示。

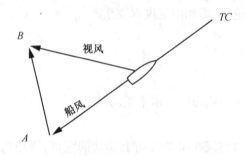

图4-7-1 船风、视风和真风之间的关系示意图

三、雾

雾是影响能见度的主要因素之一。雾的变化性大,地区局限性也显著,特别是浓雾会使能见度变得十分恶劣,对船舶的活动有着直接的影响,有时即使应用雷达等助航仪器,仍有可能发生偏航、搁浅、触礁和碰撞等海事。因此,船舶驾引人员必须具备有关雾的知识。

(一)雾的形成

当贴近地面或水面的低层空气达到近饱和的状态,而空气中又有吸湿性的凝结核存在时,空气中的水汽就开始凝结成无数小水滴悬浮在空中。当空中的水滴增大,数量增多到影响能见度时就形成了雾。若气温低于零度时水滴就可冻结成冰晶,形成冰雾。

(二)雾的种类

内河船上常见的雾有辐射雾、平流雾、蒸发雾、山谷雾、锋面雾等。

1.辐射雾

辐射雾是指在晴朗微风而又比较潮湿的夜间,由于地面辐射冷却,使气温降低到接近露点而形成的雾,称为辐射雾。晴夜、微风、近地面气层中水汽充沛是形成辐射雾的三个主要条件。辐射雾有以下特点:一年四季都能产生,但以秋季和冬季最多,一般水平范围不大,厚度较小,并以近地面层的浓度最大。

2. 平流雾

平流雾是指暖湿空气流经冷的下垫面,从而使水汽发生凝结而形成的雾称为平流雾。平流雾有以下特点:春末夏初多,秋冬少,一天中任何时刻都可能发生;平流雾通常在阴天有云层时出现,出现时必须有风,风力以 2 ~ 4 级为宜,风力增大或减弱会使雾消散,多出现在宽阔的水面上。

3. 蒸发雾

蒸发雾是指冷空气流经暖水面时,由于水温高于气温,水面不断蒸发,水汽进入低层而形成的雾,称为蒸发雾。蒸发雾有以下特点:以晚秋和冬季为最多,一日之中多在早晨,持续时间不长,日出后随气温上升而慢慢消散。蒸发雾多在河湖上形成。它看起来像是从水面冒出的热气。

4. 山谷雾

山谷雾是指夜间冷空气沿谷坡下沉至谷底,当谷底湿度较大时,便发生凝结而形成雾。这种慢慢流出沟谷口而到达江面时便成为妨碍航行的雾称山谷雾。如果谷口河面比较宽阔,由谷口移来的冷空气温度又低,江面水温相对地比较高,这样就形成了蒸发的条件而出现蒸发雾。在这种情况下,山谷雾和蒸发雾将掺合在一起,形成浓雾。弥漫河面,严重妨碍船舶航行。

5. 锋面雾

锋面雾是指暖锋前暖气团产生的水汽凝结物,在往地面降落时要穿过较冷的气团,水汽凝结物在冷气团中产生蒸发,当蒸发出的水汽不能被冷空气完全容纳时,就会有一部分又凝结成小水滴或小冰晶悬浮在近地面的低层空气中而形成雾,称为锋面雾。因为这种雾是随降水同时来的,故又称水雾或雨雾。锋面雾最常出现于锢囚气旋中和气旋中暖锋接近中心的部分。有时在冷锋前后也可能产生。锋面雾随锋面和降水区的移动而移动,因此在局部持续时间一般较短。但当锋面和降水区移动缓慢或停滞不前时持续时间也会延长。此外,锋面雾出现的时刻和强度变化均不受气温日变化的影响。

四、能见度

1. 能见度

能见度是指正常目力所能见到的最大水平距离,称为能见度,以 n mile 或 km 为单位表示。能见就是能把目标物的轮廓从天空背景上分辨出来。

雾是影响能见度最主要的因素。其他如沙尘暴、烟、雨、雪和低云等也能使能见度变得恶劣。例如,内河常见因大暴雨、大雪而使能见度变坏的情况。

2. 能见度的等级

根据能见距离的大小,能见度分为 0 ~ 9 级,共十个等级,小于 500 m 称为能见度低劣,如浓雾、雪暴、大雾、大雪天气,是不能行船的;大于 500 m 小于 2 km 称为能见度不良,如轻雾、中雪、暴雨天气;大于 2 km 小于 10 km 称为能见度中等,如小雪、中雨天气,大于 10 km 为能见度良好。

第二节　天气系统（★☆△）

显示大气中天气变化及其分布的独立系统称为天气系统。通常天气系统有大尺度天气系统和中小尺度天气系统之分。气团、锋、温带气旋、冷高压、副热带高压、热带气旋等都是大尺度天气系统，它们的水平尺度都在几百至几千千米以上，生命期一至几天以上。大气中还有一类空间尺度较小、生命期较短的天气系统称为中小尺度天气系统。中尺度系统的水平范围一般为十几千米至二三百千米，生命期一般为几小时至十几个小时。小尺度系统的水平范围只有几十米至十几千米，生命期只有几分钟至几小时。中尺度系统主要有多单体雷暴、飑线等，小尺度天气系统有雷暴单体、龙卷等。

一、中小尺度天气系统

中小尺度天气系统主要生成在低纬地区和中纬地区的热季，一般位于东经102.75°，北纬28.97°之间，多为强对流天气系统，能产生强烈的阵性大风、阵雨、雷暴和冰雹等不稳定性天气，可以造成不同程度的灾害，对船舶航行有较大影响。一般把雷暴、飑线、龙卷、冰雹等强对流天气统称为雷雨大风天气。

（一）雷暴

雷暴是积雨云中所发生的雷电交加的激烈放电现象，一般伴有阵雨，常与雷雨通称。雷暴是小尺度天气系统，通常把只伴有阵雨的雷暴称为普通雷暴，将伴有暴雨、阵性大风、冰雹、龙卷等强对流天气的雷暴称为强雷暴或强风暴，常见的有飑线、多单体风暴和超级单体风暴等。

产生雷暴的积雨云称为雷暴云或雷暴单体，是小尺度天气系统，其水平尺度10 km左右。每个雷暴单体的生命史大致可分为发展、成熟和消散三个阶段。每个阶段持续十几分钟至半小时。天气谚语所说的"隔背不下雨"指的就是这种系统的天气特性之一。

1. 雷暴发展阶段

发展阶段即积云阶段。其主要特征是上升气流贯穿于整个云体，地面风一般很弱，低空有向云区的水平辐合气流，促使上升气流发展。

2. 雷暴成熟阶段

成熟阶段的特征是开始产生降水。由于云中上升气流不断发展，雨滴不断增大，当雨滴增大到上升气流托不住时，就开始降水，与此同时，在云与地或云与云之间发生大气放电现象，出现闪电和雷鸣。此外，由于降水物的拖曳作用而在其后部出现下沉气流，从而导致地面出现阵性大风。

3. 雷暴消散阶段

这个阶段的主要特征是下沉气流占据了云体的主要部分。当雷暴云减弱消散时，其他天气现象也逐渐减弱消失。

（二）飑线

在有利的条件下发展起来的雷暴云，常常不是孤立的单体，而是对流云群，在适当的条件作用下，对流云群可以排列成带状。呈带状分布的雷暴或积雨云带称为飑线。它是比普通雷暴、孤立的强风暴影响范围更大的中尺度对流系统,水平尺度为 150 ~ 300 km,时间跨度为 4 ~ 18 h。飑线上可出现雷暴、暴雨、阵性大风、冰雹或龙卷等剧烈天气现象。飑线过境时,常会出现风向突变、风速猛增、气温陡降、气压骤升等剧烈天气变化。

二、大尺度天气系统

(一)寒潮

1.寒潮标准

寒潮是一种规模较大、势力较强、温度较低的冷空气活动。目前中国气象局将寒潮标准定义为:未来 48 h 责任区内最低气温下降 8 ℃以上,最低气温 4 ℃以下,陆上平均风力 5 ~ 7 级,海区平均风力 7 级以上。寒潮来源于极地和西伯利亚地带,南极的气温比北极还低,最低气温达 -87 ℃以下。一次寒潮冷高压的活动过程,平均为 7 天左右,一年平均有 4 ~ 5 次。我国一年四季都有冷空气活动,但以当年 11 月至次年 4 月(即冬半年)最为频繁,一般多在早春和深秋。

2.寒潮天气特点

冬季,当强大的冷性反气旋侵入我国时,在它的前面形成的冷锋称为寒潮冷锋。当寒潮冷锋经过我国北方时,气温骤降,风向转为偏北,风速猛增,一般可达 10 ~ 20 m/s,甚至达到 25 m/s 以上。大风持续时间可达一天以上。

春秋两季冷空气带来的天气是大风、降温、霜冻、扬沙和沙暴等现象,尤其是春季更为严重。夏季,冷空气的强度减弱,不可能达到寒潮标准。

3.寒潮对船舶航行的影响和预防措施

寒潮带来的大风降温天气,是我国的灾害天气之一,对船舶运输生产影响极大,为保护船舶和船员、旅客的安全,应采取一些预防措施。

(1)扎雪、扎风:大雪会使能见度降低,大风使船舶产生严重偏转和偏移,船舶(队)应根据抗风能力和能见距离情况,不冒险航行,及时选择安全地点停泊"扎雪、扎风",并按规定显示信号,鸣放声号,以策安全。

(2)防滑:对工作地点应及时清扫冰雪,甲板、过道、跳板应铺设防滑物垫,以免发生工伤事故。

(3)防冰:对船舶管系应用保暖材料包扎,并放完余水,防止在管内结冰而胀裂管壁。

在北方河流,船舶应尽早做出进坞卧冬准备,防止船舶冻结在航道中途。

(二)热带气旋

1.热带气旋分级

热带海洋上的暖性气旋称热带气旋。它是对流层中最强大的风暴,被称为风暴之王。国际上根据热带气旋中心附近最大风力对其进行分级,并且按其产生的区域给予不同的名称。中国气象局按中心附近地面最大风速,将热带气旋划分为六个等级:

(1)超强台风风力 16 级或以上。

(2)强台风风力为 14 ~ 15 级。

(3)台风风力为 12 ~ 13 级,最大平均风速 32.7 ~ 41.4 m/s。

(4)强热带风暴风力为 10 ~ 11 级。

(5)热带风暴风力为 8~9 级。

(6)热带低压风力为 6~7 级。

2. 台风的范围

台风的范围以直径表示,一般为 600~1 000 km,最大可以达 2 000 km,最小的仅有 100 km。台风的强度以中心气压表示,一般在 990~940 hPa 之间,强台风在 940 hPa 以下。中心气压越低,中心附近风力越大。台风来临时往往带来强烈的天气变化,如狂风、暴雨、巨浪、风暴潮和龙卷风等,极易造成生命财产的巨大损失,严重威胁船舶航行安全。因此,掌握其发生、发展及活动规律极为重要。一个发展成熟的台风,按其结构和天气现象大致可分为三个区域,即外围区、涡旋区和眼区。

3. 内河船舶防台措施

深入内陆的台风对在内河船舶的航行安全影响很大,船舶必须采取措施进行防范。

(1)收到台风警报后,应加强组织领导,布置工作。

(2)在航船舶应研究沿途锚地和停泊地,做到心中有数,以便随时就近驶入避风。

(3)港内作业船舶,在能及时做好防台准备工作的原则下,争取风来之前装卸完毕。否则,应停止装卸,集中力量做好防台工作。

(4)防台的准备工作:

①加强水密措施:货舱口舱盖布四周要压牢,而且在上面交叉压上绳索或钢丝绳;通风筒要拿下,插上木塞或用盖盖牢;通行舱口要关好;测水管、污水管等管道螺盖要检查,使其不漏水。

②排水措施:排水口不能堵塞,留在甲板上的纸张、绳屑等杂物要加以清除。检查排水设备,使其保持良好的技术状态。

③固定可移动的物体:船上载有可移动的货物,必须把它移卸舱内,或系绑在船上牢同的物体上。水柜内的水要装满,或将其放空。

④易受破坏的东西要妥为安置。如吊在舷外的舢板(救生艇),收入船内架上,并系缚牢固。

⑤机舱的措施:主辅机设备要停止修理工作,保持备用状态。

⑥停泊和航行中的安全措施:收到台风紧急警报,停泊船舶中的船员一律不准离船。停泊在船厂或港口码头的船舶,船员应该服从当地的领导,加强值班工作。同时应备妥主机,保证随时能启动。靠码头的船舶,应在系缆易磨损的地方,卷以麻袋或其他软垫,以免磨断。抛锚的船舶,要补充食品,备足三日以上的储备,这对抛锚在港外的船舶尤其重要。

在港外或在途中的船舶,应该选择避风锚地停泊。顶推或吊拖船队,应解队逐个锚泊。当抛单锚锚泊时,如风力增强,可放长锚链,以增强系留力量。如果认为抛单锚抓力不足时,应抛双锚。此外,在抛锚时应考虑到台风风向的转变,距岸不宜过近,而应留出足够的回旋余地。如抛的是八字锚,其锚链应一长一短,八字口始终对着最大风力的来向,并随着风向的旋转变化,及时进行调整。

如果发现已经走锚,应放链或加锚,增加系留力量;若已采取的措施无效,则应开动主机,起锚,更换位置。如走锚形势急迫,万不得已也可弃锚开航,转移到安全的地方去。

在航行中的船队,万一遇到强风袭来,船长应亲自掌握船队的驾驶,尽力采取各种措施确保安全。如船驳之间加强缆绳的系结和靠把的衬垫,顶推船队必要时可改为单排一列式吊拖,尽量赶到安全避风锚地等。当无法赶到安全锚地时,要立即解队单独抛锚,舱面工作人员应抓住船上固定物体,稳步慢行,避免被狂风刮落江中。

第三节　灾害性天气预报(★ ☆ △)

船舶驾引人员在航行中,特别要注意到是风暴、寒潮、浓雾、雨雪等恶劣天气给船舶航行安全可能带来的危害并采取相应的对策。为此,驾引人员应掌握一些灾害性天气预报知识。天气预报按时间可分为:短期天气预报通常是对未来 1 ~ 3 天的预报。中期天气预报是对未来 3 ~ 10天的预报。对未来 10 天以上的预报称为长期预报。

一、灾害性天气警报

灾害性天气,是对人民生命财产有严重威胁,对工农业和交通运输会造成重大损失的天气,如大风、暴雨、冰雹、龙卷风、寒潮、霜冻、大雾等。灾害性天气可发生在不同季节,一般具有突发性。灾害性天气警报一般有大风、消息、警报、紧急警报、解除警报等。

1. 大风

预计在未来 48 h 之内,本地平均风力可达 6 级或 6 级以上,最大风力在 8 级以上时,发布大风消息。

2. 消息

大范围灾害性天气(例如台风、寒潮)在 48 ~ 72 h 内将有可能影响本地区,即发布"消息"。

3. 警报

预计灾害性天气在 48 h 以内将影响本地区,即发布"警报"。

4. 紧急警报

预计灾害性天气将在 24 h 内影响本地区,即发布"紧急警报",如"台风紧急警报"。

5. 解除警报

如台风已离开本地,或它的强度已显著减弱,对本地区不再有威胁时,即发布"台风解除警报"。

二、灾害性天气预警信号

灾害性天气预警信号有台风、寒潮、大风、大雾、暴雪、暴雨、高温预警信号,等等,这里主要介绍台风、大风、大雾及寒潮等 4 种预警信号。以下预警信号标准以 2010 年发布的《中央气象台气象灾害预警发布办法》中预警信号的发布标准为根据。

1. 台风预警信号

台风预警信号分四级,即台风红色、橙色、黄色和蓝色预警信号。例如最低等级台风蓝色预警信号是指预计未来 48 h 将有热带风暴(中心附近最大平均风速 8 ~ 9 级)登陆或影响我国沿海。

2. 大风预警信号

大风预警信号分两级,即橙色和黄色预警信号。预计未来 48 h 我国海区将出现平均风力达 11 级及以上大风天气为橙色预警;预计未来 48 h 我国海区将出现平均风力达 9 ~ 10 级大风天气为黄色预警。

3. 大雾预警信号

大雾预警信号分两级,即大雾黄色和蓝色预警信号。预计未来 24 h 三个及以上省(区、市)大部地区将出现能见度小于 500 m 的雾,且有成片的能见度小于 200 m 的雾;或者已经出现并可能持续为黄色预警;预计未来 24 h 三个及以上省(区、市)大部地区将出现能见度小于 1 000 m 的雾,且有成片的能见度小于 500 m 的雾;或者已经出现并可能持续为蓝色预警。

4. 寒潮预警信号

寒潮预警信号分三级,即寒潮橙色、黄色和蓝色预警信号。例如最低寒潮蓝色预警信号是指预计未来 48 h 两个及以上省(区、市)大部地区平均气温或最低气温下降 10 ℃以上并伴有 5 级及以上大风,长江流域及其以北一半以上地区平均气温或最低气温将下降 8 ℃以上,冬季长江中下游地区(春、秋季江淮地区)最低气温降至 4 ℃以下。

第八章 急流河段常见引航术语

川江由于航道狭窄弯曲、河床多为石底、水流暴涨暴落、不正常水势流态多、急流险滩一个接一个、碍航礁石多,除河床相对稳定外,其他都不利于船舶航行,川江船员在与大自然拼搏中总结了一些有利于船舶安全操作的专业术语,为驾引船舶安全航行起到了积极的作用。

第一节 川江舵令(☆△)

川江舵令分为手势和口令两种,白天航行一般采用手势,夜间及靠离泊、编解队作业时才用口令,用口令时操舵人员必须复述作答。川江舵令及含义列表如下:

表 4-8-1 川江舵令及含义列表

口令	手势	含义
左微舵	显示食指中指 2 个手指	要求船首缓慢向右转动
右微舵	显示食指 1 个手指	要求船首缓慢向右转动
稳舵	显示拇指 1 个手指	要求保持船首方向
左舵		要求船首快向左转动
右舵		要求船首快向左转动
左满舵		要求左舵角拿满
右满舵		要求右舵角拿满
正舵		要求舵保持在正中

第二节 拿舵姿势(☆△)

拿舵姿势与一个人的精神和个性有关,川江由于滩多水急,对跑长途运输的船舶来说驾驶部常配舵工,要学开船,首先从舵工学起,常说"拿舵三年,才玩转舵盘",要拿好舵必须有正确的姿势,并且要根据不同的水流情况变换不同的姿势,才能保证船安全过滩。下面介绍常见的4 种拿舵姿势。

一、骑马势

在拿舵时,人与舵盘保持一定距离(一般在一尺左右)两脚站成一个八字形,两腿略向下蹲，就向骑马的姿态势，故称骑马势。此姿势一般在船舶经过打滩过槽、梁地段等危险航道时便于全神贯注执舵，在运转舵盘时能达到"随心所欲"，少用空舵。

二、弓箭势

在拿舵时，人两脚前后相站，一脚向后伸直，一脚略向下弯，并与舵盘保持一定距离（一般在一尺左右），看起来就像在张弓射箭一样，故称弓箭势。此姿势一般也是在船舶经过危险航道时，便于精力集中而被采用。

三、稍息势

在拿舵时，人身体重心落在一脚上身，一脚稍向前成八字样式，并与舵盘保持一定距离（一般在一尺左右），实际就是和平时站队稍息姿势一样，故称稍息势。一般是在水势流态较平稳且航道较顺直时采用。

四、侧立势

在拿舵时，人左侧身正对舵盘右侧，并与舵盘保持一定距离（一般在一尺左右），左手执舵，右手用车，身体重心多落在左脚上，因身子左侧面对舵盘右侧，故称侧立势。一般用于驾机合一，一人当班，多见于水流条件较好的渠化河流、水库。

第三节 急流河段拿舵术语（★ ☆ △）

一、虚

虚是指上行船舶挂高水一岸过甚，造成逼向，需适当向水势低一面用舵，调顺船身叫"虚"。

二、松

当船向走紧了，或骑泡过紧，有刹穿可能时，适度腾回一定舵力让回少许船向叫"松"，向主航道或水势低的一侧用舵调顺航向也叫"松"，船舶未走上预定航向，偏移水势低处都叫"松"，川江常称"走松了"。

三、抖

下水船挂高水一岸过甚，造成背向，须适度向水势较低一面用舵，调顺船身叫"抖"，为使船舶不偏离航线在乘迎泡水时用舵太多，有超越之势，需适度回舵，调直船身也叫"抖"。

四、压

抵乘由岸边向河心冲击水势以保持航向和船身不摆动的用舵叫"压"。

五、直

"直"是指下行船用舵挂上沱楞后,立即用外舵,使头部乘住枕头泡尾抵迎斜流,以抵消两个偶力作用,避免吊钩打枪,使用外舵叫"直舵"。

六、跑（滑、划、龙摆尾）

已决定某一目标稳向行驶,但用舵不当,稳不住向,而左右摆动叫"跑舵"或叫"划来划去""滑来滑去"（船入浅水区航向朝深水处跑舵）,船尾相应左右摇摆如"龙摆尾"。引航人员不熟水性,航线叫舵频繁忽左忽右,致使船向左右摇摆不定也叫"龙摆尾"。

七、强

操舵者不听引航人员指挥,叫拿不拿或用反舵,叫"强舵",强舵是一种坏习气,自由主义的产物,对安全航行,极其有害必须加以抵制。

八、乘

"乘"是指为达到稳定航向,而对迎,舷面来之水力,（泡、斜流等）用舵去控制,不使变向的操作术语。

九、赏

在紧急情况下,急而有力的用舵,借以纠正偏差,解除危险情况常叫"赏一舵"。

十、摁

"摁"是指船首迎舷而来的水势,其力不大常以较小角度烹迎舷继而回舵借水力缓缓转向,常叫"摁一下再转"。

十一、回

"回"是指回舵、回倒。当用舵达到预定航向或不需急速转动,若此时航向尚转动较快或舵角较大时,引航员发出"回舵",舵令意即转回适当角度或减缓转动之势称"回舵",回舵是稳舵的前奏,但不能稳向,亦不等于回成中舵,而是指缓和航向偏动的趋势。

十二、门板舵

门板舵是指叫一舵,拿一舵的呆板操作方法叫"门板舵"。

十三、二马回堂

用舵后已达到预定航向,但回舵时,回舵不适当,又跑回原有航向叫"二马回堂"。

十四、头动尾不动

头动尾不动是指利用水力为船尾一舷支撑点,掌握舵力与水力相抗衡以达到使船头朝另一舷转动,船尾不随动亦即船头动的多船尾动的少,使船身顺归预定航路之驾驶操作方法,此种方法常用于抵迎向船尾一侧冲压而来之水势。

十五、尾动头不动

"尾动头不动"是指利用船首一舷水力为撑点,迎水力适度用舵的操作方法,掌握舵力与水力相平衡以达到船尾向另一舷转动,船头不动亦即船尾动得多,船头动得少,在提尾调顺航向过程中,常用此种方法。

十六、动舵不动向

"动舵不动向"是指用舵控制水力、风力等外界作用,不使航向左右偏离,以达到保持稳定航向的航行操作方法。

十七、抽

用舵乘迎水势或转向,预计已能达到所需目的之前,即回适度舵角,以防惯性过大偏离航向,或为稳向做好准备(储备舵力),这就叫"抽"。

十八、腾

操舵者在转向,乘水之前,充分估计水力,把舵角随时处于中间位置,先小角度用舵,以备储备舵力,充分发挥舵效,达到转向及时,乘水有力,这就叫"腾"。

十九、忍

用舵乘水时,舵效尚未充分发挥之前,或转换舵向,乘迎水力的时机未到,必须停舵片刻,使舵效发挥在关键时刻,这就叫"忍"。通常说"忍一下再抽""忍一下再转""忍一下再上"也就是这一含义。

二十、让

在乱流中,为了乘迎强有力的水流,操舵者用舵先摆开一定的角度,以便上得有力,或在不偏离正常航线的情况下,用舵避开乱流坏水,这就叫"让"。

综上所述,抽、腾、忍、让,既有它各自的含义,又有其内外的辩证关系,核心是腾,这就要求,抽的适当,腾的及时,忍得有理,让的正确,随时储备舵力,以适应各种复杂水流,合理用舵,熟悉航路,掌握船性、舵性、水性、人性,则是操舵者学好抽、腾、忍、让操作技巧的关键。

第四节 急流河段引航的术语(★ ☆ △)

一、伸起

伸起又叫撑起,使船头外扬,把船身顺直。

二、收

令船舶拢近岸边即为收。

三、挂

挂是以船舷近靠某种水势行驶之意。

四、摆

摆有两种意义,其一是船只过河为摆过江去;其二是船头方向不定,如船向摆动。

五、困

船身被水流向岸边或礁石迫近即为困。

六、扫

船向横斜,船尾甩向岸边或礁浅即为扫。

七、垮

下行船舶随主流下驶,船身被冲至水势较低之一面,迫近岸边或礁浅即为垮。

八、领

领是以船头或船前舷迎接水势。

九、出角

由回流慢水驶出岸嘴或突出之石角即为出角,又称出腮。

十、上架

船身已由腮内或回流、慢水内全部驶入滩头流水称为上架。

十一、出满腮

船舶由回流紧沿岸上架为之出满腮。

十二、打驰

船被水势迫冲,伸出河心即为打驰,亦称打半张。

十三、落弯

下行船舶随水流冲压至弯内迫近岸边即为落弯,又称扫弯、败角。

十四、输向

船舶由于操作不慎,使船舶位置偏离航线而处于困难境地,称为输向。

十五、一舵变三舵,四舵还原

为了保证船舶航线的稳定性、克服局部横流对船舶航行的影响,在引航操作中,船首将达横流时,预先向横流偏转一个舵角乘迎横流,此后随着横流作用中心移至船舶重心位置时,将舵回至中间,尔后再操反舵使船尾抵迎,船尾脱离横流后,再将舵回到正舵。这种用舵方法,称为"一舵变三舵,四舵还原"的操作方法。

十六、抵埂、吊埂、撂埂

上行船舶出角转嘴,船首到达埂水的所在处习称"抵埂"。上行船舶抵埂后停滞不前,习称"吊埂"。船舶出现吊埂时,将船首徐徐外扬,继而调顺船身,使船尾摆脱埂水以外,习称"撂埂"。另外,急流和埂水段,由于流速大,常伴随有泡漩,下行船舶航速快、惯性量大,难以控制,极易偏航,易出现险情。

十七、打张

上水船若因扬头过迟,船濒临岸嘴,横向出角,此时船首受斜流及主流冲压,船尾受回流出水推压,使水动力旋转力矩大于转舵力矩,船首横冲彼岸或向下游倒头,船体严重倾斜,而出现这种操作失误称为"打张"。

十八、挖岸

当发现船舶有打张趋势时,往往操满舵迎流转向,此时船舶转向迟缓,当船尾脱离回流后,船首受披头水冲压,船尾受斜流冲压,使船首急速内转向而触岸,这种操作的失误称"挖岸"。

十九、吊钩

下行船如因操作失误,驶入回流过多,船首受回流作用,船尾受斜流作用,两种异向流产生的旋转力矩大于满舵角产生的转船力矩,以致船身打横有掉头之势,称"吊钩"。

二十、打枪

下行船如因操作失误,驶入回流过多,船首受回流作用,船尾受斜流作用,两种异向流产生的旋转力矩大于满舵角产生的转船力矩,以致船身打横有掉头之势,若两种异向流产生的旋转力矩相抗衡,船舶不再回转,但又未能调顺船身,以致斜向直冲岸边的现象,称"打枪"。以上合称"吊钩打枪"。

二十一、过河

顺航道行驶的上行船从航道一侧穿过主流,过渡到航道的另一侧称为过河。

第九章　引航基本原理

引导船舶在内河水道中安全航行的技术,称内河引航技术。驾引人员要根据及时复杂多变的航行条件做出符合客观规律的分析,准确、快速判定船位,采取正确的引航措施,驾驶船舶安全航行。

第一节　航行条件分析(★ ☆ △)

航行条件是指船舶行驶水域内的航道、水文、气象、航标,船舶会让等客观因素的综合构成情况。分析航行条件时,应着重考虑以下几个方面。

一、航道特征

航道特征包括河段的地形地貌、河床形态、航道尺度、支汊河与便捷水道的分布及开放水位,汛期漫坪地段及水位,河槽内碍航物分布及碍航程度,滩槽特点,桥梁、船闸限制性航道情况等。

二、水文特征

水文特征包括比降、流速、水位(深)大小,主流、缓流分布,不正常水流特征、分布及其对船舶航行的影响等。

三、助航标志

助航标志指可供利用的天然和人工助航标志,人工助航标志主要应掌握航标的种类、特征、配布原则、方法,设标水深及移动规律;天然标志包括树木、山头、岸嘴、突出的建筑物等。这些标志均可用来作为船舶航路的选择、船位的参照物。

四、船舶动态

船舶动态主要是指相遇船舶的活动规律,相遇地点、态势以及相应的避让原则与方法等,以期在引航的同时正确避让。

五、气象特点

分析船舶经过航段天气的发生和变化特点,特别要注意灾害性以及对船舶航行的影响。

第二节 引航基本要领(★ ☆ △)

引航基本要领,概括起来讲,就是选好航路、摆好船位、做好避让,并且熟悉航道,选择好航路是基础,掌握船位是关键,正确避让是根本。

一、航路选择

航路是指船舶根据河流的客观规律或者有关规定,在航道中所选择的航行路线。航路的选择,贯穿于船舶航行的始终,是内河引航技术的重点。

(一)顺航道行驶航路的选择

1. 顺流航路的选择

其基本原则是以主流为依据,将航路选择在主流范围内或航道中间行驶,俗称"找主流、跟主流",少做折线航行,定向距离长,减少用舵次数。其目的是充分利用流速来提高航速,但要注意顺流航道中的礁浅等碍航处。

2. 逆流航路的选择

其基本原则是沿缓流或航道一侧行驶,俗称"找主流、丢主流",尽量减少过河航行次数,在主流两侧均有缓流区可供利用,需要优化选择。其目的是避开主流,提高航速。

3. 顺、逆流航路选择的注意事项

不同类型、大小、吃水的船舶在顺流航路上没有明显区别,而在逆流航路上则表现出了很大的差异。

(1)吃水越小的船舶,缓流要充分利用。

(2)顺、逆流航行除考虑到航道碍航物分布外,尤其是注意横风横流推压作用和他船动态等因素的影响。

(3)山区河流,无论船舶顺、逆流航行,应将船位置高流势的一侧航行。

(二)过河(横越)航路

1. 过河条件

船舶上行是否过河的总的原则取决于对航道两侧缓流区航行条件的利弊权衡、优化选择的结果。过河条件具体如下:

(1)上行船前方流速较大,无缓流可用,或水深不足,彼岸条件好,应过河行驶。

(2)上行船前方有礁浅碍航或不正常水流,为确保航行安全,应考虑过河。

(3)在航道上、下游都有宽阔的水域,为了避免在狭窄航道相遇下行船,上行船主动提前过河。

2. 过河方法

如图4-9-1所示,过河方法一般有下列几种:

(1)大角度过河法

大角度过河法又称摆过或斜过。当航道较宽或水流较缓时,用大舵角转向,使航向和流向

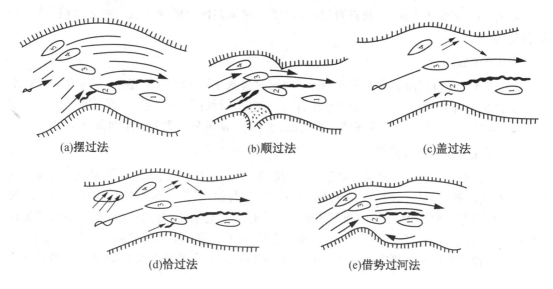

(a)摆过法　　　　　　　(b)顺过法　　　　　　　(c)盖过法

(d)恰过法　　　　　　　　　　(e)借势过河法

图 4-9-1　过河方法

呈较大夹角,船身略成横向穿越主流摆到彼岸,如图 4-9-1(a)所示。该方法的优点是穿越动作较快,缺点在于驶过彼岸扬出船首、调顺船身的操作较难。

(2)小角度过河法

小角度过河法又称顺过。当航道较窄或水流较急时,用小舵角转向,使航向与流向呈较小夹角,应避免船身横向,利用水流流压作用,边顶流边顺过对岸,如图 4-9-1(b)所示。该方法操作较简单,安全性较好,是一般最常见的过河方法。

(3)指定目标点过河法

当彼岸过河终止点下方有障碍物或强力急流、内拖水、滑梁水时,为避免过河漂移困岸,摆脱其下方不利影响,要求过河船必须斜向提升过渡到障碍物或险恶流态流上方的指定目标点,该方法叫盖过法,如图 4-9-1(c)所示。

当彼岸过河终止点上、下方均有障碍物或险恶流态流时,要求过河船必须过渡落位于其间的恰当位置上,该方法叫恰过法,如图 4-9-1(d)所示。

指定目标点过河法,要求准确性高,难度大,所以采用该方法时要格外小心。

(4)借势过河法

若过河起点的上方突出岸嘴有强斜流,从岸嘴下方驶出的上行船可利用斜流冲击船舷的水动力与船首前进方向的惯性力构成的上升合力,带动船舶向上游方向横移过河,这种借水动力过河的方法叫借势过河法,如图 4-9-1(e)所示。

该方法是山区河流较特别的一种过河方法,上行船在出角迎流过河时,横移外张迅速,如操作不当,不注意控制斜流的冲击,极易造成"打张"事故。

3.过河时机

无论使用哪种过河方法,都应该恰当掌握过河时机。

(1)一是要根据航道、水流特点来选择好过河时机。

(2)过河是"横越"行为,过河时应以不妨碍顺航道行驶船舶为前提。

(3)过河点的位置并不是恒定不变的,为兼顾船舶避让,过河早迟、高低要灵活运用。

（4）船舶过河穿越主流后，驶近对岸时，也要适时掌握扬出船首时机。连伸带稳，调顺船身，使船"落位"。

（三）平流航路

平流水域就是指流速非常小的水域。《内河避碰规则》特别指出"在潮流河段、湖泊、水库、平流区域，任何船舶应当尽可能沿本船右舷一侧航道行驶"。即，主、缓流无明显区分水域的"靠右行驶"航路，或称为平流航路。在湖泊、水库中，常可分近程和沿岸两条航路。

（四）规定航路与推荐航路

规定航路是指水上法规对某些规定水域的船舶航路做出的专门规定。规定航路既有原则性的，也有具体的。例如，《内河避碰规则》第八条"航行原则"对船舶航路做出了原则性的规定。再如按船舶类型、等级分层次地对船舶航路实行分道通航制、分边通航制，对小船舶实行了推荐航路、特定航路。此外，有不少港口的"港章"对航经港口水域的航路也有专门规定。

规定航路是经过充分研究和论证了的航路，对防止水上交通安全事故的发生起到了重要作用。

二、船位确定

（一）船位

船位是指船舶在航道中的坐标称为船位。船位是判断船舶是否处于预定航线上、是否安全的依据，又是测算航速的依据，也是继续航行时，选择航线、叫舵时机、用舵多少等决策的前提。

（二）"落位"的衡量标准

"落位"是指驾驶人员根据航行条件和船舶性能，采取符合客观实际的引航操作方案，将船位摆在既安全又能提高航速的合理位置上。"落位"应同时满足下列条件。

（1）航向与流向间的夹角要小，是衡量船舶落位的基本要素。

（2）岸距要适当，岸距是指船舶离岸横距大小。一般地，下行船要参照两岸岸形和船岸横距，而上行船则重点参照沿岸岸形及横距。岸距如何"适当"？以顺向为前提，以主流、缓流的合理利用为依据。下行船通常按河宽比表示船位，如"正中分心""四六分心""三七分心"。上行船则常以船宽或船长来度量，如离左（右）岸几倍船长或几倍船宽驶过。

（3）尽量拉长定向航行距离。这样操作可减少用舵次数，缩短航程，提高航速，还可以简化操作，为驾驶员腾出时间考虑安全和避让问题。做到"定向不输向，转向是必须"的原则。

第三节　转向点与吊向点的选择（★ ☆ △）

船舶在航行中，船员常说要抓好点、定好向，这些"点"是指衡量当时当地船舶所处位置相对岸上的固定物标，称为"点"。可用作为引航中的转向点和吊向点，供船舶航行抓点、吊向所用。

一、转向点

转向点就是船舶利用某固定物标改变航向的转折点。转向点常用一些具有显著特征的物标(如岸嘴、山角)或流态作参照(转向参照点)目标，使船舶能圆滑地转向，当发现船舶不落位时，应通过调整转向时机及时纠正，驶达在预定的航路上。

二、吊向点

船舶保持定向航行时，船首前方的显著物标，称为"吊向点"。船首对准或挂某物标航行，称为"吊向"。所选用吊向点，应是容易辨认、轮廓清楚、色泽鲜明的物标。如果船首对准的正前方缺乏明显的物标时，也可选用附近明显的物标，平时常说"将某物标放在船首左(右)舷多少度"，也是指船首的吊向点位置。

三、点向结合的运用

点向结合，是指船舶航行时船位与航向相结合，转向点与吊向点相结合，以满足船位和航路的正确需要。转向与吊向的引航操作术语较多。例如，"驾驶台平(过)某物标时转向""船首达某物标时转向""开门转向""担腰转向"等。

第四节　船舶避让(★ ☆ △)

俗话说"三分走船，七分避让"，船舶在特定的环境中存在碰撞危险时，船舶驾引人员应立即采取有效的措施，以达到避免碰撞的行为或行动称为"避让"。据资料统计，内河船舶水上交通事故，船舶碰撞事故总件数占80%左右。

一、船舶引航中避让

(一)避让原则

(1)相遇船舶及早统一会让意图，保持正规瞭望，提高警惕，加强联系。

(2)各行其道，不侵占他船航路，避免形成对遇或接近对遇危险局面。

(3)正确控制安全航速，牢记当对来船动态不明产生怀疑或者声号不统一时，应当立即减速、停车，必要时倒车。

(4)采取任何防止碰撞的行动，应当明确、有效、及早地进行，并应用良好的驾驶技术，在避让上留有足够的时间和距离，直至驶过让清为止。

(5)明确让路船和被让路船的避让关系和责任，正确处理好各类船舶在各种相遇情况下的避让。例如：机动船对驶相遇、追越、横越和交叉相遇；机动船与人力船、渔船相遇；快速船相遇等，这些常见的相遇与避让，驾驶员必须善于熟练处理。

(6)按规定显示号灯、号型和鸣放声号。

(二)判断碰撞危险的方法

(1)船舶对遇时，"夜间看灯，白天看桅"，夜间能看见正前方或接近正前方来船前后桅灯成一直线或接近一直线,并且同时看到两舷红绿边灯;在日间则能观察到他船前后桅成一直线和接近一直线时,应认为存在碰撞危险。

(2)船舶交叉相遇时,"观罗经方位,看船舶舷角",连续观测来船的罗经方位和舷角,如果没有发现明显的变化,两船距离又不断缩小,则与来船必然有碰撞危险。

(3)"双方动态不明,防止判断失误",相遇双方相互不明对方的声号、灯号及动态时;因流压、风压,两船即或用舵转向一定角度,但仍拉不开横距,也应认为有碰撞危险。这里要注意的是,交叉相遇对来船桅灯、船队顶推灯与推轮桅灯夹角及舷灯颜色及显示角较为明显,但在大碰角或小碰角时也容易引起错误判断,常会和对遇或追越形势相混淆,以致采取措施过晚或不当而发生碰撞。

(4)船舶追越时,"抓住追越时机,注意横距变化",两船在不同距离方位变化率不变,横距又越来越小;追越船,未得到前船同意;两船过于逼近,没有足够的横距;尾随距离太近;被追越船前方有船或接近弯道和转向点;追越船没有完成追越全过程而过早转向横头等,都应认为有碰撞危险。

(三)避让方式

避让一般有三种方式,即转向让(舵让)、变速让(车让)和转向变速并用让(车舵结合让)。具体采用哪种避让方法,由当时的情况和环境决定。

(1)转向避让(舵让)以改变船舶航向、增大会让横距为手段进行避让。

(2)变速避让(车让)变速让就是根据当时情况和环境减速、停车、必要时倒车,以此留有充分的时间和距离完成避让。

(3)变速转向并用避让(车舵结合让)船舶采用变速转向并用避让效果最佳。为了达到迅速、安全、可靠的避碰效果,会让中经常同时采用转向变速的措施。

在实际上船舶避碰的内容远不止这些。驾驶人员在引航中应始终考虑到船舶避让的问题,它也是引航基本要领的重要方面。

二、航路、船位和避让之间的关系

航路是选择的,船位是变化的,避让是贯穿整过航行过程的;航路是运动船位的轨迹,船位描述的是船舶航行的位置,随着船舶的运动,航路应服从船位,船位须符合航道、水流、气象等客观因素,驾引人员应利用岸形、物标、水流来评估、测定和调整船位。

没有单纯的转向点,也没有单纯的吊向点,转向后要吊向,吊向后又要转向,如此反复进行,都是为了正确选择航路和摆正船位,两者都必须服从于航路和船位的需要,其实质是船舶在内河水道的定位航行操作。

引航技术核心在于船舶如何定位航行,当正常船位与避让发生矛盾时,应毫不犹豫地服从避让。因避让需要改变航路和船位时,应尽力采取有效方法进行避让,不应错误地为了追求船位而延误或不采取避让行动,酿成事故。

第五节 船舶定线制(★)

一、目前长江干线已实施的船舶定线制形式的基本特点

(1)实行各自靠右航行原则。即船舶在规定航路范围内各自靠右,交会时互会左舷。

(2)依据航道条件和航船型、船流密度等特点,选择不同的定线制形式。目前长江有分道和分边通航制两种形式。分道通航制主航道按双向、双线设计,基本实现大小船舶分流;分边通航制仅设置两个通航分道,分别供上下行船舶单向行驶,中间设置分隔线。

(3)设置航行警戒区,要求船舶在警戒区航行时需特别谨慎。

(4)取消横驶区,不设置过河标。

(5)明确了横越航路及航行船舶的具体行为和规定。

(6)定线制规定设定了过错责任原则,即重点强调了凡违反本规定而错走航路的行为,不按本规定的要求而进行随意穿越、随意进入、占用通航分道或推荐航路的行为以及乱停泊的行为而引发事故的,无论有何种理由均应负事故的主要责任或全部责任。

(7)定线制以完善的助航设施—航标为基础,准确标示通航分道。

二、内河水域船舶定线制

1. 长江江苏段船舶定线制

长江江苏段上起苏皖交界的慈湖河口,下至苏沪交界的浏河口,主航道全长 360 多千米,交通部于 2003 年 5 月批复江苏海事局实施《长江江苏段船舶定线制规定》,这是我国内河航运史上有着里程碑式意义的重大变革。该规定遵循大船小船分流、避免航路交叉、各自靠右航行的原则以及实行过错责任的原则。实施以来极大地改善了通航环境,安全形势也明显好转,港航企业和当地经济受益匪浅。该规定后经调整和重新颁布,于 2005 年 10 月 1 日实施。

2. 长江三峡库区船舶定线制

2003 年 6 月,长江三峡大坝蓄水至 135 m。蓄水后,水流平缓、水深富足、航道拓宽,航道条件明显改善。为此,长江海事局从 2003 年 10 月 1 日起推行了《长江三峡库区船舶定线制规定(试行)》,为适应三峡库区运行水位的变化,经修改后的《长江三峡库区船舶定线制规定(2005)》于 2005 年 12 月 1 日正式实施。

三峡库区 2008 年完成 172 m 试验性蓄水后,涪陵李渡长江大桥以下河道航道变宽、水深增加、曲率半径增大、水势流态趋好,为三峡库区定线制向上游延伸至李渡长江大桥创造了条件。通过深入调查研究和广泛征求意见,最终形成的《长江三峡库区船舶定线制规定(2010)》业经交通运输部批准,于 2010 年 10 月 1 日实施。

三峡库区船舶定线制遵循各自靠右航行、减少航路交叉及过错责任原则。

3. 长江安徽段船舶定线制

交通部于 2005 年 10 月 1 日起在长江安徽段部分水域(高安圩至慈湖河口)推行了《长江安徽段船舶定线制规定》,明确了"各自靠右、大小船分流、减少航路交叉、过错原则",实现了

江苏段船舶定线制的衔接。为深化长江下游航路改革,打造长江水上安全快速通道,按照"成熟一段、推进一段"的航路改革整体思路,交通运输部决定在《长江安徽段船舶定线制规定》成功实施的基础上,将安徽段船舶定线制适用范围上界向上延伸至安庆钱江嘴,并定于2010年10月1日实施。

第十章　顺直河段、湖泊、水库的引航

顺直河段、湖泊、水库一般具有良好的航行条件，可供利用的有利因素较多，妨碍航行的主要因素多为风浪。

第一节　顺直河段的引航（ ☆ △ ）

一、顺直河段或微弯的航道的航行条件是最好的

河道顺直，航道宽度较大，主流归槽，水深足够，流速分布较对称。碍航因素有很多，主要有：河槽偶尔有礁石、江心洲等；当汊航道存在时，航道尺度变小，在其上、下端出现横流等；妨碍航行的风浪问题。引航操作时，应围绕这三个方面来考虑。

二、顺直河段引航的基本方法

顺直河段的引航，应强调在安全的前提下尽量提高航速。

（一）恰当用舵

船舶在循直线航行时，即使做短时间的转舵或只转一个很小的舵角，船舶的航速都会因此而有所损失，降低平均航速。因此，在航行中，应少用舵，用小舵角，防止用急舵或大舵角。

（二）选好航向，摆正船位

船舶在顺直河段下水航行中，最理想的是把船位放在主流范围内，并使船舶航向与主流流向平行，得到的航速就将是船的对水航速和主流流速之和。如果航向选择不当，航向与主流流向有一个夹角，就会损失航速。在正确选择航向的问题上，也包括适当拉长定向航距的要求。但在实践中，要求既拉长定向航距，又使航向与流向一致。有时不能做到同时兼顾，这时就应遵循以下原则去处理：在拉长定向航距后，船舶航向仍能基本平行于流向或只有在很少一段时间未能处于平行状态。当河槽的具体形势未具备拉长定向航距的条件时，不宜勉强拉长，以免损失航速。

（三）岸距要适当

岸距要适当是船舶"落位"的主要要求之一。顺直河段的下水船要紧紧抓住主流，循主流航行；上水船则应尽量避开主流，在缓流中航行。判明主流位置后，下水船可据之以确定离岸距离，或正中分心，或四六分心或三七分心下驶；上行船就能正确地利用缓流，体现出"抓主流、丢主流"的要求。同时要注意风、流压和岸吸、岸推的影响，转向时船尾可能引起扫岸等情况。

（四）充分利用缓流航道

顺直河段的两岸旁多为缓流航道，是上水船的理想航路位置。但事物总是一分为二的，缓

流区内流速虽小,但水深受限制,使得船底与河底之间的间隙变小,船底与河底之间的流速必然增大,同时航行于浅水中的船舶兴波阻力要比深水中的船舶兴波阻力大,必然使船舶的阻力增加。因此在充分利用缓流时决不可因贪求缓流而造成得不偿失的结果。

（五）少做过河航行

在顺直河段中选择上水航路时,应尽量少过河。因为过河航行时必须驶过主流区,而横驶会增加航程,增加行驶阻力,增加操作难度。然而由于河槽形势和水流情况等的限制,要完全不做过河航行是不现实的,因此其原则应该是:可过河可不过河时坚决不过河;如果过河后所取得的效果小于因过河航行所受到的损失时也坚决不过河;如果必须过河时,应选择既安全又经济的地点过河。

第二节　湖泊、水库的引航（☆△）

一、航行条件

（一）湖泊的航行条件

湖区水面宽阔,尤其在洪水期呈现汪洋一片,它对船舶选择航路有利,而且湖区主航道航标配布较为完善,有利于导航。不利的因素主要体现在以下几个方面:湖区水面开阔,船舶航行时受风浪影响较大;而湖区可供定位物标少,故给船舶航行带来困难;当注入的各支流流向不一致时,湖内流向顺逆不定,且难以辨认,极易使船偏航。过流湖淤积严重,范围也广,这些地带水草也多,对航行有一定的影响。特别到枯水期时,通航尺度大大减小。

（二）水库的航行条件

水库的航行条件与湖泊有许多相似之处,不同之处在于:建水库时常遗留一些树桩和残存的建筑物,水下障碍物比湖泊多。以调节流量为目的的天然水库水位变化明显,其变幅较湖泊大;水库上游,容易淤沙,航道随之变浅。同时水库一般受风浪的影响也较大,但比湖泊小。

二、湖泊、水库的引航

在湖泊、水库中航行主要考虑的问题是:准确地判定好自己的船位,并随时注意天气变化情况,充分掌握本船的抗浪性能,正确地操纵船舶航行。湖泊、水库区常有近程航路和沿岸航路之分。当天气好、风浪小时,可选择近程航路;当天气不好、风浪较大或船舶条件较差时,应选择沿岸航路。在风浪中航行,湖泊、水库区水面宽阔,容易形成浪区,风是影响船舶偏航的重要因素。风力达3～4级时,上风一侧若有山岭,虽浪势较平缓,但会出现回风,否则会出现不同程度的翻花浪,湖心和下风侧尤为厉害。尤其是小型船队和抗风能力较差的船舶,尽量选择小浪区航行,需要掉头时尽量选择在小浪区进行,受侧风时,应尽量使船（队）与波浪成小交角斜向航行,切勿横浪。顶推船队遇风浪较大时,应改为吊拖形式。吊拖船队以单排或双排为好,若风浪很大,应以单排一列式为宜,以免同排驳船相互碰撞摩擦,并应增大驳船间距,必要时船舶或船队必须采取"扎风"措施。

第十一章　弯曲河段的引航

在弯曲航道上,向凹岸推压的扫弯水易使船舶向凹岸贴拢,对航行安全威胁最大;因此,必须以弯曲河段航行条件分析为基础,讨论引航操作的基本方法和注意事项。

第一节　弯曲河段的水流特性(★ ☆ △)

弯道是天然河流普遍存在的河型。河流的弯曲程度,以弯曲系数表示。弯曲系数越大,河身越弯曲。有的河段在洪水期呈顺直外形,到枯水期或中水期,依附在两岸的边滩、心滩和伸入河心的石梁等障碍物露出后,河槽变得左右弯曲而成为弯道。

一、弯道环流(单向环流)

弯道环流是由于弯道水流受重力与离心力的作用,而形成的一种表层水流流向凹岸,底层水流流向凸岸的封闭水流。弯道环流的方向,其上部恒指向凹岸,下部恒指向凸岸,凹岸一侧的水位恒高于凸岸一侧,在其作用下造成凹岸冲刷,凸岸游积,如图4-11-1所示。

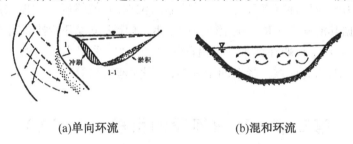

(a)单向环流　　　　　　　(b)混和环流

图4-11-1　环流

二、凹凸岸流态特性

在凸岸的上半段,主流进弯道后逼近凸岸侧,尤当两弯道紧密毗邻没有明显过渡段的弯道,水流的流带窄,流速大,横流强,并向凸嘴上方冲压形成"背脑水"。水流受凸嘴所阻而收敛成斜流束,汇合主流向凹岸下半段冲压,形成强力的"扫弯水"。斜流束的强弱与水流流力、凸岸嘴迎流角的大小、凸岸嘴迎流面的陡缓有关。凸岸的下半段,水流受岸嘴所阻变形分离,分离面内形成"回流区"(或缓流区)。其范围大小及水势好坏,与岸嘴伸入河心程度、嘴下河床的边界条件、斜流夹角及流力强弱、负比降大小等有关。凸岸的下半段,通常地形凹陷开阔,水域宽广,水流扩散迅速,且因弯道环流的作用,形成大面积横向水流即"内拖水"。上述特性在急弯河段、山区河流弯曲河段尤为明显。

三、弯道水流动力轴线

河流中各过水断面上最大流速点的连线,称水流动力轴线,又称主流线。它时而靠近此岸,时而靠近彼岸,有时潜入水下,有时涌升水面。水流动力轴线一般与深泓线吻合,如图4-11-2所示。弯道水流动力轴线位置特点如下所述。

1. 沿程变化特点

在天然河弯内,一般在弯道进口段或者在弯道上游的过渡段,主流线常偏靠凸岸一侧;进入弯道后,主流线逐渐向凹岸转移,至弯顶稍上部位,主流线才偏靠凹岸。主流线逼近凹岸的位置叫顶冲点。自"顶冲点"向下相当长的距离内,主流线则贴近凹岸。

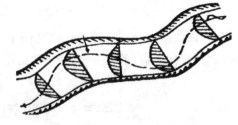

图 4-11-2　弯道水流动力轴线

2. 随水位变化特点

弯道水流动力轴线随水位的变化而出现"枯水傍岸,洪水居中"的规律,俗称"低水走弯,高水走滩"。这是因为枯水期水流动量小,主流线易于弯曲;洪水期水流动量大,惯性作用强,主流线不易弯曲偏离凹岸。与此相应,"顶冲点"的特点为"枯水上提,洪水下挫",俗称"低水上提,高水下移"。一般低水时顶冲部位在弯顶附近或弯顶稍上,高水时顶冲部位在弯顶以下。

3. 弯道水流动力轴线与船舶航行的关系

弯道水流动力轴线位置特点对航行弯道船舶船位控制、航线确定和航法起着决定性的作用。下行船可根据其沿程变化特点确定转向的早迟、在什么位置开始挂高船位、洪水期与枯水期挂高量有何不同等;上行船在枯水期可沿凸岸缓流上驶,采用小弯航法,洪水期(特别是高洪水期)因主流趋中,可将航线选择在凹岸一侧,采用大弯航法等。

第二节　弯曲河段的引航(★☆△)

一、弯曲河段的航行条件

(一)航道尺度受到限制

弯曲河段航道弯曲,有的还很狭窄,限制了船舶过弯道的尺度,增加了船舶操作难度。

(二)水深分布不均匀

一般凹岸一侧水深较大,凸岸水深较小。凸岸常淤积边滩,并附有沙嘴、沙角等淤积物,有的潜伏水下伸入河中甚远,上行船舶沿岸航行不慎易吸浅。

(三)流态紊乱

弯曲河段主流流线弯曲,随水位变化;两岸水势有高低之分,常伴有背脑水、扫弯水、斜流和回流不正常水流,对船舶航行安全不利。

二、弯曲河段的引航

(一)弯曲河段引航基本要点

1. 挂高

船舶在弯道中航行,不使船舶落弯是通过"挂高"来实现的。挂高是弯曲河段引航的关键。挂高的含义主要是:以主流为依据,使沿程船位置于主流线的上侧,即高流势一侧航行。其目的:一是为了船舶行经前方航道提高船身,乘迎横流腾出舷角,以求有足够的能力抵御各种水流横推力对船体的影响;二是为了克服船舶在弯道航行做曲线运动时所产生的惯性离心力,水流的压力以及转舵时船体所产生的反移量等影响不致使船舶背脑和落弯。

2. 拉大档子、增大航迹线,将"弯道走直"

船舶在弯曲系数较大的弯道中航行,在凸岸上半段主流偏向凸岸,在凸岸嘴的上面常有背脑水(披头水),为了克服航道限制和水流横推力的影响,一般当船进入弯道上半段后,将船位置于凸岸上半段主流的外侧,俗称"拉大档子",以使航迹线曲度半径大于航道弯曲半径,简称"拉档"。这种操作有以下三个好处:

(1)如果船舶下水过急弯航道还是随主流而下,那么将会造成船舶在凸嘴顶点处的有限水域中进行大角度急迫转向的困难,"拉大档子"就是将集中在一点的急迫转向分散到凸嘴上方沿程逐步转向,取得了将"弯道走直"的效果,也易于发现上水船的动态;

(2)为下步迎接凸嘴斜流腾出了角度,以满足艏艉线与斜流交角较小的目的;

(3)因弯道进口处水流是向凸岸上半段及凸嘴冲压的,将船位置于主流外侧,达到了船位处于高流势的目的,不至于发生背脑险情。

3. 调整车速,提高回转能力

在弯曲河段凸嘴以上慢车,降低航速,待船即将达凸嘴前,加大车速,提高舵效。螺旋桨排出流的作用,舵力的加大要比航速的加大来得快,来得早,这就为提高舵效与缩小旋回圈直径提供了极为有利的条件。先松车再适当加车的操作方法,有利于通过弯道的最弯部分。具体方法为:先松车再适当加车。当然提前用舵法(在拉大档子的前提下)、松减内舷车法(双车船)、驳船帮舵法(船队)等也可提高回转能力。

4. 充分利用缓流航道

在弯曲河段,上行船利用缓流航道的意义不仅主要在于流速缓,还因为它紧挨凸岸,航程也近得多,使航行时间大为缩短。

5. "开门"叫舵

"开门"即船舶航行时观测到前方航道由闭视到开视,或者前方同侧两物标由串视到开视的过程,此时用舵转向,俗称"开门"叫舵;反之也叫"关门"叫舵。这是船舶常用的转向方法。它既可用于上水航行,也可作下水航行参考。

(二)下水船舶过弯道的基本操作要点

船舶达弯道的上口时先进行"拉档",也就是将船置于高水势一侧(右侧),防止船舶发生背脑险情;船达弯道顶部注意艏艉线与斜流要小,应用适当舵角抵迎凸嘴斜流,置船于主流之左,防面流向凹岸推压而"落弯"。航向则必须使船身与岸形吻合,要避免船向过分指向凹岸,略保扬头之势,但切忌扬头过甚,而把船头朝向上方岸,造成"逼向"的困难局面,此时若船速过大,就可能驶入凸岸嘴下方的缓流区或回流区,造成"打枪"。因此,对于船向的选择,应努力使船速与扫弯水流速的合速度方向正好重合于经过妥善选择的航路方向上,当船驶入弯道尾部时就可沿主流下驶。

(三)上水船舶过弯道的基本操作要点

当船舶上行至弯曲河段下端时,在保持适当的岸距前提下,其航向取船身与岸线基本平行,这时驾驶人员只能看到航向前方的航道情况,虽知即将向右转向,但是无法观察到应转多大角度,也难分清弯曲度的缓急,所以称此时的船位正处在"未开门"状态,但当继续行驶抵达凸岸嘴下面时,驾引人员将清楚地看到航道右转的缓急和其他全部有关情况,此时为"开门"状态。于是就可结合本船回转性能,以凸岸嘴岸上一固定物标为点,适当用舵,使船绕过并与岸线的平行和保持一定距离上行。按此法就能以一定距离逐个地驶过岸上固定物标,并在航道界限内安全航行。

第十二章　桥区、船闸河段的引航

通过对桥区、船闸河段的航行条件与特点的分析,提出桥区、船闸河段的引航要领与操作注意事项,这对桥区、船闸河段船舶安全航行至关重要。

第一节　桥区河段的引航（★ ☆ △）

一、桥区河段的航行条件

桥梁作为水上过河建筑物,虽然沟通了公路和铁路运输,发展了交通,给人们带来了方便,但却给船舶航行带来了以下限制和困难。

（一）航道尺度缩减

航道尺度的缩减,主要表现为航道宽度与桥下通航高度的变化。特别是桥下通航高度是与水位的升降成反比的,在最高水位期通航高度被缩减到最低程度,常迫使过往船舶倒桅而过。

（二）出现了不正常水流

由于桥墩和桥台的建筑,使河槽的过水断面有所缩减,水流不得畅泄,在桥台和每个桥墩的上方形成壅水,下方出现旺水等不正常水流。有时由于桥台和矶头的挑流,还可能在桥区范围内出现较大的横流区。

（三）流向与桥梁水平垂线交角的影响

桥梁水平垂线与主流流向的夹角不宜太大,否则主流就形成一股强大的横流,使船舶在驶过桥孔的过程中发生显著的偏移,甚至因此而发生事故。船舶在驶过桥孔时,因交角 θ 而引起的偏移距离,随横流速度、交角、航速而变化。航速高时偏移量小;反之,则偏移量大。

（四）桥区交通安全管理规则的约束

在通航河流建桥后,为保护桥梁建筑及船舶航行安全,都制定有相应的交通安全管理规则。规则对船舶航行做了一些限制和要求,如船舶尺度、能见度、船速等,用船单位一定要严格遵守执行,以策安全。

二、桥区河段的引航

船舶在桥区河段航行,操作难度主要体现在下行过桥,因为船舶下行速度快,桥区河段往往存在有横流,不易控制船位。下行过桥时应充分了解有关的情况,并掌握基本操作方法。

（一）过桥前必须掌握以下情况

(1)桥区航道情况及通航特点。

（2）助航标志的相对位置、灯色、闪次，及与桥、岸物标（灯光）在船前进中的相对位移。

（3）桥区航道内流速、流向及其对船队的影响。

（4）各种风向、风力对船队的作用。

（5）下行过桥时基本方法如下：

①挂高船位、减小与流向的夹角

一般大桥轴线的水平垂线与流向均有一定的夹角。当艏艉线与水流方向一致时，下行航速会增大；当两者之间有夹角时，水流将使船位偏移。因此应挂高船位，将航路选择在水势高的一侧。

②掌握船位，发现异常及时纠正

在过桥过程中，必须密切注意各物标、灯光相对位置的变化，采用"串视（开门）"（当在驾驶台恰能看清前方航道的岸行或驾驶员与前方航道中的两浮标三点成一线时，称为串视，这种情况称为开门）、"闭视（关门）"（当在驾驶台看不见前方航道的岸行或前方航道的浮标时，称为闭视，这种情况称为关门）等方法，结合航向和横距确定船位。一旦发现异常，应迅速判断船位偏移方向，及时纠正，如果船舶输向严重，无法纠正，过桥无把握时，应及时掉头，将船位提高后再掉头下驶。当船舶从大桥上游以一定夹角与大桥斜交过桥时，船头刚达桥墩，应迅速调向摆尾，使船身与大桥成正交通过。如因某种特殊原因，船位横移难以校正，有碰撞桥墩危险时，应果断用舵偏离桥墩，使船沿下流一侧的桥孔过桥，但必须及时报知大桥监督站。

（6）风天过桥时的注意事项

在风力作用下，船舶向下风方向偏转漂移，漂移速度与风速、风舷角、航速、流速、流向、受风面积、船队队形等有关。

①当风力超过过桥的规定标准时，应选择安全锚地避风。当风力虽在规定标准的许可范围，但由于船队受风面积大、马力小，无把握过桥时，也应采取抛锚避风措施。

②紧沿桥区航道上风一侧。挂上风的松紧程度，视风力大小、流向大小及方向、船舶操纵性能、负载大小而定。

③发现船位漂移，应立即纠正，多向上风一侧调向，必要时将浮标关在一侧航行。

第二节　进出船闸的引航（★ ☆ △）

船闸是用以保证船舶顺利通过航道上有集中水位落差处的箱形水工建筑物。船闸是拦河建筑物的重要通航设施。

为了便于船舶迅速和安全地通过船闸，一般的船闸都设有系船设备、信号设备，有的船闸还设有牵引设备。

系船设备是为船舶过闸或等待过闸时系船所用的设备，它有系船桩和系船环两种；信号设备是为了保证和控制船舶安全过闸所用的设备，如号灯、号型、航标等；牵引设备是为了加速船舶进出闸所用的设备，它有电绞盘、电力吊车和电拖车三种。

一、船舶过闸的基本原理

当船舶由下游向上游行驶时，操作程序为：闸室内水位降至与下游水位齐平，然后打开下闸门,船舶进闸,关闭下闸门,充水,待水位升高到与上游水位齐平后,打开上闸门,船舶即可出闸向上游驶去,即"开下闸门—进闸—关下闸门—充水至上水位—开上闸门—出闸"。当船舶由上游向下游行驶时,过闸操作程序则与上水相反。

二、船闸河段的航行条件

(一)航道尺度发生了变化

船闸水域和尺度受限,给船舶进入闸室前定位、吊向带来较大难度。

(二)闸区的水工设施与港口码头及系泊设施的区别

船闸都是钢筋混凝土浇灌的固定建筑物。所以,操作稍有不慎,就会出现硬碰硬,使船体受损。

(三)船闸上、下引航道,闸室水文特征及淤积特点

(1)在上、下引航道内都可能产生淤积,使河床变浅,水深不足。

(2)在上引航道的分水坝端,每当泄水闸放水分流时,就会产生强弱不同的横流,对船舶进出闸操作产生不同程度的影响。

(3)当闸室内充水或放水时,闸室内水位变化急剧,水流紊动,易使船舶碰擦闸壁。在下引航道内,当闸室放水时,产生水面波动,使下游引航道内等待进闸船舶产生摆荡和垂荡,导致碰撞或擦浅。

(4)若船舶进闸遇强横风,因船舶航速低,控制能力差,极易造成碰擦闸门或进不了闸室等现象。

三、船闸河段引航操作要点

由于船闸水域的特殊条件,如何控制速度,如何抓点、定位、取向、取距,如何调顺船身等是船舶通过船闸的关键。在具体操作方面必须掌握好以下三点,方能顺利进闸。

(一)控制航速

如不遇等闸或其他意外情况,船舶进闸时要控制好船速,借船舶冲程一气呵成。但由于船闸尺度受限,船速低,且舵效微弱,若受风力影响,则明显难以控制船位,必须借助于车舵,操纵显得比较复杂。

(二)准确定位,正确取向

为了使船顺利进闸甚至"空心入闸",在进闸前,船长必须在有限的道子内定好船位和吊向点。掌握好动舵时机及用舵角大小,注意船身与闸壁、停靠点之间的距离,必要时派一名驾驶员或熟练舵工在驾驶台一侧进行观察,将船舶动态随时随时报告,以便船长操纵。进闸时船位的最佳状态应是使船舶的航迹线和闸室中心线重合。

(三)掌握好漂距

漂距是指船舶转向后在某一时间内船舶沿原航向继续滑行的船位至与新航向的实际船位间的横向距离。常听到一些驾驶员谈道:"明明船进闸时我们船位摆得很好,吊向点也正确,结果还是擦了一下闸壁",这是由于没有掌握好漂距的结果。目前对漂距的大小只能从反复的实践中去体验,即使只有几十厘米的漂距,也必须认真对付。

第十三章 急流滩、险槽河段的引航

本章通过对急流滩、险槽河段的航行条件与特点的分析,提出了急流滩、险槽河段的引航方法与操作注意事项。

第一节 急流滩河段的引航（★ ☆ △）

急流滩是山区河流特殊类型的航道,由于两岸有突出地形,河心有障碍物或河床突然地升高等原因,形成卡口,使滩段过水断面过小,水流无法自行将其调整扩大,因而形成陡比降,产生急流,滩嘴下流态紊乱而严重碍航的河段。

一、急流滩碍航程度与水位的关系

急流滩的碍航程度随着水位的变化而变化,甚至在一定水位时,它不碍航而消滩。所以,急流滩的形成、发展和消失与水位变化有很大的关系。

（一）成滩水位

成滩水位是急流滩特征水位。当达到此水位时,开始出现滩势,船舶航行感到困难,称为成滩水位。

（二）当季水位

某一滩槽适逢碍航的水位期,当急流滩的滩势达到最急、最凶时的水位或水位范围,称为当季水位。

（三）消滩水位

当水位上升或下降至某一高程,急流滩滩势逐渐减弱,此时的临界水位高程,称为该滩的消滩水位。

二、急流滩的分类（★ ☆ △）

（一）按成滩水位期分类

1. 枯水急流滩

河底的浅脊岩坎,在枯水期阻滞水流的作用明显,水流从浅槽流入深槽时,在水下有堤坎,便形成急流,特别是在有基岩嘴或溪沟冲积堆的卡口地区,束流成滩的现象更加严重。这类急流滩的特点是,在枯水期时成滩,水位越枯,滩势越凶险;水位上涨,深槽与浅脊之间的水面比降趋于平缓或束流卡口被淹没,河槽断面逐渐扩大,滩势即消失。

2. 中水急流滩

在中水期,随着流量的增大,水位的上升,水流受到阻束,产生急流而成滩,特别是该障碍物适淹时,阻水更严重,滩势最凶险,待水位增高,淹没障碍物,其上能过船,河槽放宽,水势畅通,滩势即消失。这种类型急流滩,通常在中水位时成滩,在当季水位期滩势最凶险,高于该水位即漂滩,低于该水位时,滩势消失。

3. 洪水急流滩

在洪水期,由于流量猛增,因峡谷河段河床狭窄,泄水不畅,使峡口上方壅水陡增,迫使水流在峡内加速通过,在峡口下方又因河槽放宽,水流倾泻,在峡谷上下口之间形成较大落差,当峡内有岸嘴突出或礁石阻流时,则出现急流。这种类型急流滩一般在洪水期成滩,水位越高滩势越凶,尤其是在涨水头,滩势更凶,只要涨平或退水,上口壅水消失,峡内落差减小,滩势便能减弱,水位退到成滩水位以下时,滩势即可消失。

(二)按急流滩平面形态分类

1. 单口急流滩

单口急流滩指一岸岸嘴或石坝、石梁伸入河床,缩窄过水断面,凸岸一侧产生急流埂水,断面横比降向彼岸倾斜,形成水流扫弯的急流滩,如图4-13-1(a)所示。

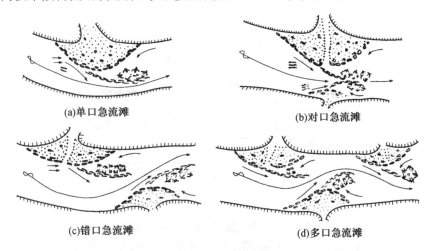

(a)单口急流滩　　　　(b)对口急流滩

(c)错口急流滩　　　　(d)多口急流滩

图4-13-1　急流滩河段平面形态

2. 对口急流滩

对口急流滩指两岸岸嘴互相对峙伸入河槽形成卡口;或一岸凸嘴,另一岸有岩脚、卵石坝伸入河槽,形成两岸均有急流埂水,断面横比降由两岸指向河心的急流滩,如图4-13-1(b)所示。

3. 错口急流滩

错口急流滩指两岸上、下方相距不远,各有岸嘴伸入河槽,形成急流、埂水上下交错,呈反向弯道水流特征的急流滩,如图4-13-1(c)所示。

4. 多口急流滩

多口急流滩是由两个以上的基本滩型紧密连接所组成的滩段,如图4-13-1(d)所示。

(三)按河床组成分类

1. 石质急流滩

石质急流滩多分布在峡谷河段,通常情况都是随水位上涨而形成急流滩。

2. 砂卵石急流滩

砂卵石急流滩分部在宽阔的碛坝河段和有溪沟的河段,随着水位下降而形成急流滩。

三、急流滩水流条件(★☆△)

(一)纵比降与急流滩阻力

1. 纵比降及流速分布

急流滩的纵比降及流速的分布情况,基本可分为三个特征河段,如图 4-13-2 所示。

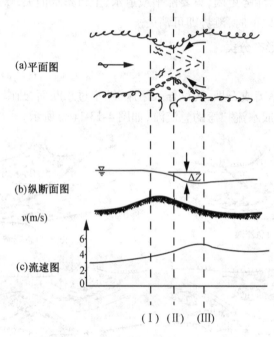

图 4-13-2　急流滩河段纵比降及流速图

ΔZ—水面落差;(Ⅰ)以上壅水段;(Ⅰ)—(Ⅱ)陡比降段;(Ⅱ)—(Ⅲ)急流段

第一区段(壅水区):水流受下游两岸突出地形约束,在滩口上方,产生壅水,纵比降及流速减小而成缓流,如图 4-13-2 中(Ⅰ)以上区段。

第二区段(陡比降段):因滩口以下河床下切河面放宽致使水流在滩口上受阻壅高后,又急剧下泄,形成局部陡比降,如图 4-13-2 中(Ⅰ)—(Ⅱ)所示。

第三区段(急流段):由于两岸凸嘴挑流,主流收缩成一束,习称"滩舌"或"剪刀水",河心流速达到最大值,两岸出现大面积回流区,如图 4-13-2 中(Ⅱ)—(Ⅲ)所示。

2. 急流滩阻力

上行船舶(队)通过急流滩所受到的阻力由坡降阻力和水流阻力构成。坡降越大,或船舶吨位越大,坡降阻力越大。急流滩上的水面坡降分布,也不是一样大小。它在岸嘴附近较大离外方渐远,坡降也较小。因此,在对口滩,河心一线水面的坡降最小;在错口滩,则以对岸附近的水面的坡降最小;这一较小坡降的存在,为一时难以上滩的船舶提供了有利条件。

(二)横比降分布特点

急流滩水流受突出岸嘴阻挡而收缩集中,在滩口形成斜流束状的强横流,断面上出现较大的横比降。

（1）单口急流滩水面横比降由凸嘴向彼岸一侧倾斜；

（2）对口急流滩水面横比降自两岸向河心倾斜；

（3）错口急流滩和多口急流滩水面横比降，由凸岸一侧向对岸倾斜，并具有弯曲河段的水流特征。

（三）急流滩河段的水流结构

由于水流受凸嘴和障碍物阻挡，流束集中后又扩散分离，在滩嘴下形成不同的水流结构，大致可分为主流区、回流区、紊动区等三个区域，如图4-13-3所示。

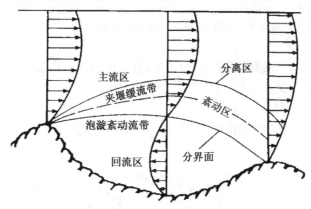

图4-13-3　急流滩河段的水流结构

1. 主流区

主流区因滩段内河床边界条件不同而形成正常主流和变态主流。正常主流是指主流带水面比较平缓，能明显地辨认出其流速较大的水流。变态主流则是指急流下切受滩下相对较缓的水流所阻，降速增压，产生泡漩交混的水流。

2. 紊动区（夹堰区）

紊动区即主流区与回流区之间的水域。由于水流相互摩擦、交混，水体扰动较大，流速、流压不均匀，流向多变，泡漩混杂，水面高低悬殊，水流高度紊动的流场，称为"紊动区"。其水流条件与岸嘴突入河床的倾斜程度有关。

3. 回流区

急流滩的水流集中而又扩散后产生变形分离，其流速、流压发生变化，在滩嘴下方凹进沱区内形成的与主流流向相反的回流，其范围大小、回流的强弱与断面流速及流压梯度、河床糙度、沱区水深等因素有关。

4. 急流滩河段面流流态分布及航行水域划分

（1）急流滩面流流态分布

因滩形不同，急流滩河段的面流流态及其水力特性也不尽相同。但面流流态分布规律大致如图4-13-4所示。

（2）急流滩河段航行水域的划分

急流滩河段航行水域的划分如图4-13-5所示：

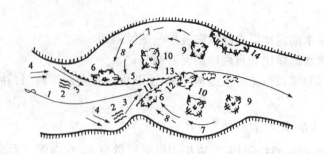

图 4-13-4　急流滩河段面流流态分布图

1—主流;2—埂水;3—斜流;4—披头水;5—夹堪水;6—枕头泡;7—回流;8—回流出水;9—分界
泡;10—困堂泡;11—滩舌;12—剪刀夹;13—拦马泡;14—出泡

①三角水

三角水是滩嘴水流边界层的脱离处,由斜流、枕头泡和回流出水三种不同流向的水流交汇所形成的三角形静水区,又称"三叉水"。

②沱

沱是指滩嘴以下,河岸凹陷的整个回流、静水、缓流区域。

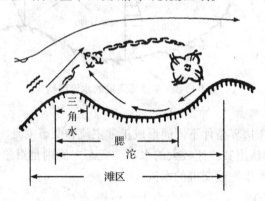

图 4-13-5　急流滩河段航行水域的划分

③沱楞

滩嘴下方的沱内,位于夹堰水与回流边缘之间有一束较缓水流,因该束水流位于沱的边缘,故称"沱楞"。

④腮

滩嘴下端位于分界水以上夹堰内侧的局部水流,称为"腮"。

二、急流滩河段引航技术(★ ☆ △)

船舶过急流滩航路和航法的选择主要根据主流区、紊动区、回流区三个水域的条件来确定。

(一)挂主流航法

挂主流航法如图 4-13-6 所示。

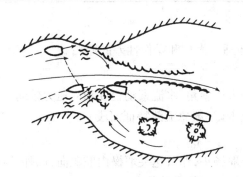

图 4-13-6 挂主流航法

1. 适合的船舶

挂主流航法一般适合大型和操作性差的船舶。

2. 流态特征

(1)因滩嘴岸形陡峭,紊动区水流紊动剧烈;

(2)不存在夹堰缓流带;

(3)沱楞上泡水汹涌;

(4)枕头泡内压力强;

(5)回流出水无力。

3. 操作要领

(1)船达沱区下角操外舵,置下角内拖水于内舷;

(2)外舷挂主流,内舷靠沱楞泡水上行;

(3)修正船向与水流流向夹角,置枕头泡于内舷前方;

(4)船达枕头泡操内舵,达斜流继续操内舵迎斜流驶上滩头;

(5)斜流达船中部回舵,并逐渐操外舵;

(6)船到滩头时立即操外舵拎住内压水势,即披头水,船尾抵斜流乘稳后回舵,调顺船身上滩。

(二)循夹堰缓流带航法(外穿里、大包小)

循夹堰缓流带航法(外穿里、大包小)如图 4-13-7 所示。

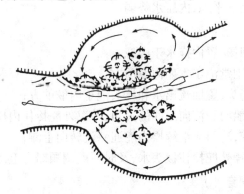

图 4-13-7 循夹堰缓流带航法(外穿里、大包小)

1. 适合的船舶

循夹堰缓流带航法一般适合大型和操作性差的船舶。

2. 流态特征

(1)因滩嘴突出且有较大倾斜角,水流紊动程度和内压力较弱;

(2)有适航的夹堰缓流带(一般急流滩特征河段)。

3. 操作要领

(1)船首达分界泡操外舵扬头,船首达夹堰操内舵顺向,以外舷挂夹堰;

(2)置回流出水和枕头泡于本船内舷前方;

(3)渐行渐内转,缩小船向与水流流向夹角,并时以外舵拎住沱楞内压水势;

(4)船达枕头泡操内舵,达斜流继续操内舵迎斜流转向上滩;

(5)船到滩头时立即操外舵拎住内压披头水势,尾抵斜流回舵稳后上行。

(三)挂半沱出半腮航法(半腮出角)

挂半沱出半腮航法(半腮出角)如图 4-13-8 所示。

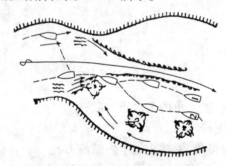

图 4-13-8   挂半沱出半腮航法(半腮出角)

1. 适合的船舶

挂半沱出半腮航法一般适合中型重载和操作性良好的船舶。

2. 流态特征

(1)因滩嘴下方沱区面积大,泡水扩散迅速,河面宽而顺直;

(2)沱区下半部水势趋于平稳,内压水势弱。

3. 操作要领

(1)船达分界泡外舵稍扬,置内拖水于内舷;

(2)过内拖水稍收,置困堂泡于本船内舷前方;

(3)达困堂泡操外舵扬头,置回流出水和枕头泡于内舷前方;

(4)渐行渐内转,缩小船向和流向之间的夹角,并以外舵拎住内压水势;

(5)船达枕头泡操内舵,达斜流继续操内舵迎斜流转向上滩;

(6)船到滩投稳水后,操外舵拎住披头水,及时回舵调顺船身上滩。

(四)循分界面航法(里穿外)

循分界面航法(里穿外)如图 4-13-9 所示。

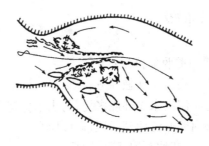

图 4-13-9　循分界面航法(里穿外)

1. 适合船舶

循分界面航法(里穿外)一般适合中型重载和操作性良好(含小型)的船舶。

2. 流态特征

(1)水流紊动区及沱楞上泡漩交混,流态险恶;

(2)分不清主流流路;

(3)回流沱区大且适航;

(4)回流出水无力。

3. 操作要领

(1)船达分界泡后操内舵稍收进沱;

(2)置光面回流于内舷(内舷不沾扫边回流为宜),时以外舵拎住内压水势;

(3)船达沱腰操外舵扬头,置回流出水于内舷前方,置枕头泡于外舷前方;

(4)达回流出水操内舵迎流摆开船尾,调顺船身乘稳水后回舵;

(5)借回流出水支撑力,用舵外扬,利用船舶惯性抵迎枕头泡,待船腰至泡流时回舵;

(6)借泡力并操内舵迎斜流转向,待船腰平斜流时回舵,继续操外舵,使船首抵迎披头水,船尾抵斜流,船稳住后,回舵调顺船身过滩。

(五)循回流航法(满腮出角)

循回流航法(满腮出角)如图 4-13-10 所示。

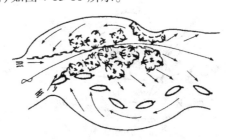

图 4-13-10　循回流航法(满腮出角)

1. 适合船舶

循回流航法(满腮出角)一般适合操作性能好的小型船舶

2. 流态特征

(1)沱大回流面宽;

(2)三角水域适航;

（3）斜流、披头水、与滩嘴交角较小。

3.操作要领

（1）船过分界水（泡）后，操内舵收船进沱；

（2）以外舷挂光面回流，置枕头泡于外舷前方；

（3）渐走渐操外舵扬头，达回流出水操外舵多扬，与出水保持适当角度；

（4）船首达外射水势时，操内舵迎流撂开船尾，调顺船身；

（5）借外射水力并操外舵去抵迎枕头泡，稳做船后回舵；

（6）船首达斜流时加操内舵迎流转向，调顺船身上滩。

满腮出角航法由于从回流出水与枕头泡之间迎斜流上滩，容易造成窝凶、困边、出角打张或挖岸等事故，故一般不采用此航法。

（六）下行航路的选择及操作要领

由于急流滩的形势及水流特点，下行航路及航法的选择也与一般航道有所区别。原则上应根据急流滩上、下河槽形势和当时的水位、流向、流速来判断河岸水势的高低，下行船则应挂高水势一岸下行，使船位落位于预定航线上。

三、危险处境和应急措施

（一）打张

1.打张的原因

发生打张的原因有多种，一是船舶上驶过急流滩或凸嘴时，航法选择不当。如船舶操纵性能较差，却错误地选择满腮出角的航法，以致在出角时，船首受斜流冲压，船尾受回流或泡水顶托，虽用满舵，但其舵压力转船力矩不能抗衡水动力转船力矩，而发生打张（如图4-13-11）；二是用舵不当。如上行船舶出角时，内舵烹枕头泡或斜流用舵不当，致使水动力转船力矩大于或等于舵压力转船力矩，船首向河心下游偏转或稳向冲向彼岸，或者上行船舶在滩嘴下方已形成逼向的不正常局面，为防止窝凶，而向河心操舵过多也会导致打张。

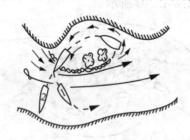

图4-13-11　打张

2.打张的应急措施

上行船舶发生打张危险时可采取如下应急措施：滩口处，若航道宽阔，航宽大于船舶（队）长度，可加大车速并操内满舵，迫使船尾外移，当船腰达斜流时，因水动力作用点移至船舶转心以后，船首会急速向内侧转向，从而扭转打张的局面，但此时应及时回舵，并用反舵，以防止挖岸。在狭窄的滩段，当河面宽度没有船舶回转的余地时，船舶出角发现有打张趋势，若采用加车助舵的方法，这样不仅不能挽救危局，反而会增大冲向队岸的碰撞力，而扩大损失，此时应果断停车、倒车,控制船舶惯性,使船尾在回流区,船首在主流区,利用水动力转向力矩的作用,向下掉头改为下行,待驶至宽阔航道再掉头上驶。若上行船队发现有打张趋势时,应令驳船帮舵,以增加转船力矩,又可以扭转打张的危险局面。

(二)挖岸

1. 挖岸的原因

挖岸往往由于顾虑上行船舶发生打张,在乘迎斜流时用舵过多,未及时回舵推船尾斜流所造成,如图 4-13-12 所示。

图 4-13-12　挖岸

2. 挖岸的应急措施

当上行船舶发生挖岸险情时,应设法保证车舵的完好无损,控制船舶,使船首搁于岸边,船尾处于安全水域,然后再采取妥善的脱险方法,退离岸边。

(三)吊钩打枪

1. 吊钩打枪的原因

其原因是下行船舶通过急流滩,用舵乘迎斜流时,舵角过大,船首插入回流过多,直舵不及时或用舵过小,不能调顺船身,如图 4-13-13 所示。

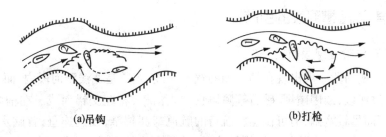

(a)吊钩　　　　　　　　(b)打枪

图 4-13-13　吊钩打枪

2. 吊钩或打枪的应急措施

当发现下行船舶在挂沱楞后,直舵不当造成"吊钩"或"打枪"事故的隐患时,如航道水流条件允许,可采取加车助舵的措施来扭转危局,若估计加车措施不能奏效,应紧急停车或倒车,控制船舶惯性,借船体所受异向流力所构成的转船力矩,原地掉头为上行,驶至航道宽阔地段再掉头下行。

(四)背脑

1. 背脑的原因

背脑是指下行船舶航经弯曲航道或急流滩,船位偏离正常航线而逼近滩嘴上方或其他障碍物上首,有困触礁之势的一种险情。其原因是:下行船舶过急流滩时,怕落弯,挂高过早,船舶受背脑水的推压所致,如图4-13-14所示。

2. 背脑的应急措施

下行船舶航经弯曲航道或急流滩时,应适时适当摆好船位,当发现船舶有向滩嘴背脑的趋势时,应及时用舵抬向避让。

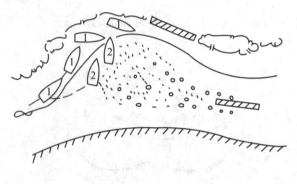

图4-13-14　背脑

第二节　险槽河段的引航(★ ☆ △)

在山区河流中,通常将狭窄、弯曲、水浅、流急、礁石区等河段上水深较大的可供船舶航行的那部分河床,称为"险槽"或"槽口"。驾驶员通常将急流滩和险槽称为"滩槽"。险槽按水位划分,有枯水险槽、中水险槽和洪水险槽;按碍航特征划分,有弯、窄、浅险槽、航槽流态恶劣的险槽和滑梁险槽。

一、弯、窄、浅险槽河段的引航

(一)弯、窄、浅险槽河段航行条件

弯、窄、浅险槽河段一般出现在枯水期的宽谷河段,尤其是宽浅型河段内,而且多出现在两个反向弯道的过渡段,或因碛坝、礁石等障碍物伸入河槽,相互交错而成。在槽内明暗礁石星罗棋布,有时河面虽较宽阔,但可供船舶航行的航道却甚狭窄,浅区连亘,背脑水、斜流和扫弯水强劲,流态复杂。一般水位越枯航槽越险,但随着水位的上升,因礁石、碛坝的淹没,航道放宽,航行条件逐渐改善,险槽逐渐消失。

弯、窄、浅险槽河段给船舶带来的主要困难是:为了克服船舶的偏转和漂移,需加车助舵。而过浅区时却要减速,以减小动吃水,两者之间相互矛盾,这就要求驾驶人员应根据各险槽的航道特点,熟悉航道水势,因势利导,谨慎操作。

(二)弯、窄、浅险槽河段引航要点

1. 上行

(1)上行船舶进入弯、窄、浅险槽河段时,应将船位置于凸岸高水势一侧的缓流上行。

(2)遇横流时要及时用舵乘迎,使船航行于深槽。

（3）注意由深水进入浅水前应适当减速，既要保持足够的舵效，又要减少船舶动吃水，防止因惯量过大而造成吸浅和搁浅。

（4）发生跑舵现象时，若航道、水深条件许可，可让其向深水一侧偏转，而后再调整船位，必要时可进一步采取减速或停车等措施，待船向稳定后，再逐步开车。

（5）若沿碛坝（暗碛或明碛）行驶，仿碛坝型航道航法，碛尾伸早点、碛翅走开点、碛脑收慢点，以防困碛搁浅或垫舵倒头。

2．下行

（1）船舶沿高流势一侧顺向进槽，在达到浅区前先摆正船位，然后减速，以降低其前进惯性。

（2）仿碛坝型航道的下行航法，采取"有碛抱碛，无碛抱月"或下行急弯航道的航法，拉大档子，扩大航迹线曲度半径，采取"挂高"的操作方法，以克服航道曲度半径不足和斜流、扫弯水的影响。

（3）船向与横流流向取适当夹角，既防背脑，又防落湾，以保证船舶的船位沿深漕下行。

（4）船过浅区后，见船体下沉后又抬起、啸水声变大等现象，说明已到深水，即可恢复常车（通常在弯顶处可恢复常车，必要时加车），调整船向，摆正船位下行。

二、滑梁险槽河段的引航

（一）滑梁险槽河段航行条件

1．河床特点

滑梁险槽是山区河流的宽谷河段的特殊河床之一，在峡谷河段中也偶有出现。由于河床两岸石梁、碛坝、台地或山脚伸入河床，河心的石梁及孤石、岔道的上口及卡口处的尾部等淹没，其上不能过船，存在由河心指向岸边的横向分速水流，产生滑梁水，而形成滑梁险槽。滑梁险槽可分为"单滑梁"和"双滑梁"险槽，单滑梁险槽是指某一岸或河心较低石梁被淹没，形成滑梁水，而另一岸河床较高未淹没的险槽，如图4-13-15（a）所示；双滑梁险槽是指两侧石梁、石盘高程相当，当水流淹没其上不能过船时，水流向两侧漫坪滑梁的险槽，如图4-13-15（b）所示。

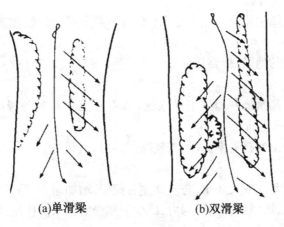

(a)单滑梁　　　　　　(b)双滑梁

图4-13-15　滑梁险槽

2.水流特点

滑梁险槽的水流特点是河心高,两侧低,横向分速水流强,水流淹到哪里滑到哪里,主流流路清晰,断面上呈水面背流。

在"单滑梁"地段,滑梁一侧横向分速水流较强,未淹没一侧水势高,而且平稳。在"双滑梁"河槽中,水流向两侧滑泻,端面上存在水势高低之分,一般凸岸一侧或地形较高一侧为高水势一方。

在有些较顺直的"双滑梁"河段,因水面背流水底对流的双向环流作用,河心产生上升流,呈现连串泡喷(又称为"分迳泡"),是上、下行船舶引航必须抓的重点水势。有些石梁刚淹没而其上又没有适航水深时,呈现一线夹槽水纹(又称"镶水"),在石梁未淹没部分,由于反击出水与主流的横向水流相互撞击,也呈现一线夹槽水,水面呈下凹曲线,流速较缓,也是上、下行船舶引航所抓的重点水势。有的滑梁险槽河段,在地形凹陷处,水流向其扩散,产生强力内拖水,如图 4-13-16 所示。

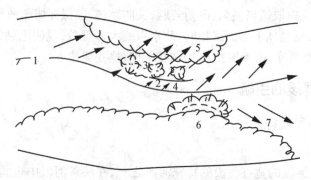

图 4-13-16　滑梁险槽的水流特点

1—主流;2—主流横向分速水流;3—下坎泡;4—夹槽水;5—滑梁
水;6—反击出泡;7—内拖水

(二)滑梁险槽河段引航要点

无论"单滑梁"或"双滑梁"险槽,上、下行船舶航路基本一致,均应避开滑梁水势强的一侧,选择水势较高一侧航行。

(1)船舶进槽后应抓主流流路或分迳水(泡),参照岸形、流线,使船位沿程处于凸岸高流势、横流上方一侧航行。

(2)滑梁水势越强的地段,越要抓住分迳水,顺主流流线取直分心,保持大向,勤拨小向,防船舶向两岸滑困。

(3)在刚淹没地段高水势一侧呈下坎泡花(或有出泡)时,其外缘呈夹槽水(镶水),应以外弦挂主流,内舷靠镶水上行。

(4)当有强力反击出泡挤迫主流,阻挡航路时,应以适量的舵力乘迎保向,防偏离航路,滑另一岸。

(5)操作中避免用急舵或大舵角,防船体左右偏摆,增加阻力,降低航速,造成失控。

(6)适当加车助舵,增强船舶的控制力,减少船舶受滑梁水的作用时间。

第十四章 特殊情况下的引航

船舶在水上航行,受客观因素的影响很多,船长和驾驶员在主观上如何适应客观因素的变化是极其重要的。这里主要介绍船舶航行中怎样应对恶劣天气,以及在暴风雨、大风天气风浪、夜间航行的特点及航行注意事项。

第一节 雾天航行(★ ☆ △)

雾天航行一般分为两种情况,一种是在轻雾中航行,另一种是在浓雾中航行。前者是指在一般的水雾、雨雾、雪雾、瘴气等天气情况下,且航道宽阔,碍航物少,水流缓慢,船舶仍能继续航行。如航道条件复杂,是多发雾的地区,即便是轻雾,也应认真对待。后者是指在大型河流的中下游,非港区的宽阔航道内雾情已达到三级雾,配备有良好的导航设备,且操纵灵活的船舶,借助雷达等导航设备定位航行,或船舶本来按轻雾航法航行,经过山溪、沟口或浓雾区时,因突然遇浓雾,一时无法选择锚地抛锚而被迫在浓雾中航行。

一、雾天航行注意事项

(1)驾驶人员对能见度不良要保持高度警惕,时刻做好雾航安全各项准备工作,要及时收听气象预报,掌握各航段雾季的分布、特点、征兆及变化规律,随时注意雾情变化。各种突发性的视线不良,在给船舶造成航行困难时,一定要有应急预案。

(2)按章鸣笛,并报请船长,同时通知机舱备车。

(3)任何情况下都要使用安全航速。

①正确认识安全航速,掌握避让行动的主动权。采取安全航速一是为了既有充分的时间去估计当时的局面,又有足够的余地采取适当而有效的避让行动;二是在紧迫局面情况下或必要时能够在适合当时环境和情况的距离以内把船停住。同时采用安全航速,一定要客观考虑当时能见度不良的程度、通航密度、航道障碍物、港口管理设施的能力、本船助航仪器使用的局限性。

②在穿越港区、锚泊区等船舶密集区时,尤其要注意安全航速,必要时将船速降低到能维持舵效的最低航速。

③雾航时常施放雾号,要掌握雾笛的传播特性。声音在雾中传播会发生折射现象,仅根据所听到的声音大小和方向很难准确确定声源之所在。

(4)利用一切有效手段保持正规瞭望,及时判断碰撞危险,要做到知己知彼,对新的碰撞态势,能及时做出预测和识别。

①配备足够的、称职的瞭望人员。雾中航行根据船舶类型和水域情况指派瞭头人员,雷达观察员保持连续的不间断的系统观测。在瞭望时一定要保持在能获得瞭望效果的最佳位置。

②坚持利用一切可利用的手段全方位、不间断瞭望。不但用视觉、听觉、望远镜、VHF 等获取周围船舶碰撞危险信息，还要用一切可定位手段时刻掌握本船船位、船速。

③正确使用各种助航仪器，并要了解各种仪器的局限性、使用特点。使用 VHF 联系时一定要早，避免耽误避让时机；可保持与港口 VTS 的联系，以得到 VTS 的及时支持。

④要及早发现来船和获取一切有碍航行的信息，以便及早判断碰撞危险，及早避让、争取主动，避免形成紧迫局面或紧迫危险的被动局面。除此之外，还应对可能影响本船采取避让措施的周围其他船舶动态了如指掌，以及本船采取避让行动以后是否与他船形成另一紧迫局面。应密切注意并观察他船在采取避让行动时可能遇到的困难，对该船可能有采取不协调行动保持应有的戒备。

（5）采取避让的行动，要"早、大、宽、清"，避免形成紧迫局面。

避让时坚持"早、大、宽、清"的原则，"早"指及早地，及早地发现目标（运用一切手段）、判断危险和及早地采取避免碰撞行动；"大"指大幅度的，采取的行动应是大幅度的（视觉和雷达容易察觉到），包括转向和减速；"宽"指宽裕的，交会时两船间的距离应是宽裕的（因环境、地点和人的差异对宽裕的认同不一）；"清"指让清，在安全距离上驶过让清（应在整个避碰过程中查核避让行动的有效性）。

在环境条件不允许的情况下，一定要做到：不论当时船舶的态势如何，要尽可能地做到及早发现来船，为观察和分析局面、采取避让行动留有充分的时间和余地；牢记双方都有采取避让行动的责任，不可盲目等待观望，贻误避让良机；对来船在特殊情况下可能采取"背离"规则的行动，一定要有应急预案；为避免紧迫局面或紧迫危险局面，采取的避让行动一定保持留有回旋的余地，并认真核查避让行动的效果，不要造成与另一船发生紧迫局面；采取避让行动后，如发现对方采取不协调行动，距离越来越近，而形成紧迫局面，唯一的办法是立即停车，把船停住，并继续观测对方动向，鸣放相应的声号。

（6）发现雾级有向浓雾转化趋势，及早做好锚泊扎雾准备工作。山区河流下行船舶更应准确地掌握船位、航道特征及浓雾区，不能错失掉头的时机和锚地，及时选择锚地扎雾。

二、突遇浓雾应急措施

船舶因突然遇浓雾，一时无法选择锚地抛锚而被迫在浓雾中航行时，除应按照雾天航行要点进行操作外，还应着重采取以下措施。

（1）减速航行。一定要将船舶的速度慢下来，为避免碰撞留有更多时间，便于采取各种操纵措施。船速慢，不仅船位变化慢，而且储备了操纵能力，需要改向时，则可短时间快进车以助航效，实现在较小的进距上转过较大的角度；当需要制动时，则惯性冲程小，旋回惯性小，便于航向控制。

（2）要用好雷达（对备有雷达的船舶）。驾驶人员会熟练使用雷达定船位、选航向；会使用雷达航行参考图，能准确从雷达荧屏上选择吊向点、转向点，按航道走向及时调整船位，使船舶航行在计划航线上；能从雷达荧屏上区别航道内外动静物标，区别船舶类型、大小、走向，有无碰撞危险；如发现有碰撞危险，应及时用车、舵，采取紧急应变措施。

（3）要充分利用 VHF、AIS 等助航仪器，获取他船的早期信息并视情况发布本船雾航警报，以提醒过往船舶注意。对可能有碍航行的船舶应及早协调避让，避免造成行动上的误会。

（4）要服从当地 VTS 的管理，遇到疑难问题可以请求 VTS 的帮助或指导。同时要切记：雾中两船相遇,致有碰撞危险时,无直航船、让路船之分,两船均应及早采取避免碰撞的行动。

(5)及早做好锚泊扎雾准备工作,尽快找到锚地抛锚扎雾。

第二节　雷暴雨大风天气的引航(★☆△)

一、雷暴雨天气特征

雷暴雨天气是一种突发性强、风向急转、雨势猛烈、持续时间短的中小尺度范围的灾害性天气,其风力甚至可达 10 级以上,突然而来的雷暴雨,使四周漆黑一片,能见度几乎等于零,给内河船舶的安全造成了严重的威胁。

(一)雷暴雨的产生

雷暴产生在强烈的积雨中,是伴有雷鸣和闪电的局地对流性天气,通常有发展、成熟和消亡阶段。

(二)雷暴雨天气发生的地区和季节

雷暴多发生在中低纬度地区,在我国,雷暴雨多发生在中南部及沿海地区,一般是山地多于平源,内陆多于海洋。

雷暴雨天气具有明显的季节性,春夏居多,冬季少见,一般发生在 3—10 月,多发期为 5—9 月,尤以 6、7、8 三月为甚。其中立春至清明前后,雷雨大风发生的时间多在凌晨至上午。立夏至秋末雷雨大风发生的时间常见于午后至深夜。台风来临前也会诱发雷雨大风。

(三)雷暴雨天气的主要特点

(1)来得快,来得猛。雷暴雨带来的是狂风暴雨,常伴有电闪雷鸣。风力通常在 7 ~ 11 级,最大可达 12 级以上。

(2)风向急转。通常多为微弱的偏南风突然转变为西北大风。

(3)风暴持续时间短,一般为 20 ~ 30 min。

(4)大风的水平宽度不大,一般为几十千米,但纵向袭击范围可达数百上千千米。

二、雷雨天引航注意事项

(1)船舶航行在雷雨出现的航区,应装有避雷设施,并保证其功能良好。

(2)发现有雷暴雨来临征兆,或航经经常出现雷暴雨的航区,应提前开启雷达、甚高频无线电话,请船长到驾驶台。

(3)雷暴雨来临时,立即减速鸣放雾航声号。利用目测、雷达、罗经等一切有效瞭望手段,加强瞭望。派专人观测雷达、罗经、守听甚高频无线电话、测深仪,并及时向船长报告船舶动态和河床航道变化情况必要时停车淌航,阶段性用车助舵调向。对无雷达的船舶,在摸索淌航中,利用闪电的余光抓点定位、掉头、抛锚。上行船宜早抛锚扎雷雨或停车稳舵待航。下行船早选择宽阔水域掉头,选择锚地抛锚。

三、风天引航

(一)顺直河段和河口段的风浪特点

(1)顺直河段和河口段的风浪较其他河段大,且大浪多出现在风、流同向时,如航道为南北向,流向向北,风向为北风,风向与流向相同,但作用力方向相反,为逆流风,此时风与流相撞击,会在整个河段上掀起大浪。

(2)在同等风力下,顺流风的浪小于逆流风的浪。

(3)在同等风力下,下行顶浪航行船舶受浪的影响大于上行顺浪航行的船舶。

(4)下风岸的浪大于上风岸的浪。

(5)深水区浪大、浅水区浪小。

(6)流速大的地方浪大,流速小的地方浪小。

(二)风浪中引航的操作要点

在顺直河段或河口段内航行的船舶遇到风浪时,对船舶安全危害较大的一般是顶浪航行(下行)、顺浪航行(上行)和横浪航行(在横越航道或回转掉头时)。

1. 顶浪航行

对下行船舶影响最大的是顶浪航行。顶浪航行时,船体前部受波浪的猛烈冲击,振动很大并发生猛烈纵摇,对强度较弱的船可能引起渗漏、变形等事故。船舶受波浪的强力冲击,会产生横摇、纵摇、偏转、甲板上浪、打空车、失速、纵向波浪弯矩、稳性损失和操纵性变差等,严重时还会产生中拱、中垂等有损船体强度的现象。当纵摇周期接近于波浪周期时,则纵摇加剧,并使船首有钻入波峰的危险。

为安全起见,可驶离原航路,以避开大浪区,或将航速降低至能保持或维持舵效的程度,使船舶处于缓速顶风的状态。

如风浪很猛烈,为了防止波浪对船首过分强烈的冲击,可使航向偏离波浪方向20°~40°,做斜向慢速航行。不过这样虽降低了纵摇程度,却出现了相应的横摇。为了使船体均匀受力,船舶走"之"字形,使左右舷轮流受浪。

2. 顺浪航行

上行船舶影响显著的是顺浪航行。风浪从后方过来,容易冲击船尾,引起偏转摆动。当波浪速度大于或等于船速时,船舶将随波而运动,舵效减弱,航向稳定性显著降低,若用大舵角校正,必使船舶摇摆更剧烈。

若航速大于波速,上述现象则不存在。因此,最好能调整航速,使之略大于波速。对一些艉部突出、舵面积较小的船舶,顺浪航行时不易保持航向,这时使航向与波浪成30°左右夹角航行,可以减少艉部淹水和保持舵效,顺浪航行,不宜采用大舵角转向,要充分注意保持航向,配合使用不同的车速,来增加舵效,应选择不受波浪大角度冲击的航向行驶。

3. 横浪航行

船在横浪中航行,船体将发生横摇。横摇易导致货物移位、产生自由液面等,影响船舶稳性。当船的摇摆周期与波浪周期接近一致时,将产生谐摇现象,使船横摇加剧,甚至有倾覆的危险。在此情况下,必须设法改变航向,以减轻横摇。但在调整航向使船头受浪时,切忌用大舵角,以免造成过大横倾。

船舶在大风大浪中掉头,操船旋转时因做曲线运动将受到离心力与侧向水阻力所构成的力偶的作用,使船体向外倾斜,转舵越急,舵角越大,航速越高,则倾斜越显著。此时若船正处于横浪中,船身还要向波谷一侧倾斜,且还要受到风的压力,横倾就会大大加剧,导致船舶倾覆。

船在风浪中掉头,须先慢车减速,抓住风浪较小时的时机。开始时慢速操中等舵角(15°左右),掉头过程中适时使用快车满舵,加快掉头。

第三节　夜间引航(★ ☆ △)

船舶在夜间航行,驾引人员由于受视距影响,与白天相比,在夜间存在对距离估计准、目标发现不及时、航道岸形不直观、对他船动向的判断不快。所以,在夜间航行时,驾驶台必须保持肃静,集中精力,加强瞭望,谨慎驾驶。

一、夜航的特点

(一)视觉能力减弱

在低亮度的情况下,一是人眼对物体区别能力降低;二是对细、浅、小黑点或目标物间隙小的能力辨别能力降低;三是辨色力也很差,目标看起来似乎都呈灰色,只有亮度不同而已。

(二)气温变化造成视角偏差

夜间气温变化较大。在水面上会产生不同的湿度层,水面湿度和驾驶台湿度不一致,空气的密度也不一样,由于光的折射就引起视距偏差。

1.视物标变远

当水面气温低,眼处气温高时,光线弯曲向下折射,物标的距离仿佛变远了。

2.视物标变近

当水面气温高,眼处气温低时,光线弯曲向上折射,物标的位置仿佛变近了。

3.灯光照射所产生的偏差

4.习惯上以灯光明亮判断远近,容易产生错觉

灯光的能见距离(灯光的射程)不仅与它的亮度有关,而且与灯高也是成正比的。内河岸标的设置受地理条件的制约而高低不一,平原河网地带一连看到数座灯标,高低相间,完全依靠亮度确定远近,容易发生切滩的事故。

5.灯色易于混淆

在远望时,时常把有色灯光可能误认为白色,有时则把白色看成红色。绿光与红光相比,绿光显得昏暗,因此,远望时经常把绿光误认为红光。

6.产生光芒(光圈)

在强的灯光照射下,首先发现光芒,然后才能看到实光。如果两盏灯的发光亮度大,由于参光作用,两盏灯交织在一起,发现目标就只是光圈。

沿江城镇光力都很强,十分耀眼,航标灯光不容易被发现。

二、夜航中容易出现的问题

(一)辨认不清

(1)晴朗的月夜,水呈银白色,沙呈灰白色,两者容易混淆。

(2)在夜间以山尖作为船首物标时,两个相近的山尖很可能辨认错误。

(3)夜间容易把两山之间的平地误认为水池。

(4)不同水道与沟溪容易进错。

(5)河水上涨,水面增宽,原习惯按河宽比行船(如三七分心走),新的水面会引起比例的变化。

(二)感觉上的误差

1. 山影影响产生的误差

有山影的地方习惯地离暗侧远些,对明侧靠近些,往往造成船不到位而发生事故。

2. 月影影响产生的误差

背月一旁常有阴影映入水中,尤其在高的陡岸或傍山的河段这种阴影更为显著。在驶入阴影之前很难认清深浅、岸形和各种物标,在行驶中不能接近,有时造成偏位搁浅。

3. 灯光射程产生的误差

在夜间,有时对灯光的射程估计错误,在天气坏的黑夜里灯光的射程急剧降低,误认为灯源距离尚远,便漫不经心地接近,造成危局。

4. 标物轮廓产生的误差

在坏天气的黑夜中,能见度极为不良。河岸的轮廓和其他标志,在相当近的距离也难以辨认,以灯光亮度来判明航向和船时尤应谨慎,必要时减速前进,确认清楚后才能继续常速前进。

(三)精神紧张、疲劳

(1)夜间遇到坏天气,定位目标甚至岸边均难以辨认时,不熟练的驾驶员容易引起精神紧张,心中无数,把握不了船位、方向,舵令也往往容易搞错。

(2)因连续转舵,或走错船位使用大角度纠正时,因一时失向,船位偏离航线也觉察不出来。

(3)在宽阔的湖面上只抓一个浮标航行时,容易形成打圈,还应该找其他参考目标来确定航线。

(4)夜间值班人员容易困倦,尤其是连续夜航更加劳累。除值班人员外,还应落实协助值班人员,以便情况紧急时能采取应急措施。

三、夜航交接班注意事项

据实际情况看,在交接班时间里常常会发生事故。为什么在这段时域容易发生事故?从心理情况分析,在这段时间里,交班者因急着下班,而注意力分散,对本船的船位、航道情况就不够注意。突遇情况后就手忙脚乱,处理不当而发生事故。对接班者来说,刚好是上班不久,注意力还未完全集中;刚从睡梦中醒来,头脑不很清醒,对环境还需一个适应过程;加之上班不久,对船舶位置及周围情况了解不够,所以常常会造成对航标一时认识不清,走离航道而搁浅,或操纵不当而发生碰撞。

（1）驾驶人员接班前应重温本班夜间所航经河段的航道情况,熟知地形、地物、岸嘴、礁石等碍航物,同时还应根据水位的变化,熟悉航段内的主流、缓流及不正常水流的分布情况,以便选择航路。

（2）驾驶人员应熟记航向和航段标志的配布,能熟知物标(包括显著的天然物标)的位置及特征,并能合理地利用它作为夜航叫舵、转向、校核船位、航向的重要依据。

（3）值班人员在进驾驶台接班前,应于黑暗处闭眼停留片刻,使眼睛适应在黑暗中视物。待交班人交清航道等情况、摆正船位、稳定航向后再接班。禁止交接不清、盲目接班或在避让时交接班。

（4）驾驶台内应避免其他灯光射入而影响值班人员视觉。如需用灯光时,应遮蔽灯光不使其外露,或采用不耀眼的弱光或红色灯光。

四、夜航注意事项

1. 要充分利用助航设备

要充分利用望远镜、VHF 等助航设备加强瞭望,在山区河流或狭窄河道,在不妨碍他船航行时,可利用探照灯助航。

2. 要随时准确测定船位

掌握好夜航转向点和吊向点,使船舶始终保持在计划航线上或处于"落位"状态。

3. 通过险段措施要稳妥

通过突出的岸嘴、石梁、礁石、急流滩或险槽时,要准确掌握地势、滩情水势,正确使用车舵,安全措施稳妥。遇陡涨水或本船系重载的上行船队,要充分考虑本船的过滩能力,以避免船舶吊滩、退滩或失控造成重大事故。

4. 宽阔河段辨识要清楚

宽阔河段的物标、灯标稀少;支汉河口处,灯光混杂;洪水期的漫坪地段,灯标远近相交错,辨认不清。要熟记每个航标的名称、灯质,两标间距和本船所需的航行时间及相对方位,以确定船位、航向和航道走向,避免失误。

5. 夜间岸距要适当偏大

在漆黑的夜晚,近岸航行时,船首线略与岸线保持平行,并根据地形特征,校正船位,及时转舵扬头,岸距应大于日间航行岸距。

6. 夜间会让船舶要谨慎

在弯曲、狭窄、横流强的河段,切忌会让船舶,避让他船时应及早鸣笛,显示避让方向的闪光灯,统一会让意图,以便会让船舶双方安全互让。对实行分道航行的河段,严格按规定要求选择会让方向。

7. 情况不明不贸然前行

当前方航道情况不清、他船动态不明时,应及早停车等候,待弄清情况后,方能续航。尾随船舶应与前船保持较大距离,以防前船动态急变而措手不及,造成紧张的局面或发生碰撞事故。

练习题

一、选择题

1. 从航运的角度出发,净空高度是指( )的垂直距离。
   A. 水上过河建筑物下缘最低点至当地零水位面
   B. 水上过河建筑物下缘最低点至绝对零水位面
   C. 桥梁下缘最低点至设计最高水位面
   D. 桥梁下缘最低点至绝对零水位面

2. 富余水深的作用是保证( )。
   ①船舶推进器的安全需增加的吃水;②船舶舵效应,以达到操纵灵活,安全需增加的吃水;③船舶的航行安全,为防止船舶因波浪或其他原因偶然触及河底需增加的水深
   A. ①②
   B. ①③
   C. ②③
   D. ①②③

3. 我国颁布的内河通航标准中规定的二级航道的富余水深为( )。
   A. 0.4 ~ 0.5 m
   B. 0.3 ~ 0.4 m
   C. 0.2 ~ 0.3 m
   D. 0.2 m

4. 我国颁布的内河通航标准中规定卵石和岩石质河床富余水深值应另加( )。
   A. 0.1 ~ 0.2 m
   B. 0.1 ~ 0.3 m
   C. 0.2. ~ 0.3 m
   D. 0.2 m

5. 急流航道中 J2 级航道指航区内滩上流速为( )的航段。
   A. 5 m/s 以上但不超过 6.5 m/s
   B. 3.5 m/s 以上但不超过 5 m/s
   C. 4.5 m/s 以上但不超过 5.5 m/s
   D. 5.5 m/s 以上但不超过 7.5 m/s

6. C 级航区的波高范围为( )。
   A. 1.5 ~ 2.5 m
   B. 0.5 ~ 1.5 m
   C. 0.5 m 以下
   D. 2.5 ~ 3.5 m

7. 我国自 1957 年起,全国统一采用( )为陆地标高的基准面,在此基准面以上高度称海拔。
   A. 吴淞零点
   B. 黄海平均海平面
   C. 大地基准面
   D. 黄海零点

8. 水位是以水位基准面为零值,高于基准面者为( ),低于基准面者为( )。
   A. 负值;正值
   B. 干出高度;图示水深
   C. 图示水深;干出高度
   D. 正值;负值

9. 当水位基准面与绘图基准面一致时,水位与水深的关系为,实际水深 =( )。
   A. 水位 + 图示水深
   B. 水位 – 图示水深
   C. 水位 + 零点高程
   D. 水位 – 零点高程

10. 利用公式求出某处实际水深,船舶航行时还应考虑( )。

A. 河流的冲淤变化,暗礁上的淤积情况

B. 船舶吃水

C. 当地水位

D. 图示水深

11. 多年最高水位的平均值称为(　　)。

　　A. 洪水位　　　　　　　　　　B. 中水位

　　C. 枯水位　　　　　　　　　　D. 平均水位

12. 水位变化影响着(　　)根据水位涨落的情况还能预计航标可能产生的变化和航槽是否改变。

　　A. 富余水深　　　　　　　　　B. 剩余水深

　　C. 设标水深　　　　　　　　　D. 图示水深

13. 驾驶员可根据(　　)目测流向。

　　①水面漂浮物的运动方向;②水流流经航标时,观察标船的航向及其尾部水流迹线的方向;③船舶抛单锚时观察锚链及船舶的首尾方向;④河岸岸形;⑤河岸水生植物被水流冲击的倾倒方向;⑥雷达和罗经

　　A. ①③⑤　　　　　　　　　　B. ②④⑥

　　C. ①④⑤　　　　　　　　　　D. ①②③④⑤

14. 若某河段流向向东,刮西风时为(　　)。

　　A. 风流作用力同向或顺流风　　B. 风流作用力反向或顺流风

　　C. 风流作用力同向或逆流风　　D. 风流作用力反向或逆流风

15. 弯曲河段弯顶以下水流的流向,由于超高现象,水流自(　　)。

　　A. 凹岸流向凸岸　　　　　　　B. 凸岸流向凹岸

　　C. 河心流向两岸　　　　　　　D. 两岸流向河心

16. 以下方法可目测出流向的是(　　)。

　　①根据水面漂浮物的运动方向;②船舶抛单锚时观察锚链及船舶首尾方向;③根据河岸水生植物被水流冲击的倾倒方向;④利用雷达和罗经

　　A. ①②③④　　　　　　　　　B. ②④

　　C. ①④　　　　　　　　　　　D. ①②③

17. 在晨昏微光斜射水面时,一般情况下(　　)。

　　A. 涨水时主流水面光滑如镜　　B. 退水时主流水色发亮

　　C. 主流水面光滑如镜　　　　　D. 主流水色发暗

18. 顺直宽阔河段,主流带基本位于(　　)。

　　A. 河心或略偏水深一侧　　　　B. 河心或略偏水浅一侧

　　C. 河岸或略偏水浅一侧　　　　D. 河岸或略偏水深一侧

19. 上行船舶抵埂后停滞不前,习称(　　)。

　　A. 吊埂　　　　　　　　　　　B. 抵埂

　　C. 摺埂　　　　　　　　　　　D. 搭埂

20. 泡水是指速度较高的水流受水下障碍物的阻挡,或不同流速,不同流向水流相互撞击,降速增压所形成的(　　)水流。

A. 下降　　　　　　　　　　B. 上升

C. 旋转　　　　　　　　　　D. 平行移动

21. 由于局部高速水流的摆动与脉动,呈现时发时息,时强时弱的泡水称( ),该泡不易发现,具有阵发性,易使操作者措手不及,出现险情。

A. 拦马泡　　　　　　　　　B. 分汊泡

C. 冷泡　　　　　　　　　　D. 沙泡

22. 漩水的旋转方向有一定的规律性,下列说法正确的是( )。

A. 主流左侧的漩水逆时针旋转,主流右侧的漩水顺时针旋转

B. 主流左侧的漩水顺时针旋转,主流右侧的漩水逆时针旋转

C. 主流左,右侧的漩水均顺时针旋转

D. 主流左,右侧的漩水均逆时针旋转

23. 局部横流多以高流束出现,易使船体局部受力而产生偏转,引航操作中,常用( )的操作方法加以克服。

A. 一舵变三舵,四舵还原　　B. 一泡四舵

C. 修正航向,消除流压差　　D. 增大航速

24. 克服横流对船舶航行的影响的方法是预先向横流的( )偏转一个恰当角度为偏航留有余地,以使船舶沿着预定的安全航线航行。

A. 上方　　　　　　　　　　B. 下方

C. 前方　　　　　　　　　　D. 后方

25. 船队航经较强的夹堰水时,航向极易偏摆,船身颠簸起伏,甚至出现( )现象。

A. 打张　　　　　　　　　　B. 吊钩打枪

C. 歪船扎驳　　　　　　　　D. 挖岸

26. 内河助航标志:规定可以采用的发光方式有( )。

A. 定光、闪光　　　　　　　B. 单闪、双闪、三闪、快闪

C. 定光、闪光、顿光、莫尔斯闪光　D. 红光、白光、黄光、紫光

27. 关于内河航标灯灯光种类,下列说法( )是不正确的。

A. 莫尔斯灯光　　　　　　　B. 联闪光

C. 定光　　　　　　　　　　D. 闪光和顿光

28. 以明暗节奏,不变光色的灯光清楚地显示以短明(表明"点"),长明(表明"划")混合组成的闪光组为( )。

A. 定光　　　　　　　　　　B. 莫尔斯灯光

C. 闪光　　　　　　　　　　D. 顿光

29. 关于侧面标下列说法不正确的是( )。

A. 设在浅滩、礁石、沉船或其他碍航物靠近岸边一侧,标示航道的侧面界限

B. 设在水网地区优良航道两岸时,标示岸形、凸嘴或不通航的汊港

C. 浮标可采用柱形、锥形、罐形、杆形或桅顶装有球形顶标的灯船

D. 浮标加装的罐形顶标为红色

30. 关于桥涵标下列说法不正确的是( )。

A. 设在通航桥迎船一面的桥梁中央,标示船舶通航桥孔的位置

B. 圆形标牌表示小轮通航的桥孔,包括非机动船,但不包括排筏

C. 正方形标牌表示船舶通航的桥孔

D. 正方形标牌为红色,圆形标牌为白色

31. 表示允许上行船通行的号型和灯为( )。

A. 红色箭头向下,黑或白色箭杆向上和垂直显示的绿,红定光灯

B. 红色箭头向上,黑或白色箭杆向下和垂直显示的红、绿定光灯

C. 黑色箭头向上,黑色箭杆向下和垂直显示的红,绿定光灯

D. 红色箭杆向上,红色箭头向下和垂直显示的绿,红定光灯

32. 界限标的形状为:标杆上端装( )标牌一块,标牌面向来船方向。

A. 菱形　　　　　　　　　　　　B. 正方形

C. 长方形　　　　　　　　　　　D. 圆形

33. 管线标设在( )。

①需要标示跨河管线的航道两端的河岸上;②需要标示跨河管线的航道一端的河岸上;③跨河管线的上,下游适当距离的两岸或一岸上

A.①②　　　　　　　　　　　　B.①③

C.②③　　　　　　　　　　　　D.①②③

34. 专用标的形状,颜色、灯质分别为( )。

①任选,黄色,黄色;②任选,红色,黄色;③左岸为:灯船,黄色,黄色;④右岸为:罐形,黄色,黄色

A.①　　　　　　　　　　　　　B.①③

C.②③　　　　　　　　　　　　D.②④

35. 内河交通安全标志中的禁止,解除禁止和限制标志属于( )。

A. 警告标志　　　　　　　　　　B. 禁令标志

C. 指令标志　　　　　　　　　　D. 提示标志

36. 内河交通安全标志中的辅助标志可用来对主标志说明( )。

①距离;②空间;③理由;④高度;⑤时间;⑥对象;⑦速度;⑧范围;⑨信息;⑩限量

A.①②③④⑤⑥　　　　　　　　B.①③⑤⑥⑧⑩

C.②④⑤⑥⑦⑧　　　　　　　　D.⑤⑥⑦⑧⑨⑩

37. 内河交通安全标志中的警告标志为( )底,黑边框,黑图案,是警告船舶,排筏注意危险区域或地点的标志。

A. 红　　　　　　　　　　　　　B. 白

C. 蓝　　　　　　　　　　　　　D. 黄

38. 下列比例尺最大的是( )。

A.1/5 000　　　　　　　　　　 B.1/25 000

C.1/40 000　　　　　　　　　　D.1/50 000

39. ( )是在图上用一定线段的长度来表示地面的实际长度,可以在图上直接量取距离,使用方便。

A. 数字比例尺　　　　　　　　　B. 直线比例尺

C. 任意比例尺　　　　　　　　　D. 局部比例尺

40. 航行图上有一符号为"4.5",它表示该处( )。

    A.图示水深为基准面下 4.5 m   B.水深为基准面上 4.5 m

    C.图示水深为基准面上 4.5 m   D.水深为基准面下 4.5 m

41. 航行图中有一符号 + + +它表示( )。

    A.深度不及 6.5 m 的沉船   B.部分露出基准面上的沉船

    C.深度超过 6.5 m 的沉船   D.深度不明的沉船

42. 在航行中的船舶上,用仪器测得的风不是真风,而是真风与航行风两者的合成风,称
( )。

    ①相对风;②视风;③船风

    A.①   B.②

    C.③   D.①或②

43. 冷空气流经暖水面时,由于水温高于气温,水面不断蒸发,水汽进入低层而形成的雾,
称为( )。

    A.平流雾   B.蒸发雾

    C.山谷雾   D.锋面雾

44. 夜间冷空气沿谷坡下沉至谷底,当谷底湿度较大时,便发生凝结而形成雾。这种雾慢
慢流出沟谷口而达江面时便成为妨碍航行的雾。这种雾称为( )。

    A.辐射雾   B.蒸发雾

    C.山谷雾   D.平流雾

45. 能见度是指正常视力,观测者能将目标物从背景中区别出来的( )。

    A.最大距离及其相应的等级   B.最小距离所相应的等级

    C.平均距离所相应的等级   D.程度

46. 根据能见距离的大小,将能见度分为( )等级。

    A.8   B.9

    C.10   D.12

47. 在我国寒潮出现的时间多在( )。

    A.夏季   B.春季

    C.秋季   D.冬季

48. 一次寒潮冷高压的活动过程,平均为( )天左右,一年平均为( )次发生。

    A.12;3 ~ 4   B.9;9 ~ 12

    C.7;4 ~ 5   D.3;6 ~ 7

49. 船舶防台应做下列的准备工作有( )。

    ①加强水密措施;②检查排水设施;③系固移动货物;④主辅机设备保持备用状态;
⑤做停泊和航行中的安全措施;⑥航行的顶推船队必要时可改为单排一列式吊拖

    A.①②③④⑤   B.①②③④⑤⑥

    C.①③④⑤   D.①③④⑤⑥

50. 气旋中心附近最大风力( )级时,称热带风暴。

    A.8 ~ 9   B.9 ~ 10

    C.10 ~ 11   D.7 ~ 8

51. 预计灾害性天气在48 h以内将影响本地区,即发布(　　)。
    A. 消息　　　　　　　　　　　　B. 警报
    C. 紧急警报　　　　　　　　　　D. 大风消息

52. 灾害性天气预报中预计在未来48 h之内本地平均风力可达六级或六级以上,最大风力(　　)级以上时发布大风消息。
    A. 8　　　　　　　　　　　　　　B. 9
    C. 10　　　　　　　　　　　　　 D. 7

53. (　　)是对风向,风力,降水,气温,能见度及天气状况的预报。
    A. 气象要素预报　　　　　　　　B. 天气形势预报
    C. 天气强度变化预报　　　　　　D. 天气状态预报

54. (　　)天气预报是对未来3～10天的预报。
    A. 短期　　　　　　　　　　　　B. 中期
    C. 长期　　　　　　　　　　　　D. 中、长期

55. 航行条件是指船舶航行区域内的(　　)等客观因素。
    ①航道;②水文;③气象;④航标配布;⑤船舶会让;⑥定位
    A. ①②③④　　　　　　　　　　B. ①②③④⑤
    C. ①②③④⑤⑥　　　　　　　　D. ①②③

56. 下列不属于航道特征的是(　　)。
    A. 地形地貌和河床形态
    B. 航道尺度
    C. 支汊河与捷水道的分布及开放水位
    D. 航标配布原则

57. 船舶逆流航行,在选择航路时应结综合考虑(　　)等因素。
    ①缓流区航道水深分布及位置;②过河航行的次数;③本船的操纵性能
    A. ①②　　　　　　　　　　　　B. ①③
    C. ②③　　　　　　　　　　　　D. ①②③

58. 根据过河航段的航道和水流条件不同,一般常用的过河方法有(　　)。
    ①小角度过河法;②大角度过河法;③目标点过河法;④借势过河法;⑤搭跳
    A. ①②③　　　　　　　　　　　B. ①②③⑤
    C. ①②③④　　　　　　　　　　D. ③④⑤

59. 上行船舶在出角迎流借势过河时,操作不当,易造成(　　)事故。
    A. 打枪　　　　　　　　　　　　B. 挖岸
    C. 打张　　　　　　　　　　　　D. 窝凼

60. (　　)的选择,其基本原则是以主流为依据,找主流,跟主流。
    A. 顺流航路　　　　　　　　　　B. 逆流航路
    C. 过河航路　　　　　　　　　　D. 推荐航路

61. 船舶在航行中,做到航向与流向的夹角要小的好处是(　　)。
    ①可以减小因水流作用而发生的漂移和航向不稳定;②确保船舶航行在预定航线上;③下行船舶可以充分利用水流提高航速

A.①②   B.①③

C.②③   D.①②③

62.( )是指驾驶人员根据航行条件和船舶性能,采取符合客观实际的引航操作方案,将船位摆在既安全又能提高航速的合理位置上。

  A.顺向   B.航线

  C.摆船位   D.落位

63.航行中,偏离计划航线的船舶,可以通过调整( )来纠正偏航。

  A.转向时机   B.吊向点

  C.过河点   D.岸距

64.船舶航行中,以某一岸嘴,浮标及重点水势,当其接近船舶的中部时开始转向称( )。

  A.开门转向   B.船道达某物标时转向

  C.担腰转向   D.驾驶台平(过)某物标时转向

65.船舶转舵后,可能会产生( )结果。

  ①船速损失;②回转;③侧移;④阻力增加;⑤航迹弯曲

  A.①②③④⑤   B.①②④⑤

  C.①②③④   D.①②③

66.引航中,你船与他船交叉相遇,若你发现他船舷角迅速变小,说明他船将( )。

  A.能越过你船船首   B.与你船相撞

  C.从你艉部通过   D.会采取避碰措施

67.分道通航制一般由( )部分构成。

  ①分隔带(线);②通航分道;③指定或推荐的交通流方向;④外边界线;⑤内边界线;⑥障碍物夺

  A.①②③④⑤   B.①②③④

  C.①②③④⑤⑥   D.①③④⑤

68.顺直河段水流平顺,( )一般在河槽中间,水深,流速分布较对称,有利于船舶稳向航行。

  A.主流   B.缓流

  C.横流   D.急流

69.下列说法中,对于船舶在湖泊中航行的有利的因素是( )。

  A.湖泊水面宽阔,难以定位   B.湖泊流速缓慢,难以确定流向

  C.过流湖淤积严重,浅区多   D.湖泊的滨湖地区,常有许多中构

70.在顺直河段,船舶下行航路应选择在河心流速,水深最大的( )上航行。

  A.深水区   B.流速最大区

  C.深泓线   D.主流带

71.弯曲半径较大,主流流入角偏靠凹岸的弯曲河段即平弯河段,水流具有( )特点。

  ①主流沿凹岸深槽随河弯下流;②扫弯水力量弱;③凸岸一侧水势平缓,流线圆顺

  A.①②   B.①③

  C.②③   D.①②③

72.急弯河段中水流受凸嘴所阻而收敛成斜流束,汇合主流向凹岸下半段冲压,形成强力

的( )。

  A. 斜流   B. 出水

  C. 扫弯水   D. 内拖水

73. 弯曲河段的上行航路一般选择在( )一侧的缓流处。

  A. 凹岸   B. 凸岸

  C. 左岸   D. 右岸

74. 上行船过急弯河段时,应根据航道水流条件做好( )。

  ①合理利用缓流;②取好岸距;③随时修正航向与流向的夹角

  A. ①②   B. ①③

  C. ②③   D. ①②③

75. 上行船通过河岸较为稳定的特殊弯曲河段,航路通常选择沿凹岸一侧更为有利,俗称( )。

  A. 循环流航法   B. 小弯航法

  C. 循夹堰航法   D. 大弯航法

76. 船舶进入浅水区时,会出现( )现象。

  A. 艏倾,兴波阻力增加   B. 艏倾,兴波阻力减少

  C. 艉倾,兴波阻力增加   D. 艉倾,兴波阻力减少

77. 船舶沿浅滩或边滩行驶时,若在窄,浅槽内发现跑舵现象时,应及时变换( )用舵纠正,以防跨越航道范围而搁浅。

  A. 航向   B. 车速

  C. 船位   D. 航路

78. 桥梁水平垂线与主流流向的夹角不宜太大,否则主流就成为一股强大的( ),使船舶在驶过桥孔的过程中发生显著的偏移,甚至因此而发生碰桥墩事故。

  A. 出水   B. 扫弯水

  C. 旺水   D. 横流

79. 船舶过桥时应注意掌握( )。

  ①桥区航道情况和通航特点;②助航标志的相对位置,灯色和闪次;③风和流对船队的影响

  A. ①②   B. ①③

  C. ②③   D. ①②③

80. 如因某种特殊原因,船位横移难以校正,有碰撞桥墩危险时,应果断用舵偏离桥墩,使船沿下流一侧的桥孔过桥,( )报知大桥监督站。

  A. 必须   B. 不必

  C. 根据情况   D. 应该

81. 船闸由( )组成。

  A. 闸室、闸首和引航首   B. 闸室、闸首

  C. 闸室、上闸首和下闸首 D. 闸室、上引航首和下引航道

82. 关于船闸上行引航道水文特征下列说法不正确的是( )。

  A. 船闸上行引航道,一般情况下属静水航道

B. 上行船与干流交汇的上口门处会出现不正常水流

C. 如果上行引航道内有支流注入,河口及下方出现不正常水流

D. 船闸充泄水时,上行引航道水位有明显影响

83. 关于船舶进出船闸下列说法不正确的是(   )。

    A. 船闸有效宽度有限,影响船舶操作

    B. 进出船闸操作复杂,难度大

    C. 进出船闸的时间较长,影响船舶营运效率

    D. 船闸闸室内流态坏,不易控制船舶

84. 进闸时船位的最佳状态应是使船舶的(   )和闸室中心线重合。

    A. 航向   B. 艏艉线

    C. 航迹线   D. 中心线

85. 当急流滩水位达到当地某一高程时,开始束窄河槽过水断面,形成滩势,船舶航行开始感到困难,这个水位高程称为该滩的(   )。

    A. 成滩水位   B. 当季水位

    C. 消滩水位   D. 漂滩水位

86. 急流滩的当地水位上升或下降到某一高程时,滩势最为汹恶,比降和流速最大,流态紊乱,碍航最严重,这个临界水位高程称为该滩的(   )。

    A. 成滩水位   B. 当季水位

    C. 消滩水位   D. 漂滩水位

87. 上行船过急流滩时,采用满腮出角航法的条件是(   )。

①回流区外流态险恶;②腮内回流出水有力;③滩嘴外有适当的三角水域,船舶操纵灵活

    A. ①②   B. ①③

    C. ②③   D. ①②③

88. 船舶下行过急流滩的对口滩时,如果两岸滩嘴大,小不等,一般应(   )。

    A. 循滩嘴较大的一侧挂高船位   B. 循滩嘴较小的一侧挂高船位

    C. 循河心下驶   D. 循主流下驶

89. 船舶(   )时,如向内侧用舵过猛,过多,转势过猛容易产生挖岸的危险。

    A. 上行沿岸航行   B. 下行沿岸较近

    C. 上行过急流滩嘴   D. 下行过急流滩嘴

90. 山区河流中的险槽包括(   )险槽。

①弯、窄、浅;②滑梁;③流态恶劣

    A. ①②   B. ①③

    C. ②③   D. ①②③

91. 弯、窄、浅险槽河段一般(   ),航槽越险。

    A. 水位越大   B. 水位急退

    C. 水位越枯   D. 水位急涨

92. 滑梁险槽的特点是(   )。

①航槽较狭窄;②有滑梁水;③有斜流、泡漩

A. ①②
B. ①③

C. ②③
D. ①②③

93. 有些较顺直的双滑梁河段,因水面背流水底对流的双向环流作用,河心产生上升流,呈现( ),是上,下行船舶引航必须抓的重点水势。

A. 枕头泡
B. 拦马泡

C. 分迳泡
D. 分界泡

94. 在雾中航行,抓( )比抓浮标容易。

A. 主流
B. 岸形

C. 物标
D. 缓流

95. 山区河流下行船舶在轻雾中航行更应准确地掌握船位,航道特征及浓雾区,不能错失( )的时机和锚地。

A. 停车
B. 掉头

C. 扎雾
D. 抛锚

96. 船舶遇雾应减速行驶,按章鸣笛,并报请,同时通知机舱( )。

A. 船长,停车
B. 船长,备车

C. 大副,完车
D. 公司,备车

97. 在夜间,有时对灯光的射程估计错误,在天气坏的黑夜里灯光的射程( ),误认为灯源距离尚远,便漫不经心地接近,造成危险局面。

A. 降低
B. 增加

C. 不变
D. 不稳定

98. 夜间气温变化较大,在水面上会产生不同的湿度层,水面湿度和驾驶台湿度不一致,空气密度也不一样,由于光的折射就引起( )。

A. 头晕
B. 视距偏差

C. 视觉增强
D. 精神疲劳

99. 夜航中交接班时,应待交班人( )后再接班。

①交清航道等情况;②摆正船位;③稳定航向

A. ①②
B. ①③

C. ②③
D. ①②③

100. 船舶在( )河段夜航时,在不妨碍他船航行的情况下,可用探照灯助航。

①山区河流;②狭窄河道;③近岸航行

A. ①②
B. ①③

C. ②③
D. ①②③

二、判断题(正确打√,错误打×)

1. 船闸有效尺度包括船闸有效长度、闸室有效宽度,门槛最小水深。( )

2. 浅水花水一般产生在水流不大的滩地,是浅区的重要标志。( )

3. 对一条河流来说,季节的不同,水位有所涨落,故航道尺度也会随之而发生变化。( )

4. 水流受礁石等障碍物所阻,在障碍物顶部或稍上处水面隆起成埂状的水流称急流。( )

5. 当船舶顺着航道走向航行时,其左舷一侧为航道的左侧,右舷一侧为航道的右侧。( )

6. 航道尺度是指一定水深下的航道深度、航道宽度、航道曲率半径。( )

7. 一种自水下向上面翻涌,中心隆起并向四周辐射扩散的水流称漩水。( )

8. 航道标准深度是航道在洪水期内应维护的最小水深。( )

9. 一种自水下向水面翻涌,中心隆起并向四周辐射扩散的水流称泡水。( )

10. 内河航标按功能分为航行标志、信号标志、专用标志和安全水域标志四种。( )

11. 内河交通安全标志中的主标志有警告标志、禁令标志、指令标志和限制标志 4 种。( )

12. 内河交通安全标志分为主标志和辅助标志两大类。( )

13. 内河交通安全标志中的辅助标志是可以单独使用的。( )

14. 内河航标都是以标身形状和灯质来区别它们的功能的。( )

15. 引航要领的实质是船舶航行的准确定位和避让。( )

16. 推荐航路是指为方便船舶通过而设立的规定了宽度的一种航路,通常以中心线浮标作为标志。( )

17. 分析航行条件时,对河流的底质可以不作考虑。( )

18. 引导船舶以最佳航线航行于内河水道的过程称内河引航,所谓最佳航线是指省时、快速及安全的航线。( )

19. 船舶在夜间近岸航行时,船首线略于岸线保持平行,并根据地形特征,及时转舵扬头,岸距应大于日间航行岸距。( )

20. 船舶在夜间近岸航行时,应及时抓住显著物标校正船位。( )

21. 夜间两船对驶相遇,若两船在正前方能彼此看到对方红、绿舷灯时就有碰撞危险。( )

22. 富余水深的作用是保证船舶的航行安全。( )

23. 航运管理部门为了便于驾驶员计算和掌握船舶通过跨河净空建筑物的安全高度,常把水上跨河建筑物的下缘最低点至当地零水位面的垂直距离,称为通航净空高度,但不包括规定富余高度。( )

24. 水位是指河道中自由水面至某一基准面的垂直距离,称为水位,单位为米(m)。( )

25. 某一基准面至河底的深度称为图示水深,该基准面称为深度基准面,又称为绘图基准面。通常规定以基准面为零值,凡在基准面以上的水深取负值,一般称为干出高度。( )

26. 泡位于沱区下半部,水流以较大夹角冲击沱区下角岸壁或受相对静止的水流阻挡而反射出水面的泡水称为困堂泡。( )

27. 内河航标作用距离是指船舶航行时必须离开航标的最小安全横距,或指船舶循航标航行时与浮标或岸标标位处枯水时水线需保持的最小间距。( )

28. 涉及"水深"的航行安全信息通常一般由水上安全监督部门发布。( )

29. 蒸发雾有以下特点是以晚秋和冬季为最多,一日之中多在早晨,持续时间不长,日出后随气温上升而慢慢消散。蒸发雾多在河湖上形成。它看起来像是从水面冒出的热气。( )

30. 航路是指船舶根据河流的客观规律在航道中所选择的航行路线。航路的选择,贯穿于船舶航行的始终,是内河引航技术的重点。( )

参考答案

一、选择题

1. A	2. D	3. B	4. A	5. B	6. C	7. B	8. D	9. A	10. A
11. A	12. C	13. D	14. A	15. A	16. D	17. A	18. A	19. A	20. B
21. C	22. A	23. A	24. A	25. C	26. C	27. B	28. B	29. A	30. B
31. B	32. A	33. D	34. A	35. B	36. B.	37. D	38. A	39. B	40. C
41. C	42. D	43. B	44. C	45. A	46. C	47. B	48. C	49. B	50. A
51. B	52. A	53. A	54. B	55. B	56. D	57. D	58. C	59. C	60. A
61. D	62. D	63. A	64. C	65. A	66. A	67. C	68. A	69. D	70. D
71. D	72. C	73. B	74. D	75. B	76. C	77. B	78. D	79. D	80. A
81. D	82. D	83. D	84. C	85. A	86. B	87. D	88. A	89. A	90. D
91. C	92. D	93. C	94. B	95. B	96. B	97. A	98. B	99. D	100. D

二. 判断题

1. √	2. √	3. √	4. ×	5. ×	6. ×	7. ×	8. ×	9. √	10. ×
11. ×	12. √	13. ×	14. √	15. √	16. ×	17. √	18. √	19. √	20. √
21. √	22. √	23. ×	24. ×	25. √	26. √	27. ×	28. ×	29. √	30. ×

第五篇　船舶应急

第一章　应急处置

船舶所处的环境复杂多变,随时可能发生各种危及船舶、人命和环境安全的紧急事件,船员应尽最大努力采取自救行动。在尚未严重危及人身安全时,船员必须采取一切有效行动保全船舶。当确认无法避免船舶的沉没或灭失时,船长(驾驶员)应果断下令撤离船舶或弃船求生,以保证旅客、船员的生命安全。

第一节　概念、步骤和要求(★ ☆ △)

一、船舶应急处置

船舶应急处置又称为船舶应变,是指在船舶发生各种事故和紧急情况时的紧急应对方法和措施。

根据《中华人民共和国船舶安全营运和防污染管理规则》(以下简称《NSM 规则》)和船舶安全管理体系建设的要求,船舶应对船上可能发生的各种紧急情况做好应急准备,并建立相应的应急反应程序,包括碰撞、触礁、搁浅、火灾、爆炸、人落水、船舶油污、船舶丧失操纵能力、船体结构损坏、船舶严重横倾、货舱进水、船员伤病、弃船等。

二、船舶应急处置的关键步骤及要求

船舶吨位和种类不同,船上最低安全配员不同,船上配备的应急设施设备差异也较大,为了保证船舶在发生海损事故或遭遇自然灾害时能最大限度地实施救助,尽可能地减少损失,按规定要求每一艘船舶均须根据本船的人员、设施设备等情况合理编制船舶应急应变部署。对于建有船舶安全管理体系的船公司,有关船舶应急处置的相关规定和要求是体系文件中非常重要的内容,要求公司所属船舶在应急处置时必须严格执行体系文件的规定和要求。无论是编制船舶应急应变部署,还是编制体系文件的程序文件、应急操作手册,均应对船舶可能发生

的应急处置的关键步骤及要求进行详尽描述。

（一）按规定要求及时报警

《中华人民共和国内河交通安全管理条例》第四十六条第款规定："船舶、浮动设施遇险，必须迅速将遇险的时间、地点、遇险状况、遇险原因、救助要求，向遇险地海事管理机构以及船舶、浮动设施所有人、经营人报告。"船舶发生事故后，应及时报警，首先是现场发现者要正确、及时报警，以便本船采取及时、有效的措施进行自救；其次是船长要按规定及时向当地海事主管机关和船公司报告。

1.船舶发生火灾的报警

（1）现场发现者。大声呼喊"××处失火"，并启动（按下）附近报警器。

（2）船长应指令驾驶员或轮机员查明火势，确认后向全船发出警报，组织施救。立即向当地海事部门和船公司报告。港区内发生火灾，应及时拨打"119"报警。

2.发现有人落水的报警

（1）现场发现者大声呼喊"有人从××舷落水"，并用手势指明从哪一舷落水或用哨子报警。

（2）船长获知有人落水后，及时发出"人落水"警报，组织施救。立即使用高频电话向附近船舶通报。立即向当地海事部门和船公司报告。

3.向当地海事部门和船公司的报警

船舶发生事故后，船长应尽可能全面地向当地海事部门和船公司报告事故有关情况，报告内容主要包括：船名；事故发生的时间、地点（船位）；人员伤亡情况；船舶受损情况；事发地点气象及水文情况；已采取的措施；事发时前后吃水；油水存量及载货情况；船舶是否具有自航能力；船舶是否溢油；船舶是否需要外援等。

（二）对事故险情做出快速、正确的分析和判断

船舶一旦发生事故险情，船长进入驾驶台后应迅速指派大副（或驾驶员、轮机长等人员）到现场勘查，了解事故险情并做出初步判断，现场人员应将相关信息向船长及时反馈，为船长快速、正确分析事故险情，采取正确应对措施提供帮助。这里有两点很重要，一是事故现场信息了解，二是船长的分析判断。不同事故类型，现场信息也不同。对于火灾事故，主要勘查火灾发生的部位、火灾种类、火势大小等情况；对于碰撞事故，主要查勘人员伤亡情况、船体受损情况等内容；对于船舶发生搁浅、触礁事故，主要查勘船体破损情况、船舱是否进水、船体四周水深情况等内容。

（三）正确制订施救方案，及时采取应急行动

《中华人民共和国内河交通安全管理条例》第四十六条第一款、第二款规定："船舶、浮动设施遇险，应当采取一切有效措施自救。船舶、浮动设施发生碰撞事故，任何一方应当在不危及自身安全的情况下，积极救助遇险的他方，不得逃逸。"当事故已经发生，船长、船员必须保持镇静，认真分析事故险情，全面考虑人命、船舶和环境的安全，在措施上必须做到不延误时机、顾此失彼，在行动上要避免惊慌失措，船长在确定施救方案，采取行动时，要果敢、坚定，首先考虑的是自救，按应变部署要求组织集合船员进行自救，在实施自救的同时考虑是否需要外援，当船舶处于沉没、倾覆、爆炸等严重危险时，船长应当机立断——弃船。

（四）服从海事管理机构的统一调度和指挥

《中华人民共和国内河交通安全管理条例》第四十七条规定："船员、浮动设施上的工作人员或其他人员发现其他船舶、浮动设施遇险，或者收到求救信号后，必须尽力救助遇险人员，并将有关情况及时向遇险地海事管理机构报告。"第四十九条规定："船舶、浮动设施遇险时，有关部门和人员必须积极协助海事管理机构做好救助工作。遇险现场和附近的船舶、人员必须服从海事管理机构的统一调度和指挥。"

（五）将灾情及救助情况填入航行日志

按航行日志记载要求，船舶发生事故后应将事故发生的时间、地点、经过等信息记入航行日志。

第二节　心理特征和分类（★）

一、船员在紧张状态下的心理特征

船舶在航行中一旦发生碰撞、搁浅、触礁等水上交通事故或遭遇其他突发事件，由于现场气氛表现出的紧张、激烈、残酷、危险和凄惨的场面、撕心的呼救，可使船员瞬间感到紧张，因紧张程度、船员个体差异不同，可能表现出轻度的功能性障碍甚至精神崩溃等特征。因此，船员在意志力、自我适应调节能力和自我控制能力等方面的素质高低直接影响船员在紧张状态下的行为能力。

船长是船舶遇险救助的总指挥，船长的心理素质不仅关系到他所从事的工作的效率和成败，而且也感染着船员的情感和意志。良好的心理素质对船长来说是一种无形的且又是经常起作用的宝贵财富。惊慌失措、盲目自满、麻痹松懈、侥幸和虚荣等都是船长心理不健康的表现。不良的心理素质往往又是导致事故发生或事故扩大、事故损失增大的主要原因。心理素质差的船长往往在遇到失火、破损及有人落水等紧急关头时，经受不住突发险恶事件的刺激和考验，也就不可能冷静地面对现实并集中全部的智慧和精力去应付意外的情况。如果船长在危急关头力挽狂澜，带领大家化险为夷，那他一定是一名心理素质、操作技能、指挥能力等方面都很优秀的船长。

二、船舶紧急情况分类

船舶所处的环境复杂多变，随时可能发生各种危及船舶、人命安全及水域环境安全的紧急事件。紧急情况是指船舶、人命及水域环境遭遇严重的紧急危险，需要抢险或者救助的有关情况。

船舶紧急情况大致可分为4类：

（一）火灾和海损类

火灾和海损类包括：碰撞/搁浅/触礁；火灾/爆炸；船体破损/进水；严重横倾；恶劣天气损害；弃船。

（二）机损和污染类

机损和污染类包括：主机失灵；舵机失灵；供电故障；机舱事故；船舶溢油；船舶污染物的意外排放。

（三）货物损害类

货物损害类包括：货物移动；船舶自救抛货；危险货物事故。

（四）人身安全类

人身安全类包括：严重伤病；进入封闭场所；人员落水；搜寻/救助；水（海）盗/暴力行为；自然灾害等。

第三节　实施与责任

一、船舶应急反应的实施（★☆△）

船舶一旦进入临近事故状态或事故状态，就必须紧急抢救，即应急反应。应急是使水上人命财产和内河水域环境摆脱或远离事故危险，恢复安全状态的活动过程。应急的成败直接关系着人命财产损失和环境危害的程度，所以应急必须是迅速和有效的。成功的应急依赖于训练有素的人员、完备的应急设施和器材、高效率的应急预案、正确的指挥和良好的群体协同。在内河通航水域，船舶是船员和旅客最好的生存基地，用救生艇筏和水中漂浮求生是万不得已时的选择，因此在船舶发生危险的紧急情况下，船上人员应竭尽全力应急，使船舶脱离危险，以保全自身的生存空间，直至船舶恢复安全状态或船长宣布弃船。

为保证船公司相关部门和船员能在任何时候对船舶所面临的紧急情况做出迅速和有效的反应，以尽可能避免事故的发生、发展或将其造成的损失减至最低限度，公司在安全管理体系文件中制订了应急反应程序和应急手册。每一艘船舶应根据人员状况、本船设备和情况编制应变部署表，明确指定每个人在紧急情况下应到达的岗位及执行的任务，并定期进行训练及应变演习，使预定方案变成船员的本能，从而在发生紧急情况时能迅速协同抢救，正确熟练地使用各种应急设备，有效地控制危险局面。

二、增强船员的应急行动能力（★☆△）

船员听到紧急警报后能否有效行动，取决于平时的应急培训和演习效果。必须把应急预案的要求和目标变成船员的熟练行动，能有效地保障应急处置的成功。

（一）辨识警报

船员一听到紧急警报，首先应立即弄清属于何种紧急情况。最好的办法是一边穿着衣服、打开房门，一边沉着冷静地听完两组警报，如果不是熟悉的消防、弃船、人员落水、堵漏信号，应检查布置于床头墙壁上的应变任务卡。切忌没有弄清情况而盲目行动，延误宝贵的时机和造成不必要的人身伤害；切忌不穿衣服就行动，这在任何应急行动中都易造成人身伤害；切忌携带应急不需要的物品而妨碍应急处置行动，避免一些船员在紧急时因执迷于翻取自己藏匿的钱财，来不及撤离而随船沉没的严重后果。

（二）迅速行动

船员确认警报后，应立即确认自己的任务。如有任何疑问，应当核实应变任务卡或应变部署表，以免失误。平时持之以恒的演习是应急时迅速行动的基础。确认应急任务后，应立即携带规定器材加入应急行列，必须在 2 min 内到达指定的集合地点。所有的警报确认、任务确认、衣服穿着、取用规定器材和到达集合地点，都必须在 2 min 内完成。任何的拖沓都会丧失最佳的抢救时机，导致事态扩大而无法控制，甚至丧失撤离时机。

（三）保护旅客和船员的安全

内河通航水域水上对象的应急优先权，依次为人命（旅客—船员）—船舶—水域环境。一切抢救财产的行为，应在不严重危及人身安全的情况下进行。无论何种紧急情况，船员应首先保证旅客和船员的安全。火灾时，船员应引导旅客撤离现场，并迅速灭火。弃船时，应先旅客，后船员，最后为船长。在水（海）盗活动频繁区域，应防止水（海）盗登船，但遇到持械水（海）盗攻击时，建议旅客和船员放弃对峙，以避免伤亡。

（四）服从指挥，保持镇静

船长（驾驶员）是船舶应急反应总指挥。当遭遇紧急情况时，船长根据应急程序有关规定、公司指示和现场情况，组织、指挥全体船员采取一切可行手段全力抢险，并与公司、代理或有关方面保持及时、有效的通信联络。轮机长是机舱应急抢险的现场指挥并负责保障船舶动力。驾驶员是其他应急抢险现场指挥，并且为应急总指挥的接替人。其他船员的具体职责在各船的应急预案中都有规定。

应急预案是应急的行动规范，是对可能发生的紧急情况，根据以往的经验教训，结合本船的实际情况，在反复考虑的基础上确定的。在应急处置时，应始终以此为基础。在应急处置的初始阶段，要严格遵循应急预案，而后由指挥人员根据事态发展做适当调整。所有船员要服从指挥，保持镇静。服从指挥能使全船的应急行动忙而不乱，步调一致；服从指挥意味着全船人员形成坚强的整体，在任何情况下都能给人以信念、力量和成效。不服从指挥，意味着全体船员化为乌合之众，致使恐慌情绪迅速蔓延，船员放弃救船努力，以致过早弃船，从而失去良好的水上生存和待救基地，使人员在救生艇筏和水中面临着明显增大的死亡威胁。因此在应急时，全体船员服从统一指挥，是挽救船舶和保证人员安全的重要前提，对于不服从指挥的人必须严肃地制止，事后要做处理。

在任何应急情况下，保持镇静是取得成功的必要条件，恐慌只会使事态恶化。恐慌是人对事物极度害怕和自认无能为力时的心理和行为表现。它使士气瓦解，使人过度紧张而严重妨碍正常的思维和行为能力，甚至丧失理智，放弃成功把握客观存在的机会。如果人具备把握某事物的能力，就不会对该事物感到恐慌。因此，只有船员掌握了对可能发生的各种紧急情况的知识和技能，具备处理紧急情况的能力，才能避免对紧急情况的恐慌。船员必须坚持不懈地积极接受应急培训和参加应急演习，对应急处置要做到心中有数，以沉着冷静地判断和处理紧急情况。

（五）遵循应急预案，采取正确的应急行动

应急预案通常是明确应急职能分工和应急程序框架，不可能详细描述所有的应急行动和应急操作。这时应在指挥人员的指挥下，灵活运用在应急培训和演习中获得的知识和技能，实施准确无误的应急行动。对于关键性的操作，例如施放二氧化碳操作，应严格按本船专用的施放须知进行。对于应急中出现的异常情况,应及时报告指挥人员,以便指挥人员及时评估和调整部署。指挥人员在下达具体任务时,应从人力、技术、设备、环境、人身安全等方面考虑可操作性,操作人员应迅速设法完成任务,当明显无法胜任时,应立即报告指挥人员。

三、控制事故的责任(★)

(一)内河水上交通事故中的人为因素

长期以来,船舶安全和污染事故频繁发生,不仅危及船员、船公司的经济效益,而且阻碍社会经济的发展,尤其是大量人员、财产的灭失和对内河水域环境的破坏,引起了人民群众的高度关注。为此,国家制定了一系列促进船舶运输安全的规范,以提高船舶的安全性。随着现代科学技术的发展,尤其是优质材料、计算机和通信技术的运用,使得船舶构造以及导航、货运装载所用设备的质量可靠性大为提高。但是,内河水上交通事故仍然不断出现。近年来,统计与分析的结果表明,人为因素直接或间接造成的船舶安全和环境污染事故占事故总量的80%。人为因素涉及人的知识水平、技能、心理素质、技术安全管理、生理状况、安全意识和特定环境等广泛的领域。沉痛的内河水上交通事故教训使广大船员和水上交通安全管理部门形成了"以人为本"的共识,即全面地重视人的基本素质提高和安全管理。通过对人的有效控制来规范船舶的技术状况和船员行为,从而最大限度地降低内河水上交通事故的发生,保障船舶安全和保护内河水域环境。

(二)船员组织系统与岗位职责

为了有效地预防和控制紧急情况,保证船舶安全,明确和强化船员个体和群体的责任是十分重要的,科学合理的船员组织系统及其相关的岗位职责是确保船舶安全营运和经济效益的基础。一般地,内河船员组织系统为驾驶部、轮机部、客运部,每个部门内部有明显的岗位分工,以避免交叉和无序的工作状况,并且能够充分发挥船员在安全高效的营运和保护环境诸方面的作用。按照国家海事法规的要求和船员具体职责,船公司和船舶应当根据各级和各岗位的特点,对船员进行海事法规和岗位职责培训。

四、船舶安全性评估(★)

"安全第一,预防为主"是安全管理的基本方针。船员要不断总结经验和教训,针对船舶可能发生的安全问题,通过对船舶内在诸因素和外部环境变化的深入分析评估,从而采取及时、积极、有效的预防措施。船舶安全性评估的通常方法是:

(1)事故先兆和潜在危害的识别。
(2)危害性判断和评价。
(3)检测危害的方法和评价。
(4)及时采取有效的控制措施。

有效识别事故先兆和潜在危害是正确评估和采取有效措施的基础。识别的灵敏性直接与船员个体的安全意识、知识水准和责任心有关。事实上,任何一项事故的发生都会有一定的前兆。

沉船发生时,应按照图5-1-1所示及时采取行动。

2015年6月1日"东方之星号"客船在长江中游大马洲水道遇强风暴雨袭击,导致442人

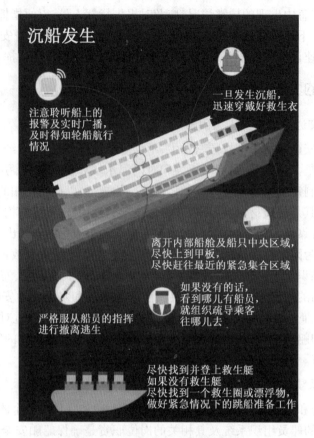

图 5-1-1　沉船发生时采取的行动

遇难的特别重大灾难性事件。引发事故的直接原因是特别严重的灾害性天气(飑线伴有下击暴流),致使船舶因失去稳性而快速沉没。事故过程分析确认的更深层次原因是船舶平常疏于应急处置训练与演习,船员应急操作意识缺乏,应对不力,船舶在紧急情况下没有实施应急抛锚以强化船首顶风稳船,造成船舶横向侧面迎风而瞬间倾覆。

由此可见,对事故苗头和潜在危害的正确判断和评价是有效控制事故的重要途径。船员应当从船舶自身因素进行反思,通过全面分析隐患及其诸因素的相互关系,抓住隐患的根本原因,同时不可忽略环境因素和船舶操作的特殊性,采取积极有效的措施来控制事故。

根据《NSM 规则》的要求,船舶应建立一套完整的安全教育和培训制度,使其成为管理新机制的重要组成部分。船舶领导要根据本船人员结构、设备状况、航次任务、季节特点及安全工作存在的问题,定期进行安全教育,开展安全训练活动,不断增强船员的安全意识和自我保护意识以及遵守规章制度的自觉性,提高安全操作技能,形成"人人关心安全,时时注意安全"的良好局面。

五、能力提升的途径和方法(★)

应急处置的成败直接关系着人命财产损失和环境危害的程度,所以应急处置必须是迅速和有效的。成功的应急处置依赖于训练有素的人员、完备的应急设施和器材、高效率的应急预案、正确的指挥和良好的群体协同。

（一）船舶应变部署表的编制要科学、合理

船舶所处的环境复杂多变,随时可能发生各种危及船舶和人命安全的紧急事件。为了避免严重后果,把损失减到最低程度,每一艘船舶都应根据人员状况、本船设备和具体情况,编制应变部署表,明确规定每个人在紧急情况下应到达的岗位及执行的任务,关键部位、关键动作派得力人员,可以一职多人或一人多职,人员编排应最有利于应急任务的完成。

（二）认真进行各种训练和应变演习

定期进行各种训练和应变演习的目的在于,提高船员的应急行动能力,培养船员的团队意识、服从意识和应急中的自我保护意识,确保船舶在真正发生意外时做到临危不乱。应变部署所规定的各项任务,如消防、进水抢险、人落水营救、救生等,应在船舶定期举行的演习中做出具体安排,每个船员,特别是船上的高级船员,尤其是船长、轮机长和大副必须清楚地认识到,船舶定期举行应变演习是船舶、旅客、船员安全的重要保证,是贯彻船舶安全管理规定、提高管理水平的一项重要工作内容,是检验船舶应变意识强弱、实际应变能力高低、应变组织工作是否合理以及安全管理工作好坏的重要标准。

（三）应变器材设备的配备与维护

船舶必须按规定数量配备应变器材设备,并按有关规定进行维护和定期检查,使之随时处于良好状态。

通过定期进行各种训练和应变演习,一方面检验船上各种应急设备的配备是否到位,是否处于正常、有效使用状态,另一方面检验船员能否正确熟练地使用各种应急设备。

船员良好的职业道德,强烈的社会责任感和高水准的个人安全意识、知识和技能,不仅是船员作为个体在社会生活中存在和发展的基本需要和保证,而且也是水上运输业高成本经营活动中人命和财产安全的重要保证。船员应急应变能力的培养是内河船舶船员素养构成的关键因素之一。

第二章　船舶应急设备

船舶应急,即船舶进入或临近进入某种事故或紧急状态所采取的应对措施和行动的活动过程。船舶应急的目的是使水上人命、财产及内河环境能摆脱或远离事故危险,尽快恢复安全状态。船舶应急通过应急设备的有效使用来实现。内河船舶常用的应急设备包括应急舵机、应急电源、消防泵、水密门等。

第一节　船舶应急设备的种类(★ ☆ △)

机舱应急设备的种类按功能可分为:应急动力设备、应急消防设备、应急救生设备和其他应急设备。它们是在机舱主要设备出现故障或因其他因素而无法启动时保证船员和船舶安全的重要设备。

一、船舶应急的基本条件

船舶要实现成功的应急必须具备四个基本条件:
(1)完备的船舶应急设备与设施。
(2)训练有素的人员。
(3)高效的应急预案。
(4)正确果断的指挥和组织,良好的群体协作和配合。

二、船舶应急设备分类与组成

船舶应急设备按其功能不同可分为下列几种。
1. 主要应急设备
主要应急设备包括应急电源、应急操舵装置、油路紧急切断装置、脱险通道、风机油泵速停装置、机舱天窗应急关闭装置等。
2. 其他应急设备
(1)应急动力设备
应急动力设备包括应急电源、应急空气压缩机等。
(2)应急消防设备
应急消防设备包括应急消防泵、燃油速闭阀、风油应急切断开关和机舱天窗应急关闭装置等。
(3)应急救生设备
应急救生设备包括救生艇发动机(和滑轮)和脱险通道(逃生孔)等。

（4）机舱进水时的应急设备

机舱进水时的应急设备包括应急舱底水吸口及吸入阀、水密门等。

第二节　应急舵机、应急电源、消防泵及水密门（★☆△）

一、应急舵机

1. 应急舵机的作用

应急操舵装置用于主操舵装置损坏或失灵后，在应急情况下操纵船舶。为了保证航行安全，除主操舵装置能正常工作外，应急操舵装置也必须能在应急情况下正常地工作。

2. 应急舵机的使用要点

（1）每艘船舶应配置主操舵装置和辅（应急）操舵装置，并且两者之一发生故障时不会导致另一装置不能工作。

（2）应急操舵装置应能于紧急时迅速投入工作，并能在船舶最深水域吃水和以最大营运航速一半前进时，在 60 s 内将舵自一舷 15°转至另一舷 15°。

（3）应急操舵装置，小型船舶可由人力操纵，较大船舶应由动力操纵。

（4）应急操舵装置，既能在舵机室操纵又能在驾驶室操纵。

（5）驾驶室与舵机室之间应具备有效联系。

在驾驶室进行应急操舵时，要求在主操舵不能正常操舵时应能立即转换为应急操舵。在舵机室进行应急操舵时，应先将操纵系统与驾驶台脱开，使用有效通信设施，根据驾驶人员下达的操舵命令，轮机人员在舵机室进行人力操舵。

二、应急电源

1. 应急电源的作用

应急电源是在船舶主发电机故障而造成全船停电时，能自动接通供临时照明和一些设备的用电。应急电源可由一台应急发电机或一组有足够容量的蓄电池组供电。对于内河船舶，基本是以蓄电池组为应急电源，主要供应急照明、航行电子设备用电和应急操舵装置用电等。

2. 应急电源的使用要点

（1）一切客船和 500 总吨及以上的货船均应设独立的应急电源。

（2）应急电源应布置于经船级社同意的最高一层连续甲板以上和机舱棚以外的处所，使其确保当发生火灾或其他灾难致使主电源装置失效时能起作用。整个应急电源的布置应能在船舶横倾 22.5°和纵倾 15°时仍起作用。

（3）应急电源可以是发电机——由一台具有独立的冷却系统、燃油系统和启动装置的柴油机驱动。原动机的自动启动系统和原动机的特性均应使应急发电机在安全而实际可行的前提下尽快地承载额定负载（最长不超过 45 s）。

（4）应急电源也可以是蓄电池组，当主电源供电失效时，自动连接至应急配电板。它应能承载应急负载而无须再充电，并在整个放电期间保持其电压在额定电压的±12%之内。

（5）应急电源功率应满足 SOLAS 公约和船级社对不同类型船舶的规定。

（6）应急照明即船上常称小应急，是由蓄电池供给的低压照明电。

三、消防泵

1. 消防泵的作用

消防泵，俗称救火泵，是由独立的机械驱动，提供消防水用于灭火的水泵。当机舱进水、失火或全船失电时，用来提供消防水的设施。2 000 总吨以下船舶的应急消防泵可为可携式，常采用汽油机驱动的离心泵，2 000 总吨及以上船舶应设固定式动力泵。固定式应急消防泵应设在机舱以外，其原动机为柴油机或电动机。

2. 消防泵的使用要点

（1）应急消防泵的排量应不少于所要求的消防泵总排量的 40%，且任何情况下不得少于 25 m^3/h。应急消防泵按要求的排量排出时，在任何消火栓处的压力应不少于规范规定的最低压力。

（2）作为驱动应急消防泵的柴油机，在温度降至 0 ℃时的冷态下应能通过人工手摇曲柄随时启动。若不能做到，或可能遇到更低气温时，则应设置经主管机关认可的加热装置，以确保随时启动。如人工启动不可行，可采用其他启动装置。这些启动装置应能在 30 min 内至少使动力源驱动柴油机启动 6 次，并在前 10 min 内至少启动 2 次。任何燃油供给柜所装盛的燃油应能使该泵在全负荷下至少运行 3 h，在主机舱以外可供使用的储备燃油应能使该泵在全负荷下再运行 15 h。

四、水密门

1. 水密门的作用

水密门是设置在水密舱壁上，用于船舶破舱进水时进行水密封舱的设备，常用的有铰链式（手动）和滑动式（手动和动力）两大类。前者结构轻便、启闭简便；后者用于有耐水压要求和地位受限制的处所，结构牢固，但需配控制系统。内河船舶上基本是采用铰链式水密门。任何水密门操作装置，无论是否为动力操作，均须于船舶横倾 15°时能将水密门关闭。

2. 水密门的使用要点

（1）任何水密门操作装置，均须于船舶横倾 15°时能将水密门关闭，并且可在门两侧操纵；

（2）滑门完全关闭所用时间：手动时不超过 90 s；液压操作不超过 60 s。

第三章　船舶堵漏与应变部署

船舶应急工作是指船舶为适应各种可能发生的紧急情况(如事故等)而必须开展的各项应急应变工作,要求船员必须掌握应变知识,熟练操作应变系统、设备和器材,明确自身应变职责,训练有素。船舶应急主要有船舶消防、救生、油污染处置、堵漏和综合应变等应急工作。本章主要介绍船舶堵漏和应变部署。

第一节　船舶堵漏(★ ☆ △)

当船舶由于碰撞、触礁、搁浅、爆炸等原因都可能使船体破损进水,会有沉没的危险。此时必须及时采取正确的抢险措施,才能避免沉没。利用船舶专用器材堵塞破损漏洞的各种应急措施,称为船舶堵漏。

内河船舶由于尺度小、隔舱少、储备浮力不大,一旦破舱进水则来不及堵漏。因此,根据内河航道的特点,多采取就近抢滩搁浅的方法,以挽救船舶,防止完全沉没水中或倾覆,但仍须进行自救。船舶进水抢险的任务由驾驶人员和轮机人员共同承担。

一、堵漏器材的种类

根据船舶破损情况及堵漏方法的不同,常用的船舶堵漏器材有:堵漏毯、堵漏板、堵漏盒、堵漏螺丝杆、堵漏木塞、堵漏木楔、堵漏支撑柱、堵漏垫板等。下面结合山区河流船型相对较小的特点介绍几种常用常见的堵漏器材。

1. 堵漏盒

堵漏盒是用木材或钢板制成的无底方盒,开口的四周镶有橡皮垫,上盖板中间开有小孔以便与螺丝杆连接,适用于船舶破洞向舱内翻卷的洞口。使用时将堵漏盒盖住洞口,并用支柱或螺丝杆固定。钢板堵漏盒必要时可用角铁焊牢在船体上,如图5-3-1所示。

2. 堵漏螺丝杆

堵漏螺丝杆是在船舶破损堵漏时,用以固定和扣紧堵漏板或堵漏盒的螺杆夹紧器。其有下列几种:活动堵漏、钩头堵漏和T形堵漏螺丝杆,图5-3-2所示为三种堵漏螺丝杆。

3. 堵漏木塞和木楔

堵漏木塞是以质软、不易劈裂的橡木或杉木制成,用来堵塞5~150 mm的圆形或近似圆形的破洞、铆钉孔或破损管的器材,使用时便于打紧,被水浸泡膨胀后将卡得更紧,不易滑脱。

木楔是用以垫塞支撑柱两端和船体结构间的空隙,用松木等轻质木料制成。木塞和木楔分平头和尖头两种,顶角以5°为宜,木楔角如果过大,可能会使缝隙继续扩展,并且在受到振动时或在水的压力下容易发生松脱,如图5-3-3所示。

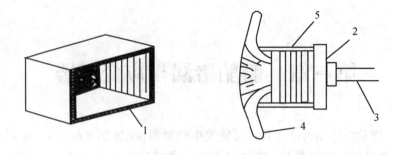

图 5-3-1　堵漏盒
1—橡皮垫；2—垫木；3—支柱；4—船壳板；5—堵漏盒

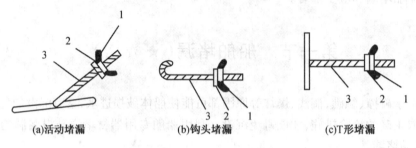

(a)活动堵漏　　　　　　(b)钩头堵漏　　　　　　(c)T形堵漏

图 5-3-2　三种堵漏螺丝杆
1—蝶形螺帽；2—垫圈；3—螺杆

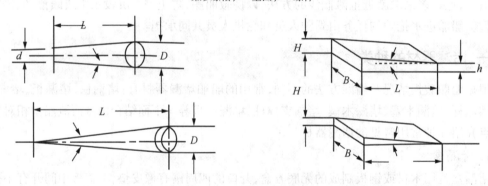

图 5-3-3　堵漏木塞和堵漏木楔

　　其他堵漏器材如堵漏毯主要用以从舷外遮挡破洞，限制进水流量，是为进一步采取堵漏措施而使用的临时应急器材。堵漏板是用以堵周围平整的中小型破洞、裂口的板件，规格大小不一，但宽度须小于肋骨间距。堵漏垫板是垫在堵漏器材背面或下面的木板，加强堵漏用具的强度。堵漏支撑柱是用于临时支撑堵漏器材的木柱，一般与堵漏垫木、堵漏木楔等配合使用。上述堵漏器材规格和要求若在实船上需用时，应参阅相关书籍，掌握相关规格和使用要领。

二、堵漏器材的保管要求

　　船舶堵漏器材必须"常备不懈"，宁可"备而不用"也要备。对保管要落实"三专"制度，即专人保管和保养，专门的存放地点，专用于船舶堵漏。对铁制堵漏器材活动部分应经常加润滑油，做到常保养，防止生锈。对木质器材要防高温或潮湿，以防烘脆和霉烂。对水泥应防受潮变质,存放干燥地方,并每六个月检查一次,发现变质应立即更换,并制订定期更新计划确保实施。对堵漏毯、帆布、棉絮等纤维材料要经常暴晒、通风,保持干燥,防止霉烂。橡胶部分不可涂油。

三、各种堵漏方法的要点

船舶堵漏分为舱内和舷外堵漏,采取何种堵漏方式必须正确判断。舱内堵漏必须进行进水量的估算,并采取排水、隔离和保持船舶平衡相关措施。

(一)进水孔洞水位置的判断和进水量的估算

1. 进水孔洞水位置的判断

(1)听

在舱口、空气管、测水管会有出气声或流水声;敲击邻舱可判定水位。

(2)看

看舱内水位的动向;当水破口被淹水面会冒出气泡,从气泡的位置可确定破口的肋骨号数;由气泡的大小和间隔时间可推测破洞的大小。

(3)测

全面测量各污水沟和压水舱,可确定何舱进水。如舱内装满了货物,无法测定破洞利用寻漏网从船甲板舷外进行探测。

2. 进水量的估算

若排水总管内径为 100 mm,则每小时可排水 56.6 t,每秒钟可排水 0.015 t。在严重破损而堵漏未及时奏效的情况下,单靠舱底泵排水是无济于事的,所以堵漏工作必须分秒必争,破损后应立即把漏洞堵上,或没有全部堵住,只留下一个小洞。例如破洞中心至水面高度在 3 m,破洞面为 0.1 m²,进水速度约为 0.5 t/s。如果将破洞面积限制到 0.01 m²,则漏洞进水速度只有 0.05 t/s 左右,这样就能用排水泵来控制,然后进一步把破洞堵好。

(二)排水和保持船舶平衡的方法

1. 排水方法

发现船体破损进水后,应立即通知机舱进行排水。一般舱底水系统的排水能力由排水总管的内径大小来确定。平时应掌握排水总管的排水能力,以应急时进行估算。

2. 保持船舶平衡的方法

船体破损进水后船舶驾驶人员必须密切注视船舶是否发生倾斜,及早采取措施,保持船舶平衡。通常有三种方法:一是移载法,这种方法不消耗储备浮力,但必须配备强大的动力,否则效率较低。二是排出法,排出倾斜一侧油舱或水舱内的油、水,这种方法同样需要强大的动力,排出时首先考虑上层的和自由液面较大的,以保证稳性。三是灌注法,向破损舱室对称位置的舱室内灌水。此法效率高,但损失储备浮力,只适用于水密分舱多的船舶。灌注时,先灌低的、小的舱室。三种方法可先后采用或同时采用,进行综合平衡。当船舶处于紧急倾覆危险状态时,宁可消耗储备浮力以换取稳性来赢得时间,以便抢救文件和贵重物品以及放下救生工具救助人员脱险。

(三)堵漏方法与要点

船舶堵漏的方法很多,但必须奏效,本节主要结合山区河流船舶吨位偏小的实际,详细介绍下几种堵漏法。

1.小洞堵漏法

(1)将堵漏木塞用布或棉质品缠住,塞住洞口打紧,敲打时要防止把木塞打碎,如图5-3-4所示。

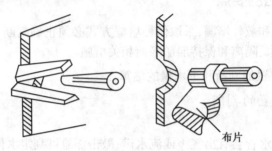

图5-3-4　堵漏木塞

(2)用浸过油漆的小块棉絮塞入洞内,再配以大小适宜的堵漏盒,紧贴漏洞处,然后用撑木支紧固定好,如图5-3-5所示。

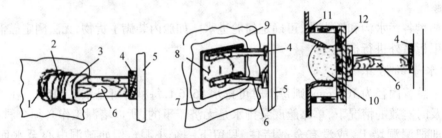

图5-3-5　支撑堵漏法示意图

1—破口;2—棉絮;3—木塞;4—木楔;5—辅助支柱;6—支柱;7—床垫;8—堵漏板;9—船壳板;10—填料;11—软边;12—堵漏筒

(3)遇不规则洞孔,可先用适当木塞塞牢,再用定用螺丝不同的木楔裹上浸过油漆的布或棉絮,一一塞满空隙。

2.裂缝堵塞法

先在裂缝两端各钻一个小孔,用浸过油漆的破布或棉絮包裹木楔,然后用锤子一个一个地顺次打入裂缝,直到全部漏水现象消失为止。

3.水泥堵漏法

水泥堵漏法是目前船上使用最广泛的堵漏方法,不仅适用于前述各种破洞堵塞,而且对边、角难以堵塞的破漏也能解决。水泥凝固后有良好的水密性和一定的强度。水泥堵漏时,先排除积水,再用前述各种方法堵塞破洞。然后,以400号或500号优质水泥、黄沙、盐或小苏打,按三者1:1:1%的比例加水调拌成水泥浆,倒入特制的水泥模板框箱内捣固。倒入时,可择水弱处先填、逐步包围,形成一股或两股水时,用竹筒斜插进去,作为泄水。

在舱内堵漏法中常用到螺丝杆堵漏垫堵漏法、活页堵漏板堵漏法、支撑堵漏法;在舷外堵漏法中常用到堵漏毯堵漏法、空气袋堵漏法、瓦斯袋堵漏法等。这些方法,在实船中如果需要必须掌握。

第二节　船舶应变部署(★ ☆ △)

水上运输环境复杂多变,一旦出现险情,船员必须进行应急处置。为了避免严重后果,把损失减小到最低程度,船舶必须备有各种应变设备和器材;船员必须掌握应变知识,能熟练操作应变系统、设备和器材,明确自身应变职责,训练有素;船舶必须制定出一整套的应变部署以保证船舶在发生各种事故和应急时,能有条不紊地迅速施救,减小事故损失。船舶应变部署是内河航运企业管理上的重要制度。航运主管部门统一制定了应变部署表,发给船舶,船舶根据本船的具体情况编排分工,填入应变部署表,公布施行。

一、消防应变部署的要求

(1)不论航行和停泊中,船员发现火灾时,应立即按响警铃向驾驶室报警,同时大声呼喊"××处失火",就近使用灭火器材进行灭火。

(2)驾驶室或值班人员应迅速向全船发出警报,组织施救,所有船员(除值班者外)听到火警报后,应按部署规定,在 2 min 内携带救火器材赶到现场或指定的集合地点,由大副或值班驾驶员统一指挥,机舱值班人员应在 5 min 内开泵供水。

(3)船舶应根据本船人数和职责分工,按部署表编队(消防应变部署一般分编成消防、隔离和救护三个队),每队指定队长一人,带领并指挥本队救火。

(4)航行中发生火警时,船长(三类船舶为驾驶员)应首先弄清风向和着火部位,迅速将船舶航向转到适当方向,使火势背风,避免蔓延。当火势继续扩大,危及旅客、船员生命安全时,应立即在附近安全地带触坡或撇滩收船,并一面组织救生撤离旅客,一面继续扑火。

(5)救火应变中,船员应全力扑灭火灾,未得到救生弃船命令不得擅离岗位。船长在组织指挥施救的同时,还应安排做好救生弃船的准备。

(6)在客船或客货船上,服务员应维持好旅客秩序,适当地介绍火情及施救情况,说服旅客不要惊慌乱动,禁止旅客跳水逃生。在听到弃船警报后,应按部署组织旅客转入弃船救生应变,撤离的顺序是先旅客后船员。

(7)应变中如部分人员受伤或被困,部分区域不能进行扑救时,需下令变换队形,指定某队协助另一队或参加另一队合并工作。

二、救生应变部署的要求

(1)救生应变,系指客船、客货船、滚装客船和客渡船等载客船舶发生重大海损事故时,遇他船来救或自行撇滩收船时,先将旅客撤出险境的一种措施。船员除参加护送旅客离船者外,均应留船抢险,未得弃船命令不得擅离岗位。

(2)船长(三类船舶为驾驶员)为了保障旅客生命安全,应在指挥船员抢险的同时保障旅客有序撤离船舶。船长发出救生警报后,所有船员穿好救生衣,听候命令。除护送旅客撤离的人员外,船员按应变部署要求继续进行抢险工作,并做好弃船准备。服务员协助旅客穿好救生衣引导旅客至适当地点准备离船,并向旅客交代安全注意事项。

(3)船舶发生重大险情,经最大努力进行施救,仍不能挽救危局,有立即倾覆、沉没或火灾蔓延危及旅客或船员生命安全时,船长(驾驶员)需下令弃船。

(4)下令弃船后,船员应按应变部署表内指定的分工分别携带重要资料、现金等,报务员应拍完求救电报,经船长(驾驶员)同意后,方可离开岗位;机舱值班人员应在船长(驾驶员)两次完车通知后,方可离开岗位。如遇车钟损坏,则以口令宣布。登乘救生艇的旅客必须服从正副艇长的指挥,不得携带行李,艇内仅留正副艇长两人维护秩序和驾艇,船长(驾驶员)必须待全船旅客、船员离船后,最后离船。

三、人员落水部署的要求

(1)人员落水营救任务主要由驾驶部人员承担,在值班驾驶员的直接指挥下,由甲板部人员执行。若配备了救生艇的,待警报发出后,应于 10 min 内将救生艇降至水面。

(2)有人落水时,应立即投下救生圈或其他浮具营救,同时向驾驶室高呼"有人从××舷落水",报警时可兼用手势表示,或用哨子发出人落水的警报声号。

(3)驾驶室闻报发现有人落水后,应立即就近投下救生圈,同时甩开船尾,发出人员落水报警信号,派专人于高处瞭望,夜间应打开探照灯寻找。

(4)在营救过程中,船长(三类船舶为驾驶员)一方面要进行营救,一方面要注意本船的安全,以防顾此失彼,扩大损失。

四、油污染应变部署的要求

溢油污染是指船舶在装卸货作业过程中,由于操作不当产生油品溢出流入江中,或是加装润燃油不慎将油流入江中,或是船舶碰撞、触礁导致船体破损使货物及燃、润油流入江中而造成的污染。船舶应根据交通运输部 2016 年 5 月 1 日起施行的《中华人民共和国防治船舶污染内河水域环境管理规定》第五章的相关要求制定油污染应变部署。船舶发生油污事故或可能发生油污事故时,船长或负责管理该船的其他人员需立即向最近的海事管理机构报告(呈报"船舶污染报告书"),并向周围其他船舶发出应急报警信号。按应变部署表规定的人员职责,采取措施控制,应急操作处置如下。

1. 操作性溢油

船舶在加装燃油作业期间,因管系泄漏、舱柜满溢、船体泄漏等原因而发生溢油,应立即采取以下措施:

(1)立即停止有关操作,关闭所有有关阀门;

(2)发出溢油报警信号,实施最初的溢油应急反应程序,防止扩散,实施溢油回收;

(3)将事故情况通知供油船(设施);

(4)查明泄漏的原因,进行溢油清除工作;

(5)清理中收集的残油应妥为保管,以待日后处理;

(6)如果溢油较大,仅由本船船员组织反应难以获得理想效果,应通过代理或公司联系专业清除队伍协助。

2. 海损事故性溢油

发生海损事故造成或可能造成溢油事故时,应立即采取以下措施:

(1)发出应急警报,实施应急反应程序,同时对海损事故和溢油事故做出应急反应;

(2)根据船舶所发生的事故类型针对性地开展船舶受损情况、溢油情况、天气情况、水域环境情况等方面的调查；

（3）船长任总指挥，主要负责操控船舶，对外联系等工作，驾驶员任现场指挥，主要负责向船长报告险情，现场指挥施救等工作，轮机长主要负责管系阀门的关闭、消防泵启动等工作；

（4）如果溢油较大，仅由本船船员组织反应难以获得理想效果，应通过代理或公司联系专业清除队伍协助。

五、各项应变警报的规定

1. 应变警报规定

为通知船员和旅客在紧急情况时迅速抵达应变岗位或集合地点，我国统一规定了各项应变警报信号。相关规定如表 5-3-1 所示。

表 5-3-1　内河船舶常用应变警报信号

警报类型	声号	信号时长要求
弃船	· · · · · · · —	连放 1 min
救生	— · — ·	连放 1 min
进水	— — ·	连放 1 min
人落水	— — —	连放 1 min
人自左舷落水	— — — ·	
人自右舷落水	— — — · ·	
救火	★ ★ ★ ★ ★ ★ ★ ★ ★ ★	连放 1 min
前部失火	一阵乱钟后接敲 ★	鸣放三次
中部失火	一阵乱钟后接敲 ★ ★	鸣放三次
后部失火	一阵乱钟后接敲 ★ ★ ★	鸣放三次
机舱失火	一阵乱钟后接敲 ★ ★ ★ ★	鸣放三次
上甲板失火	一阵乱钟后接敲 ★ ★ ★ ★ ★	鸣放三次
解除警报	—	连放 1 min
油污警报	· — — ·	连放 1 min

注：表中"·"表示汽笛、警报器、哨鸣一短声；"—"表示一长声；"★"表示钟声。

所有这些信号均应由驾驶台操纵或发出。

进行应变演习的警报信号，为避免其他船舶误会，只限于用口令、哨子、警铃和广播来表达。实际遇险时，应按有关规定使用信号。

2. 报警方式与报警设备

常用的报警方式有呼叫报警、按警报器按钮报警、电话报警。

报警设备如图 5-3-6 所示。

六、船舶应变部署演习规定及注意事项

船舶平时按船舶应变部署表定期举行应变演习，才能做到在发生意外时临危不乱。平时

图 5-3-6　报警设备

定期按照部署表举行各项应变演习,还可以达到检验应急设备实际性能的效果。

(1)船舶必须按规定数量配备应变器材设备,并按有关规定进行养护和定期检查使之随时处于良好状态;

(2)培养全体船员熟练地操作和使用各种器材与设备;

(3)演习前 5 min 应悬挂演习信号("UY"信号旗组)。在港内演习时必须事先征得海事管理机构允许方可举行,并须遵守港章。应变部署所规定的各项任务一般每月至少应演习一次,并将演习结果详细记入航行日志;

(4)演习时一定要从实际出发,可以是单项的,也可以是综合的,在演习中检查出的有关器材设备问题,应立即解决。

练习题

一、选择题

1. 当船舶由于( )等原因都可能使船体破损进水,会有沉没的危险。
   ①碰撞;②触礁或搁浅;③爆炸
   A.①②
   B.①③
   C.②③
   D.①②③

2. 堵漏器材的保管,应注意( )。
   ①专人保管,不移作他用;②木楔木塞等不要放在温度太高或潮湿的地方;③水泥应放在空气畅通干燥的地方
   A.①②
   B.①③
   C.②③
   D.①②③

3. 船上配备堵漏用的水泥应存放在空气流通、干燥的地方,并应每( )检查一次。
   A.3 个月
   B.6 个月
   C.12 个月
   D.24 个月

4. 用水泥堵漏,水泥的凝固时间约为( )。
   A.36 h
   B.24 h
   C.12 h
   D.6 h

5. 下列不属于舱内堵漏的方法是( )。
   A.螺丝杆堵漏垫堵漏法
   B.水泥堵漏法
   C.堵漏毯堵漏法
   D.活页堵漏板堵漏法

6. 人落水营救任务主要由( )承担。
   A.专业施救人员
   B.轮机部人员
   C.驾驶部人员
   D.轮机部和驾驶部人员

7. 船首失火的警报为( )。
   A.乱钟后敲一响
   B.乱钟后敲两响
   C.乱钟后敲三响
   D.乱钟后敲四响

8. 人落水警报发出后,救生艇应于( )内降落水面。
   A.5 min
   B.10 min
   C.15 min
   D.20 min

9. 船舶在应变演习前应悬挂( )旗。
   A.B
   B.RY
   C.UY
   D.N

10. 船舶应变演习一定要从实际出发,( )时间进行。
    A.白天
    B.晴天
    C.雨天
    D.不但在白天而且还要在黑夜

11. 每艘船舶都应该编制包括( )等内容的应变部署表。

 A. 消防、人落水营救、进水抢险、油污染和弃船救生

 B. 碰撞、人落水营救、进水抢险、油污染和弃船救生

 C. 搁浅、人落水营救、进水抢险、油污染和弃船救生

 D. 触礁、人落水营救、进水抢险、油污染和弃船救生

12. 下列说法正确的是( )。

 A. 应变部署表由三副填写,驾长审核

 B. 应变部署表粘贴公布后,任何情况都不该更改

 C. 应变部署表只填写执行人员的编号和人员的具体姓名

 D. 应变部署表的编号顺序是甲板部、轮机部和其他部门

13. 各种应变信号由( )发出。

 A. 警报器、汽笛、号笛、雾锣、声光警报系统

 B. 警报器、汽笛、号笛、广播、口哨

 C. 警报器、汽笛、号笛、船钟、声光警报系统

 D. 警报器、汽笛、号笛、口哨、声光警报系统

14. 船舶鸣放三长一短声的应变信号是( )。

 A. 人员左舷落水   B. 人员落水

 C. 人员右舷落水   D. 进水

15. 船舶应变的警报信号中,如警铃和汽笛两长一短声,连放 1 min,应是( )性质的应变。

 A. 消防   B. 堵漏

 C. 弃船   D. 综合应变

16. 当船舶发生火灾、碰撞、进水、搁浅或触礁等情况时,其弃船信号类型是( )。

 A. · · · · · —   B. — — ·

 C. — — —   D. — — — ·

17. 当船舶确认无法避免船舶的沉没或灭失时,( )应果断下令撤离船舶或弃船求生,以保证旅客、船员的生命安全。

 A. 大副   B. 船长(驾驶员)

 C. 轮机长   D. 二副

18. 船员应加强突发事件的应急训练,方能处变不惊,沉着应对,突发事件的主要表现形式包括( )。

 A. 人员落水与水域污染   B. 火灾与船舶进水

 C. 碰撞与触礁   D. 以上都是

19. 船舶发生事故后,首先是现场发现者要( ),以便本船采取及时、有效的措施进行自救。

 A. 正确及时报警   B. 向当地海事主管机关报告

 C. 船公司报告   D. 向当地政府报告

20. 如果发生火灾,在发现者的行动中,下列行动错误的是( )。

 A. 如果火势较小,应立即用附件灭火器扑灭,并报告火情

B.如果火势较大,不能立即扑灭时,应大声呼喊,"××处失火",并启动报警器,及时向全船发出警报

C.打开舱室及附件的门窗

D.观察火情,等待灭火队伍

21.内河船舶常用的主要堵漏器材包括(　　)。

A.堵漏毯、棉絮、堵漏螺杆、木楔等

B.堵漏毯、棉絮、堵漏螺杆、木楔、救生圈等

C.救生绳、堵漏毯、棉絮、堵漏螺杆、木楔等

D.堵漏毯、棉絮、堵漏螺杆、木楔、缆绳等

22.船舶堵漏的应急物资和器材要实行"三专"管理,这里的"三专"是指(　　)。

A.指定水手长负责保管和保养,存放在专门规定的地点,只能专用于船舶排水堵漏,不得移作他用

B.指定专人负责保管和保养,存放在专门规定的地点,只能专用于船舶排水堵漏,不得移作他用

C.指定水手长负责保管和保养,存放在专门规定的地点,只能专用于船舶排水堵漏,可以移作他用

D.指定专人负责保管和保养,只能放到储藏室存放,只能专用于船舶排水堵漏,不得移作他用

23.船舶堵漏的所有物资和器材应(　　)检查一次,发现变质要立即更换。

A.4 个月　　　　　　　　　　B.5 个月

C.6 个月　　　　　　　　　　D.7 个月

24.若船舶进水严重,在采取择地抢滩时,下列说法不正确的是(　　)。

A.受风、浪、水流影响较小的地点

B.选择使用拖船易于拖离的地点

C.应急修理、临时卸货以及陆地交通和通信方便的地点

D.选择尽可能损坏船底的沙滩

25.在堵漏的方法中,(　　)法是内河船舶常用的堵漏方法,也是较简便的堵漏方法。

A.T 形堵漏器堵漏　　　　　　B.支撑堵漏法

C.活页堵漏板堵漏法　　　　　D.水泥堵漏法

26.弃船命令应由(　　)下达,非机动船可以由履行相应职责的驾长或水手长下达。

A.大副　　　　　　　　　　　B.船长

C.轮机长　　　　　　　　　　D.二副

27.弃船时,待旅客和船员全部撤离后,(　　)最后一个离船。

A.大副　　　　　　　　　　　B.轮机长

C.船长　　　　　　　　　　　D.二副

28.当施救落水人员时,应根据河面风浪情况,尽量让落水人员处在救助船的(　　)上。

A.上风舷侧　　　　　　　　　B.下风舷侧

C.任意方向　　　　　　　　　D.船尾

29.为了提升应急能力,可以(　　)采取桌上推演,其方法是假设发生了某种突发事件,探

讨必须怎么做,先做什么,后做什么,怎样做才能更有利于突发事件的有效控制。

    A. 定期或不定期   B. 定期

    C. 不定期   D. 定时

30. 船长在确定施救方案,采取行动时,要果敢、坚定,首先考虑的是自救,按(　　)要求组织集合船员进行自救。

    A. 船员手册   B. 航行计划

    C. 应变部署表   D. 公司安全手册

31. 遇险现场和附近的船舶、人员必须服从(　　)的统一调度和指挥。

    A. 船舶所有人   B. 海事管理机构

    C. 船舶经营人   D. 船舶股东

32. (　　)是船舶遇险救助的总指挥,其心理素质不仅关系到他所从事的工作的效率和成败,而且也感染着船员的情感和意志。

    A. 大副   B. 轮机长

    C. 水手长   D. 船长

33. 紧急情况是指船舶、人命及水域环境遭遇严重的紧急危险,需要抢险或者救助的有关情况。船舶紧急情况大致可分为4类,正确的是(　　)。

    A. 火灾和海损类,机损和污染类,货物损害类,人身安全类

    B. 风灾和海损类,机损和污染类,货物损害类,人身安全类

    C. 火灾和海损类,机损和噪声类,货物损害类,人身安全类

    D. 火灾和海损类,机损和污染类,机器损害类,人身安全类

34. 内河通航水域水上对象的应急优先权,依次为(　　)。

    A. 人命(旅客—船员)—船舶—水域环境

    B. 船舶—水域环境—人命(旅客—船员)

    C. 人命(旅客—船员)—水域环境—船舶

    D. 船舶—人命(旅客—船员)—水域环境

35. 应急电源应使其确保当发生火灾或其他灾难致使主电源装置失效时能起作用。整个应急电源的布置应能在(　　)船舶时仍起作用。

    A. 横倾25°和纵倾15°   B. 横倾22.5°和纵倾15°

    C. 横倾22.5°和纵倾10°   D. 横倾20.5°和纵倾15°

36. 水密门是设置在水密舱壁上,用于船舶破舱进水时进行水密封舱的设备。常用的有铰链式(手动)和滑动式(手动和动力)两大类。任何水密门操作装置,无论是否为动力操作,均须于船舶(　　)时能将水密门关闭,并且可在门两侧操纵。

    A. 横倾5°   B. 横倾10°

    C. 横倾15°   D. 横倾20°

37. 应急消防泵的排量应不少于所要求的消防泵总排量的(　　),且任何情况下不得少于 $25\ m^3/h$。消防泵按要求的排量排出时,在任何消火栓处的压力应不少于规范规定的最低压力。

    A. 30%   B. 40%

    C. 50%   D. 60%

38. 平时持之以恒的演习是应急时迅速行动的基础。确认应急任务后,应立即携带规定器
材加入应急行列,并且必须在(　　)内到达指定的集合地点。
A. 1 min
B. 2 min
C. 3 min
D. 4 min

39. 船舶应急处置的关键步骤和要求描述正确的是(　　)。
①按规定要求及时报警;②对事故险情做出快速、正确的分析和判断;③正确制订施救
方案,及时采取应急行动;④服从海事机构的统一调度和指挥;⑤将灾情及救助情况填
入轮机日志
A. ①②③④⑤
B. ①②③
C. ②③⑤
D. ①②③④

40. 成功的应急依赖于(　　)。
①训练有素的人员;②完备的应急设施和器材;③高效率的应急预案;④正确的指挥和
良好的群体协同
A. ①③④
B. ①②③
C. ②③
D. ①②③④

41. 能力提升的途径和方法(　　)。
①船舶应变部署表的编制要科学、合理;②认真进行各种训练和应变演习;③应变器材
设备的配备与维护
A. ①③
B. ①②③
C. ②③
D. ①②

42. 内河船舶常用的应急设备包括(　　)。
①应急舵机;②应急电源;③消防泵和水密门
A. ①③
B. ①②③
C. ②③
D. ①②

43. 船舶要实现成功的应急必须具备四个基本条件。
①完备的船舶应急设备与设施;②训练有素的人员;③高效的应急预案;④正确果断的
指挥和组织,良好的群体协作和配合
A. ①③④
B. ①②③
C. ②③
D. ①②③④

44. 大中型船舶舵系统失灵可到舵机室进行应急操舵时,下列正确描述是(　　)。
①应先将操纵系统与驾驶台脱开;②使用有效通信设施与驾驶台联系;③根据驾驶人
员下达的操舵命令进行操舵;④轮机人员在舵机室进行人力操舵
A. ①③④
B. ①②③
C. ②③
D. ①②③④

45. 大中型船舶舵系统失灵可到舵机室进行应急操舵时,下列正确描述是(　　)。
①可以不将操纵系统与驾驶台脱开;②使用有效通信设施与驾驶台联系;③根据轮机
长下达的操舵命令进行操舵;④轮机人员在舵机室进行人力操舵
A. ①③④
B. ①②③
C. ②④
D. ①②③④

二、判断题(正确的打√,错误的打×)

1.船舶一旦进入事故状态,就必须紧急抢救,进入临近事故状态时可置之不理的。( )

2.船舶没有应变部署表或虽有应变部署但平时没有按规定进行演习,一旦发生险情或事故时,可能造成更大的船损及人员伤亡事故。( )

3.非机动船舶因自然灾害、事故灾难引发的意外事件主要有以下5类:人员落水或人员伤亡、火灾或爆炸、船舶破损进水、水域污染和沉没。( )

4.人员落水是指船舶上人员(包括船员、旅客和其他相关人员)发生意外或其他原因造成人员落水的突发事件。( )

5.未穿好救生衣不得在临水区进行逗留,但是只要是水性好的人员可以例外。( )

6.编制应变部署表和应变职务备忘卡时,不需要结合本船实际情况,为了节约时间,可以抄袭别人的。( )

7.船舶应按应急管理的规定,严禁无关人员上船,上下船人员不得翻越标杆或在舷边打闹、追逐(除船员外),老、弱、病、孕人员应有专人陪同或照看等。( )

8.在船舶上,不管是演习还是实战,没有戴防火面具的船员,都应当准备一条湿毛巾,当遇到烟火时,应将湿毛巾三折,捂住口鼻,防止被烟雾呛晕。( )

9.船员发现有人落水,应立即向落水者抛出带浮绳的救生圈或其他浮具,抛掷的位置是落水者的下风位置。( )

10.当航行中听到火警警报时,应首先弄清楚风向和着火部位,可能的情况下应操纵船舶转到适当位置,使火势背风,避免火势蔓延。( )

11.发生火灾爆炸采取相应的措施时要全盘考虑,防止措施不当造成其他不必要的次生事故或险情,当危及全船安全时,应及时报告相关部门,经相关部门同意后,方可采取弃船行动。( )

12.船舶发生破损进水抢险过程中,应根据当时的情况采取正确的措施,防止措施不当造成其他不必要的次生事故或险情,当进水迅猛危及全船安全时,应及时采取弃船行动。( )

13.船舶发生水域污染的主要原因是船舶因装卸油料作业不慎产生操作性溢油和发生碰撞、触礁造成破裂或沉没事故产生事故性溢油。( )

14.船舶若发生油类、油性混合物和其他有毒害物质污染水域的事故,应立即采取措施,控制和消除污染,能处理好就不必要向就近海事部门报告。( )

15.船舶在港口或距离他船较近进行演习,为避免引起误会,汽笛警报使用要慎重,正确显示演习信号并报告海事主管机关。( )

16.合格的应变演习是指不放艇的救生演习、不按规定携物的弃船演习、不释放灭火器的灭火消防演习、不做船舶机动的人落水救生演习等。( )

17.船舶自救是指船舶在航行、作业、停泊时,突遇可能发生火灾、碰撞、搁浅、爆炸等险情时,船舶船员、乘客充分利用船上的设施设备和平时积累的良好经验及时采取措施避免事故发生的有效行为。( )

18.船舶发生各类突发事件时,除了按当地主管部门公布的应急救援电话救助外,还可以拨打全国统一水上遇险求救电话"119"。( )

19.船舶发生险情后,弃船抢救顺序为先抢救财物,后抢救人员。( )

20.船舶可以向内河水域排放大量的油类、油性混合物、废弃物和其他有毒害物质。( )

21.为了保证船舶在发生海损事故或遭遇自然灾害时能最大限度地实施救助,尽可能地减少损失,按规定要求每一艘船舶均须根据本船的人员、设施设备等情况合理编制船舶应急应变部署。( )

22.按航行日志记载要求,船舶发生事故后应将事故发生的时间、地点、经过等信息记入航行日志。( )

23.一切抢救财产的行为,应在不严重危及人身安全的情况下进行。无论何种紧急情况,船员应首先保证自身的安全。( )

24.轮机长是船舶应急反应总指挥。

25.船舶必须按规定数量配备应变器材设备,使用的时候才进行维护和检查。( )

26.应急操舵装置,只需要能在舵机室操纵,可不在驾驶室操纵。( )

27.任何水密门操作装置,无论是否为动力操作,均须于船舶横倾15°时能将水密门关闭。( )

28.应急照明即船上常称小应急,是由蓄电池供给的高压照明电。( )

29.应急操舵的时候,驾驶室与舵机室之间不需要有效联系。( )

30.在驾驶室进行应急操舵时,要求在主操舵不能正常操舵时应能立即转换为应急操舵。( )

参考答案

一、选择题

1. D	2. D	3. B	4. B	5. C	6. C	7. B	8. A	9. C	10. D
11. A	12. D	13. B	14. C	15. B	16. A	17. A	18. D	19. A	20. C
21. A	22. B	23. C	24. D	25. B	26. B	27. C	28. B	29. A	30. C
31. B	32. D	33. A	34. A	35. B	36. C.	37. B	38. B	29. D	30. D
41. B	42. B	43. D	44. C	45. C					

二、判断题

1. ×	2. √	3. √	4. √	5. ×	6. ×	7. ×	8. √	9. ×	10. √
11. ×	12. √	13. √	14. ×	15. √	16. ×	17. √	18. ×	19. ×	20. ×
21. √	22. √	23. ×	24. ×	25. ×	26. ×	27. √	28. ×	29. ×	30. √

第六篇　轮机常识

轮机常识主要通过对船舶动力装置、辅机与机舱管理、船舶电气、应急设备等机舱设施、设备及相关管理要求的介绍,使甲板部(驾驶部)船员掌握必要的轮机管理基础知识,为实际船舶管理工作中的轮机、驾驶工作有效配合打下基础。

第一章　船舶动力装置

船舶动力装置是为了保证船舶正常营运而设置的动力设备,主要介绍船舶柴油机、汽油机以及电力推进装置的基本结构、工作原理以及日常的运行管理等内容,使驾驶部船员了解船舶动力装置的主要功用及运行管理要求,协助轮机部做好船舶的管理工作。

第一节　柴油机常用名词(☆ △)

柴油机是以柴油或劣质燃油为燃料压缩发火的往复式内燃机,是目前船舶应用最为广泛的动力装置,柴油机基本结构参数如图 6-1-1 所示。

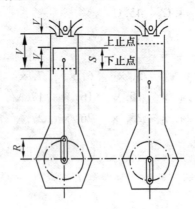

图 6-1-1　柴油机基本结构参数

（1）上止点：活塞在气缸中运动的最上端位置，也就是活塞离曲轴中心线最远的位置。

（2）下止点：活塞在气缸中运动的最下端位置，也就是活塞离曲轴中心线最近的位置。

活塞在上、下止点时将改变其运动方向，此瞬间的活塞速度为零，所以称为上（下）止点或死点。

（3）行程（S）：活塞从上止点移动到下止点间的直线距离。活塞移动一个行程，相当于曲轴转动180°曲轴转角，所以行程等于曲轴回转半径（曲柄半径R）的两倍，即$S=2R$。

（4）缸径：气缸套的名义内径。

（5）压缩室容积：活塞在上止点时，活塞顶、气缸盖底面与汽缸套表面之间所形成的空间容积，又称燃烧室容积或气缸余隙容积。

（6）余隙高度（顶隙）：上止点时活塞最高顶面与气缸盖底平面之间的垂直距离。

（7）气缸工作容积：活塞在气缸中从上止点移动到下止点时所扫过的容积。

（8）气缸总容积：活塞在气缸内位于下止点时，活塞顶以上的气缸全部容积，亦称气缸最大容积。

（9）压缩比：气缸总容积与压缩室容积的比值，亦称几何压缩比或理论压缩比。

压缩比是指活塞从下止点运动到上止点时，把缸内空气压缩了多少倍，表示缸内工质被压缩的强烈程度，压缩比大说明缸内空气被压缩得厉害，压缩终点的温度和压力就高，以利于燃油的燃烧和柴油机的启动，并可提高热效率。

第二节　四冲程柴油机工作原理（☆△）

一、工作原理

柴油机的基本工作原理是采用压缩发火方式使燃料在缸内燃烧，以高温、高压的燃气作工质，在气缸中膨胀推动活塞往复运动，并通过曲柄连杆机构将活塞的往复运动转变为曲轴的回转运动，从而输出机械功。

根据柴油机的工作特点，燃油在柴油机气缸中燃烧做功必须通过进气、压缩、燃烧、膨胀与排气五个过程。柴油机工作循环的五个过程是通过进气、压缩、膨胀和排气四个行程来实现的。这种活塞在四个行程内完成一个工作循环的柴油机叫作四冲程柴油机。完成一个工作循环曲轴旋转2周，凸轮轴旋转1周。

二、工作过程

图6-1-2中的四个简图分别表示四个活塞行程的进行情况以及活塞、曲轴、气阀等部件的有关动作位置。

第一冲程——进气冲程：空气进入气缸时相应的活塞行程

曲轴旋转时带动活塞从上止点向下止点运动，此时进气阀打开，排气阀关闭。由于活塞的抽吸作用，当气缸内压力低于外界大气压时，新鲜空气经进气阀进入气缸。为了能充入更多的空气，进气阀一般在活塞到达上止点前提前开启，到下止点后延迟关闭，气阀开启的延续角为220°～250°曲柄转角。

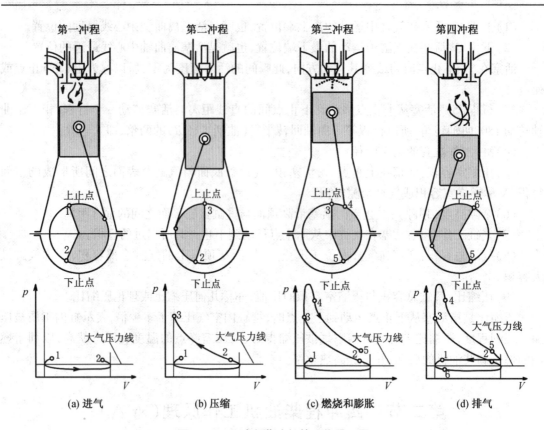

图 6-1-2　四冲程柴油机的工作原理图

第二冲程——压缩冲程:空气在气缸内被压缩时相应的活塞行程

曲轴继续旋转,活塞从下止点向上止点运动,待进气阀关闭后,气缸内成为封闭空间,活塞开始对缸内空气进行压缩,直到上止点结束。在接近压缩终点(上止点)前,燃油经喷油器以雾化的状态喷入燃烧室与空气混合,并在高温高压空气的作用下,开始燃烧。

第三冲程——膨胀做功冲程:燃油在气缸内燃烧、燃气膨胀时相应的活塞行程

1. 燃烧过程

燃油与空气的混合气在压缩终点空气的高温作用下,被引燃后猛烈燃烧,缸内的压力和温度急剧升高,活塞越过上止点时,缸内达到最高压力(即爆炸压力,可达 5 ~ 8 MPa,温度可达 1 500 ~ 2 000 ℃)。

2. 膨胀过程

缸内的燃气在高温作用下,迅速膨胀形成高压。高温、高压的燃气膨胀推动活塞下行,带动曲柄转动,输出机械功。当活塞下行到达下止点前某一时刻排气阀开启,膨胀行程结束。此时气缸内压力降至 0.3 ~ 0.6 MPa,温度为 600 ~ 700 ℃。

第四冲程——排气冲程:燃烧后的废气从气缸内排出时相应的活塞行程

排气阀开启,活塞仍在下行,废气靠气缸内外压力差经排气阀排出,废气压力迅速下降。当活塞经下止点上行时,废气被活塞强行推挤出气缸为尽可能将废气排除干净,排气阀一直延迟到上止点后才关闭。利用排气阀延迟关闭和排气的流动惯性,可以实现惯性排气。排气阀开启的延迟角为230°~260°曲柄转角。

进行了以上的四个行程,柴油机就完成一个工作循环。当活塞继续运动时,另一个新的循环又按同样的顺序重复进行,以维持柴油机的连续运转。

四冲程柴油机每完成一个工作循环,曲轴需要回转两转,活塞运行四个行程。每个工作循环中只有第三行程(膨胀行程)是做功的,其他的三个行程都是为膨胀行程服务的,都需要消耗能量。柴油机常做成多缸的,这样进气、压缩、排气行程需要的能量借助其他正在做功的气缸或飞轮来供给。如果是单缸的柴油机,则由相对较大的飞轮来提供。

第三节　其他动力装置(△)

一、汽油机工作原理及维护保养

汽油机柴油机在结构上的不同包括多了一套点火系统和油气混合装置即化油器。图6-1-3为汽油机的结构图。

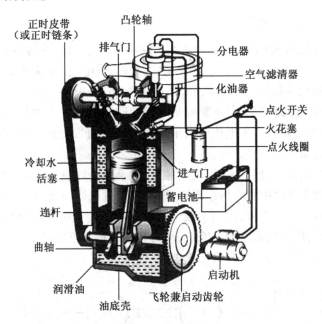

图6-1-3　汽油机结构图

(一)汽油机工作原理

其简单工作原理是实现燃油和空气的雾化、混合,并将其压缩到一个密闭气缸中使可燃混合气着火,燃烧膨胀产生相当大的力推动活塞下行,并通过曲柄连杆机构将活塞的直线运动变成曲轴的旋转运动而输出动力。为了保证工作循环的继续进行,还必须将燃烧产生的废气排出气缸,为下一循环的进行做好准备,每一工作循环经历了四个冲程,曲轴回转两周。

汽油机与柴油机的工作原理基本相同,其不同点在于:

(1)在进气冲程,汽油机进气是油和气的混合气,而柴油机进气是新鲜空气;

(2)压缩冲程,其压缩比汽油机比柴油机小;

(3)燃烧膨胀冲程,膨胀比汽油机比柴油机小,膨胀终了温度汽油机比柴油机高。

（二）汽油机维护保养要求

(1)汽油机外部及周围必须保持清洁,定期清洁或更换空滤器。

(2)检查汽油机各附件、部件的连接处及汽油机在机架上的紧固处,不能有松动现象。

(3)整个油路上的接头要保持密封,不得有渗漏现象。

(4)经常注意保持机油油面处于油尺两刻度线之间。

(5)使空气滤清器处于良好状态,保持进气清洁。

(6)经常注意排气烟色、调速器是否灵活、转速是否稳定,发现问题应及时停机进行调整或更换。

(7)注意汽油机的声响,当发现有不正常情况时,必须立即停机进行检查并排除。

(8)定期更换机油,检查气体门与顶杆间隙是否符合规定,清洗沉淀杯和化油器浮子室,清除火花塞积炭等。

二、电力推进装置基本结构及维护保养

（一）电力推进装置基本结构

船舶电力推进装置是指采用电动机带动螺旋桨来推进船舶运动的装置。如图 6-1-4 所示,电力推进装置一般由下述几部分组成:螺旋桨、电动机、发电机、原动机以及调节控制设备。其中原动机 Y 将燃料的化学能转变为机械能,发电机 G 将原动机供给的机械能转化成电能,电动机 M 将电能再转化为机械能以带动螺旋桨 J 推动船舶运动。电力推进的原动机可以采用柴油机、蒸汽轮机和燃气轮机。发电机可以采用直流或交流发电机。电动机可以采用直流或交流的同步或异步电动机。

电力推进具有的优点包括:操纵灵活、机动性好、易于获得理想的拖动特性,提高船舶的技术性能。推进装置总功率可以由几个机组承担,增加了设备选择的灵活性,提高了船舶的生命力。原动机同螺旋桨间无硬性连接,有利于减小振动,降低噪声,可使原动机与螺旋桨分别处于各自最佳转速下工作;使主轴长度大大缩短,动力装置的布置更加灵活。但电力推进装置的重量大,中间损耗大,初期投资大,需要维修管理人员的技术水平高。

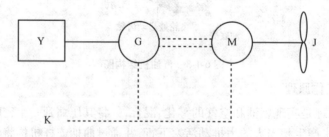

图 6-1-4　电力推进装置简图

Y—原动机;G—发电机;M—电动机;J—螺旋桨;K—调节控制设备

（二）电力推进装置维护保养要求

(1)保持整个装置清洁而干净。

(2)保证原动机及各部件与系统连接坚固。

(3)油、水、气量在规定的要求范围内。

(4)各系统进行定期的保养,如滑油滤器、空滤器等的更换。

(5)在工作过程中,应对油温、水温、排气温度等进行严密的监督并记录。

(6)经常性对发电机与电动机的电压、电流、工作温度、轴承温度和负荷大小进行监视,防止超负荷工作。

(7)定期对发电机与电动机绝缘性能进行测量。

(8)定期向各轴承、传动装置添加润滑油,保证润滑良好。

第四节　燃、润油料基本知识(△)

一、燃油

(一)燃油的主要性能指标

燃油是船舶最重要的物料,其性能指标对柴油机动力装置的工作性能产生重大影响。船舶燃油主要特性指标大致可分为三类:

影响燃油燃烧性能的指标,如十六烷值、柴油指数、热值和黏度等。

影响燃烧产物成分的指标,如硫分、灰分、沥青分、残炭值、钒和钠含量等。

影响燃油管理工作的指标,如闪点、凝点、倾点、浊点、水分、机械杂质等。

船舶燃油的使用和管理中经常涉及下列几个性能指标。

1.影响燃油燃烧性能的指标

(1)十六烷值

十六烷值是评定燃油自燃性能的指标。柴油机对燃油的十六烷值要求是要适当,高速柴油机使用燃油的十六烷值在 40～60,中、低速柴油机在 35～50、25～35。对于燃用重油的大型低速柴油机不对十六烷值做出规定。

(2)热值

1 kg 燃油完全燃烧时放出的热量称为燃油的热值,单位用 kJ/kg 表示。不计入燃烧产物中水蒸气的汽化潜热则称低热值。

(3)黏度

燃油是表示燃油自身流动时的内阻力,它是燃油最重要的特性之一。黏度过大时雾化恶化,流动和过滤困难;黏度过小则会引起喷油泵柱塞偶件及喷油器针阀偶件因润滑不良而加剧损坏。

(4)密度

燃油的密度是在一定温度时单位体积的质量,常用单位是 kg/m 或 g/cm。在 20 ℃时的密度称标准密度,燃油的密度随温度而变化。

2. 影响燃烧产物成分的指标

（1）硫分

燃油中所含硫的质量分数叫硫分。燃油中的含硫是以硫化物的形式存在，其危害如下：

①液态的硫化物（如硫化氢等）对燃油系统的设备有腐蚀作用。

②燃烧产物中的 SO_2 和水蒸气 H_2O 在缸壁温度低于其露点时，会生成硫酸附着在缸壁表面产生强烈的腐蚀作用。由于这一腐蚀只发生在低温条件下，故称为低温腐蚀。

③燃烧产物中的 SO_2 能加速碳氢化合物聚合而结炭，而且此结炭较硬，不易清除。

④硫燃烧后产生的 SO_2 是柴油机排放的主要有害成分。

（2）灰分

灰分是在规定条件下燃油完全燃烧剩余物的质量百分比。灰分中含有的各种金属氧化物，易使燃烧室部件的高温腐蚀和磨料磨损，加剧气缸的磨损。

（3）钒、钠含量

燃油中所含钒、钠等轻金属占其质量的百分数，用 kg/L 表示。钒、钠燃烧后生成低熔点的化合物。如缸壁和排气阀温度高于它们的熔点时，就会受到它们的腐蚀而损坏，这一腐蚀发生在高温区域，故称为高温腐蚀。

（4）沥青分

沥青分表示沥青占燃油质量的百分数。沥青是多环的大分子量芳香烃，悬浮在油中呈胶状，沥青不易燃烧，导致滞燃期长，产生后燃，冒黑烟，易在气缸中形成坚硬的炭垢及在喷油器喷孔处产生喇叭状积炭，使雾化变差。

（5）残炭值

残炭值是指燃油在规定实验条件下加热干馏最后剩下的残留焦炭占试验油质量的百分数。残炭值表示燃油燃烧过程中形成结炭、结焦的倾向，并不表示形成结炭的数值。气缸内结炭使热阻增加，引起过热、磨损，严重时造成柴油机的部件损坏。

3. 影响燃油管理工作的指标

（1）闪点

燃油蒸气与空气的混合气能同火焰接触而发生闪火时的最低温度称闪点，根据测试仪器的不同，分为开口闪点和闭口闪点。闭口闪点低于开口闪点，常用的是闭口闪点。闪点是衡量燃油挥发成分产生爆炸或火灾危险性的指标。按国内外船舶建造规范规定，船舶使用的燃油闭口闪点不得低于 60 ℃，从防爆、防火的观点出发，在低于燃油闪点 17 ℃的环境温度倾倒燃油或敞开容器才比较安全。

（2）凝点、倾点、浊点

燃油冷却至停止流动时的最高温度称为凝点。

燃油尚能够流动的最低温度称为倾点。

燃油在标准条件下冷却至开始变混浊时的温度称为浊点。

一般燃油的浊点高于凝点 8.5 ℃，当燃油的温度低于浊点时从燃油中析出的石蜡结晶将使滤器堵塞，供油中断。燃油温度低于凝点时，将无法泵送。从使用的角度看，浊点比凝点重要。燃油的使用温度至少应高于浊点 3～5 ℃。

（3）机械杂质和水分

燃油中所含不溶于汽油或苯的固体颗粒或沉淀物称为机械杂质。燃油中的机械杂质不能燃烧,容易造成管道、滤器和喷油器喷孔堵塞,并使喷油泵和喷油器产生严重磨损。

燃油中的水分以容积百分数表示。燃油中的水分会降低燃油的低热值,破坏正常发火,甚至导致柴油机停车。

(二)燃油的种类

1. 轻柴油

我国生产的轻柴油有国家标准规定。轻柴油产品按凝点不同分为 10 号、0 号、-10 号、-20 号及 -35 号五个等级,也就是说它们的凝点分别高于 10 ℃、0 ℃、-10 ℃、-20 ℃ 和 -35 ℃。所以选用轻柴油要根据当地冬天最低环境温度而定,一般最低环境温度应高出凝点温度 5 ℃ 以上。

轻柴油是质量最好、价格最贵的柴油机燃料,适用于高、中速柴油机。救生艇柴油机一般选用 -10 号轻柴油,应急发电柴油机和高速发电柴油机可选用 0 号轻柴油。

2. 重柴油

按国家标准规定,重柴油按凝点不同分为 10 号、20 号及 30 号三个牌号。重柴油的主要特点是凝点高。使用重柴油的柴油机应有完善的预热设备,低速及民用中速大功率柴油机由于经济关系,一般都燃用价格低廉的重柴油。一般 10 号重柴油适用于 500~1 000 r/min 的中速机,20 号重柴油适用于 300~700 r/min 的柴油机,而 30 号重柴油适用于 300 r/min 左右的柴油机。

3. 重油(燃料油)

重油按 80 ℃ 时的运动黏度分为 20、60、100 及 200 四个牌号,可供船舶锅炉使用。

根据我国对环保的要求,目前长江和我省内河船舶都使用轻柴油。

二、润滑油

(一)润滑油的主要性能指标

润滑油的性能指标主要有黏度、黏度指数、闪点、凝点、残炭、灰分、酸值(总酸值与强酸值)、腐蚀性、抗氧化安定性、热氧化安定性、总减值、抗乳化度、机械杂质和水分等十余种。

1. 黏度和黏度指数

黏度是润滑油最重要和最基本的性能指标。大多数润滑油都按运动黏度来划分牌号。润滑油的黏度越大,所形成的油膜越厚,有利于承受高负荷,但其流动性差,这也增加了机械运动的阻力,或者不能及时流到需要润滑的部位,以致失去润滑作用。

2. 黏温特性

温度变化时,润滑油的黏度也随之变化。温度升高则黏度降低,反之黏度变大。润滑油黏度随温度变化的特性称为润滑油的黏温特性,它是润滑油的重要指标之一。

表示润滑油黏温特性的方法有两种:一种是黏度比,另一种是黏度指数。黏度指数是由两种标准油的假定黏度指数演算而得的。一种油的黏度指数值越大,表示它的黏度随温度的变化越小,通常认为该油品的黏温特性越好。

3. 酸值

酸值指中和油样中全部酸性物质所需的氢氧化钾 KOH 的毫克数,单位是 mgKOH/g。一般润滑油在贮存和使用过程中,由于在一定的温度下与空气中的氧发生反应,生成一定的有机酸,或由于碱性添加剂的消耗,油品的酸值会发生变化。因此,酸值过大说明氧化变质严重,应考虑换油。

4. 水溶性酸或碱

这主要用于鉴别油号在精制过程中是否将无机酸碱水洗干净;在贮存、使用过程中,有无受无机酸碱的污染或因包装、保管不当而使油品氧化分解,产生有机酸类,致使油品产生水溶性酸碱。一般地讲,油品中不允许有水溶性酸碱,否则,与水、汽接触的油品容易腐蚀机械设备。

(二)润滑油的种类及选用

1. 曲轴箱油

曲轴箱油又叫柴油机油或系统油。通常,曲轴箱油润滑主要指对柴油机曲轴箱内各轴承的润滑,在筒形活塞柴油机中还兼作气缸润滑油(飞溅润滑)或活塞冷却液,有时它还用作液压控制油。这种润滑油在使用中的最大特点是循环使用,因而它在使用中将逐渐污染变质,所以对曲轴箱油的要求较高。

2. 透平油

透平油在柴油机中主要用来润滑废气涡轮增压器和调速器,也可代替液压油用于舵机和起重机的液压系统,还可代替齿轮油用于轻负荷的齿轮箱。对这种油的要求是:有良好的抗氧化安定性,能长期使用而不生沉淀;抗腐蚀性强,应能防止金属表面腐蚀;抗乳化性能好,容易与水分离;黏度的等级多,以便于选择。

第五节　主推进装置的运行管理(△)

一、柴油机的运行管理

船舶在航行中,务必保证柴油机可靠并经济地工作,最大限度地延长其使用寿命。为此,要求船长、驾驶员能正确操纵和轮机管理人员严格管理好柴油机。

(一)开航前的准备(备车)

开航前的准备是船舶技术管理的重要环节之一,运营船舶都必有这一过程。其目的是使柴油机装置处于随时可启动和投入运行状态,一般来说,开航前的准备工作需 10～30 min 完成。由于机型不同,装置中各系统组成有别,加上气候情况,备车的工作量和顺序也不尽相同。备车的基本内容有:

1. 暖机和油料的加热

若外界气温较低时,主机停机后应注意保持机舱温度,主机启动前要做暖机工作。暖机之目的是使柴油机易于启动,减小活塞和汽缸套等机件的热应力以及硫化物对缸套内壁及活塞顶部的腐蚀。在启动柴油机前可人工灌注温水,逐渐加热冷却水和滑油。

2. 各工作系统的准备

为了使柴油机能启动并投入正常运行,柴油机各工作系统,如燃油、滑油、冷却水、空气压缩机等各系统应处于正常工作状态。

燃油日用油柜加油,使油位达到正常运行所需油量,对油柜放残。开车前,人工驱动燃油输送泵,驱赶系统空气。

滑油系统的油质检查,应注意滑油是否变质并注意油柜油位是否正常。

冷却水系统的膨胀水箱水位及各阀门开起位置正确,应符合正常要求。

按规定将压缩空气启动系统的空气瓶压力打到 2.5 ~ 2.8 MPa,并泄放瓶内残水及油;打开汽笛出口阀,供驾驶台使用。

供电系统也要准备好,因为机舱要启动空压机、绞缆机、锚机,应保证电力供应。

3. 试车

在上述工作准备完毕后,通常在开航前 10 min 进行试车。试车前驾驶员应检查船首、船尾情况,确认正常后试车方可进行,其程序如下:

(1)转车

利用撬车装置或盘车机转动柴油机两圈以上,其目的是检查各运动部件和轴系回转情况及缸内有无大量积水。

(2)冲车

转车若曲轴回转自如,在切断燃油供应情况下,利用压缩空气或电马达驱动柴油机,吹除缸内杂质、积油和积水,从而检查启动系统工作是否正常。

(3)试车

冲车正常后,正常启动,供油发火。试车的目的是检查启动、换向、燃油系统、油量调节机构及调速器等是否正常,各缸发火是否正常及运转中有无异响。当试车完毕后,机舱回铃通知驾驶台试车结束。至此,备车工作宣告完毕,驾驶台随时可用车。

4. 运行中的工作

当驾驶室开动机器,在船舶进出港、移泊、浅水及狭窄航道的航行中,柴油机工况多变,驾驶部人员必须进行正确的操纵,轮机人员必须加强管理,随时保持有效联系。

起航和加速中不要突然加大油门,以防柴油机超负荷。

倒车操作时,为避免柴油机超载,倒车启动油门不可过大,其加速过程不宜过快。

船舶航行于浅水区,鉴于船舶阻力大,必须降油门运行,以防主机超载。

在大风浪中航行,为防止主机飞车和超载,驾驶部必须降油门降低转速航行,轮机部务必设定飞车限制转速。

船舶从起航到船舶正常航行,时间不可过短,通常主机运行至油温、水温正常后方可满负荷运行。在这一过程中,应逐渐加速,不可将油门立即拉到满载位置,以免引起柴油机超热负荷,造成拉缸事故。

船舶在正常航行中,轮机人员应按时检查并记录柴油机装置中各部分压力和温度及注意机器运行情况,发现不正常状态必须及时处理。

二、各种航行条件下主机的操纵

船舶在各种各种自然条件下航行,驾驶部要能正确地操纵主机,必须了解各种航行条件下主机的运转状况。

1. 船舶在起航时主机的操纵

船舶起航时,其瞬时船速为零,此时负荷大,需要低转速运行。待船速增加后,再逐渐增加供油量。

2. 船舶加速过程主机的操纵

当船舶驶离港口后,需加大供油量以提高转速,使船全速航行。在这过程中若主机操纵不当会引起主机超载。加速过程中主机的正确操纵应该是缓慢加大供油量,主机转速、船的航速成比例地增大。

3. 船舶转弯时主机工况

船舶转弯时,由于船舶阻力增加,螺旋桨转速下降,主机在供油量不变的情况下,其转速会自动降低,而转弯结束之后又恢复原值,所以船舶转弯时,即使柴油机转速下降也不应加大供油量。

4. 船舶由深水进入浅水和大风浪中航行主机的工况

船舶由深水进入浅水航行时,阻力增大,供油量增加,但柴油机转速、船的航速会自动下降。船舶在大风大浪中航行,船舶的空气阻力、波涛阻力均会增加。为保证船向,舵须偏转一个角度,这又使船的阻力增大。同时,大风浪中螺旋桨工作于斜水流之中,使桨效率变低。上述种种均使得螺旋桨特性曲线变陡,主机及船速自然下降。由此可见,在船舶由深水进入浅水区域和在大风浪中航行时,转速下降为正常现象,驾驶人员不要因转速下降而盲目加大油门,以防主机超负荷。

5. 主机换向及船舶倒航时主机工况

船舶靠离码头或遇到避碰的紧急情况时,需改变螺旋桨转向,使前进船舶迅速停下改为倒航,或与此相反。为安全起见,换向时应尽快使螺旋桨反转,并且尽量不使主机超负荷。

船舶倒航时,由于船舶阻力大,螺旋桨效率低,所以螺旋桨特性曲线变陡。为使倒航时主机不至于超载,倒车最大转速应不超过额定转速的60%。具体情况视排烟温度来确定。

第二章 船舶辅机与机舱管理

船舶辅机是指除了主机以外的船舶所有辅助机械和设备。大部分集中于机舱,少部分则布置于甲板上。其主要内容包括以下几个方面:船用泵、甲板机械、空气压缩机、制冷和空调装置、防污染装置等设备和设施。驾驶部需要了解,机舱管理是根据船员岗位职责要求,依据相关管理制度与技术规范对机舱设备与设施实施运行管理与使用保养与维护。

第一节 离心泵、往复泵、齿轮泵的基本结构与应用(☆△)

一、船用泵的功用、分类与性能参数

(一)船用泵的功用

泵是用来提高液体机械能(位能、动能、压力能)并输送液体的设备,在现代船舶上有着十分广泛的应用。

(二)船用泵的分类

1.按泵的应用或输送工质分类

(1)船舶主、辅动力装置用泵

船舶主、辅动力装置用泵有燃油泵、滑油泵、海水泵、淡水泵、舵机或其他液甲板机械中的液压泵、制冷装置中的冷却水泵等。

(2)船舶安全及生活设施用泵

船舶安全及生活设施用泵有舱底水泵、压载水泵、消防水泵、日用淡水泵、饮用水泵;还有兼作压载、消防、舱底水泵用的通用泵等。

(3)特殊船舶专用泵

某些特殊用途的船舶,还设有为其特殊营运要求而设置的专用泵,例如油船的货油泵、挖泥船的泥浆泵、打捞船上的打捞泵、喷水推进船上的喷水推进泵等。

2.按泵的工作原理分类

(1)容积式泵

容积式泵依靠工作部件的运动,造成泵工作容积的周期性变化来向液体提供压力能,并吸入和压出液体。根据运动部件的运动方式不同,可分为往复泵和回转泵(齿轮泵、螺杆泵、叶片泵等)两类。

(2)叶轮式泵

叶轮式泵依靠叶轮带动液体高速回转把机械能传递给所输送的液体。根据叶轮和流道的结构不同分为离心泵、轴流泵、混流泵和漩涡泵等。叶轮式泵主要使液体的速度能增加并部分

转换成压力能。

（3）喷射式泵

喷射式泵利用具有一定压力工作流体的高速喷射，将压力能转换为动能，从而引射流体，再进行动量和能量交换，实现流体输送。根据所用工作流体不同有水喷射泵、空气喷射泵、蒸汽喷射泵等。

（三）船用泵的性能参数

为了表明泵的性能优劣、流量的大小、压头的高低、吸入性能的好坏，便于比较和选用，在泵的铭牌和说明书上通常给出以下性能参数。

1. 流量

流量指泵单位时间内所排送的液体量，分为体积流量 Q 和质量流量 G。其关系为 $G = Q\rho$，其单位有 m^3/h、L/min，泵铭牌标注的流量为额定流量。

2. 扬程或压头

扬程或压头是指泵传给单位重量液体的机械能〔单位为 m（液柱）〕，用 H 表示。

3. 功率

功率有输出功率和输入功率之分。

（1）输出功率又称有效功率，是指泵排出的液体在单位时间内实际获得的能量，用 P_e 表示，单位用 W 或 kW 表示。

（2）输入功率也称轴功率，指泵在单位时间内所得到的能量，用 P 表示。

4. 效率（总效率）

效率是指泵的输出功率和输入功率之比，用 η 表示，即 $\eta = P_e/P$。

5. 转速

泵的转速是指泵轴每分钟的回转数，用 n 表示，单位是 r/min。

6. 允许吸上真空高度

允许吸上真空高度 H_s 是指泵在不发生汽蚀的前提下，泵进口处能达到的最大吸入真空度，用水柱高度来表示的高度，单位为 m。

二、泵的基本结构与应用

（一）离心泵

1. 离心泵的基本结构和工作原理

离心泵属于叶轮式泵，在船舶上应用最广，根据其安装形式分为立式和横卧式两种；按泵壳的形式分为蜗壳式和叶轮式两种，按级数又有单级和多级之分。

图6-2-1为蜗壳式离心泵结构图，从图中可知，蜗壳式离心泵由叶轮、叶片、泵壳、吸入接管和扩压管、泵轴及轴封等组成。叶轮用键和固定螺帽固定在泵轴的一端，轴的另一端穿过填料函伸出泵壳由原动机驱动右旋回转，固定螺帽通常用左旋螺纹，以防反复启动因惯性而松动。

图6-2-2为离心泵工作原理图：在泵内充满液体的条件下离心泵工作时，高速旋转的叶轮及其叶片带动叶间的液体一起回转，在离心力作用下，液体从叶轮的中心向四周甩出，然后由

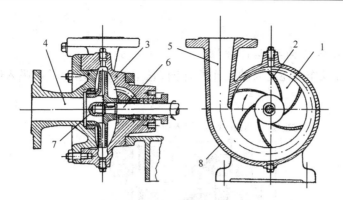

图 6-2-1　单级蜗壳式离心泵结构图

1—叶轮;2—叶片;3、8—泵壳;4—吸入接管;5—扩压管;6—泵轴;

7—固定螺帽

具有渐扩截面的泵壳流道汇集,经扩压管降速,将其中的大部分的速度能变成压力能(以减少因高流速而造成的阻力损失)而排出。与此同时,叶轮中心处由于液体的甩出而出形成真空,吸入口的液体就源源不断地进入叶轮内。进入的液体获得能量又被甩出。由此可见,只要泵不停地回转,液体就能连续不断地吸入和排出,实现液体的连续输送。

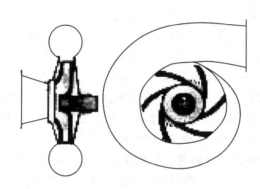

图 6-2-2　离心泵工作原理图

2. 离心泵的工作特点与应用

离心泵的工作原理和结构决定了它有以下特点:

(1)吸排连续,排量均匀,适用范围广。

(2)转速高,可直接与原动机相连,尺寸小,重量轻,造价低。

(3)可抽送含杂质的污水,易损件少,管理和维修简便。

(4)泵的流量随工作压头而变,便于调节流量。

(5)泵能产生的额定压头主要决定干叶轮的外径和转速,单级泵特别适用中、大排量和中压头。离心泵能产生的最大压头为封闭压头,其值有限,故无须设安全阀。

(6)离心泵的轴功率,在流量为零时最小,故适宜封闭启动。

(7)无自吸能力,但采用专用的抽空装置和特殊的泵壳结构,其也可具有自吸能力。

目前,船上的海、淡水泵、压载泵、消防泵等大部分泵都用离心泵。现代大型船舶用深井式离心泵作为主机滑油泵。

（二）往复泵

1. 往复泵的基本结构与工作原理

图 6-2-3 是单缸双作用往复泵的工作原理图，它主要由活塞、泵缸、吸入阀和排出阀等部件组成。

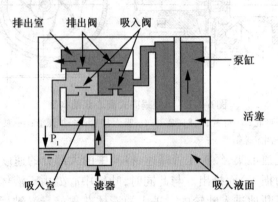

图 6-2-3　单缸双作用往复泵工作原理图

当活塞从下向上运动时，泵缸上腔容积减少，上腔和与之相通的阀箱中层内的气体压力随之升高，顶开右侧排出阀，经阀箱上层排出室的排出管排出。相反，泵缸下腔容积增大，下腔和与之相通的阀箱中层内的气体压力降低，阀箱下层吸入室中的气体顶开左侧吸入阀，进入泵缸。于是吸入室和吸入管中压力也就降低，液体在吸入液面上的气压作用下，将沿吸入管上升。当活塞反向向下运动时，代之开启的是右侧吸入阀和左侧排出阀，而前述开启的吸、排阀将关闭，泵经吸、排口的吸排方向不变。这样活塞连续往复运动，吸入管中气体将不断被排往排出管，最后液体将进入泵缸，泵就开始排送液体。

往复泵曲轴每转吸排液体的次数称为作用次数。上述往复泵每一往复行程活塞两侧各吸排一次液体，是双作用泵。每一往复行程吸排一次液体，是单作用泵。由两个双作用泵缸或三个单作用泵缸组成的往复泵称为四作用泵和三作用泵，

2. 往复泵的工作特点及应用

（1）有自吸能力，即启动时，自身能抽除泵内与吸入管路中的空气，从而吸上液体的能力。

（2）理论流量与工作压力无关，取决于转速、缸径、活塞行程和作用次数。

（3）额定排出压力与泵的尺寸和转速无关。

（4）流量不均匀。

（5）转速不能太高。电动往复泵的转速一般在 200～300 r/min，最高不超过 500 r/min。

（6）不宜输送含有固体杂质的液体。

（7）结构较复杂，易损件较多。

往复泵属于容积式泵，具有较强的自吸能力，在船上一般用作舱底水系统的污水泵和油水分离器的输送泵。

（三）齿轮泵

1. 齿轮泵的基本结构和工作原理

齿轮泵是常见的回转式容积泵，其主要工作部件是互相啮合的齿轮。其按啮合的方式可

分为外齿轮泵、内齿轮泵以及转子泵等,按齿轮的形式可分为直齿轮泵、斜齿轮泵以及人字齿轮泵等。

　　图 6-2-4 为外啮合齿轮泵的结构图。图中互相啮合的主动齿轮和从动齿轮结构相同,分别用键安装在平行的主动轴和从动轴上,而两轴的两端则由滚针轴承支承。齿轮的齿顶和端面分别被泵体和前、后端盖所包围。

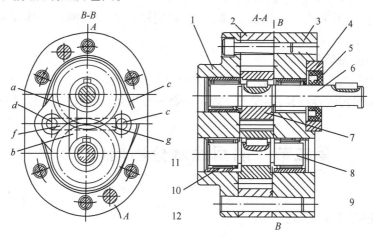

图 6-2-4　外啮合式齿轮泵的结构图

1—后盖;2—泵体;3—前盖;4—轴封套;5—油封;6—主动轴;7—主动齿轮;
8—从动轴;9—从动齿轮;10—滚针轴承;11—闷盖;12—定位销

　　图 6-2-5 为外啮合齿轮泵工作原理图:主、从动齿轮分别被齿轮泵泵壳和两侧端盖所包围,形成密封空间,啮合的齿轮又把密封空间分割为左右两个腔室。当主动齿轮和从动齿轮旋转时,齿轮轮齿退出啮合的一侧工作容积将增加,压力将降低,从而将液体吸入齿谷空间并随齿轮旋转被带到另一侧,齿轮轮齿进入啮合的一侧工作容积将减少,被齿谷带来的液体就被挤出泵壳上的出口,这样便形成了连续吸入与排出。显然,齿轮轮齿退出啮合的一侧为吸入侧,进入啮合的一侧为排出侧。

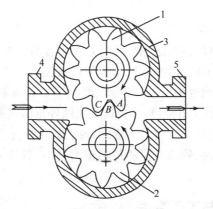

图 6-2-5　外啮合齿轮泵的工作原理图

1—主动齿轮;2—从动齿轮;3—泵体;
4—吸口;5—排口

2.齿轮泵的工作特点与应用

(1)具有容积式的共同特性(能自吸、可产生很高的压力、理论流量与工作压力无关)。

(2)齿轮泵的吸、排方向取决于原动机的回转方向,故齿轮泵不能反转。

(3)流量连续,但存在脉动。流量脉动率与齿数和齿形有关,齿数多,脉动率小。

(4)主、从动齿轮存在不平衡径向力。这是由于沿主、从动齿轮圆周液压分布不均匀所致。工作压力越高,不平衡的径向力就越大,常采用缩小排油口油液的作用面积,以减小径向力。

(5)结构简单,价格低廉。

(6)摩擦面较多,且密封间隙较小,宜输送润滑性的油液。

齿轮泵属于回转式容积泵,在船上一般用作燃油驳运泵、燃油输送泵以及滑油驳运泵等。

第二节　船用油水分离器(☆ △)

一、船舶油污水处理的方法

(一)油水分离器配置要求

根据《内河船舶法定检验技术规则》及相关修改通报的要求,除按规则规定设置污油水舱(柜),将含油舱底水贮存在船上,排放给接收设备的船舶外,主辅柴油机总功率 220 kW 及以上的船舶,至少装设一套油水分离设备,该设备应按国际海事组织所推荐的规格进行设计、制造和试验,并取得认可;主辅柴油机总功率在 22 kW 及以上但不足 220 kW 的船舶,至少装设一套额定处理量为 0.04 m³/h 的油水分离设备,该设备的试验条件应符合海事局的相关规定,并经认可。

凡 150 总吨及以上的油船和 400 总吨及以上的非油船,应配有海事局规定的油类记录簿和船上油污应急计划。

(二)船舶油水分离的方法

我国有关船舶防污染法规规定,船舶排放的处理水含油量不应超过 15ppm,凡 150 总吨及以上的油船和 400 总吨及以上的非油船,机舱必须设置油水分离装置和油分浓度报警器。机舱含油污水经油水分离器分离处理,使其油分浓度小于 15ppm 再排放到舷外,当油分浓度大于 15ppm 时,油分浓度报警器发出警报,并自动关闭舷外排出阀或停止污水泵运转。

油水分离的方法很多,但基本上可分为物理分离法、化学分离法和电气分离法三种。在船上油水分离多采用物理分离法,物理分离法包括重力分离、过滤分离、吸附分离、离心分离、气浮分离和超声波分离等。

二、油水分离器结构与工作原理

(一)结构特征

设备主要由壳体、盖板组成。柱塞泵、电控箱、电磁阀、止回阀等配套件及管路均与壳体组成整体,如图 6-2-6 所示。内腔由斜板组及过滤层、滤料层组成。在设备顶部装有液位电极,通过电气控制箱控制系统使设备进入正常的舱底水处理过程。当处理水超标时,设备自动进入反冲洗,反冲洗水返回舱底。壳体上有液位计,便于观察壳体内液面状况。壳体装有电加热器,有温度计自动控制。设备具有自动、手动反冲洗功能和有自动、手动排油功。

图 6-2-6　油水分离器示意图

（二）工作原理

设备管路安装就位后,接通电源,启动设备,反冲水进口的电磁阀自动打开。反冲水进入主壳体,直至设备充满清水。

设备充满清水后,设备自动进入分离工况:柱塞泵启动,排放水电磁阀打开,其余电磁阀关闭,舱底水经滤器泵入设备,进行舱底水的粗分离;由于油水比重不同,大油滴逐渐地浮至设备顶部;含有小颗粒油的舱底水向下进入特制的斜板组,在内部进行聚集分离,形成较大的油滴浮上顶部;含有细小颗粒油的舱底水继续向下进入有聚丙烯颗粒组成的过滤层;然后再进入有两组多层滤料包组成处理罐,进行舱底水聚集分离净化,经处理后符合排放标准的水排至舷外,如图 6-2-7 所示。

当分离出的污油在设备顶部聚集到一定高度（液位）时,设备自动进入排油工况:柱塞泵停止运转,排放水电磁阀关闭,处理后的排放水停止排放;反冲水电磁阀及排油电磁阀打开,反冲水进入腔体,使油层上浮;污油在反冲水向上压的过程中,从设备顶部排出壳体,流入集油柜;当污油层排完后,设备自动进入分离工况。

当排放水超标,舱底水报警装置（油分浓度计）报警时,设备自动进入反冲洗工况;这时柱塞泵停止运转,反冲水进口电磁阀及反冲洗排放水电磁阀打开,其余电磁阀关闭;反冲水对主壳体及相应管路进行冲洗,反冲洗水自动返回舱底;反冲洗时间由时间继电器控制,反冲洗时间到达设定的时间,并且排放水达标,设备自动进入分离工况。

设备的排油功能及反冲洗功能均具有自动和手动两种控制转换形式。

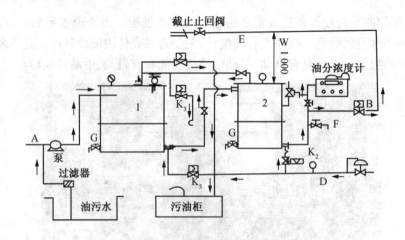

图 6-2-7　ZYF-Z-1 型油水分离流程图

A—油污水进口；B—处理后合格水排放；C—污油出口；D—反冲水进口；E—反冲洗水出口；F—取样用考克；G—放泄口截止阀

(三)油分浓度监测装置(报警装置)

公约规定,船舶油水分离器必须在有油分浓度监测装置时才能使用,以便对排放水的含油浓度、排放总量及瞬时排放率进行测定、记录和控制。若排放水中含油浓度超过规定的标准,检测器就发出声光报警,并自动切断舷外排放。轮机人员应立即检查舱底水处理系统的工作情况,并排除故障,直到水中含油浓度符合标准为止,如图 6-2-8 所示。

三、油水分离器的管理

(一)使用前的准备、检查

设备在使用前,应仔细阅读操作规程,并了解和熟悉本设备的基本结构和各配套件的位置和作用。

(1)检查设备管路连接是否正确,有无渗漏。

(2)检查电制与设备是否一致,电器接线是否正确。

(3)检查泵、仪器、仪表等配套件是否正常完好。

图 6-2-8　油水分离报警装置

(二)操作程序

(1)关闭设备上放泄阀,打开设备出口的截止阀。

(2)将电控箱上的上排油、反冲洗水转换开关置于自动位置。

(3)打开设备的电源开关,按下设备启动按钮。

(4)需停机时,按下设备关闭按钮,关闭设备的电源开关。

(三)注意事项

(1)为尽快排尽设备中空气,可用反冲洗工况操作。

（2）设备停机或暂不使用前,应进行手动反冲洗操作。

（3）设备使用时,放泄阀一般不要开启。

（4）设备停用一段时间,一般不需放空。

（四）维护与保养

1. 日常维护与保养

定期清洗液位电极(设备暂停时进行),每月至少清洗一次。定期清洗过滤器。

2. 长期停放时的维护与保养

当设备长期停止工作时,应冲洗干净并放尽设备中的水,泵的运转部分注上润滑油。未打油漆的金属表面用油封保护。每半年保养一次。

四、污水(油)柜的应用

（一）设置污油水舱(柜)

根据《内河船舶法定检验技术规则》及相关修改通报的要求,相关船舶应该按规则规定设置污油舱(柜)。

1. 航行于三峡库区和京杭运河的船舶

航行于三峡库区和京杭运河的船舶应设置污油水舱(柜),将含油舱底水贮存在船上,排放给接收设备,严禁将污油水直接排往舷外。

2. 其他航区的船舶

其他航区的船舶若港口设有污油水接收设备,根据设备的接收能力,到港船舶可设置污油水舱(柜),严禁将污油水直接排往舷外。若港口未设有污油水接收设备,则将污油水上岸交环保部门认定的专业部门处理。

（二）污油水的接收

船舶污油水的接收必须由具备海事、港口、海关、环保、边防等有关部门颁发的污油水接收作业资质,并符合海事、港口、海关、环保、边防等有关部门的要求,具备污油水接收能力(车、船、设备),不延误船期,妥善处理有关部门审批、许可等手续,能够确保作业顺利进行的单位实施。并和船公司或船舶经营人签订相应的污油水接收协议,明确船舶油柜的清洗、机舱污油水的回收工作等各个环节的责任和义务。污油水接收单位保证污油水作业完成后及时为船舶提供海事局出具的船舶残油接收处理证明,并有义务协助运营船舶做好海事部门要求的油类记录簿签注工作。

接收方负责向海事局办理清洗油舱、接收污油水、物料供应和船舶维修作业的手续和有关准备工作,负责进行测爆、办理明火作业许可证和出具污油水接收证明。

第三章 船舶电气

内河船舶驾驶部船员应当掌握船舶电气的基础知识,提高船舶安全管理水平。船舶电气主要介绍船舶安全用电常识、柴油机电系的基本组成及功用、蓄电池的正确使用与测量方法及日常维护管理等相关内容。

第一节 船舶安全用电常识(★ ☆ △)

如果缺乏安全用电常识或对电气设备的使用管理不当(主观原因),触电事故特别容易发生。在客观上电气设备的绝缘损坏以及使不带电的物体带电,这是发生触电的最大隐患。环境条件对造成触电事故有着重要影响,人体任何两点直接触及(或通过导电介质连通)不同电位的带电体都可能发生触电事故。钢质船舶整个建筑是一个良导体,且空间狭窄,设备密布,人体经常碰触到电气设备的金属壳体或构架。加之高温、潮湿等恶劣环境条件,容易造成绝缘损坏或安全接地因腐蚀或锈蚀而失去保护作用。因此,船舶属于触电危险场所,需要特别重视船舶安全用电常识的学习和普及。

一、船舶用电知识

(一)人体触电电流与安全电压

1. 人体触电电流

触电对人体伤害的程度与通过人体电流的大小、种类、路径和持续时间有关,电流的大小决定于人体两点的接触电压和人体电阻。人体总电阻是皮肤角质层电阻和体内电阻之和。皮质电阻为 $40 \sim 100$ kΩ,而体内电阻仅为 $600 \sim 800$ Ω,但皮肤潮湿、不洁净或有伤口时,皮质电阻可下降到 1 kΩ 左右。因此人体电阻不是固定的常数,而且实际触电时的人体电阻和电流还与人体的触电部位、接触面积和接触紧密程度等有关。

直流电对人体血液有分解作用,交流电对人的神经有破坏作用,通常交流电对人体的伤害程度要大于直流电。

危险的触电电流(交流)通过人体,首先是使肌肉突然收缩,使触电者无法摆脱带电体,以至麻痹中枢神经,导致呼吸或心脏跳动停止。通过人体 $0.6 \sim 1.5$ mA 的工频交流电流时开始有感觉;$8 \sim 10$ mA 时手已较难摆脱带电体;几十毫安通过呼吸中枢或几十微安直接通过心脏均可致死。因此电流通过人体的路径不同,其伤害程度不同。手和脚间或双手之间触电最为危险。

2. 安全电压

安全电压是指对人体不产生严重反应的接触电压。根据触电时人体和环境状态的不同,其安全电压的界限值不同。

国际上通用的可允许接触的安全电压分为三种情况：

（1）人体大部分浸于水中的状态，其安全电压小于 2.5 V；

（2）人体显著淋湿或人体一部分经常接触到电气设备的金属外壳或构造物的状态，其安全电压小于 25 V；

（3）除以上两种情况以外，对人体如有接触电压后，危险性高的接触状态的安全电压小于 50 V。

我国根据发生触电危险的环境条件将安全电压分为三个类别，其界限值分别为：

（1）特别危险（潮湿、有腐蚀性蒸汽或游离物等）的建筑物中，为 12 V；

（2）高度危险（潮湿、有异电粉末、炎热高温、金属品较多）的建筑物中，为 36 V；

（3）没有高度危险（干燥、无导电粉末、非导电地板、金属品不多等）的建筑物中，为 65 V。

可见，安全电压是相对的，在某种状态或环境下是安全的，当状态或环境发生变化时就可能是危险的。特别是触电作用时间，其是触电安全的重要因素，即使是可摆脱的电流，若在 20～30 s 内未能摆脱，也会由于电流的热效应、化学效应等，使人体发汗，电阻下降，以及产生一系列的病理变化，仍会造成伤亡事故。

（二）触电的急救措施

发现有人遭受触电伤害时，应设法迅速切断电源，如果人在高处触电，切断电源时，还应采取安全措施，防止触电者松手后从高处坠落，造成摔伤。

如触电者伤害较轻，神志清醒，只有心慌、无力、肢体发麻等感觉时，可让其在通风处静卧休息后即可恢复。

如触电者伤害较严重，出现失去知觉、停止呼吸、心脏停止跳动等现象，则应及时采取人工呼吸和人工心脏按压进行抢救，并及时护送到医院救治。

（三）安全用电规则

（1）工作服应扣好衣扣，必要时扎紧裤脚，不应把手表、钥匙等金属带在身边，工作时应穿电工绝缘鞋。

（2）检查自己的工具是否完备良好，如各种钳柄的绝缘、行灯、手柄、护罩等，如发现有缺陷，应及时更换。

（3）电气器具的电线、插头必须完好，插头应与插座吻合，无插头的移动电器不准使用，36 V 以上的电器外壳必须安全接地。

（4）不要先开启开关后接电源（指手提电器），禁止用湿手或在潮湿的地方使用电器或开启开关。

（5）在任何线路上进行修理时，应从电源进线端拿走熔断器，并挂上警告牌。修理完毕后在通电前应先查看相关线路上有无其他人在工作，确定无人后，才可装上熔断器，合上开关。

（6）换熔丝时，一定要先拉断开关，并换上规定容量的熔丝，不得用铜丝或其他金属丝代替。

（7）检查电路是否带电，只能用万能表、验电笔和灯。在未确定无电前不能进行工作，带电作业必须经由电气负责人批准，作业时必须两人一同进行。在带电作业时，尽可能用一只手触及带电设备及进行操作。

（8）在带电设备上严禁使用钢卷尺等金属尺进行测量工作。

（9）高空作业时，应系安全带，以防失足或触电坠落，同时要注意所携带的工具、器材，防止失手落下伤人和损坏设备。

（10）在维修和检查有大电容的电气设备时应将电容器充分放电，必要时可先予以短接。

（11）在机舱或货舱工作时，应有适当的照明，所用灯具电压应符合安全标准。

（12）工作完毕后，应检查清点工具，不要遗留。特别是在配电板、发电机等重要设备附近工作时更应注意。另外，工作完毕后应注意把不必要的灯或未燃尽的火熄灭。

（13）严禁使用四氯化碳作为清洁剂。

（四）触电原因和预防措施

1. 触电原因

触电原因主要有：缺乏安全用电意识；违反操作标准或误操作；遇到紧急修理情况，紧张过度，举措失当，意外触及带电体而触电；电气设备年久失修，绝缘破坏，且未妥善接地，人体接触到此类设备的金属外壳而触电。

2. 预防措施

强化安全用电意识；强化应急应变能力的训练；沉着冷静，忙而不乱；严格遵守安全操作规程；做好电气设备的维修保养工作，发现问题及时解决。

二、船舶电气设备防火、防爆常识

为了防止电气设备引起的火灾，在设计、制造、安装和使用船舶电气设备时，应按规范规定和国家船用电工专业有关标准的规定进行，主要做好下列安全防范工作。

（1）电气设备应由耐久、滞燃和耐潮的材料制成。

（2）电气设备的连接和紧固等要牢固，应有防止其受振动而脱落的措施。电气设备的金属外壳应有可靠的接地设备。

（3）要严格按照环境条件选择电气设备和电缆的防护形式。处于易燃易爆场所，必须使用防爆式电气设备。

（4）电气设备和电缆，不应直接安装在船壳板上，防止机械碰伤，破坏绝缘。

（5）限制电气设备的负荷量及电缆的载流量在额定值以下，不得长期超载运行。

（6）按要求定期测量绝缘电阻，发现绝缘电阻下降到最低要求值以下时，应查明原因，及时处理。

（7）注意日常维护、保养和清洁工作，及时排除电机及电气等的故障。

第二节　柴油机电系的基本组成及功用（△）

一、柴油机电系的基本组成

柴油机电系的组成如图 6-3-1 所示。其主要组成部件包括蓄电池、调节器、节压器、限流器、断流器、充电发电机、启动机和启动按钮等。

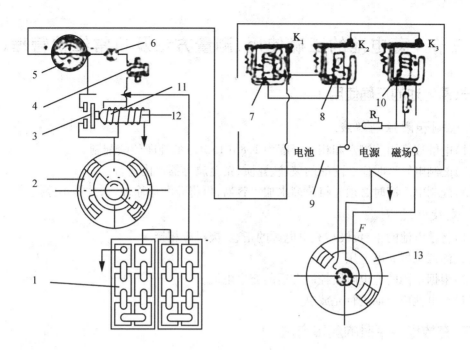

图 6-3-1 柴油机电系的基本组成

1—蓄电池;2—启动机;3—电磁开关;4—启动按钮;5—电流表;6—电路钥匙;7—断流器;8—限流器;9—调节器;
10—节压器;11—吸引线圈;12—保位线圈;13—充电发电机

二、各组成部分的功用

1. 蓄电池

蓄电池为启动电动机提供电源。

2. 继电调节器

继电调节器保证充电发电机对蓄电池充电过程的可控性。

3. 节压器

节压器保证充电发电机发出的电压能符合蓄电池的定值。

4. 限流器

限流器保证充电电路中的充电电流满足标定值。

5. 断流器

断流器保证蓄电池的供电电流不会逆流到发电机端。

6. 充电发电机

充电发电机是在柴油机正常运转时能对蓄电池提供稳定的充电电流和标定的充电电压。

7. 启动电动机

启动电动机在通电状态时旋转并通过驱动机构的作用,保证柴油机正常启动。

8. 控制按钮

控制按钮是接通蓄电池与启动电动机线路的控制开关。

第三节　蓄电池的正确使用、测量方法及日常维护管理（Δ）

一、蓄电池的正确使用

1. 配制和灌注电解液

（1）电解液应用蒸馏水和相对密度为 1.83（15 ℃）的纯净硫酸配制。

（2）配制电解液时应在耐酸的玻璃、瓷质、铅金属等器皿内进行。

（3）配制电解液时必须先将蒸馏水加入容器，再将硫酸徐徐加入，并需不停搅动。

2. 充放电过程

（1）将蓄电池的正、负极与充电电源的正、负极对应相接。

（2）注意选择充电电压。

（3）根据不同的充电阶段控制合适的充电电流。

（4）蓄电池应定期进行充放电。

二、充放电结束时的测量方法

1. 相对密度计法（比重计法）

用比重计对电解液的相对密度进行测量，并根据所测数值，对蓄电池的放电情况做出正确的判断：

（1）测得的比重计读数值在 1.25～1.30 时，表明蓄电池的电量"已充足"。

（2）测得的比重计读数值在 1.15～1.25 时，表明蓄电池的电 M"存一半"。

（3）测得的比重计读数值在 1.10～1.15 时，表明蓄电池的电量"已用完"。

2. 放电仪法

放电仪法是指用放电仪在强电流情况下放电，测出此时蓄电池的端电压，根据所测数据判断蓄电池的放电程度，具体判断方法如下：

（1）测得单格电压，放电仪读数为 1.7～1.8 V 时，表明蓄电池已充足电。

（2）测得单格电压，放电仪读数为 1.6～1.7 V 时，表明蓄电池已放电 25%。

（3）测得单格电压，放电仪读数为 1.5～1.6 V 时，表明蓄电池已放电 50%。

（4）测得单格电压，放电仪读数为 1.4～1.5 V 时，表明蓄电池已放电 75%。

三、蓄电池的日常维护管理

（1）蓄电池应置于干燥通风处，且场所温度保持在 20 ℃，并距离热源 1 m 以上。

（2）注液孔盖应旋紧密封，并注意螺帽上的通气孔应保持畅通。

（3）长期不用时，应每半月进行一次维护充放电。

（4）应经常检查电解液的相对密度。

（5）定期检查电解液的液面高度（高出极板 15 mm），及时补充蒸馏水。

（6）定期检查蓄电池极柱和连接线的紧密性，并对极柱表面涂以凡士林油防腐。

（7）不得将金属物体置于蓄电池上，以免造成蓄电池短路。

练习题

一、选择题

1. 柴油机的缸径指的是(　　)。
   A. 活塞外径　　　　　　　　　　B. 气缸套内径
   C. 活塞环外径　　　　　　　　　D. 活塞销外径

2. 活塞行程 S 与曲柄半径 R 的关系是(　　)。
   A. $S = 2R$　　　　　　　　　　B. $R = 2S$
   C. $S = R$　　　　　　　　　　　D. $S = 1/2R$

3. 柴油机做功后排放的尾气带走的热量(　　)。
   A. 等于零　　　　　　　　　　　B. 大于零
   C. 小于零　　　　　　　　　　　D. 以上都有可能

4. 热交换器的管壁结垢导致换热不好与(　　)无关。
   A. 温差减小　　　　　　　　　　B. 液流换热面积减小
   C. 换热系数减小　　　　　　　　D. 管壁厚度增加

5. 在高原,水的沸点温度低于 100 ℃,这是因为(　　)。
   A. 高原空气稀薄,燃料不能完全燃烧
   B. 高原气温较低,热量易散发
   C. 高原的水质与其他地方不同
   D. 高原的大气压力较低,则水的沸点也低

6. 夏天温度较高,人容易感到皮肤干燥,这是因为(　　)。
   A. 温度高,人容易出汗失水
   B. 温度高相对湿度小,空气的吸水能力就越大
   C. 太阳紫外线辐射的结果
   D. 人们喝水太少了

7. 在柴油机运行中,当人走过其排气管时,会感受到那里的温度很高,这是因为(　　)。
   A. 导热　　　　　　　　　　　　B. 对流换热
   C. 辐射热和对流换热　　　　　　D. 机舱空气不流通

8. 活塞的上止点是指(　　)。
   A. 活塞在气缸中运动的最上端位置,即活塞离曲轴中心线最近的位置
   B. 活塞在气缸中运动的最下端位置,即活塞离曲轴中心线最远的位置
   C. 活塞在气缸中运动的最中间位置,即活塞离曲轴中心线一半的位置
   D. 以上说法都不对

9. 柴油机压缩比是指气缸(　　)。
   A. 总容积与工作容积之比　　　　B. 总容积与压缩容积之比
   C. 压缩容积与总容积之比　　　　D. 工作容积与总容积之比

10. 活塞的下止点是指（　　）。
    A. 活塞在气缸中运动的最上端位置，即活塞离曲轴中心线最近的位置
    B. 活塞在气缸中运动的最下端位置，即活塞离曲轴中心线最远的位置
    C. 活塞在气缸中运动的最中间位置，即活塞离曲轴中心线一半的位置
    D. 以上说法都不对

11. 工质做功是在柴油机的（　　）冲程进行的。
    A. 进气
    B. 压缩
    C. 膨胀
    D. 排气

12. 影响燃油燃烧性能的指标有（　　）。
    A. 十六烷值
    B. 硫分
    C. 闪点
    D. 密度

13. 柴油机承受热负荷的部件是（　　）。
    A. 主轴承
    B. 气缸盖
    C. 十字头销
    D. 曲轴

14. 活塞环的密封性能（　　），其传热性能（　　）。
    A. 好；差
    B. 差；好
    C. 好；好
    D. 好与坏；不受影响

15. 柴油机的压缩容积又称为（　　）。
    A. 压缩比
    B. 燃烧室容积
    C. 气缸总容积
    D. 工作容积

16. 选用轻柴油要根据当地冬天最低环境温度而定，一般最低环境温度应高出凝点温度（　　）以上。
    A. 5 ℃
    B. 10 ℃
    C. 15 ℃
    D. 20 ℃

17. 重柴油的主要特点是（　　）。
    A. 凝点高
    B. 凝点低
    C. 闪点高
    D. 闪点低

18. 气缸套内表面受到的腐蚀通常是（　　）。
    A. 高温腐蚀
    B. 低温腐蚀
    C. 电化学腐蚀
    D. 穴蚀

19. 当柴油机有大量润滑油在气缸内燃烧时，排烟呈（　　）。
    A. 蓝烟
    B. 白烟
    C. 黑烟
    D. 灰烟

20. 航行试验主要项目是检查主机、辅机及其有关的动力装置（　　）工作的可靠性。
    A. 各自
    B. 一起
    C. 超负荷时
    D. 正常运转时

21. 依靠叶轮带动液体高速回转把机械能传递给所输送的液体的泵是（　　）。
    A. 容积式泵
    B. 叶轮式泵
    C. 喷射泵
    D. 活塞泵

22. 一般来说,闭式循环冷却的海水不经过的线路是(　　)。

  A. 海水泵　　　　　　　　　　　　B. 滑油冷却器

  C. 膨胀水箱　　　　　　　　　　　　D. 淡水冷却器

23. 齿轮泵内齿轮进入啮合一侧为(　　)。

  A. 吸入侧　　　　　　　　　　　　　B. 排出侧

  C. 空气腔　　　　　　　　　　　　　D. 吸入腔＋空气腔

24. 根据《内河船舶法定检验技术规则》要求,主辅柴油机总功率在(　　)及以上的船舶,至少装设一套油水分离设备。

  A. 220 kW　　　　　　　　　　　　B. 100 kW

  C. 50 kW　　　　　　　　　　　　　D. 200 kW

25. 触电对人体伤害程度与触电电流大小有关,(　　)决定触电电流的大小。

  A. 接触电压　　　　　　　　　　　　B. 人体电阻

  C. 接触电压和人体电阻　　　　　　　D. 电流路径

26. 齿轮泵在船上一般不用作(　　)。

  A. 燃油泵　　　　　　　　　　　　　B. 润滑油泵

  C. 动力泵　　　　　　　　　　　　　D. 水泵

二、是非题(正确打√,错误打×)

1. 汽油机与柴没油机的工作原理基本相同,其不同点在于"进气冲程,汽油机进气是新鲜空气,而柴油机进汽油和气的混合气"。(　　)

2. 不管物体的温度是否不同,只要互相接触,物体间就有热量传递。(　　)

3. 船舶上各种热交换器,若热交换壁面结垢,则会使对流换热的传热量减小。(　　)

4. 船舶从起航到船舶正常航行,时间不可过短,通常主机运行至油温、水温正常后方可满负荷运行。(　　)

5. 在油水分离器的管理及注意事项中,当设备使用时,放卸阀一般不要开启。(　　)

6. 高度危险的建筑中,安全电压为 12 V。(　　)

7. 若触电者开始还有呼吸,当抬到休息处却发现呼吸、脉搏、心脏都停止了,则可认为已经死亡。(　　)

8. 油水分离的方法很多,但在船上油水分离多采用物理分离法。(　　)

9. 离心泵不宜输送含有固体杂质的液体。(　　)

10. 在筒形活塞柴油机中,曲轴箱油还兼作气缸润滑油或活塞冷却液。(　　)

11. 柴油机暖机之目的是驱赶系统中的空气,便于启动。(　　)

12. 我国有关船舶防污染法规规定,船舶排放的处埋水含油量不应超过 20ppm。(　　)

13. 液压舵机转舵方向是靠改变转舵油缸供油的方向来实现的。(　　)

14. 往复泵、齿轮泵、螺杆泵和叶片泵均属于容积式泵。(　　)

15. 制冷装置是空气调节装置不可缺的主要设备。(　　)

16. 船舶污水处理方式包括有收集贮存方式、物理化学处理方式和生物——化学处理方式。(　　)

17. 现代船舶一般采用电动起锚机。(　　)

18. 离心泵启动前需引水以使吸入管和叶轮充满水。（　　）

19. 泵铭牌上给出的性能参数就是泵的实际工作参数。（　　）

20. 船舶后退时,左舵使船舶向左航行,右舵使船舶向右航行。（　　）

参考答案

一、选择题

1. B　2. A　3. B　4. C　5. D　6. B　7. C　8. A　9. B　10. B

11. C　12. A　13. B　14. C　15. C　16. A　17. A　18. B　19. A　20. B

21. B　22. C　23. B　24. A　25. C　26. D

二、判断题

1. ×　2. ×　3. √　4. √　5. √　6. ×　7. ×　8. √　9. ×　10. ×

11. ×　12. ×　13. √　14. √　15 √　16. √　17. √　18. √　19. ×　20. ×

第七篇　船舶避碰与信号

第一章　中华人民共和国内河避碰规则

参见附录一。

第二章　四川省小功率机动船
信号管理办法

第一节　总则

为加强我省小功率机动船的安全管理,确保国家财产和人身安全,维护正常的航行秩序,统一规范小功率机动船信号管理,制定《四川省小功率机动船信号管理办法》。

一、范围与责任

(一)范围(☆△)

四川省小功率机动船信号管理办法是根据《中华人民共和国内河交通安全管理条例》和《中华人民共和国内河避碰规则》,并结合我省通航水域的实际情况制定的,对不具备安装声响号笛条件的机动船船员来说,要了解和掌握以下内容。

适用于我省境内除长江、金沙江以外的水库、湖泊、河流水域内所有航行、作业单机功率22 kW(30 hp)以下不具备安装声响号笛的机动船。

(二)责任(★☆△)

船舶所有人、经营人以及船员应当对遵守本办法的疏忽而产生的后果以及对船员通常做法所要求的或者当时特殊情况要求的任何戒备上的疏忽而产生的后果负责。

不论由于何种原因,两船已逼近或者已处于紧迫局面时,任何一船都应当果断地采取最有助于避碰的行动,包括在紧迫危险时而背离本规则,以挽救危局。

第二节　设施设备和相关定义(★☆△)

一、信号设备

红、白信号旗各一面,规格为:长 0.6 m,宽为 0.4 m,把长 0.7 m。

号锣和锣棒各一只。

二、相关定义

(1)顺航道行驶是指船舶顺着航道方向行驶,包括顺着直航道和弯曲航道行驶。

(2)横越是指船舶由航道一侧横向或接近横向驶向另一侧,或者横向驶过顺航道行驶船舶的船首方向。

(3)对驶相遇是指顺航道行驶的两船来往相遇,包括对遇或者接近对遇、互从左舷或右舷相遇、在弯曲航道相遇,但不包括两横越船相遇。

(4)能见度不良是指由于雾、霾、雪、暴风雨、沙暴等原因而使能见度受到限制的情况。

(5)小功率机动船是指单机功率 22 kW(30 hp)以下的机动船舶。

第三节　瞭望(★☆△)

一、瞭望

船舶应当随时用视觉、听觉以及一切有效手段保持正规的瞭望,随时注意周围环境和来船动态,以便对局面和碰撞危险做出充分的估计。

二、瞭望的含义和重要性

从船舶碰撞意义来讲,"瞭望"主要是指对船舶周围环境和情况,特别是来往船舶及其动态进行观察、了解和判断,是船舶不断收集和鉴别周围其他船舶信息的过程。

保持正规的瞭望是确保船舶航行安全的首要因素。船舶碰撞事故统计结果表明,无人瞭望或未保持正规的瞭望是导致船舶发生碰撞事故的重要原因。

船员必须清楚地认识到,保持正规瞭望,以便及早发现并判断他船动态,是及时准确地对相遇、紧迫局面和碰撞危险做出充分估计,采取避碰行动乃至进行避碰决策的先决条件。

三、瞭望的适用范围

瞭望条款适用于每一艘船舶。在任何时候和任何地点,任何船舶都有责任和义务遵守瞭望条款。

四、瞭望手段

对小功率机动船来说,瞭望的手段主要有以下两种:

(一)视觉瞭望

视觉瞭望是保持正规瞭望最基本,最重要的常规手段。简易、方便和直观,瞭望人员应选择视线开阔地点,并严格按照驾驶员意图保持持续不断的视觉瞭望。视觉瞭望不足之处受能见度不良的限制。

(二)听觉瞭望

听觉瞭望是能见度不良时保持正规瞭望的基本手段之一。在能见度不良的情况下,瞭望人员要尽可能远离主机,获取他船鸣放的声号,从而判断他船的大概方位和动态。

五、保持正规瞭望

(1)多种手段交叉运用,相互验证;
(2)配备合格的足够的瞭望人员;
(3)要有合适的瞭望位置(增加位置/消除驾驶台盲区);
(4)对危险的目标,进行连续的跟踪。

第四节　避让和航行(★ ☆ △)

船舶在航行中要保持高度警惕,当对来船动态不明产生怀疑,或者旗号、声号不统一时,应当立即减速、停车,必要时采取倒车的措施,防止发生碰撞。采取任何防止发生碰撞的行动,应当明确、有效、及早进行。

一、避让原则

船舶在避让过程中,让路船应当主动避让被让路船;被让路船也应当注意让路船的行动,并按照当时情况采取行动协助避让。

两小功率机动船相遇,双方避让意图经旗号统一后,避让行动不得改变。

小功率机动船与装有声号设备的船舶相遇,应加强联系,密切注意来船动态,必要时减速停车,待信号统一后采取安全避让措施。

二、航行原则

机动船航行时,上行船应当沿缓流或航道一侧行驶,下行船应当沿主流或航道中间行驶。但在湖泊、水库、平流区域,任何船舶应当尽可能沿本船右舷一侧航道行驶。

三、信号及旗号运用规定

(一)旗号使用

由水手在船头负责使用。使用信号的水手,应严格按照驾驶员的意图,负责加强瞭望和信号联系。

船舶要求他船减速时,水手应当手持白旗垂直上下挥动。

（二）两船对驶相遇

上行船避让下行船,下行船发现上行船应提前用白旗联系,白旗平举在左舷,表示互从左舷会过。白旗平举在右舷,表示互从右舷会过。上行船见到信号后,应立即回答相应信号,并主动避让。

（三）两船在滩漕对驶相遇

下行船即将进入滩漕应竖举红旗,上行船应在滩下等候。如上行船进入滩漕,发现下行船应及早竖举红旗,要求下行船等候通过。下行船应慢车减速或掉头等候,不得强行在滩漕会船。

（四）两船交叉相遇

有他船在本船右舷者,应当给他船让路。

（五）追越

船舶追越必须在宽敞区且能见度良好的河道上进行,并坚持慢让快的原则。追越船追越被追越船时,应高举白旗,表示要求追越。被追越船如同意追越,应用白旗回答相应信号,白旗在左舷平举表示同意从左舷追越,白旗在右舷平举表示同意从右舷追越。被追越船同时应采取让出部分航道和减速等措施协助避让。如不同意追越,则应高举红旗。追越船未取得同意和信号未统一,不得强行追越。

（六）掉头

船舶掉头应在宽敞顺直河道上进行,不得妨碍其他船舶的正常航行。向右掉头时,红旗平举在右舷;向左掉头时,红旗平举在左舷。过往船舶应当减速等候或绕开正在掉头的船舶行驶。

第五节　能见度不良或紧急情况时的行动（★ ☆ △）

一、基本行动

船舶在能见度不良或遇紧急情况时,应当以适合当时环境和情况的安全航速行驶,加强瞭望,并按规定发出声响信号。

每一船舶当听到他船雾号或遇险警报不能避免紧迫局面时,应当将航速减到仅能维持其航向操作的最低航速。

二、适用范围

（1）适用水域是指船舶在航行作业停泊时突遇紧急情况或进入能见度受限制的水域。

（2）适用船舶是指适用于上述水域的任何船舶。

小功率机动船舶在能见度不良时不允许航行。

通常情况下,以号笛最小可听距离 1 km 为依据,当能见度小于 1 km 时,则认为处于能见度不良状态,如船舶在航,可视为遇有紧急情况需要援助,用锣棒连续敲号锣。

二、声响信号

(1)雾号

在航机动船为每隔约 1 min 鸣放声号"一长声";在航客渡船为每隔约 1 min 鸣放"两短一长声";小功率机动船舶为每隔约 1 min 使用锣棒连续敲号锣约 5 s。

(2)遇险信号

使用锣棒敲号锣连续发出急促短声。

(3)其他方式

通过手机拨打水上险情专用报警电话"12395"或当地海事机构、人民政府紧急电话或 110 报警。

三、互助自救

任何船舶如见他船遇险,都可代发以上求救信号。

船舶在报警时,尽可能说明下列内容:

(1)险情种类,事发地点;

(2)遇险人数和伤亡情况;

(3)船名、联系方式和救助需求。

第八篇　事故案例

任何一起事故对船员及船主都会造成不可挽回的损失,对家庭和个人更会造成无法弥补的伤痛。透析案例,加深印象,以别人的事故教训引以为戒,帮助船员提高安全意识和应对事故的能力,进而让我们从在思想上和技能上得到双重提高。

事故猛于虎! 特别是船舶安全事故,轻则损坏船舶,造成经济损失,重则船毁人亡,给船员个人及其家庭带来痛苦。

一、广元市朝天区"10·20"车客渡船一般自沉事故

1. 事故经过

2011 年 10 月 20 日下午 2 时 20 分许,张某所属一辆无牌照红岩金刚车,由驾驶员何某驾驶,行至嘉陵江朝天区朝天镇三滩公路渡口左岸渡口,广元市朝天区"川朝天车 0018"车客渡船(船舶所有人王某,船舶总长 16.8 m,型宽 4 m,型深 1.00 m,总吨 23)以车太重为由拒渡。经谢坝子采砂场施工管理人员协调后,王某同意渡运该车,同时该采砂场派出 6 人协助摆渡。渡船由右岸行至左岸,车辆在王某的指挥下上船,乘船人员 10 人随即上船。因车辆上船后微向甲板右边(上游一边)偏,船舶不平衡,向上游一侧倾斜,王某安排采砂场的 4 人站在甲板的左侧(下游一侧)压载,以调节船舶平衡,由采砂场的 2 名工人拉船过渡。当船开航行驶十余米后,因河中间水流较急,船体阻挡水流,浪增高,船舶右倾加剧,船甲板右侧自前至后逐渐上浪上水。随着船舶倾斜程度增大,钢缆曲度增大,缆绳与滑轮间的压力及摩擦力随之增大,已不能拉船继续前行。随着上浪上水的加剧和船体倾斜程度的进一步增大,在船车辆侧滑至甲板右侧,船体向右翻沉,船体受水面积加大,水对船体的冲力增大,致使系缆桩断裂。在船人员、车辆全部落水(其中 3 人在翻沉过程中主动跳水逃生),后经自救、他救,10 人生还,1 人下落不明。船舶、车辆经打捞上岸,下落不明人员遗体于 2011 年 10 月 28 日搜救上岸,确认死亡,经济损失 10 万元。

2. 事故分析

(1)事故的直接原因是船舶超重载车和装载不平衡,致船舶倾斜,遇激流上浪沉没。当班船员的错误表现为:一是明知本船受载能力不能满足重型卡车而冒险载运,心存侥幸;二是车辆不平衡后,采取人员调节不当,而应采取更有效的方式进行压载调节,如移动车子本身;三是下游桥墩和上游废弃物碍航而仍冒险渡运。

(2)正确的做法最主要的是拒绝装载冒险航行,因为车渡船本就不具备载大型车的能力,只要装载,出事是必然的;其次,如果救生衣行动执行到位,也能减少事故危害后果。

3. 事故处理

事故当事人王某,驾驶船舶超载运输货物(车辆),违反规定致使船舶发生水上交通事故,依据《中华人民共和国内河交通安全管理条例》第七十七条和第八十二条的规定,给予罚款6万元和暂扣适任证书6个月的行政处罚。

责任当事人谢坝子采砂场,未经批准在通航水域进行水上、水下施工作业,在通航水域设置碍航物,依据《中华人民共和国内河交通安全管理条例》第七十条和第七十五条之规定,给予5万元罚款的行政处罚和采取责令清除碍航物的行政强制措施。

4. 事故教训

明知不行却碍于情面和心存侥幸,犯下大错!遇事坚持原则最重要。

二、宜宾市翠屏区"8·1"一般沉船事故

2009年8月1日上午08:30时左右,"有源号"船舶在岷江宜宾翠屏区造纸厂至岷江铁桥水域一带,发生碰撞岷江铁桥翻沉事故,造成船上4人全部落水,经救助全部生还,直接经济损失约13.2万元。

1. 事故经过

"有源号"船舶2009年7月31日13时左右从犍为县码头装载310 t元明粉到重庆兰家沱,于19:30时左右航行至宜宾停泊岷江宜宾造纸厂码头,当日岷江水位陡涨。8月1日8:30时许,"有源号"从岷江宜宾造纸厂码头开航,李某担任驾驶,船舶从宜宾造纸厂码头倒车退出,沿北岸逆流上行约200 m掉头调顺船身循南岸主流下行。因江面漂浮物较多,致使该船螺旋桨被漂浮物绞住,当班驾驶员李某临危惊慌,仍采取加车导致螺旋桨被绞死而失去控制。船舶随水漂流逐成坐南朝北向,船头擦剐岷江铁桥6号桥墩使船舶变向横亘在岷江铁桥6号桥墩,在强劲水流的冲击下船舶右舷倾斜进水,翻沉在岷江铁桥6号桥墩处,造船船上4名人全部落水的沉船事故。

2. 事故分析

(1)事故发生的直接原因:一是驾驶员对水情陡涨,认识不足,重视不够,冒险航行;二是当发现螺旋桨被漂浮物绞住车舵失效后,驾驶员临危惊慌,仍采取加车导致螺旋桨被绞死而失去控制,属临危时处理措施不当。

(2)正确的做法是在岷江水位陡涨和发现水面漂浮物较多的情况下,采取停航措施,不冒险航行。其次是遇险后根据当时的航道水流情况,顺势从南边桥孔下行,再通过他船救助方式脱险,或可避免事故的发生。

3. 事故处理

根据《中华人民共和国安全生产法》《四川省安全生产条例》《四川省水上交通事故处理条例》的规定,对当班驾驶员李某暂扣其适任证书12个月;对船舶所有人、经营人处以罚款2 000元。

4. 事故教训

严格执行汛期安全管理制度,尤其是停航封渡和警戒水位减载以及第一次洪峰超警戒水位、漂浮物多停航的规定,绝对不能为争效益、抢时间而冒险航行。同时临危时千万不要慌张,要充分利用现有的航道、水流条件,运用良好的驾驶技术,尽最大可能抢滩,减小损失。

三、泸州合江"6·22"特大水上交通事故

1. 事故经过

2000 年 6 月 22 日早晨 5 时 50 分"榕建号"客船从长江南岸金银沱载客起航上行开往榕山，先后靠泊北岸的"铜千湾"和南岸的"路口""下浩口"上客。从"下浩口"开航后船上载客 218 人，包括船员共 221 人。当船行到"上浩口"过河到北岸上行，6 时 41 分左右到达"流水岩"时，遇浓雾，能见度不良，驾驶员周某准备在上面的"淘金山"停泊避雾。在船将靠拢时，能见度又略有好转。在部分旅客的要求下，周某决定用慢车继续沿北岸上行。当行至银窝子处时与下驶的"白米小机 2 号"短途客船互会左舷，6 时 50 分左右会完船后用了左舵约 5°，车速仍然为慢车。2 min 后，雾更浓，两岸都已看不见，船舶迷失方向驾驶员周某急忙叫梁某到驾驶台操舵，在未向梁某交代车、舵的状态情况下就从驾驶台出来经过顶棚甲板到船头，站在前面右舷梯子上指挥。此时看见船头左舷已搭在夹堰水上，船向"坐北朝南"，估计已到南岸"剑口"的乱水区，忙抬起右手指向右舷一侧要求用右舵。梁某即用了右满舵，并用左进右退的"鸳鸯车"，船头向右舷转动。很快周某就发现船头前方有一块大礁石，忙转过身去打手势要求倒车。此时船尾已处于回流中，船头搭在从石盘出来的斜流水上。由于在"鸳鸯车"的车舵效应作用下，使船头迅速向右转动，船向呈"坐南朝北"势，船当即横身在礁石下面的乱水区。在乱水作用下向右迅速翻沉，于 6 时 53 分左右沉没。船上 221 人全部落水，经"云拖 403""川天化 402"等船施救，救起 91 人，死亡 130 人，经济损失 300 多万元。

2. 事故分析

（1）事故直接原因分析：一是公司聘用不合格的四等二副担任大副职务，导致驾驶员不适任，最终在临危时处置不当酿成大祸；二是驾驶员的侥幸心态和冒险行为，表现为遇雾后准备扎雾而又没有扎雾，选择了继续航行；三是进入浓雾区后临危慌乱，擅离职守并错误指挥经营人操舵导致临危操作失误；四是为追求经济效益而改装船舶为顶棚装载和超载创造了条件，改变了船舶原有的稳性和操作性。

（2）正确的做法首先是航行中遇雾时果断扎雾，千万不能心存侥幸，冒险航行，造成危局；其次是顶棚不装载和超载，保证船舶的适航状态不变；最后是在临危时要冷静，运用良好的驾驶技术和航道条件，谨慎操作，尽快靠泊。

3. 事故教训

一是船主驾驶员首先要提高安全意识，正确处理安全与效益的关系，不能为了追求效益而擅自改变船舶技术状况，包括超载运输，本该停航扎雾而为了效益采取了冒险航行必埋祸根。二是临危时要冷静不要慌乱，正确操作，也许还能化险为夷。

四、广安渠江东门码头"11·15"一般火灾事故

1. 事故经过

2010 年 11 月 15 日凌晨，吉祥游船停靠在东门码头，由一人（船舶所有人王某）在船值班，5 时左右王某离开吉祥游船回家处理家事，5 时 40 分左右，在江中打鱼的何某（男，现年 64 岁，住广安区石桥坳盆村 8 组，渔民）发现吉祥游船一层甲板尾部厨房内起火，于是便喊"起火了"，火不久便蔓延到该船的二层房架上，何某摇船向停靠在吉祥游船下游的东方神舟游船

（船舶所有人黄某某的弟弟黄某）处,喊黄某赶快把船开走,吉祥游船起火了。5 时 50 分左右,大火燃烧发出的噼里啪啦的响声和狗叫声惊醒了停靠在吉祥游船上游相邻的北辰游船上值班人员庞某(小名庞二娃,男,现年 54 岁,住广安区柑子园社区航运一公司宿舍,在北辰游船上打工),庞某从驾驶室起床出来,站在北辰游船的二层甲板上,看见吉祥游船船尾部厨房起火了,便叫醒了停靠在北辰游船上游的休闲游船船主伍某和广宁游船船主罗某,并要求其打电话通知 119(罗某拨打时间 6 时 19 分,此时北辰游船并未着火,伍某 6 时 22 分拨打 119,北辰船仍未着火)和吉祥游船业主王某,再去解北辰游船的艉缆,看见停靠在北辰游船与吉祥游船之间的小渔船(系吉祥游船的渔业辅助船,王某所有)也被引燃,解缆后,又上岸关闭岸电电源,关电后又跑到艉部去看火情,这时北辰游船船尾开始着火,庞某又跑回二层甲板驾驶室拿衣服和包包,再次上岸给李某(北辰游船所有人张某委托的经营人)拨打电话(时间:6 时 30 分左右)。停靠在北辰游船上游的休闲游船和广宁游船见北辰游船着火,便先后砍断缆绳,启动机器,紧急向上游转移,避免了火灾的继续蔓延和损失的进一步扩大。

停靠在上游水域的川海巡 126 海巡艇值守人员,闻讯后,迅速启动船舶,利用船上的消防炮,向北辰游船喷水扑火(此时,吉祥游船已全船着火,且火势处于猛烈燃烧状态)。与随后赶到的海事人员及广安区消防大队的官兵一道扑救,7 时 30 分左右大火被扑灭。

2. 事故分析

(1)直接原因因客观因素无法查明。

(2)正确做法:北辰游船火灾是因为吉祥船燃烧蔓延造成。北辰游船值班人员在事故发生后应采取及时有效措施自救,避免本船被蔓延着火。

3. 事故处理

根据《四川省生产安全事故报告和调查处理规定》第三十八条之规定,决定给以当事人吉祥船舶所有人王某罚款 2 000 元的行政处罚。

4. 事故教训

一是任何时候船舶都要按规定留有足以保证船舶安全的值班人员,及时发现和第一时间处置险情,包括报警;二是相临船舶间停泊的安全距离。

五、广元市白龙湖"6·4"重大沉船事故

2016 年 6 月 4 日 14 时 40 分左右,四川省广元市利州区三堆镇,自然人周某强、周某东(周某强胞弟)所有的"川广元客 1008"船(自命名"双龙号")从白龙湖小三峡景区开往盐井溪码头,当航行至张家嘴水域时翻沉,此次事故共造成 3 人受伤,15 人死亡,船舶沉没,直接经济损失 1 106 万元。

1. 事故经过

2016 年 6 月 4 日 12 时 30 分左右,"川广元客 1008"(总吨位 13,船长 13.00 m,型宽 2.70 m,最大船宽 3.20 m,型深 0.90 m,满载吃水 0.638 m,主机功率 16.18 kW×2,乘客定额 25 人)船从白龙湖盐井溪码头开航上行驶往小三峡景区。开航时,船上乘客和船员共计 18 人,天气晴朗,微风。14 时 00 分左右,船舶在小三峡上峡口开始返航,下水航行驶往盐井溪码头。14 时 30 分左右,湖面开始起风(2～3 级风)并伴有小雨,14 时 40 分左右,当船舶航行至白龙湖张家嘴水域薛家梁凸嘴下游外侧(距离 50～80 m)时,天气突变为强风骤雨(约 12 级

风,在湖面形成 1 m 多高的大浪)。此时,船舶正处于弯曲航段,右舷横向受强风,并受大浪影响,产生横摇。在风和浪的共同作用下,船舶向左舷倾斜并迅速翻沉。

2. 事故原因

此次事故是一起由突发局地强对流天气带来的强风骤雨并伴大浪导致的重大沉船事故。事故发生时,广元地区受高空下滑冷槽和地面弱冷空气的入侵,加之低空增温增湿,生成了强对流风暴,并逐渐发展为多单体风暴群,导致白龙湖库区附近出现了突发短时阵性大风灾害性天气。据广元多普勒雷达 0.5° 仰角径向速度图表明:14 时 23 分 10 秒距离湖面约 700 m 高度事发地附近尚未探测到径向风速,14 时 33 分 44 秒径向风速为 4.8 m/s,14 时 38 分 47 秒径向风速为 7.3 m/s,14 时 44 分 04 秒径向风速快速增大到 26.8 m/s。金洞码头视频监控资料显示:从 14 时 36 分柳枝开始摆动到 14 时 40 分树干急剧摆动,时间仅为 4 min 左右。同时,事发地(白龙湖张家嘴水域)的特殊峡谷地形产生的狭管效应及水陆摩擦系数的差异,使得该区域风力持续增强,最大瞬时风速达 33.5 m/s(12 级)。由此可见:事故发生时,事发水域,风力增强速度极快。"川广元客 1008"船从盐井溪码头出发及从小三峡上峡口开始返航时,天气晴朗。返航途中天色变暗,约 14 时 30 分,航行至张家嘴水域时,开始起风并伴有小雨。14 时 38 分左右,风力开始加大时,"川广元客 1008"船已经航行至张家嘴水域薛家梁航段,受南西南风(吹开风)的影响,无法在右舷一侧寻找靠泊点,船舶沿原航路继续航行,并于 14 时 40 分左右(14 时 38 分至 44 分间风力陡增过程中)行驶到受极端阵性大风影响的事发水域。

"川广元客 1008"船抗风压倾覆能力不足以抵抗所遭遇的极端恶劣天气。调查组依据《内河船舶法定检验技术规则》(2011)的要求,使用船舶安全性计算分析系统,对事故船舶可承受的最大正横风风力大小进行了核算。船舶在不考虑波浪影响无横摇的情况下,受正横风风速为 22.15 m/s 时(对应风力为 9 级),风压倾侧力矩将大于该船舶的复原力矩,该船舶即会发生倾覆。如果受波浪、操舵转向等因素共同影响,船舶横摇达到横摇角(约 14.3°),正横风风速为 9.6 m/s 时(对应风力为 5 级),风压倾侧力矩将大于该船舶的复原力矩,该船舶即会发生倾覆。事发水域当日的最大瞬时风速为 33.5 m/s,远远大于该船舶能够抵御的受正横风(风速为 22.15 m/s)时的理论倾覆值,而且事发时,该水域还出现了目测波高约 1 m 的大浪,船舶的抗风能力无法克服从右舷吹来的强风和大浪的共同作用力,船舶向左倾斜,并迅速翻沉。

3. 事故处理

本次事故共有 20 人受到处分,涉及政府及其相关管理部门科处级干部 18 人,其中 1 人由司法机关对其是否涉嫌犯罪进行调查处理,船舶驾驶员在事故中死亡,免于责任追究。

4. 事故教训

(1)加强对水上交通从业人员安全教育和应急处置技能的培训,提高其安全技能。

(2)进一步强化从业人员安全意识,特别是增强对极端恶劣天气及其风险的防范意识。

(3)有关安全管理部门要进一步加强恶劣天气信息传递,通过广播电台、甚高频、手机短信等各种手段向船公司、船舶、船员及时传递预警信息,确保航行船舶、船员及时获取监测预警信息;船公司、船舶、船员也应积极主动向有关部门收集了解预警信息并互相传递。

六、湖北监利"6·1"东方之星客船翻沉事件

2015 年 6 月 1 日 21 时约 32 分,重庆东方轮船公司所属"东方之星号"客船由南京开往重

庆,当航行至湖北省荆州市监利县长江大马洲水道(长江中游航道里程 300.8 km 处)时翻沉,造成 442 人死亡(仅 12 人生还)的特别重大灾难事件。

1. 事件经过

2015 年 5 月 28 日 13:00 时,"东方之星号"(船舶总长 76.50 m,型宽 11.00 m,型深 3.10 m,满载吃水 2.16 m,总吨位 2 200,主机额定功率 441.00 kW×2,乘客定额 534 人,船员定额 50 人)由南京港五马渡码头开航上行,计划 6 月 7 日 6:30 时抵达目的港重庆。

6 月 1 日 5:00,停靠湖北赤壁,11:44 时,"东方之星号"由赤壁续航前往荆州港;17:30 时,大副刘某、舵工李某、水手黎某接替大副谭某、舵工黄某、水手徐某操作船舶续航,当时天气多云、风力 2 级,能见度在 6 km 左右;21:18 时,"东方之星号"行驶至大马洲水道 3 号红浮附近,遭遇飑线天气系统(该系统伴有下击暴流、龙卷风、短时强降雨等局地性、突发性强对流天气),风雨开始加大,张某进入驾驶室向当班大副了解基本情况后,接手指挥船舶;21:21 时,风雨急剧加大,瞬时达风力 10 级左右,能见度严重下降,船长命令减速、左微舵、左满舵,欲转向顶风至右岸一侧水域抛锚,此时船舶在强风作用下开始后退;21:25 时,船长察觉到船在后退,命令大副加车控制,此时该船所处水域突遇下击暴流袭击(一种雷暴云中局部性的强下沉气流,到达地面后会产生一股直线型大风,越接近地面风速越大,最大地面风力可达 15 级),21:31 时,在强风暴雨作用下,船舶发生偏转,风舷角加大,船舶处于失控状态,后退速度增加至 6 km/h,随后,船舶突然向右倾斜并进水导致主机熄火后迅速向右横倾翻沉。

2. 事件原因

"东方之星号"翻沉事件是一起由突发罕见的强对流天气(飑线伴有下击暴流)带来的强风暴雨袭击导致的特别重大灾难性事件。

"东方之星号"航行至长江中游大马洲水道时突遇飑线天气系统,该系统伴有下击暴流、短时强降雨等局地性、突发性强对流天气。受下击暴流袭击,风雨强度陡增,瞬时极大风力达 12～13 级,1 h 降雨量达 94.4 mm。船长虽采取了稳船抗风措施,但在强风暴雨作用下,船舶持续后退,船舶处于失控状态,艏部向右下风偏转,风舷角和风压倾侧力矩逐步增大(船舶最大风压倾侧力矩达到船舶极限抗风能力的 2 倍以上),船舶倾斜进水并在一分多钟内倾覆。

"东方之星号"抗风压倾覆能力不足以抵抗所遭遇的极端恶劣天气。该船建成后,历经三次改建、改造和技术变更,风压稳性衡准数逐次下降,虽然符合规范要求,但基于"东方之星号"的实际状况,经试验和计算,该船遭遇 21.5 m/s(9 级)以上横风时,或在 32 m/s 瞬时风(11 级以上),风舷角大于 21.1°、小于 156.6° 时就会倾覆。事发时该船所处的环境及其态势正在此危险范围内。船长及当班大副对极端恶劣天气及其风险认知不足,在紧急状态下应对不力。船长在船舶失控倾覆过程中,未向外发出求救信息并向全船发出警报。

3. 事件处理

本次事故共有 44 人受到处分,其中涉及政府及其相关管理部门科级以上至副省级干部 36 人,船长适任证书被吊销,由司法机关对其是否涉嫌犯罪进行调查处理,值班大副在事故中死亡,免于责任追究。

4. 事件教训

(1)进一步落实恶劣天气条件下船舶的禁限航措施

一是气象部门预报或船舶发现出发港有 7 级以上(含 7 级)或超过船舶抗风等级的大风,

船舶必须采取有效避、抗风措施,船舶不得开航;

二是气象部门预报船舶途经水域有 7 级以上(含 7 级)大风或超过船舶抗风等级的大风,船舶必须采取提前停航等避风措施。

(2)严格落实企业主体责任,加强航运公司安全管理

一是航运公司要按照《安全生产法》和水上交通管理的法律法规及规章制度,健全企业安全生产责任体系,完善相关管理制度,全面落实企业主体责任。

二是进一步强化船员的安全意识,特别是增强对极端恶劣天气及其风险的防范意识,船员在开航前和航行中应通过各种渠道收集大风、大雾、暴雨等恶劣天气和雨情、水情等信息并相互传递,做到心中有数,防患未然。

三是加大船员安全技能培训,提高安全操作能力和应对突发事件的能力,针对不同船舶、不同航线、不同险情,定期组织针对性的应急演练,不断提高船舶应急反应能力。

附　录

附录1　中华人民共和国内河避碰规则(★ ☆ △)

(1991 年 4 月 28 日交通部令第 30 号,2003 年 9 月 2 日交海发〔2003〕357 号修订)

第一章　总则

第一条　宗旨

为维护水上交通秩序,防止碰撞事故,保障人民生命、财产的安全,制定本规则。

第二条　适用范围

在中华人民共和国境内江河、湖泊、水库、运河等通航水域及其港口航行、停泊和作业的一切船舶、排筏均应当遵守本规则。

船舶、排筏在国境河流、湖泊航行、停泊和作业,按照中国政府同相邻国家政府签有的协议或者协定执行。

船舶、排筏在与中俄国境河流相通的水域航行、停泊和作业不适用本规则。

第三条　责任

船舶、排筏及其所有人、经营人以及船员应当对遵守本规则的疏忽而产生的后果以及对船员通常做法所要求的或者当时特殊情况要求的任何戒备上的疏忽而产生的后果负责。

不论由于何种原因,两船已逼近或者已处于紧迫局面时,任何一船都应当果断地采取最有助于避碰的行动,包括在紧迫危险时而背离本规则,以挽救危局。

不论由于何种原因,在长江干线航行的客渡船都必须避让顺航道行驶的船舶。

第四条　特别规定

本规则授权各省、自治区、直辖市海事机构,长江、黑龙江海事局及辖区内有内河的沿海海事机构根据辖区具体情况,制定包括分道通航等有关交通管制在内的特别规定,报交通部批准后生效。

第五条　定义

本规则下列用语的含义是:

（一）"船舶"是指各种船艇、移动式平台、水上飞机和其他水上运输工具，但不包括排筏。

（二）"机动船"是指用机器推动的船舶。

（三）"非自航船"是指驳船、趸船等本身没有动力推动的船舶。

（四）"帆船"是指任何正在驶帆的船舶，包括装有推进器而不在使用者。

（五）"拖船"是指从事吊拖或者顶推（包括傍拖）的任何机动船。

（六）"船队"是指由拖船和被吊拖、顶推的船舶、排筏或者其他物体编成的组合体。

（七）"快速船"是指静水时速为 35 km 以上的船舶。

（八）"限于吃水的船舶"是指由于船舶吃水与航道水深的关系，致使其操纵、避让能力受到限制的船舶。限于吃水的船舶的实际吃水在长江定为 7 m 以上，珠江定为 4 m 以上。

（九）"在航"是指船舶、排筏不在锚泊、系靠或者搁浅。

（十）"船舶长度"是指船的总长度。

（十一）"航路"是指船舶根据河流客观规律或者有关规定，在航道中所选择的航行路线。

（十二）"顺航道行驶"是指船舶顺着航道方向行驶，包括顺着直航道和弯曲航道行驶。

（十三）"横越"是指船舶由航道一侧横向或者接近横向驶向另一侧，或者横向驶过顺航道行驶船舶的船首方向。

（十四）"对驶相遇"是指顺航道行驶的两船来往相遇，包括对遇或者接近对遇、互从左舷或者右舷相遇、在弯曲航道相遇，但不包括两横越船相遇。

（十五）"能见度不良"是指由于雾、霾、下雪、暴风雨、沙暴等原因而使能见度受到限制的情况。

（十六）"感潮河段"是指沿海各省、自治区、直辖市海事机构及长江海事局划定的受潮汐影响明显的河段。

（十七）"干、支流交汇水域"是指不与本河（干流）同出一源的支流与本河的汇合处。

（十八）"汊河口"是指与本河同出一源的汊河道与本河的分合处。

（十九）"平流区域"是指水流较平缓的运河及水网地带。

（二十）"渡船"是指内河 I 级航道内，单程航行时间不超过 2 h，或单程航行距离不超过 20 km，其他内河通航水域单程航行时间不超过 20 min 的用于客渡、车渡、车客渡的船舶。

第二章　航行和避让

第一节　行动通则

第六条　瞭望

船舶应当随时用视觉、听觉以及一切有效手段保持正规的瞭望，随时注意周围环境和来船动态，以便对局面和碰撞危险做出充分的估计。

第七条　安全航速

船舶在任何时候均应当以安全航速行驶，以便能够采取有效的避让行动，防止碰撞。

船舶决定安全航速时，应当考虑能见度、通航密度、船舶操纵性能、风、浪、流及航道情况和周围环境等主要因素；使用雷达的船舶，还应当考虑雷达设备的特性、效率和局限性。

机动船经过要求减速的船舶、排筏、地段和船舶装卸区、停泊区、鱼苗养殖区、渡口、施工水域等易引起浪损的水域，应当及早控制航速，并尽可能保持较开距离驶过，以避免浪损。

由于本身防浪能力或者防浪措施存在缺陷的，不能因本条第三款规定而免除责任。

第八条　航行原则

机动船航行时，上行船应当沿缓流或者航道一侧行驶，下行船应当沿主流或者航道中间行驶。但在感潮河段、湖泊、水库、平流区域，任何船舶应当尽可能沿本船右舷一侧航道行驶。

设有分道通航、船舶定线制的水域，必须按照有关规定航行和避让。两船对遇或者接近对遇应当以左舷会船。

第九条　避让原则

船舶在航行中要保持高度警惕，当对来船动态不明产生怀疑，或者声号不统一时，应当立即减速、停车，必要时倒车，防止碰撞。采取任何防止碰撞的行动，应当明确、有效、及早进行，并运用良好驾驶技术，直至驶让清为止。

船舶在避让过程中，让路船应当主动避让被让路船；被让路船也应当注意让路船的行动，并按当时情况采取行动协助避让。

在任何情况下，在长江干线航行的客渡船都必须避让顺航道或河道行驶的船舶。

两机动船相遇，双方避让意图经声号统一后，避让行动不得改变。

第二节　机动船相遇，存在碰撞危险时的避让行动

第十条　机动船对驶相遇

两机动船对驶相遇时，除本节另有规定外：

（一）上行船应当避让下行船，但在感潮河段，逆流船应当避让顺流船；在湖泊、水库、平流区域，两船中一船为单船，而另一船为船队时，则单船应当避让船队。

（二）在感潮河段、湖泊、水库、平流区域，两船对遇或者接近对遇，除特殊情况外，应当互以左舷会船。

（三）机动船驶近弯曲航段、不能会船的狭窄航段，应当按规定鸣放声号，夜间也可以用探照灯向上空照射以引起他船注意。遇到来船时，按本条（一）、（二）项规定避让，必要时上行船（感潮河段的逆流船）还应当在弯曲航段或者不能会船的狭窄航段下方等候下行船（感潮河段的顺流船）驶过。

第十一条　机动船追越

一机动船正从另一机动船正横后大于22.5度的某一方向赶上、超过该船，可能构成碰撞危险时，应当认定为追越，并应当遵守下列规定：

（一）在狭窄、弯曲、滩险航段、桥梁水域和船闸引航道禁止追越或者并列行驶。

（二）在可以追越的航道中，追越船必须按规定鸣放声号，并取得前船同意后，方可以追越。

（三）在追越过程中，追越船应当避让被追越船，不得和被追越船过于逼近，禁止拦阻被追越船的船头。

（四）被追越船听到追越船要求追越的声号后，应当按规定回答声号，表示是否同意追越。在航道情况和周围环境允许时，被追越船应当同意追越船追越，并应当尽可能采取让出一部分航道和减速等协助避让的行动。

第十二条 机动船横越和交叉相遇

机动船在横越前应当注意航道情况和周围环境,在确认无碍他船行驶时,按规定鸣放声号后,方可以横越。除本节另有规定外,机动船横越和交叉相遇时,应当按下列规定避让:

(一)横越船应当避让顺航道或河道行驶的船,并不得在顺航道行驶船的船前方突然和强行横越。

(二)同流向的两横越船交叉相遇,有他船在本船右舷者,应当给他船让路。

(三)不同流向的两横越船相遇,上行船应当避让下行船,但在感潮河段逆流船应当避让顺流船。

(四)在平流区域两横越船相遇,上行船应当避让下行船;同为上行或者下行横越船时,有他船在本船右舷者,应当给他船让路。

(五)在湖泊、水库两船交叉相遇,有他船在本船右舷者,应当给他船让路。

第十三条 机动船尾随行驶

机动船尾随行驶时,后船应当与前船保持适当距离,以便前船突然发生意外时,能有充分的余地采取避免碰撞的措施。

第十四条 在长江干线航行的客渡船与其他顺航道或河道行驶的机动船相遇,客渡船都必须避让顺航道或河道行驶的船舶,并不得与顺航道或河道行驶的船舶抢航、强行追越或者强行横越或掉头。两渡船相遇时,应按本节各条规定避让。

第十五条 机动船在干、支流交汇水域相遇

机动船驶经支流河口,在不违背第八条规定的情况下,应当尽可能地绕开行驶。除在平流区域外,两机动船在干、支流交汇水域相遇时,应当按下列规定避让:

(一)从干流驶进支流的船,应当避让从支流驶出的船。

(二)干流船同从支流驶出的船同一流向行驶,干流船应当避让从支流驶出的船。

(三)干流船同从支流驶出的船不同流向行驶,上行船应当避让下行船,但在感潮河段逆流船应当避让顺流船。

两机动船在平流区域进出干、支流交汇水域相遇时,有他船在本船右舷者,应当给他船让路。

第十六条 机动船在汉河口相遇

两机动船在汉河口相遇,同一流向行驶时,有他船在本船右舷者,应当给他船让船;不同流向行驶时,上行船应当避让下行船,但在感潮河段逆流船应当避让顺流船。

第十七条 机动船与在航施工的工程船相遇

不论本节有何规定,机动船与在航施工的工程船相遇,机动船应当避让在航施工的工程船。

第十八条 限于吃水的船舶相遇

在长江干线航行的客渡船都必须避让限于吃水的船舶。

限于吃水的船舶遇有来船时,应当及早发出会船声号。除第十七条外,不论本节有何规定,来船都必须避让限于吃水的船舶并为其让出深水航道。两艘限于吃水的船舶相遇时,应当按本节各条规定避让。

第十九条 快速船相遇

快速船在航时,应当宽裕地让清所有船舶。两快速船相遇时,应当按本节各条规定避让。

第二十条　机动船掉头

机动船或者船队在掉头前,应当注意航道情况和周围环境,在无碍他船行驶时,按规定鸣放声号后,方可以掉头。

过往船舶应当减速等候或者绕开正在掉头的船舶行驶。

第三节　机动船、人力船、帆船、排筏相遇, 存在碰撞危险时的避让行动

第二十一条　机动船与人力船、帆船、排筏相遇

除快速船外,机动船与人力船、帆船、排筏相遇时,船舶、排筏均应当遵守下列规定:

(一)机动船发现人力船、帆船有碍本船航行时,应当鸣放引起注意和表示本船动向的声号。人力船、帆船听到声号或者见到机动船驶来时,应当迅速离开机动船航路或者尽量靠边行驶。机动船发现与人力船、帆船距离逼近,情况紧急时,也应当采取避让行动。

(二)人力船、帆船除按当地主管部门规定的航线航行外,不得占用机动船航道或航路。

(三)人力船、帆船不得抢越机动船船头或者在航道上停桨流放,不得驶进机动船刚刚驶过的余浪中去,不得在狭窄、弯曲、滩险航段、桥梁水域和船闸引航道妨碍机动船安全行驶。

(四)人工流放的排筏见到机动船驶来,应当及早调顺排身,以便于机动船避让。

第二十二条　帆船、人力船、排筏相遇

帆船、人力船、排筏相遇,按下列规定避让:

(一)两帆船相遇,顺风船应当避让抢风船;两船都是顺风船或者抢风船,左舷受风船应当避让右舷受风船;两船同舷受风,上风船应当避让下风船。

(二)帆船应当避让人力船。

(三)帆船、人力船都应当避让人工流放的排筏。

第四节　船舶在能见度不良时的行动及其他

第二十三条　船舶在能见度不良时的行动

船舶在能见度不良的情况下航行,应当以适合当时环境和情况的安全航速行驶,加强瞭望,并按规定发出声响信号。

装有雷达设备的船舶测到他船时,应当判定是否存在着碰撞危险。若是如此,应当及早地与对方联系并采取协调一致的避让行动。

除已判定不存在碰撞危险外,每一船舶当听到他船雾号不能避免紧迫局面时,应当将航速减到能维持其航向操纵的最低速度。

无论如何,每一船舶都应当极其谨慎地驾驶,直到碰撞危险过去为止,必要时应当及早选择安全地点锚泊。

第二十四条　靠泊、离泊

机动船靠泊、离泊位前,应当注意航道情况和周围环境,在无碍他船行驶时,按规定鸣放声号后,方可以行动。

正在上述水域附近行驶的船舶,听到声号后,应当绕开行驶或者减速等候,不得抢挡。

第二十五条　停泊

船舶、排筏在锚地锚泊不得超出锚地范围。系靠不得超出规定的尺度。停泊不得遮蔽助航标志、信号。

船舶、排筏禁止在狭窄、弯曲航道或者其他有碍他船航行的水域锚泊、系靠。

除因工作需要外，过往船舶不得在锚地穿行。

第二十六条　渔船捕鱼

渔船捕鱼时，不得阻碍其他船舶航行，在航道上不得设置固定渔具。

第二十七条　失去控制的船舶

失去控制的机动船、非自航船应当及早选择安全地点锚泊。严禁非自航船舶自行流放。

第三章　号灯和号型

第二十八条　一般规定

有关号灯的各条规定从日落到日出期间应当遵守。在白天能见度不良的情况下也可以显示有关号灯。在显示号灯的时间内，凡是可能与规定号灯相混淆或者减弱其显示性能的灯光，均不得显示。

有关号型的各条规定，在白天都应当遵守。

号灯、号型均应当显示在最易见处，并符合本规则附件一的技术要求。除本规则另有规定外，几个号灯、号型组成一组时，均应当垂直显示。

第二十九条　在航的机动船

除本章另有规定外，机动船单船在航时，应当显示白光桅灯一盏、红、绿光舷灯各一盏，白光艉灯一盏。船舶长度为 50 m 以上的机动船，还应当在后桅显示另一盏白光灯；除快速船外，船舶长度小于 12 m 的机动船，条件不具备时，可以显示白光环照灯一盏和红、绿光并合灯一盏，也可以显示红、白、绿光三色灯一盏，以代替上述规定的号灯。

下列船舶在航时，除显示前款规定的号灯外，还应当：

（一）快速船白天和夜间均显示黄闪光灯一盏。

（二）限于吃水的船舶夜间显示红光环照灯三盏，白天悬挂圆柱形号型一个。

（三）横江渡船夜间在桅杆的横桁两端显示绿光环照灯各一盏，白天在桅杆横衍的一侧悬挂双箭头号型一个。

第三十条　在航的船队

在航的船队分别按下列规定显示号灯：

（一）拖船除显示舷灯、艉灯外，还应当按拖带形式显示：

1. 吊拖或者吊拖又顶推船舶时，显示白光桅灯两盏。

2. 顶推船舶、排筏时，显示白光桅灯三盏。拖船显示上述号灯有困难时，可以改在船队中最适宜的船舶上显示。

3. 吊拖排筏时，显示白、绿、白光桅灯各一盏。

4. 吊拖船舶、排筏的拖船，为便于被吊拖船舶或者排筏操舵，也可以在烟囱或者桅的后面，高于艉灯的位置显示另一盏白光灯，但灯光不得在正横以前显露。

（二）两艘以上拖船其同拖顶组成一个船队时，应当按拖带形式显示：

1. 共同顶推船舶、排筏时，应当在一艘拖船上显示顶推船队的号灯，其余拖船只显示被顶推船号灯。

2.前后吊拖船舶、排筏或者采用又吊拖又顶推的混合队形时,最前面一艘拖船显示吊拖号灯,后面的拖船只显示被拖船的号灯。

(三)被吊拖、顶推的船舶或者排筏在航时,应当显示下列号灯:

1.被吊拖、顶推的船舶应当显示红、绿光舷灯。被编组为多排数列式队形时,应当在最左边的一列船舶只显示红光舷灯,在最右边的一列船舶只显示绿光舷灯。顶推船队中最前一艘船的船首,应当显示白光艏灯一盏,其灯光不得在正横后显露。被顶推船的船尾超过拖船船尾时,还应当显示白光艉灯。吊拖船队中最后一排船应当显示白光艉灯。

2.船舶长度未满 30 m 的船舶被吊拖为单排一列式时,每艘船可以显示白光环照灯一盏以代替红、绿光舷灯。

3.人力船、帆船、物体在被吊拖、顶推时,应当显示白光环照灯一盏,被顶推时灯光不得在正横后显露。当编组为多排数列式时,则在左、右最外一列显示。

4.排筏被吊拖时,应当在排筏四角高出排面至少 1 m 处显示白光环照灯各一盏;被顶推时,在排首两角高出排面至少 1 m 处显示白光环照灯各一盏,其灯光不得在正横后显露。

第三十一条　在航的人力船、帆船、排筏

人力船、帆船在航时,应当在船尾最易见处显示白光环照灯一盏。帆船遇见机动船驶来时,应当及早在船头显示另一盏白光环照灯或者白光手电筒,直到机动船驶过为止。

人力船、帆船由于操作上的困难,确实不能按照机动船要求方向避让时,夜间应当用白光灯或者白光手电筒,白天用白色信号旗左右横摇。

排筏流放时,应当在前后高出排面至少 1 m 处显示白光环照灯各一盏。

第三十二条　工程船

工程船未进入工地或者已撤出工地时,应当显示一般船舶规定的信号,进入工地时,应当显示下列号灯、号型:

(一)工程船在工地其位置固定时,夜间显示环照灯三盏,其连线构成尖端向上的等边三角形,三角形顶端为红光环照灯,底边两端,通航的一侧为白光环照灯,不通航的一侧为红光环照灯。白天在桅杆横桁两端各悬挂号型一个,通航的一侧为圆球,不通航的一侧为十字号型。

(二)自航工程船在航施工时,除显示机动船在航灯外,夜间显示红、白、红光环照灯各一盏,白天悬挂圆球、菱形、圆球号型各一个。被拖船拖带的工程船在航施工时,除按第二十九条规定显示号灯外,还应当显示与自航工程船在航施工时相同的号灯、号型。

(三)工程船所伸出的排泥管,应当在管头和管尾并每隔 50 m 距离,显示白光环照灯一盏。

船舶有潜水员在水下作业时,夜间应当显示红光环照灯一盏,白天悬挂"A"字信号旗一面。

第三十三条　掉头

长度为 30 m 以上的机动船或者船队,在掉头前 5 min,夜间应当显示红、白光环照灯各一盏,白天悬挂上为圆球一个,下为回答旗一面的信号,掉头完毕后熄灭或者落下。

第三十四条　停泊

船舶、排筏停泊时,分别按下列规定显示信号:

(一)机动船、非自航船停泊时,夜间显示白光环照灯一盏;船舶长度为 50 m 以上的,应当在前部和尾部各显示白光环照灯一盏,前灯高于后灯。白天锚泊时均悬挂圆球一个。

(二)人力船、帆船停泊时,夜间显示白光环照灯一盏。排筏停泊时,夜间靠航道一侧,前部和后部各显示白光环照灯一盏。

(三)停泊的船舶、排筏向外伸出有碍其他船舶行驶的缆索、锚、锚链或者其他类似的物体时,应当在伸出的方向,夜间显示红光环照灯一盏,白天悬挂红色号旗一面。

第三十五条　搁浅

搁浅的机动船、非自航船夜间除显示停泊号灯外,还应当显示红光环照灯两盏,白天悬挂圆球三个。

第三十六条　装运危险货物

装运易爆、易燃、剧毒、放射性危险货物的船舶在停泊、装卸及航行中,除显示为一般船舶规定的信号外,夜间还应当在桅杆的横桁上显示红光环照灯一盏,白天悬挂"B"字信号旗一面。

第三十七条　要求减速

要求减速的船舶、排筏或者地段,应当在桅杆横桁处或者地段上、下两端,夜间显示绿、红光环照灯各一盏,白天悬挂"RY"信号旗一组。

重载人力船、帆船要求机动船减速,夜间用白光灯或者白光手电筒,白天用白色号旗,在空中上下挥动。

第三十八条　渔船

渔船不捕鱼时,显示为一般船舶规定的信号。捕鱼时应当显示下列号灯、号型:

(一)机动船在捕鱼时,夜间除显示机动船在航或者锚泊的号灯外,还应当显示绿、白光环照灯各一盏。白天悬挂尖端相对的两个圆锥体所组成的号型。

(二)人力船、帆船捕鱼时,不论在航或者停泊,夜间均应当显示白光环照灯一盏,白天悬挂篮子一个。

(三)渔船有外伸渔具时,应当在渔具伸出方向,夜间显示白光环照灯一盏,白天悬挂三角红旗一面。

第三十九条　失去控制的船舶

失去控制的机动船、非自航船锚泊前,夜间除显示舷灯和艉灯外,还应当显示红光环照灯两盏,白天悬挂圆球两个。

第四十条　船舶眠桅

船舶通过桥梁、架空设施需要眠桅不能按规定显示桅灯时,应当在两舷灯光源连线中点上方不受遮挡处显示白光环照灯一盏,代替桅灯。通过后立即恢复原状。

第四十一条　监督艇和航标艇

监督艇执行公务时,夜间应当显示舷灯、艉灯和红闪光旋转灯一盏。

航标艇在航时,夜间应当显示舷灯、艉灯和绿光环照灯两盏;

停泊时显示绿光环照灯两盏。

第四章　声响信号

第四十二条　声响信号设备

机动船应当配备号笛一个、号钟一只。非自航船、人力船、帆船和排筏应当配备号钟或者其他有效响器一只。

号笛、号钟应当符合本规则附件二的技术要求。

第四十三条　声号的含义

机动船为表示本船的意图、行动或者需要其他船舶、排筏注意时，应当根据本规则各条规定使用号笛发出下列声号：

（一）一短声——我正在向右转向；当和其他船舶对驶相遇时，表示"要求从我左舷会船"。

（二）二短声——我正在向左转向；当和其他船舶对驶相遇时，表示"要求从我右舷会船"。

（三）三短声——我正在倒车或者有后退倾向。

（四）四短声——不同意你的要求。

（五）五短声——怀疑对方是否已经采取充分避让行动，并警告对方注意。

（六）一长声——表示"我将要离泊""我将要横越"，以及要求来船或者附近船舶注意。

（七）二长声——我要靠泊或者我要求通过船闸。

（八）三长声——有人落水。

（九）一长一短声——掉头时，"表示我向右掉头"；进出干、支流或者汊河口时，表示"我将要或者正在向右转弯"。

（十）一长二短声——掉头时，表示"我向左掉头"；进出干、支流或者汊河口时，表示"我将要或者正在向左转弯"。

（十一）一长三短声——拖船通知被拖船舶、排筏注意。

（十二）二长一短声——追越船要求从前船右舷通过。

（十三）二长二短声——追越船要求从前船左舷通过。

（十四）一长一短一长声——我希望和你联系。

（十五）一长一短一长一短声——同意你的要求。

（十六）一长二短一长声——要求来船同意我通过。

（十七）一短一长一短声——要求他船减速或者停车。

（十八）一短一长声——我已减速或者停车。

（十九）二短一长声——能见度不良时，表示"我是客渡船"。

前款中"短声"是指历时约 1 s 的笛声，"长声"是指历时 4~6 s 的笛声。一组声号内各笛声的间隔时间约为 1 s，组与组声号的间隔时间约为 6 s。

第四十四条　船舶相遇时声号的应用

船舶相遇时，应当按下列规定使用声号：

（一）两机动船对驶相遇，下行船（感潮河段的顺流船）应当在相距 1 km 以上处谨慎考虑航道情况和周围环境，及早鸣放会船声号；上行船（感潮河段的逆流船）听到声号后，如无特殊情况，应当立即回答相应的会船声号。在鸣放会船声号的同时，夜间还应当配合使用红、绿闪光灯，白天也可以配合使用白色号旗。鸣放声号一短声时，夜间连续显示红闪光灯，白天在左舷挥动白色号旗,表示要求来船从我左舷会过;鸣放声号二短声时,夜间连续显示绿闪光灯,白天在右舷挥动白色号旗,表示要求来船从我右舷会过。

(二)机动船发现人力船、帆船有碍本船航行,要求其让路时,应当鸣放声号一长声以引起注意,并鸣放一短声或者二短声表示本船动向。

(三)机动船驶经支流河口或者汊河口前,应当鸣放声号一长声以引起注意;进出干、支流或者汊河口前,向右转弯应当鸣放声号一长一短声,向左转弯应当鸣放声号一长二短声。

(四)机动船与在航施工的工程船对驶相遇,机动船应当在相距 1 km 以上处鸣放声号一长声,待工程船发出会船声号后,机动船方可以回答相应的会船声号,并谨慎通过。

第四十五条 能见度不良时的声响信号

船舶、排筏在能见度不良的情况下航行、停泊,应当按下列规定发出声响信号:

(一)在航的机动船应当每隔约 1 min 鸣放声号一长声。在航的人力船、帆船、排筏应当每隔约 1 min 急敲号钟或者其他有效响器约 5 s。

(二)锚泊的机动船,非自航船、排筏应当每隔约 1 min 急敲号钟或者其他有效响器约 5 s。锚泊的人力船、帆船在听到来船声号后,应当不间断地急敲号钟或者其他有效响器,直到判定来船已对本船无碍时为止。

第四十六条 甚高频无线电话

配有甚高频无线电话的船舶在航时,应当在规定的频道上正常守听,并按下列规定进行通话:

(一)一般先由被让路船呼叫,通话时用语应当简短、明确。

(二)一船发出呼叫后,未闻回答,应当认为另一船未设有无线电话设备。

(三)两船的避让意图经通话商定一致后,仍应当按本规则规定鸣放声号。

(四)船舶驶近弯曲、狭窄航段以及在能见度不良的情况下航行,应当用无线电话周期性地通报本船船位和动态。

第五章 附则

第四十七条 附件

本规则的三个附件是本规则的组成部分,与本规则条文具有同等效力。

本规则中所称的"以上""大于",包括本数;所称的"未满""小于",不包括本数。

第四十八条 解释机关

本规则的解释权属于中华人民共和国交通部。

第四十九条 生效

本规则自一九九二年一月一日零时起生效,交通部一九七九年颁布的《内河避碰规则》同时废止。

附件一

号灯和号型的技术要求

（一）号灯：

1."桅灯"是指安置在船舶的桅杆上方或者艏艉中心线上方的号灯,在225度的水平弧内显示不间断的灯光,其装置要使灯光从船舶的正前方到每一舷正横后22.5度内显示。

在后桅装设另一盏桅灯时,后灯高于前灯的垂向距离至少为3 m,水平距离不小于船舶长度的一半。

2."舷灯"是指安置在船舶最高甲板左右两侧的左舷的红光灯和右舷的绿光灯,各自在112.5度的水平弧内显示不间断的灯光,其装置要使灯光从船舶的正前方到各自一舷的正横后22.5度内分别显示。

舷灯遮板向灯面,应当涂以无光黑漆。遮板的高度至少等于灯高。

船舶长度为80 m以上的驳船,应当在船首、尾部分别设置红、绿光舷灯。

3."艉灯"是指安置在船尾正中的白光灯,在135度的水平弧内显示不间断的灯光,其装置要使灯光从船舶的正后方到每一舷67.5度内显示。艉灯的高度应当尽可能与舷灯保持水平,但不得高出舷灯。

4."艏灯"是指安置在被顶推驳船首的一盏白光灯,在180度的水平弧内显示不间断的灯光,其装置要使灯光从船舶的正前方到每一舷90度内显示,但不得高于舷灯。

5."环照灯"是指在360度的水平弧内显示不间断灯光的号灯。

6."红闪光灯""绿闪光灯"是指安置在舷灯上方左红、右绿的闪光环照灯,其频率为每分钟50~70闪次。

船舶长度小于12 m的机动船也可以用红、绿光手电筒代替红、绿闪光灯,但应当保持灯光明亮,颜色清晰分明。

7."黄闪光灯"是指安置在快速船桅杆上的黄闪光环照灯,其频率为每分钟50~70闪次。

8."红、绿光并合灯"是指安装在桅灯的位置,分别从船舶的正前方到左舷正横后22.5度内显示红光,到右舷正横后22.5度内显示绿光的一盏并合灯。

9."红、白、绿光三色灯"是指安装在桅灯的位置,从船舶的正前方到左舷正横后22.5度内显示红光,到右舷正横后22.5度内显示绿光,从船舶的正后方到每舷67.5度内显示白光的并合灯。

10."能见距离"是指在大气透射率为0.8的黑夜,用正常目力能见到的规定的号灯距离。

11.号灯的能见距离、桅灯垂直间距和舷灯遮板长度的技术要求见表一。

（二）操纵号灯：

1.有条件的船舶可以装置操纵号灯,以补充本规则第四十四条（一）项所规定的声号,操纵号灯的每闪历时应当尽可能与声号鸣放的历时时间同步,其表示的意义与相应的声号意义相同。

2.操纵号灯应当安置在一盏或者多盏桅灯的同一艏艉垂直面上,并不低于前桅灯的位置。

3.操纵号灯是一盏白光环照灯,其能见距离至少为4 km。

（三）船舶长度小于12 m的机动船夜间航行必须备有能够使用的发电设备和蓄电池,以保证号灯的能见距离。

（四）号型、号旗：

1.除另有规定外,号型均为黑色。

号型间的垂直距离不得小于1.5 m,但船舶长度未满30 m的船舶,其号型间距可相应减小。

3.横江渡船号型的箭头为等边三角形。

4.红色、白色旗的规格是宽0.6 m,高0.4 m。

5.本规则所用信号旗和回答旗,均应当符合《1969年国际信号规则》的规定。

6.号型的技术要求见表二。

表一

船舶长度	桅灯、一组号灯间距离	舷灯遮板长度（m）	能见距离（km）							
			桅灯	舷灯	艉灯	环照灯	闪光灯	人力船、帆船、排筏和船舶长度小于12 m的机动船的白色环照灯	船首灯	红、绿光并合灯和红、白、绿光三色灯
50 m以上	1.5 m(最低一盏不小于最高甲板以上4.5 m)	0.91	6	4	4	4	4			
30 m至未满50 m	1 m(最低一盏不小于最高甲板以上3 m)	0.91	5	3	3	3	3	2	2	1
未满30 m	0.6 m(最低一盏不小于最高甲板以上1 m)	0.6	3	2	2	2	2			

表二　　　　　　　　　　　　　　　　　　　　　　　　单位:m

船舶长度	球形	十字形		圆柱形		圆锥形		菱形	横江渡船号型
	直径	长度	宽度	直径	高度	底圆直径	高度	两个圆锥体以底相合组成	双箭头,箭身长1 m,宽0.2 m;箭头为等边三角形,边长0.3 m
30 m以上	0.6	0.6	0.6	0.6	1.2	0.6	0.6		
30 m以下	0.3	0.3	0.3	—		0.6	0.6		

附件二

声响信号设备的技术要求

（一）号笛应当能够发出符合本规则要求的声号。船舶长度为 30 m 以上的船舶,可听距离不小于 2 km,船舶长度未满 30 m 的船舶,可听距离不小于 1 km。

（二）号笛应当安置在船上尽可能高的地方,使声音尽可能少受障碍物阻挡,特别在前方方向上或者特定方向上。

（三）号钟或者其他具有类似音响特性的器具所发出的声压级,在距它 1 m 处,应当不小于 110 分贝。

（四）号钟应当用抗蚀材料制成,并能发出清晰的音响。船舶长度为 30 m 以上的船舶,号钟口的直径应当不小于 300 mm;船舶长度未满 30 m 的船舶,应当不小于 200 mm。钟锤的重量应当不小于号钟重量的 3%。

附件三

遇险信号

（一）船舶遇险需要其他船舶救助时，应当同时或者分别使用下列信号：

1.用号笛、号钟或者其他任何有效响器连续发出急促短声；

2.用无线电报或者其他通信方法发出莫尔斯码组···－－－···(SOS)的信号；

3.用无线电话发出"求救"或者"梅代"(MAYDAY)语音的信号；

4.在船上燃放火焰；

5.人力船、帆船遇险时白天摇红色号旗，夜间摇红光灯或者红光手电筒。

（二）任何船舶如见他船遇险，也可以代发上述求救信号，但应当说明遇险船舶的船名、位置。

（三）除船舶遇险需要救助外，可能与上述信号有混淆的其他信号，都禁止使用。

附录2　四川省小功率机动船信号管理办法

四川省小功率机动船信号管理办法（暂行）

（省交通运输厅 1998 年 12 月 8 日发布,自发文之日起实施）

第一条　为加强我省小功率机动船的安全管理,确保国家财产和人身安全,维护正常的航行秩序,统一规范小功率机动船信号管理,根据《中华人民共和国内河交通安全管理条例》、《中华人民共和国内河避碰规则》,结合我省的实际情况,特制定本办法。

第二条　本办法适用于我省境内除长江、金沙江以外的水库、湖泊、河流水域内所有航行、作业单机功率 22 kW(30 hp)以下不具备安装声响号笛的机动船。

第三条　本办法由各级港航监督机构负责实施。

第四条　所有单机功率 22 kW(30 hp)以下的机动船舶都必须配备红、白信号旗各一面,可代替声响号笛,规格为:长 0.6 m,宽为 0.4 m,把长 0.7 m。还应配备号锣和锣棒各一只,由水手在船头负责使用。

第五条　使用信号的水手,应严格按照驾驶员的意图,负责加强瞭望和信号联系。

第六条　机动船航行时,上行船应当沿缓流或航道一侧行驶,下行船应当沿主流或航道中间行驶。但在湖泊、水库、平流区域,任何船舶应当尽可能沿本船右舷一侧航道行驶。

第七条　船舶要求他船减速时,水手应当手持白旗垂直上下挥动。

第八条　两船对驶相遇,上行船避让下行船,下行船发现上行船应提前用白旗联系,白旗平举在左舷,表示互从左舷会过。白旗平举在右舷,表示互从右舷会过。上行船见到信号后,应立即回答相应信号,并主动避让。

第九条　两船在滩漕对驶相遇,下行船即将进入滩漕应竖举红旗,上行船应在滩下等候。如上行船进入滩漕,发现下行船应及早竖举红旗,要求下行船等候通过。下行船应慢车减速或掉头等候,不得强行在滩漕会船。

第十条　两船交叉相遇时,有他船在本船右舷者,应当给他船让路。

第十一条　船舶追越必须在宽敞区且能见度良好的河道上进行,并坚持慢让快的原则。追越船追越被追越船时,应高举白旗,表示要求追越。被追越船如同意追越,应用白旗回答相应信号,白旗在左舷平举表示同意从左舷追越,白旗在右舷平举表示同意从右舷追越。被追越船同时应采取让出部分航道和减速等措施协助避让。如不同意追越,则应高举红旗。追越船未取得同意和信号未统一,不得强行追越。

第十二条　船舶掉头应在宽敞顺直河道上进行,不得妨碍其他船舶的正常航行。向右掉头时,红旗平举在右舷;向左掉头时,红旗平举在左舷。过往船舶应当减速等候或绕开正在掉头的船舶行驶。

第十三条　遇有紧急情况需要援助时,用锣棒连续敲号锣。

第十四条　本办法中船舶与装有声号设备的船舶相遇,应加强联系,密切注意来船动态,必要时减速停车,待信号统一后采取安全避让措施。

第十五条　凡违反本办法者,由港监部门按有关规定处罚。

第十六条　本办法由四川省交通厅航务局负责解释。

第十七条　本办法自发文之日起生效。